高等院校经济管理类专业应用型系列教材

证券投资

孙睦优　周丽君　主　编

陈　莹　漆志武　副主编

清华大学出版社

北　京

内 容 简 介

本书介绍了证券投资理论与证券投资实务两方面的内容,力求做到将证券投资理论、政策与实务相结合,将历史与现状相结合。同时,本书结合我国加入 WTO 后发生的新情况与新变化,涵盖了当代证券投资发展的最新内容。全书共分 14 章,包括导论、证券投资工具、证券市场、证券投资分析、宏观经济分析、行业分析、公司分析、证券投资技术图形分析、证券投资技术指标分析、技术分析理论和证券投资组合管理等内容。

本书既可以作为金融、投资专业以及其他经济管理类的本科学生教材使用,亦可作为高职高专和各类成人教育相关专业教材。

图书在版编目(CIP)数据

证券投资/孙睦优,周丽君主编 . —北京:清华大学出版社,2013(2019.1重印)
(高等院校经济管理类专业应用型系列教材)
ISBN 978-7-302-34014-0

Ⅰ. ①证…　Ⅱ. ①孙…　②周…　Ⅲ. ①证券投资－高等学校－教材　Ⅳ. ①F830.91

中国版本图书馆 CIP 数据核字(2013)第 234319 号

责任编辑:刘翰鹏
封面设计:宋　彬
责任校对:刘　静
责任印制:刘祎淼

出版发行:清华大学出版社
　　　网　　　址:http://www.tup.com.cn,http://www.wqbook.com
　　　地　　　址:北京清华大学学研大厦 A 座　　　　邮　编:100084
　　　社　总　机:010-62770175　　　　　　　　　邮　购:010-62786544
　　　投稿与读者服务:010-62776969,c-service@tup.tsinghua.edu.cn
　　　质 量 反 馈:010-62772015,zhiliang@tup.tsinghua.edu.cn
　　　课 件 下 载:http://www.tup.com.cn,010-62795764
印 装 者:北京九州迅驰传媒文化有限公司
经　　销:全国新华书店
开　　本:185mm×260mm　　　印　张:21.75　　　字　数:499 千字
版　　次:2013 年 12 月第 1 版　　　　　　　印　次:2019 年 1 月第 4 次印刷
定　　价:55.00 元

产品编号:049944-02

编委会名单

主任委员:罗昌宏,武汉大学教授。曾任中国地质大学江城学院商学院院长、名誉院长;武汉商贸学院经济学院院长兼党总支书记等职。荣获董辅礽经济科学奖等科研成果奖项。

副主任委员:杨祉雄,曾任用友软件股份有限公司高级副总裁,现任用友集团伟库电子商务科技有限公司总裁。企业博士后导师,中国计算机行业协会常务理事。荣获中国软件生产力风云人物等奖项。

委员(以姓氏笔画为序)

于淑娟　长春职业技术学院副教授

王　端　华中师范大学教授,汉口学院管理学院院长兼党总支书记

王林昌　武汉大学教授,博导,湖北工业大学商贸学院经管系主任

王雅鹏　华中农业大学教授,博导,武汉东湖学院经济学院院长

王文清　博士,江汉大学商学院副院长,教授

王　飞　武汉东湖学院经济学院副院长,讲师

王　丹　湖北中医药高等专科学院副教授

王　峰　汉口学院管理学院副教授

石丹林　华中师范大学教授,曾任武汉大学东湖分校经济学院院长

刘建国　重庆大学教授,重庆大学城市科技学院会计教研室主任

刘定祥　重庆大学教授,重庆大学城市科技学院人力资源管理教研室主任

刘　勋　博士,江汉大学讲师

刘　珣　武汉生物工程学院管理工程系副主任,讲师

乐　岩　军事经济学院教授,博导,大校,武汉商贸学院经管学院院长

孙睦优　教授,曾任浙江万里学院国贸系主任,现任汉口学院经济学院院长

叶　波　汉口学院经济学院副院长,副教授

叶　璇　博士,汉口学院管理学院讲师

李守明　武汉大学教授,中国地质大学江城学院电子信息学院院长

李柏洲　博士,汉口学院经济学院教授

李　飞　汉口学院外语学院副院长,副教授

李健军　博士,江汉大学讲师

陈　筱　江汉大学副教授

陈　明　武汉民政职业学院副教授

陈少勇　汉口学院管理学院副教授

吴海屏　汉口学院副教授

杨喜梅　汉口学院管理学院副院长,讲师

宋　伟　重庆大学城市科技学院院长助理,副教授

张子林　重庆大学教授,重庆大学城市科技学院经济管理学院院长

张　颖　博士,汉口学院管理学院讲师

罗新兰　中国地质大学江城学院高级心理咨询师

周启红　武汉东湖学院党委书记

周万发　武汉工业大学教授,武汉商贸学院市场营销教研室主任

周列平　武汉商贸学院会计学院副院长,讲师

周伟凤　汉口学院旅游学院副教授

赵　兴　武汉东湖学院经济学院副院长,讲师

胥蓓蕾　博士,中南财经政法大学武汉学院讲师

夏丹阳　中南财经政法大学教授,中南财经政法大学武汉学院经济系主任

袁　露　汉口学院旅游学院副院长,讲师

徐艳兰　中南财经政法大学武汉学院副教授

唐铁山　武汉东湖学院副院长,高级会计师

涂湘琼　汉口学院管理学院副教授

黄　沃　汉口学院管理学院副教授

童光荣　武汉大学教授,博导,曾任武汉商贸学院管理学院院长

熊建敏　博士,武汉生物工程学院讲师

蔡秋桂　武汉东湖学院财务处副处长,会计师

魏玉平　博士,江汉大学讲师

　　"证券投资"作为高等院校经济管理类专业的基础核心课程之一,是研究证券内在特征与投资原理,揭示证券市场运行规律的一门综合性、应用性学科,是现代经济与金融学科的重要组成部分,并因经济金融化、金融证券化而越来越重要。具体而言,证券投资研究投资者如何正确地选择证券投资工具、规范地参与证券市场运作、科学地运用证券投资决策分析、成功地使用证券投资方法与技巧,以及国家如何对证券投资活动进行规范管理等。

　　证券投资在国外已有较长的历史,证券投资学形成了比较完整的理论,但由于金融市场发展的日新月异,理论与实践有机结合的证券投资理论处于不断的发展创新过程之中,因此,它是一门既传统又年轻的学科。由于现代金融体制的不断变革,金融的内涵越来越丰富,金融理论也得到相应的快速发展,新知识和新观点不断涌现,特别是在金融投资领域,新的投资理论不断拓展与进步,运用的分析手段与方法越来越倾向于工程化、数理化,揭示的证券市场运行规律也越来越抽象,因此,增加了学生学习证券投资学相关知识的难度。

　　本书全面、系统地介绍了证券投资的基础理论和基本知识,包括证券市场、证券投资工具、证券投资分析概述、证券投资的价值分析、宏观经济分析、微观经济分析、证券投资技术图形分析、证券投资技术指标分析、证券投资组合管理等。

　　本书结构体系自成一格,注重理论联系实际,既可作为高等院校管理与财经类专业教材,也可作为其他专业选修课教材,还可作为证券投资者和证券从业人员的学习参考书。本书既适用于高等院校经济管理类专业大学教材,也适合于金融证券部门从业人员、科研人员与企业领导者、财会人员、机关公务员,特别是股市、债市、基金市场等证券市场实际投资者使用。

　　本教材共14章,章节设计内在逻辑以证券投资理论和实践为主线。本书编写工作分工:由汉口学院经济学院院长孙睦优教授负责全书总编,同时编写第一章,武昌理工学院的陈莹老师负责编写第二章,武昌工学院经济与管理学院的周丽君老师负责编写第三章至第五章、第七章至第十四章,建设银行湖北省分行的漆志武先生负责编写第六章。

　　全书由孙睦优、周丽君拟定大纲、组织编纂和初审书稿,并由孙睦优再次全面审阅、最后定稿。

　　本教材的编写者都是各高校从事金融专业教学的一线中青年教师,他们寓研于教,所编写的教材既包含了日常教学中所需的最新资料数据和教学案例,又融入了该领域最新的理论研究成果。但是,由于编写者自身学术水平有限,书中可能存在不足和错误,恳请读者批评指正。一本好教材,不仅需要融入编写者的心血,而且需要融合广大读者善意的批评和指正。这些宝贵的批评意见将对我们今后的修订工作起到重大的帮助。

编　者

2013 年 8 月

目录 contents

第一章 导 论

学习目的

　　熟悉证券的定义、分类及特征；了解基本证券商品的内涵；掌握证券投资分析的定义；了解证券投资分析方法的分类及内容。

　　在日常生活中，证券是一个广义的概念，但人们通常将狭义的有价证券，即资本证券直接称为有价证券乃至证券。为了对证券有较为全面的把握，首先必须清楚证券的准确定义、类别、特征，其中主要是有价证券定义、特征、分类和功能；其次，了解证券商品的主要种类，一类是基本证券商品，其主要构成是股票、债券和证券投资基金，另一类是金融衍生商品。

第一节　证券与有价证券

一、证券

（一）证券的定义

　　证券是指记载各类财产，并代表一定权利的法律凭证。它用以证明持有人有权依其所持凭证记载的内容而取得应有的权益。从一般意义上说，证券是指用以证明或设定权利所做成的书面凭证，它表明证券持有人或第三者有权取得该证券拥有的特定权益，或证明其曾经发生过的行为。从经济意义上来说，证券是指与财产或者债务、信用关系等有关的各种合法的权益凭证，如财产所有权凭证、财产使用权或收益权凭证、债权凭证等。

　　证券必须具备两个最基本的特征，即法律特征和书面特征。法律特征反映的是某种行为的结果，也就是说，它本身必须具有合法性，即证券包含的特定内容必须具有法律效力；书面特征反映了证券必须按照特定格式进行书写或制作，券面上载明了有关财产的内容、数量以及规定的全部必要事项。只有同时具备上述特征才可称之为证券。

证券的票面要素主要有 4 个：第一，持有人，即证券归谁所有；第二，证券的标的物，即证券票面上所载明的具体内容，它表明持有人权利所指的特定对象；第三，标的物价值，即证券所载明的标的物的价值大小；第四，权利，即持有人持有该证券所拥有的权利。

（二）证券的分类

证券依照其性质不同，可以分为无价证券和有价证券。

（1）无价证券也是一种表明对某项财物或利益拥有所有权的凭证。但这类证券的特征是政府或国家法律限制它在市场上广泛流通，并不得通过流通转让来增加证券持有者的收益。因而无价证券事实上只是一种单纯的证明文件，如收据、发票等证据证券，它只表示是一种交易的证明；凭证证券虽然也能证明对某项权益拥有合法权利，如存单、存款证明等，但此类证券一般在流通上受到限制，不能通过转让来增加收益（除部分规定可以转让的存单外），所以这类证券在经济上缺乏实际的投资价值。

（2）有价证券与无价证券最为明显的区别是它的流通性。有价证券可以在相应的范围内广泛的流通，并且能在转让过程中产生权益的增减。狭义的证券即为有价证券。按有价证券在经济运行中所体现的内容可以将有价证券分为商品证券、货币证券和资本证券三大类。

① 商品证券是证明持有人或第三人享有特定数量的商品索取权的证券。取得这种凭证就等于取得这种商品的所有权或使用权，持有人对这种证券所代表的商品所有权或使用权受法律保护。商品证券主要包括提货单、运货单和仓库栈单等。

② 货币证券是证明持有人或第三人享有特定数量的货币索取权的证券。货币证券具有一般等价物的特征，能代替货币作为流通手段和支付手段，其主要功能是用于单位之间的商品交易、劳务报酬的支付以及债权债务的清算等经济往来。货币证券主要包括两大类：一类是商业证券，主要包括商业汇票和商业本票；另一类是银行证券，主要包括银行汇票、银行本票和支票。

③ 资本证券是指由金融投资或与金融投资有直接联系的活动而产生的证券。由于这种证券能使持有人获得收益，发挥的是资本的作用，因此称其为资本证券。它包括股票、债券、基金证券及其衍生品种（如金融期货、可转换证券等）。

二、有价证券

（一）有价证券的定义

有价证券是指标有票面金额，证明持有人有权按期取得一定收入并可自由转让和买卖的所有权或债权凭证。这类证券本身没有价值，但由于它代表着一定量的财产权利，持有人可凭该证券直接取得一定量的商品、货币，或取得利息、股息等收入，因而可以在证券市场上买卖和流通，客观上具有了交易价格。所谓"有价"，顾名思义，是赋有价值，其表明的权益可以用一定的货币额来衡量。有价证券的规定性主要在于：一是表明一定的财产权；二是可以参与流通。

有价证券是虚拟资本的一种形式。所谓虚拟资本，是指以有价证券的形式存在，并能给持有者带来一定收益的资本。虚拟资本是独立于实际资本之外的一种资本存在形式，其本身并不能在生产过程中发挥作用。虚拟资本不仅在质上有别于实际资本，而且在量上也是不同的。一般情况下，虚拟资本的价格总额总是大于实际资本额，其变化并不反映实际资本额的变化。

（二）有价证券的特征

1. 产权性

有价证券的产权性是指有价证券记载着权利人的财产所有权内容，代表着一定的财产所有权，拥有证券就意味着享有财产的占有、使用、收益和处置的权利。如债券持有人作为债权人，拥有到期收回本金和获得利息的权力。此外，证券持有人的权利还表现在参与性上，如股票持有人作为公司的股东，可以获得参加股东大会、选举股票发行者的董事会成员以及对重大经营活动的决策权力。在现代经济社会里，财产权利与证券两者融为一体，证券已成为财产权利的一般形式。虽然证券持有人并不实际占有财产，但可以通过持有证券，拥有有关财产的所有权或债权。

2. 收益性

收益性是指持有有价证券本身可以获得一定数额的收益，这是投资者转让资本使用权的回报。由于收益既是投资的出发点，也是投资的目的，因此有价证券的收益性是有价证券的基本特点。证券代表的是对一定数额的某种特定资产的所有权。而资产是一种特殊的价值，它要在社会经济中不断运行和增值，最终形成高于原始投入的价值。由于这种资产的所有权属于证券投资者，投资者持有证券也就同时拥有取得这部分增值收益的权利，因此，有价证券本身具有收益性。

证券收益一般由当前收益和资本利得构成。以股息、红利或利息所表示的收益称为当前收益。由证券的价格上升（或下降）而产生的收益（或亏损），称为资本利得或差价收益。净收益与最初投资额的比率称为收益率。收益率是衡量收益状况的基本指标。在通常情况下，收益率越高，证券的价值就越大；反之，则相反。同时，收益率与偿还期成正比，与流通性成反比，与风险性成正比。

3. 流动性

有价证券的流动性又称为变现性，是指证券持有人可按自己的需要，自由、及时、灵活地将证券进行转让、流通、偿付。正如资本的生命在于运动，流动性是证券生命力的所在，有价证券只有通过流通才能达到增值的目的，也只有通过流通才能经过市场评价合理反映企业的内在经营质量。因此，流动性使证券具有活力，从而吸引人们去购买。有价证券的流通性强弱一般取决于以下几个方面。

（1）宏观经济状况的好坏。如恶化的经济形势，会使证券在短时期内难以脱手。

（2）市场价格波动的程度。市场价格波动幅度越大，风险越大，其流动性越弱；反之，则越强。

（3）偿还期。流动性与证券的偿还期成反比，偿还期越短，流动性越强；反之，则越弱。

（4）债务人的经营业绩、信誉、知名度。流动性强的证券大多为经营业绩好、讲信誉、知名度较高的企业的证券。

4. 风险性

证券的风险性是指证券持有者面临着预期投资收益不能实现，甚至本金也受到损失的可能。这是由未来经济状况的不确定性所致。在现有的社会生产条件下，社会经济生活常常瞬息万变，投资者往往难以全面、准确地预测和把握，因此，投资者难以确定其所持有的证券将来是否能够取得收益和能获得多少收益，从而就使证券具有风险。

5. 价悖性

有价证券的价悖性是指有价证券的市场价格和有价证券的券面金额的不一致性。有价证券的券面面额是在该证券发行时确定的。当有价证券进入发行市场时，如果发行者采取溢价发行，则证券价格高于券面价格；当发行者采取折价发行时，则发行价格低于券面面额。即使采取平价发行时，当它进入流通市场后，由于受到政治、经济等各方面因素影响，证券市场价格不断波动，证券的票面金额和发行价格往往与市场价格发生偏离。

（三）有价证券的分类

有价证券有广义与狭义两种概念。广义的有价证券包括商品证券、货币证券和资本证券。上面在介绍证券的分类时已经详细介绍了，在此简略。

资本证券是有价证券的主要形式，狭义的有价证券，即指资本证券。在日常生活中，人们通常将狭义的有价证券，即资本证券直接称为有价证券乃至证券。本书即在此意义上使用这一概念。

此外，资本证券还可以按照不同角度，进行如下分类。

（1）按发行主体的不同，可分为政府证券（公债券）、金融证券和公司证券。

① 政府证券也称政府债券。它是指政府为筹措财政资金或建设资金，凭其信誉，采用信用方式，按照一定程序向投资者出具的一种债务凭证。其主要包括国库券和公债券两大类。国库券一般由财政部发行，可以弥补财政收支中的缺口。公债是指为筹措建设资金而发行的一种债券。从发行主体上说，中央政府发行的称为国家公债或国债，地方政府发行的称为地方公债。

② 金融证券是指商业银行及非银行金融机构为筹措信贷资金向投资者发行的、承诺支付一定利息，并到期偿还本金的一种有价证券。其中，主要包括金融债券、定期存款单、可转让大额存款单和其他储蓄证券等。

③ 公司证券是指公司为筹措资金而发行的有价证券，随着现代资本市场的发展，公司证券包括的范围比较广泛，其中主要包括股票、公司债券及商业票据等。

（2）根据证券形式与权利之间的关系，可以将证券分为设权证券和证权证券。

① 设权证券是指具有创设证券权利功能的证券。即证券权利由证券签发人自行设定，如票据的面额、支付的日期或期间等。证券一经签发，证券权利随即产生。货币证券一般属于设权证券。

② 证权证券是指旨在证明证券权利的证券。即对既存的财产关系或财产权利予以证明。如股票是公司签发的证明股东所持股份的凭证，债券是债务人发行的证明债权人对债务人拥有债权的证明。证权证券只起证明证券权利的作用，而不能创设证券权利。资本证券一般属于证权证券。

（3）按证券是否记名，可将证券分为记名证券和不记名证券。这种分类是根据所发行的证券上是否明确记载持有人的姓名或名称而作的划分。

① 记名证券是指证券票面上记载权利人的姓名或名称的证券。记名证券的转让，需经过背书或法律规定的其他方式，且证券上所记载的权利人姓名或名称应作相应的改变。

② 不记名证券是指券面不记载权利人姓名或名称的证券。不记名证券流通较为便利，一般以交付或过户方式进行转让，但当不记名证券遗失时，不予挂失，其安全性不及记名证券。

（4）按证券是否在证券交易所挂牌交易，可将证券分为上市证券与非上市证券。这种分类是根据所发行的证券是否在证券交易所挂牌交易所作的分类。凡依法取得在证券交易所挂牌交易资格的证券即为上市证券；反之，则为非上市证券。这种分类的实际意义主要表现在证券流通转让的广泛性、便利性和规范性等方面。

① 上市证券是指经证券主管机关或授权机关批准在证券交易所内挂牌交易的有价证券。该类证券必须向证券交易所登记注册，且只有符合上市条件的证券才能登记注册，成为上市证券。证券上市可以扩大发行公司的社会影响，提高公司的名声，有利于筹集资金，扩大经济实力。对于投资者来说，购买证券是一种投资行为。由于挂牌上市的证券具有流通性好和价格合理的特点，同时由于上市公司必须定期公布其经营业绩和财务状况，从而有利于投资者作出正确的投资决策。

② 非上市证券又称非挂牌证券、场外证券，它是指未向证券交易所登记注册和申请上市或暂时不符合上市条件的证券。该类证券一般在交易所以外进行交易，或在依法设立的其他场所进行交易。通常非上市证券较上市证券为数要多。

（5）按证券募集方式，可分为公募证券和私募证券。

① 公募证券是指通过承购公司或其他中介机构向不特定的社会公众投资者公开发行的证券。公募证券的发行必须经过严格的招募程序，如注册登记，实行公示制度，即以公告的形式披露公司的经营状况及募股的数量、种类等。股份有限公司的股票，除发行人认购之外，一般都用公募证券的形式。

② 私募证券是指向少数特定的投资者发行的证券，其投资者多为与发行者有特定关系的机构投资者，也有发行公司、企业的内部职工。私募证券与公募证券相比，其优势是发行程序简单，免除公示制度，采取直销方式等。但对私募证券有一些限制条件，如一般不允许转让私募证券，若要黑户则必须先取得发行者同意。此外，对私募证券的投资数量也有一定的限制。

（6）按证券收益是否固定，可分为固定收益证券和变动收益证券。

① 固定收益证券是指持券人可以在特定时间内取得固定的收益，并且预先知道取得收益的数量和时间，如固定利率债券、优先股股票等。

② 变动收益证券是指因客观条件的变化使其证券收益也随之变化的证券。如浮动利率证券，其利率不固定，完全随着银行利率的变化而变化。又如普通股，其股利收益事先也不确定，而是随着公司税后利润的多少以及其他因素来确定。一般来说，变动收益证券比固定收益证券的收益要高一些，但其风险相对也大一些。不过在通货膨胀条件下，由于货币大幅度贬值，固定收益证券的风险要比变动收益证券大得多。

（7）按证券发行的地域或国家，可分为国内证券和国际证券。

① 国内证券是指同一国家内的金融机构、公司企业等经济组织或该国的政府在国内资本市场上以本国货币为面值所发行的证券。

② 国际证券是指由一国政府、金融机构、公司企业或国际金融机构在国际证券市场上以其他国家的货币为面值而发行的证券，包括国际证券和国际股票两大类。

第二节　证券投资

一、投资

投资的含义：经济主体为了获得未来的预期收益，预先垫付一定量的货币或实物以经营某项业务的经济行为。

按照投资主体与投资对象的关系，投资可以分为以下两种：一种与"资本形成"相联系，是指投资主体为了在未来获得经济效益或社会效益而进行的实物资产构建活动，其实质是投资所有者与使用者的统一，是资产所有权与资产经营权的统一，即所谓的实业投资或直接投资。另一种与"资产运用"相联系，是指投资主体将其积累的资金委托或让渡给他人使用，其实质是资产所有者和资金使用者的分离，是资产所有权和资产经营权的分离，人们将这种行为称为间接投资或证券投资。

无论哪一种形式，投资都包括4个方面的因素：投资主体、投资客体、投资目的、投资方式，四者缺一不可。投资主体，即投资者，可以是自然人、法人或国家；投资客体，即投资对象，可以是建设项目或有价证券等；投资目的则是指投资者的意图及其所要获得的效果，如通过投资的保值、增值以获取经济或社会效益；投资方式是指资金运用的形式与方法，如购置厂房、生产所用的机械设备等的实业投资，购买股票、债券等有价证券的证券投资。

二、证券投资

所谓证券投资，是指投资者对有价证券的购买行为，这种行为会使投资者在证券持有期内获得与其所承担的风险相称的收益，是直接金融投资的重要形式。

证券投资中的投入物通常是货币资金，但在某些情况下，也可以使用实物或无形资产。证券投资形成的是证券形态的金融资产，即股票、债券、基金等有价证券以及这些有价证券的衍生产品。投资者凭借其获得的有价证券，取得发行者定期或不定期支付的股息、债券利息，或通过在证券市场上低买高卖来获得差价收益。因此，证券投资具体表现为在证券市场上买卖或持有有价证券的活动。

（一）证券投资的要素

证券投资作为一种经济行为或活动，既可能给投资者带来巨大的收益，也蕴涵着相当大的风险。其一般由 3 个基本要素构成：收益、风险和时间。这三要素对投资者选择投资品种、决定投资方向等都是至关重要的。

1. 收益

收益是证券投资中最重要、最基本的要素，是一切投资行为的驱动力。由于投资是即期消费的牺牲，因此，它必须从投资回报中得到补偿；同时，投资是一种风险行为，因而也要实现风险补偿。

收益由两部分组成：一部分是当前收益，也称利息收入；另一部分是证券在不同时间由不同原因所产生的证券差价，也称为资本利得或资本损失。由于不同投资工具性质不同，所以其收益的构成也不一样。例如，投资债券的收益中利息占很大的比重，而投资股票的收益中资本利得则显得更为突出。

2. 风险

由于投资结果的不确定性，几乎任何一项投资都具有风险，因此，风险总是贯穿着证券投资的全过程。此外，投资不同类型的证券，风险也不是等同的。按照一般经济学原理，证券投资所承担的风险往往与所获得的收益是成正比的，即收益越大，风险也越大；反之，风险小的投资，收益也小。但必须注意，高风险不一定意味着高收益，高收益并不一定产生高风险。

3. 时间

证券投资的过程也是时间展开的过程，任何一项证券投资都必然涉及时间这一重要因素。它一般包括两个方面的含义：①投资时点，即何时成为投资者，何时增加或减少投资的数量；②证券持有时间，即如何利用时间运筹所持有的证券。在证券投资中，时间与证券投资所获得的收益和所承担的风险有着直接的联系。一般来说，投资的时间越长，积累收益的可能就越高，但不确定的风险也越大。

综上所述，投资者要达到理想的投资目的，就要正确掌握证券投资这三大要素，并制定切实可靠的投资方案，随机应变，趋利避险，以达到预期投资效果。

（二）证券投资的分类

证券投资按照不同的标准可以有不同的分类。

（1）按投资时间不同，证券投资可以分为短期投资和长期投资。短期投资是指期限在一年或一年以内的证券投资；长期投资是指期限在一年以上的证券投资。

（2）按投资方式不同，证券投资可以分为直接证券投资和间接证券投资。直接证券投资是指投资者在证券市场上通过直接购买股票、债券等证券进行的投资活动；间接证券投资是指投资者先将资金的使用权转让给银行等信用中介，并获得一种代表其权益的金融资产，再由银行等金融机构贷给资金需求者进行直接投资或购买证券。

（3）按收入性质不同，证券投资可以分为固定收入投资和不固定收入投资。固定收入投资是指某种证券投资收益是预先固定的，并在整个证券投资期限内保持不变；不固定收入投资是指证券的投资收入不事先规定，也不固定。

（三）证券投资的功能

1. 为社会提供筹集资金的重要渠道

证券投资为社会提供筹集资金的重要渠道是其最重要的功能之一。在现代经济社会中,作为生产主体的企业要求得生存与发展,必须不断地扩大生产经营规模,提高生产的技术性,扩展经营领域,这就使其经常性地面临融资要求。同时,作为社会组织者与管理者的国家,要有效地履行其职能,也总是会面对巨大的资金需求。

对于企业而言,尽管可以通过向银行借款融通资金,但银行贷款具有很多的局限性。这是因为:一方面,银行的资产必须保持相当的流动性,故银行贷款以短期为主,主要满足客户对流动资金的需要;另一方面,银行融资的规模受制于其吸收存款的数量,既不能满足企业对大规模资金的需求,也存在不少弊端;税收是一种强制、无偿的方式,而不是纳税人自愿地和政府进行市场交易;而直接向中央银行借款,容易造成货币的非经济发行,不利于宏观经济稳定。

相比较而言,证券投资作为社会性投资方式是社会化融资最有效的途径之一。在社会经济活动中,存在着许多闲散的货币,如企业等生产单位的生产资金的临时沉淀,或消费者的个人消费结余。而通过在证券市场上发行有价证券,可以使社会上这些闲散的短期资金,相对集中起来转化为长期资金,如企业在证券市场上发行公司股票和公司债券,各级政府在证券市场上发行公债等。

当然,在证券市场上大规模发行有价证券的前提是这一市场上存在着大量的证券投资者,或者说是证券投资行为的普遍化。简而言之,如果没有人作为原始证券的认购者,没有活跃的证券发行市场上的投资活动,有价证券的发行就无法实现。不仅如此,有价证券发行后还必须实现流通,即能够自由地、无限次地进行流通转让,否则就会使原始证券的认购者面临巨大的持有风险,从而使证券发行活动难以维系,而这又要求存在大量的对已流通证券的投资行为。因此,尽管证券投资者的行为本身只是为了追逐个体的获利目标,但客观上却为社会筹集资金提供了重要的渠道。

2. 促使金融资产的合理配置

证券投资的吸收力在于能够获得比银行存款更高的投资回报,在同样的条件下,无论是个人投资者还是机构投资者都愿意购买回报高、变现快的证券商品。

投资者都愿意对那些经营前途广阔、竞争能力强的企业所发行的股票或债券进行投资;反之,那些经营前途暗淡、竞争能力弱、经济效益低的企业,必然遭到投资者的冷遇。由此,社会上的资金必然流入那些符合经济发展需要的、经济效益高的产业部门,并促使这样的企业不断发展壮大。在此压力下,任何企业想要在竞争激烈的商品社会中处于不败之地,就必须努力改进生产的技术,完善经营管理,提高经济效益,只有这样才能赢得广大投资者的信任,否则就会被人们所淘汰。

除了朝阳行业、高效企业所发行的有价证券外,由于政府债券具有风险小、收益稳定等特点,故其也颇受投资者的青睐。而投资者的这种偏好往往能引导社会资金注射符合社会利益的方向。因而政府可通过发行有价证券筹集到巨大的社会资本,投向单个资本无力涉足领域和国民经济发展中的"瓶颈"产业,从而达到扩大产业规模以及平衡产业结构、产品结构的目的。

综上所述,证券投资通过投资者对投资对象的选择,发挥其在资源配置方面的积极功能,调节社会资金投资的流向和结构,促使金融资产的合理配置和运用。

3. 有效传播市场信息

证券投资的另一项重要功能就是能够迅速传播各种政治、经济或社会信息。这是因为对于证券投资者而言,信息是至关重要的,证券投资的成功与失败在很大程度上取决于有关的信息是否掌握得及时、准确。故无论是在证券投资前还是在证券投资活动进行中,证券投资者总是需要争取能够及时地掌握详尽、真实的市场信息,以便能够及时采取措施,保障其投资的安全性,或抓住机会买卖证券以增加所得。此外,参与证券投资的个人与机构通常来自不同行业、不同部门、不同地区、不同单位,因此,他们就会从不同的角度对政治、经济及市场形势进行调查研究并通过证券市场相互传播其所获得的信息。从另一个角度上说,证券投资的过程就是一个不断收集、整理、传播各种信息的过程。这一特征决定了围绕证券投资并通过证券投资过程而逐步形成的经济信息系统格外发达,信息流量极为庞大,信息内容十分全面和深入,信息流动的速度也格外快捷。

证券投资中所传递的信息,主要来自证券市场。而在证券市场上流动的信息中,最有价值的信息是上市公司等企业所代表的国民经济各部门的发展状况与趋势、经济运行的景气程度以及人们对未来经济运行前景、信心的强弱等。它有助于人们对企业、行业、部门、市场乃至整个国民经济的发展态势进行及时的估价和判断,特别是为政府分析经济形势、对国民经济运行实施宏观调控提供了重要依据。

三、实业投资与证券投资

证券投资与实业投资是两类性质不同的投资,但两者都是经济社会中重要的经济行为,因此它们之间又有一些联系和共性。

(一)证券投资与实业投资的区别

1. 投资对象不同

证券投资的对象是有价证券,因而证券投资者关心的是证券价格的涨跌及其对投资收益的影响。一旦发现某种证券的前景不妙,或某个企业内部出现问题,他们绝不会去利用手中的证券努力改变企业现状,而是立即抛出手中的该种证券以保护自身不受损失。而实际产业投资的对象是具体的生产经营活动,实业家虽然也会关心证券价格的涨跌,却绝不会因为证券价格的波动而放弃自身的生产经营活动,而通常会与企业共荣衰。在企业兴旺时,他们会为企业设想未来的发展;在企业面临困难和受到挫折时,他们又会全力以赴,努力使企业走出困境。此外,实业投资者在实现盈利目标的同时往往还会注意其他带有社会性的目标,如改善企业的社会形象、为公共事业服务等,证券投资者则很少会考虑这些。

2. 投资回收方式和时间长度不同

证券投资所投入的资金采用卖出证券的方式即可收回。由于证券交易自身的特点,证券投资收回的时间通常较短,有些投资循环甚至在几分钟内便可完成。在发育良好、交易活跃的证券市场上,只要投资者愿意,随时可以卖出证券收回投资。与此相比,实业投资者所投下的资金通常采用逐年计提折旧的方式回收,而由于固定资产的寿命周期通常在一年以上,长的甚至可以达到二三十年,因此实业投资回收速度通常很慢,即使企业经营不善难以为继,需要将它卖掉时,实业投资者收回资金通常也不如证券投资者卖掉证券那样简单和方便。

3. 投资活动内容不同

证券投资活动主要是收集各方面可能影响证券市场行情的信息,对上市公司的生产经营活动和发展动向进行分析、研究,判断市场的景气状况和宏观政策走向及整体经济的发展趋势。而实业投资则复杂得多:首先,投资者必须进行市场调研,并在分析产品市场的现状和未来相关政策的基础上选择最佳投资方案;其次,如果资金不足,投资者就要设法开辟融资渠道;再次,项目决策以后,还要上报有关部分审查,沟通与各协作单位的关系;此外,在勘探、设计、人员培训、企业组织设计和生产准备等各个建设环节上,都还有大量的工作要做。

4. 投资所承担的风险不同

实际产业有比较充足的时间进行方案认证、评价和选择,而且社会也能提供足够的信息供投资者决策之用。此外,即便在投资过程中有失误,由于投资之后形成的是实物资产,也还存在减少损失的余地,因此其所承担的风险比较小。与此相比,一方面证券投资者很难收集到所需的足够信息;另一方面证券市场价格变化速度快、幅度大,一旦投资失误则无法减少其损失,所以从事证券投资承担的风险较大。

5. 投资制约度不同

证券投资活动有着较强的独立性,投资者可以独立地依据自身的资金力量和市场行情行动,自身决定诸如投资与否、投资多少、何时投资以及投资何种证券等问题,因而很少受到其他客观条件的限制;实业投资则不同,投资者不仅要受到资金实务和市场需求状况的限制,还要受到诸多因素,如投资环境、行业壁垒、专业知识、经营能力、人员素质、协作条件等多方面的制约,这就决定了进入实业投资领域远远要比进入证券市场困难得多。

(二)证券投资与实业投资的联系

1. 证券投资与实业投资是相互影响、相互制约的

一方面,实业投资是证券投资的基础。一个社会的发展,归根结底是依靠物质生产来实现的,即生产是整个社会的重心和基础。证券投资对社会生产的促进作用,正是表现在通过发行证券可以使大批闲置资金或被低效使用的资金能够流入生产领域、流入能够创造较高价值的部门。因此,实业投资的规模及其对资本的需求量直接决定证券的发行量,实业投资收益的高低影响着证券投资收益的高低。

另一方面,证券投资也制约和影响着实业投资。证券投资是社会发展到一定阶段的产物,也是实业投资活动进行到一定程度以后的产物。随着人们进入高度发达的商品经济时代,以证券为工具的信用关系开始占据整个社会经济的主导地位。证券投资使得社会资本的流动性大大增强,其投资数量也直接影响实业投资的资金供给。对于整个社会的发展,证券投资是功不可没的。

2. 证券投资和实业投资是可以相互转换的

政府发行国债或企业发行股票和债券,其目的都是筹集实业投资所需的资本金。而证券投资的社会作用则在于为从事实业投资的投资者提供资本金。虽然实业投资和证券投资的对象不同,但两者可以相互转化,证券投资也只有通过转化为实业投资才能实现资金的回流。离开了实业投资,证券投资就成了无源之水、无本之木。

四、证券投机与证券投资

投机有广义和狭义两种定义。从广义的角度上讲,投机几乎是投资的同义反复。任何投资都是为了赚取利润,使资本增值,而投机正是指寻找和掌握市场中的投资机会。西方普遍认为,一项良好的投资即是一次成功的投机。狭义的投机是指人们基于对投资对象未来价格走势的判断而进行短期套利的行为,通常这种套利行为会使投机者承担因实际价格的反方向走势而带来损失的风险。本书所指的投资是指狭义的投机定义。而证券投机是指在证券市场上投资者甘冒受经济损失的风险而期望从价格波动中赚取利润的证券交易行为。

在证券投资中,人们常常会根据一定的判断标准将投资与投机相区分。例如,通常认为投机承受的风险要比投资大,而且不一定伴随着高收益。典型的如在股市上频繁地买进卖出,只追逐市场价格波动而忽视对导致证券价格波动深层次因素的分析等,都被认为是投机行为。而系统深入地分析经济形势和公司经营情况,选择未来前景看好的公司发行的证券并较长期地持有,被认为是值得提倡的投资行为。若从证券投资追求获利的本质出发,这些观念显然带有一定的主观成分。从市场的现实情况看,区分投资或投机行为并非易事。

根据经济学关于人的基本经济行为假设,可以认为投资者的所有经济行为可能均带有一定的投机目的,因为追求盈利是投资的根本动力。现实活动中,投资和投机之间的界限很难划清,很难将两者进行严格的定量区分,但人们可以从以下不同的角度对两者的差异进行分析。

1. 交易的动机不同

证券投资注重的是长期的投资报酬,买进证券是为了获得该证券本身今后所给予的回报,如股票的红利、债券的利息、衍生证券的保值功能等;而投机着眼于证券交易的差价利得,谋取短期的收益。

2. 投资时间长短不同

投资者一般长期持有证券,不轻易换手,按期取得资本收益;投机者则经常出入证券市场,捕捉有利时机,低价买进,高价卖出,交易频繁,故其证券持有时间一般都比较短。当然,对于投资时间的长短并没有明确的界限,在国外一般以 6 个月为分界点进行衡量。

3. 承担的风险不同

投资者首先关心的是本金安全,希望在保本的前提下获取最大利益;投机者则正好相反,他们不怕风险,而把收益的最大化放在第一位。因此,一般认为,投资是稳健的投机,投机是高风险的投资。

4. 资金的来源不同

投资者一般都是使用自己的钱进行证券的买卖；而投机者往往是信用交易，即通过买空卖空，做较大的交易。

5. 对证券实际价值的重视程度不同

投资者注重对各种证券所代表的实际价值、公司的业绩和创新能力进行分析，并以其作为选购或换购证券的依据；而投机者则不是很注重证券本身的分析，而是密切注意证券市场行情的变化，以证券价格变化趋势作为决策的依据。

6. 按对社会的影响划分

投资行为对社会发展有促进作用；而投机行为既有积极作用又有消极影响：一方面，证券投机具有平衡价格、保持证券交易流动性以及分担价格变动风险的作用；另一方面，过分的投机将造成市场动荡，影响经济运行。

当然，投资和投机两者在一定情况下也会相互转换。例如，购买证券，本来准备长期投资的，但由于行情的急剧变化而马上脱手；相反，本来准备转手牟利，但由于行情不利或预期公司有更高的盈利水平而可能长期持有，所谓"炒股炒成股东，炒房炒成房东"即是此类情况的写照。但如果把投资与投机对立起来加以考虑时，实际上隐含着一种价值判断，例如，认为投资是"好的"，而投机是"不好的"，等等。

五、证券投资的过程

1. 收集信息

在证券投资分析中，信息起着十分重要的作用。信息的质量和数量直接影响证券投资分析的可靠性及最终结论。因此，掌握一定数量的政策信息、公司基本面信息以及价格走势信息是证券投资，尤其是大规模证券投资获得成功的必不可少的前提条件，也是证券投资过程中最基础的准备工作。

2. 确定投资政策

确定投资政策是指投资者根据拥有的财富及其风险承受能力来确定投资数量和投资品种的过程。证券投资是一项高风险的经济活动，收益的取得是以承担相应的风险为代价，因此证券投资者在正式参与证券投资活动之前，要认真分析自身承受风险的能力，追求收益与风险之间的最佳平衡。投资者应根据自己的实际情况，确定不同风险和收益特征的证券比例，在能容忍的风险下追求收益的最大化。

3. 进行投资分析

进行投资分析，主要是对证券的内在价值、上市价格、外在影响因素以及价格涨跌趋势进行认真的分析。因为价格是由价值决定的，所以首先分析某种证券的理论价值和账面价值是非常重要的。其次，由于证券的价格与其价值相背离的情况经常发生，因此，投资者必须对证券的价格形成机制、影响证券价格波动的各种因素以及它们的作用机制进行分析。此外，投资者还必须对证券的价格进行评估，竭力发现那些价格偏离其内在价值的证券，将价格低于价值的证券吸收进证券组合，从而尽量避免或剔除价格偏高的证券。

4. 构建投资组合

构建投资组合是指在投资分析的基础上,选择与投资目标和投资政策相协调的投资组合战略。在进行投资组合的构建时,投资者要注意 3 个问题:证券选择、时机选择和分散风险。证券选择主要依据证券投资分析的结论,从微观层面把握所关注的个别证券的价格走势及波动情况;时机选择是指从宏观层面上分析经济政策和经济形势对不同品种证券价格走势当前和潜在的影响;分散风险是指所组建的投资组合中证券的多样化,并尽可能减少风险。基于组合中不同证券收益之间存在相关性,使所构建的投资组合在期望收益一定的情况下,风险达到最小。

5. 修正投资组合

投资过程实际上是一个动态过程,随着时间的推移,投资者会改变投资目标,从而使当前持有的资产组合不再为最优,为此需要对之进行调整,而抛售现有组合的一些证券,同时购进一些新的证券以形成新的组合。也就是投资目标变了,投资战略就要跟着调整,结果就是对投资组合的修正。此外,投资者还应根据证券行情、上市公司经营状况和国民经济形势等各方面情况的变化,适时对证券结构进行调整,使整个证券投资过程更加趋于完善。

6. 投资业绩评估

这是整个证券投资过程的最后一步,主要是定期评价投资的表现,机构投资者常常用詹森指数、夏普指数或特雷诺指数等量化指标来衡量投资组合的综合结果。判断证券投资绩效的好坏,关键不在于收益率的绝对数值,而是要在充分考虑通胀的作用、风险代价的基础上,将净收益水平与整个市场的平均收益率水平进行比较,才能比出高低。

本 章 小 结

(1) 证券是各类财产所有权或债权凭证的通称,是用来证明证券持有人有权取得相应权益的凭证。如股票、债券、基金证券、票据、提单、保险单、存款单等都是证券。

(2) 证券具有以下 3 方面特征:①证券是一种权利证书;②证券是一种投资凭证;③证券是一种可以流通的权利凭证。

(3) 基本证券商品如下:股票、债券、投资基金。

(4) 证券投资是指投资者购买股票、债券、基金券等有价证券以及这些有价证券的衍生品以获取红利、利息及资本利得的投资行为和投资过程;是人们通过各种专业性分析方法对影响证券价值或价格的各种信息进行综合分析,以判断证券价值或价格及其变动的行为。证券投资主要由 3 个要素构成:收益、风险和时间。

关 键 术 语

证券　证券投资　证券投资分析　股票　债券　基金

本章案例

中国境内证券市场 2007 年筹资 7728 亿元案例

中国证监会数据显示,2007 年,全年境内证券市场筹资达 7728 亿元,期货市场全年成交量 7.28 亿手,成交金额 41 万亿元,创历史新高。中国证监会主席尚福林在 16～17 日举行的全国证券期货监管工作会议上披露了上述数据。他说,截至 2007 年年底,中国上市公司总数达到 1550 家,沪深两市股票市场总市值已达 32.71 万亿元,已进入二级市场流通的市值达 9.31 万亿元,投资者开设的有效证券账户总数达到 9200 万户。

尚福林指出,经过 10 多年,尤其是过去 5 年的建设,中国资本市场实现了重要发展突破,在经济社会发展中发挥着日益突出的作用。主要表现以下几个方面:①市场规模明显扩大,资本市场与国民经济的关联度不断增强;②上市公司结构显著改善,市场运行基础进一步夯实;③证券期货经营机构实力明显增强;④投资者数量快速增加,资本市场逐渐成为全社会重要的财富管理平台;⑤市场功能有效发挥,市场效率明显增强;⑥期货市场平稳发展,经济功能稳步提升;⑦监管工作进一步强化,市场运行的规范性和质量显著提高。尚福林强调,今后 5 年是全面建设小康社会的关键时期,资本市场在经济社会发展中的重要性和战略地位将更加突出。中国资本市场的改革发展既面临良好机遇,又面临进一步的挑战。他指出,当前中国资本市场建设与国民经济发展的现实需要相比还有不小差距,市场发展还面临着不少困难和问题。要准确把握中国资本市场面临的内外部环境变化,高度重视风险防范,立足于中国资本市场发展的阶段性特点,坚持强化市场的基础性制度建设,提高监管水平,促进资本市场健康发展。

阅读资料 1

证券交易所的诞生

15 世纪,意大利商业城市中的证券交易主要是商业票据的买卖;16 世纪,里昂、安特卫普已经有了证券交易场所,当时进行交易的是国家债券;1602 年,在荷兰的阿姆斯特丹成立了世界上第一家股票交易所;1773 年,英国第一家证券交易所在“乔纳森咖啡馆”成立,1802 年获得英国政府正式批准。

1790 年,成立了美国第一家证券交易所——费城证券交易所;1792 年 5 月 17 日签订华尔街梧桐树协定,订立最低佣金标准及其他交易条款;1793 年,“汤迪咖啡馆”在纽约从事证券交易,1817 年更名为纽约证券交易会,1863 年更名为纽约证券交易所,纽约证券交易所在独立战争之前主要从事政府债券交易,战争之后股票交易盛行。

阅读资料 2

南海泡沫事件

“南海泡沫”事件是英国证券市场发展史上最重要的事件之一。南海公司成立于 1711 年,其经营策略主要是通过与政府交易以换取经营特权并以此牟取暴利。当时,英国战争负债有 1 亿英镑,为了应付债务,南海公司与英国政府协议债券重组计划,由南海公司认购总价值近 1000 万英镑的政府债券。作为回报,英国政府对南海公司经营的酒、醋、烟草等商品实行永久性退税政策,并给予对南海(即南美洲)的贸易垄断权。

1719 年,英国政府允许中奖债券与南海公司股票进行转换,随着南美贸易障碍的清除,加之公众对股价上扬的预期,促进了债券向股票的转换,进而又带动股价的上升。次年,南海公司承诺接收全部国债,作为交易条件政府逐年向公司偿还。为了刺激股票的发行,南海公司允许投资者以分期付款的方式购买新股票。当英国下议院通过接受南海公司交易的议案后,南海公司的股票立即从每股 129 英镑跳升到 160 英镑。当上议院也通过议案时,股票价格又涨到每股 390 英镑。投资者趋之若鹜,其中包括半数以上的参议员,就连国王也禁不住诱惑,认购了 10 万英镑的股票。由于购买踊跃,股票供不应求,因而价格狂飙,到 7 月每股又狂飙到 1000 英镑以上,半年涨幅高达 700%。在南海公司股价教摇直上的示范效应下,全英 170 多家新成立的股份公司的股票以及所有的公司股票,都成了投机对象。一时间,股票价格暴涨,平均涨幅超过 5 倍。

然而,当时这些公司的真实业绩与人们期待的投资回报相去甚远,公司股票的市场价格与上市公司实际经营前景完全脱节。1720 年 6 月,为了制止各类“泡沫公司”的膨胀,英国国会通过了“泡沫法案”(The Bubble Act),即“取缔投机行为和诈骗团体法”,自此许多公司被解散,公众开始清醒,对一些公司的怀疑逐渐扩展到南海公司。从 7 月份起,南海股价一落千丈,12 月份更跌至每股 124 英镑,“南海泡沫”由此破灭。“南海泡沫”事件以及“泡沫法案”,对英国证券市场发展造成了重大影响,之后上百年左右的时间股票发行都在受到这个法律的制约,使英国股票市场几乎停滞不前,发展极为迟缓。这种情况一直持续到英国的工业革命。

复习思考题

1. 简述证券投资的概念及其规律。
2. 简述证券投资的收益与风险的关系。
3. 基本证券商品有哪几种?

第二章 证券投资工具

学习目的

通过本章的学习,使学生了解证券投资工具的含义、特征,熟悉证券投资工具的不同种类,掌握3种主要证券投资工具(股票、债券、基金)的概念、性质与区别。

证券投资工具主要包括股票、债券、证券投资基金以及金融衍生产品等几种类别。本章主要围绕这些证券投资工具,进行分门别类的论述与分析。

第一节 股 票

一、股票的定义、性质与特征

(一)股票的定义

股票是一种有价证券,是指由股份公司签发的用以证明投资者所持股份并据以获得股息和红利的凭证。

股票的实际意义:企业按其净资产的价值分成若干相等的份额,称为股份;股票是股份的外在形式。

股票有3个基本要素:发行主体、股份、持有人。

(二)股票的性质

1. 股票是一种有价证券

首先,虽然股票本身是没有价值的,但是股票中却包含了股东要求股份公司按照规定分配股息和红利的请求权,同时代表着拥有股份公司一定价值量的资产;其次,股票与其所代表的股东权利有着不可分割的关系,两者合为一体。所以,股票是有价证券的一种。

2. 股票是一种要式证券

股票应当记载一定的事项,其内容应当全面真实,这些事项往往通过法律形式加以规定,如果缺少规定的要件,股票就没有法律效力。在我国,股票应具备《公司法》规定的有关内容,如果缺少规定的要件,股票就无法律效力。而且,股票的制作和发行必须经过证券主管机关的审核和批准,任何个人或者团体,不得擅自印制发行股票。

3. 股票是一种证权证券

证券可以分为设权证券和证权证券。设权证券是指证券所代表的权利本来不存在,而是随着证券的制作产生,即权利的发生是以证券的制作和存在为条件的。而证权证券是指证券是权利的一种物化的外在形式,它是权利的载体,权利是已经存在的。股票所代表的是股东权利,它的发行是以股份的存在为条件的,股票只是把已存在的股东权利表现为证券的形式,它的作用不是创造股东的权利,而是证明股东的权利。股东权利可以不随股票的损毁、遗失而消失,股东可以按照法律程序要求公司补发新的股票。所以说,股票是证权证券。

4. 股票是一种资本证券

股份公司发行股票是一种吸引认购者投资以筹措公司自有资本的手段,对于认购股票的人来说,购买股票就是一种投资行为。因此,股票是投入股份公司的资本份额的证券化,属于资本证券。

5. 股票是一种综合权利的证券

股票持有者作为股份公司的股东,享有独立的股东权利。股东权利是一种综合权利,包括出席股东大会、投票表决、分配股息和红利等权利。股东虽然是公司财产的所有人,享有种种权利,但对于公司的财产不能直接分配处理,而对财产的直接支配处理是物权证券的特征,所以股票不是物权证券。另外,一旦投资者购买了公司股票,他即成为公司部分财产的所有人,但该所有人在性质上是公司内部的构成分子,而不是与公司对立的债权人,因此,股票也不是债权证券。

(三)股票的特征

1. 收益性

收益性是指投资于股票可能得到的收益。此收益又分为两类:第一类来自股份公司分给投资者的红利和股息;第二类来自于股票流通中投资者获得的差价收益,这种差价收益也称为资本利得。

2. 风险性

证券投资风险是指预期收益的不确定性。尽管股票可能给持有者带来收益,但这种收益是不确定的,认购了股票就必须承担一定的风险。股东能否获得预期的股息和红利收益,取决于公司的盈利情况;当公司发生亏损时,股东要承担相应的有限责任,当公司破产时,可能连本金都不能完全收回。股票的市场价格会随着公司的盈利水平和市场利率而变化,同时也会受政治局势、社会因素、宏观经济状况的影响。如果股价下跌,股票持有者会因股票贬值而蒙受损失。由此可见,股票的风险性与收益性不仅是并存的,而且是对称的。从理论上讲,股票收益的大小与风险大小成正比例,但有时也是不对称的。

3. 流通性

流通性是指股票持有人可按自身的需要和市场的实际变动情况,灵活地转让股票以换取现金。在股票转让时,转让者收回投资(可能大于或小于原出资),而将股票所代表的股东身份及其各种权益让渡给受让者。许多国家不仅在法律上承认股票的可转让性,还允许通过有组织的市场来进行股票的买卖活动。股票持有者虽然不能直接向股份公司退股,但可以在股票交易市场上很方便地卖出股票进行变现,所以股票是流动性很高的证券。

4. 永久性

永久性是指股票所载有的有效性是始终不变的,投资者购买了股票就不能退股,因为它是一种无期限的法律凭证。股票的有效期与股份公司的存续期间相联系,两者是并存的关系。这种关系实质上反映了股东与股份公司之间比较稳定的经济关系。股票代表着股东的永久性投资,当然,股票持有者可以出售股票而转让其股东身份。对于股份公司来说,由于股东不能要求公司退股,所以通过发行股票筹集到的资金,在公司存续期间是一笔稳定的自有资本。

5. 参与性

参与性是股票的重要特征,是指股票持有者是股份公司的股东,可以参与公司的经营决策。基本方式是有权出席股东大会,通过选举公司董事来实现其参与权。不过,股东参与公司重大决策的权利大小取决于持有的股票数额,如果达到决策所需的有效多数,就有实际的最大决策权,能实质性地影响公司的经营方针。

二、股票的类型

(一)根据股东享有的权利不同分类

按股东享有的权利的不同,可分为普通股、优先股和后配股。

1. 普通股

普通股是随着企业利润变动而变动的一种股份,是股份公司资本构成中最普通、最基本的股份,是股份企业资金的基础部分。普通股的基本特征是其投资收益(股息和分红)不是在购买时约定,而是事后根据股票发行公司的经营业绩来确定。公司的经营业绩好,普通股的收益就高;反之,若经营业绩差,普通股的收益就低。普通股是股份公司资本构成中最重要、最基本的股份,也是风险最大的一种股份,但又是股票中最基本、最常见的一种。在我国上交所与深交所上市的股票都是普通股。

一般可把普通股的特点概括为如下4点。

(1)持有普通股的股东有权获得股利,但必须是在公司支付了债息和优先股的股息之后才能分得。普通股的股利是不固定的,一般视公司净利润的多少而定。当公司经营有方,利润不断递增时,普通股能够比优先股多分得股利,股利率甚至可以超过50%;但赶上公司经营不善的年头,也可能连一分钱都得不到,甚至可能连本也赔掉。

(2)当公司因破产或结业而进行清算时,普通股东有权分得公司剩余资产,但普通股东必须在公司的债权人、优先股股东之后才能分得财产,财产多时多分,少时少分,没有则只能作罢。由此可见,普通股东与公司的命运更加息息相关,荣辱与共。当公司获得暴利时,普通股东是主要的受益者;而当公司亏损时,他们又是主要的受损者。

（3）普通股东一般都拥有发言权和表决权，即有权就公司重大问题进行发言和投票表决。普通股东持有一股便有一股的投票权，持有两股者便有两股的投票权。任何普通股东都有资格参加公司最高级会议，即每年一次的股东大会，但如果不愿参加，也可以委托代理人来行使其投票权。

（4）普通股东一般具有优先认股权，即当公司增发新普通股时，现有股东有权优先（可能还以低价）购买新发行的股票，以保持其对企业所有权的原百分比不变，从而维持其在公司中的权益。例如，某公司原有 1 万股普通股，某普通股东拥有 100 股，占 1％，现在公司决定增发 10％的普通股，即增发 1000 股，那么该股东就有权以低于市价的价格购买其中 1％，即 10 股，以便保持他持有股票的比例不变。

在发行新股票时，具有优先认股权的股东既可以行使其优先认股权，认购新增发的股票，也可以出售、转让其认股权。当然，在股东认为购买新股无利可图，而转让或出售认股权又比较困难或获利甚微时，也可以听任优先认股权过期而失效。当公司提供认股权时，一般规定股权登记日期，股东只有在该日期内登记并缴付股款，才能取得认股权而优先认购新股。通常这种在股权登记日期内购买的股票又称为附权股，相对地，在股权登记日期以后购买的股票称为除权股，即股票出售时不再附有认股权。这样，在股权登记日期以后购买股票的投资不再附有认股权。因此，在股权登记日期以后购买股票的投资者（包括老股东），便无权以低价购进股票，此外，为了确保普通股权的权益，有的公司还发认股权证，即能够在一定时期内（或永久）以一定价格购买一定数目普通股份的凭证。一般公司的认股权证是和股票、债券一起发行的，这样可以更多地吸引投资者。

综上所述，由普通股的前两个特点不难看出，普通股的股利和剩余资产分配可能大起大落。因此，普通股东所担的风险大，普通股东当然也就更关心公司的经营状况和发展前景，而普通股的后两个特点恰恰使这一愿望变成现实，即提供和保证了普通股东关心公司经营状况与发展前景的权利的手段。然而，还值得注意的是，在普通股和优先股向一般投资者公开发行时，公司应使投资者感到普通股比优先股能获得较高的股利，否则，普通股既在投资上冒风险，又不能在股利上比优先股多得，那么还有谁愿购买普通股呢？一般公司发行优先股，主要是以"保险安全"型投资者为发行对象，对于那些比较富有"冒险精神"的投资者，普通股才更具魅力。总之，发行这两种不同性质的股票，目的在于更多地吸引具有不同兴趣的投资者。

2. 优先股

优先股是"普通股"的对称。它是股份公司发行的，在分配红利和剩余财产时比普通股具有优先权的股份。优先股也是一种没有期限的有权凭证，优先股股东一般不能在中途向公司要求退股（少数可赎回的优先股除外）。优先股的主要特征如下：一是优先股通常预先固定股息收益率。由于优先股股息率事先固定，所以优先股的股息一般不会根据公司经营情况而增减，而且一般也不能参与公司的分红，但优先股可以先于普通股获得股息。对公司来说，由于股息固定，因此它不影响公司的利润分配。二是优先股的权利范围小。优先股股东一般没有选举权和被选举权，对股份公司的重大经营无投票权，但在某些情况下可以享有投票权。

如果公司股东大会需要讨论与优先股有关的索偿权，优先股的索偿权先于普通股，而次于债权人,优先股的优先权主要表现在两个方面。

（1）股息领取优先权。股份公司分派股息的顺序是优先股在前,普通股在后。股份公司不论其盈利多少,只要股东大会决定分派股息,优先股就可按照事先确定的股息率领取股息,即使普遍减少或没有股息,优先股亦应照常分派股息。

（2）剩余资产分配优先权。股份公司在解散、破产清算时,优先股具有公司剩余资产的分配优先权,不过,优先股的优先分配权在债权人之后,而在普通股之前。只有还清公司债权人债务之后,有剩余资产时,优先股才具有剩余资产的分配权。只有在优先股索偿之后,普通股才可参与分配。

优先股的种类很多,为了适应一些专门想获取某些优先好处的投资者的需要,优先股有各种各样的分类方式,主要分类有以下几种。

（1）累积优先股和非累积优先股。累积优先股是指在某个营业年度内,如果公司所获的盈利不足以分派规定的股利,则日后优先股的股东对往年未付给的股息,有权要求如数补给。对于非累积的优先股,虽然对于公司当年所获得的利润有优先于普通股获得分派股息的权利,但若该年公司所获得的盈利不足以按规定的股利分配,则非累积优先股的股东不能要求公司在以后年度中予以补发。一般来讲,对投资者来说,累积优先股比非累积优先股具有更大的优越性。

（2）参与优先股与非参与优先股。当企业利润增大时,除享受既定比率的利息外,还可以跟普通股共同参与利润分配的优先股,称为参与优先股。除了既定股息外,不再参与利润分配的优先股,称为非参与优先股。一般来讲,参与优先股较非参与优先股对投资者更为有利。

（3）可转换优先股与不可转换优先股。可转换的优先股是指允许优先股持有人在特定条件下把优先股转换成为一定数额的普通股。否则,就是不可转换优先股。可转换优先股是近年来日益流行的一种优先股。

（4）可收回优先股与不可收回优先股。可收回优先股是指允许发行该类股票的公司,按原来的价格再加上若干补偿金将已发生的优先股收回。当该公司认为能够以较低股利的股票来代替已发生的优先股时,往往行使这种权利;反之,就是不可收回的优先股。

优先股的收回方式有以下 3 种。

（1）溢价方式。当公司在赎回优先股时,虽是按事先规定的价格进行,但由于这往往给投资者带来不便,因而发行公司常在优先股面值上再加一笔"溢价"。

（2）当公司在发行优先股时,从所获得的资金中提出一部分款项创立"偿债基金",专用于定期地赎回已发出的一部分优先股。

（3）转换方式,即优先股可按规定转换成普通股。虽然可转换的优先股本身构成优先股的一个种类,但在国外投资界,也常把它看成是一种实际上的收回优先股方式,只是这种收回的主动权在投资者而不在公司里,对投资者来说,在普通股的市价上升时这样做是十分有利的。

3. 后配股

后配股是指在利益或利息分红及剩余财产分配时比普通股处于劣势的股票,一般是在普通股分配之后,对剩余利益进行再分配。如果公司的盈利巨大,后配股的发行数量又很有限,则购买后配股的股东可以取得很高的收益。发行后配股,一般所筹措的资金不能立即产生收益,投资者的范围又受限制,因此利用率不高。后配股一般在下列情况下发行。

(1) 当公司为筹措扩充设备资金而发行新股票时,为了不减少对旧股的分红,在新设备正式投用前,将新股票作后配股发行。

(2) 当企业兼并时,为调整合并比例,向被兼并企业的股东交付一部分后配股。

(3) 在有政府投资的公司里,私人持有的股票股息达到一定水平之前,把政府持有的股票作为后配股。

(二) 根据上市地区分类

我国上市公司的股票有 A 股、B 股、H 股、S 股和 N 股等的区分。这一区分主要依据股票的上市地点和所面对的投资者而定。

1. A 股

A 股的正式名称是人民币普通股票。它是由我国境内的公司发行,供境内机构、组织或个人(不含台、港、澳投资者)以人民币认购和交易的普通股股票。

A 股主要有以下几个特点。

(1) 在我国境内发行且只允许本国投资者以人民币认购的普通股。

(2) 在公司发行的流通股中占最大比重的股票,也是流通性较好的股票,但多数公司的 A 股并不是公司发行最多的股票,因为目前我国的上市公司除了发行 A 股外,多数还有非流通的国家股或国有法人股等。

(3) 被认为是一种只注重盈利分配权,不注重管理权的股票,这主要是因为在股票市场上参与 A 股交易的人士,更多地关注 A 股买卖的差价,对于其代表的其他权利则并不上心。

2. B 股

B 股也称为人民币特种股票。它是指那些在中国内地注册、在中国内地上市的特种股票。以人民币标明面值,且只能以外币认购和交易。

3. H 股

H 股也称为国企股,是指国有企业在中国香港(Hong Kong)上市的股票。

4. S 股

S 股是指那些主要生产或者经营等核心业务在中国内地,而企业的注册地在新加坡(Singapore)或者其他国家或地区,但是在新加坡交易所上市挂牌的企业股票。

5. N 股

N 股是指那些在中国内地注册、在纽约(New York)上市的外资股。

(三) 根据资本主体不同分类

按投资主体不同可以分为国家股、法人股、公众股和外资股等。

1. 国家股

国家股是指有权代表国家投资的部门或机构以国有资产向股份公司投资形成的股

份。从本质上讲,国家产权的最终所有者应为全体人民,政府有关部门或机构只是代表全体人民在行使股东的权利,在国家股的经营管理上,要对全体人民负责。

国家股的基本来源有两条渠道:一是通过对原有国有企业的资产评估折股转化而来;二是通过国家资产管理部门的参股控股新创办股份公司的一定股份形成,它既可以用货币资金直接认购,也可以用国有土地或其他财产、知识产权入股。最初,国家股是不能上市流通的。

2. 法人股

法人股又称企业股,是企业法人以其依法可支配的资产向股份公司投资形成的股份或具有法人资格的事业单位和社会团体以国家允许经营的资产向股份公司投资形成的股份。

3. 公众股

公众股为个人投资后持有的股份。它由两部分组成:一是公司职工股,即股份公司向内部员工招募的股份。例如,美国、日本等西方国家实行"雇员股权计划"或"职工持股制度",将本公司的股票发给员工,强化职工与公司的联系。二是社会公众股,即股份制企业直接向社会招募的股份。

4. 外资股

外资股是指经批准,股份公司向外国和我国香港、澳门、台湾地区投资者发行的股票。这是我国股份公司吸引外资的一种方式。

(四)蓝筹股

在海外股票市场上,投资者把那些在其所属行业占有重要支配性地位、业绩优良、发展稳定、市值较大、红利丰厚、股性活跃的大公司股票称为蓝筹股。成熟证券市场上的蓝筹股一般具备如下特征。

(1)蓝筹股公司具有较好的盈利水平,投资回报相对稳定。

(2)蓝筹股公司具有较大的企业规模。蓝筹股公司一般具有巨大的股本规模,任何机构购买相当数量也不会对市场产生冲击。

(3)蓝筹股是股市上的"不倒翁"。由于蓝筹股所具有的优良业绩和巨大市值,使其在股票市场上发挥着"定海神针"的功效。尤其在股市低迷时期,蓝筹股更是成为机构投资者和各类基金重点吸纳的对象。

(4)蓝筹股公司具有极高的品牌价值。

(5)蓝筹股公司具有可预测性。在市场上被广为接受的蓝筹股,一般已经度过了它主要的高成长期,进入高成长的后期阶段,甚至是盈利的稳定阶段。它的基本面比较明朗,未来的发展一般具有可预测性。

(6)蓝筹股公司具有阶段性和时效性。随着产业的转型和经济发展的变化,蓝筹股公司也会经历从成长到衰退的生命周期,其绩优只能是一段时期的绩优,不可能长期都是绩优。

(五)成长股

成长类股票是指业绩持续成长,速度高于整个国家经济及其所在行业增长水平,并且股本有很大扩张空间的公司所发行的股票。这类公司一般处于新经济产业。其中,被誉为"优质成长股票"一族,又被称为"一次性决策股票",即对这类股票投资人可以在最初买入时进行一次性决策,此后一直持有。特别需要指出的是,实际上对股票成长性的界定往往是十分困难的,常常会遇到成长"陷阱"或成长断层。在我国,由于国民经济的快速持续增长,故涌现出许多优秀的成长股票。

第二节　债　券

一、债券的定义和特征

(一)债券的定义

债券是各类经济主体向投资者出具的、承诺按一定利率支付利息、到期还本付息的债权债务凭证,是历史上最早发行的证券。它有 4 个方面的含义:第一,发行人是借入资金的经济主体;第二,投资者是出借资金的经济主体;第三,发行人需要在一定时期付息还本;第四,反映了发行者和投资者之间的债权债务关系,而其本身是这一关系的法律凭证。

作为有价证券,债券基本要素包括票面价值、票面利率、偿还期限(包括还本和付息方式)和发行主体。

(二)债券的主要特征

债券既具有证券的特点,又具有自身的特点,其主要特征表现如下。

1. 流动性

流动性是指债券持有人可按自己的需要和市场的实际状况,灵活地转让债券收回本金。流动性首先取决于市场对债券转让所提供的便利程度;其次,还表现为债券在迅速转变为货币时,是否在以货币计算的价值上蒙受损失。

2. 安全性

安全性是指债券持有人的收益相对固定,不随发行者经营收益的变动而变动,并且可按期收回本金。与股票相比,债券的投资风险较小。一般说来,具有高度流动性的债券是较安全的,因为它可以按一个较稳定的价格迅速地转换为货币。债券投资不能按时收回有两种情况:第一,债务人不履行债务,即债务人不能按时履行约定的利息支付或者偿还本金。通常情况下,政府债券的风险低于金融债券和企业债券;第二,流通市场风险,即债券在市场上转让时因价格下跌而承受的损失。

3. 收益性

收益性是指债券能为投资者带来一定的收入。这种收入主要表现为利息,即债券投资的报酬。表现为两种形式:一是债权人将债券一直保持到期满日为止,这样,在持有债券的期限内,其可以按约定的条件分期分次取得利息或到期一次取得利息;二是债权人在债券期满之前将债券转让,这样,就有可能获得超过购入时债券价格的价差。但是,由于市场利率会不断变化,债券在市场上的转让价格将随着市场利率的升降而上下波动。一般当市场利率下降时,债券的市场价格便会上涨;当利率上升时,债券的市场价格则下降。因此,债券持有者能否获得以及获得多少资本利得要视市场情况而定。

二、债券的分类

(一) 按发行主体分类

按发行主体分,债券可分为政府债券、金融债券和公司债券。

(1) 政府债券。它是指政府为筹措财政资金,凭其信誉按照一定程序向投资者出具的,承诺在一定时期支付利息和到期偿还本金的一种格式化的债权债务凭证,依政府债券的发行主体不同,政府债券又可分为中央政府债券和地方政府债券。与其他债券不同,公债享受免税待遇。

中央政府发行的债券通常称为国债。国债的发行量大、品种多,是债券市场上最主要的投资工具。我国政府于 1981 年恢复发行国债,从 1995 年开始,我国发行的国债券就不再称为国库券,而改称为"无记名国债"、"凭证式国债"、"记账式国债"。

地方政府债券是由地方政府发行并偿还的债券,简称地方债券,也可称为地方公债或地方债。它是地方政府根据本地区经济发展和资金发展状况,以承担还本付息为前提,向社会筹集资金的债务凭证,筹集的资金一般用于弥补地方财政资金的不足,或者地方兴建大型项目。我国 1995 年起实施的《预算法》规定,地方政府不得发行地方政府债券。因此,目前仅限于中央政府债券。近些年国债发行总规模中有少量中央政府代地方政府发行的债券,其中,2001 年为 400 亿元,2002 年为 250 亿元,2003 年为 250 亿元,2004 年为 150 亿元,2005 年为 100 亿元。

(2) 金融债券。它是指由银行和非银行金融机构为筹措长期资金而发行的债务债权凭证,其主要目的是改变资产负债结构,或者用于某种特定用途,或者用以增加资金来源,是金融机构传统的融资工具。其资信度较高、利率也不低,一般为中长期债券。它具有专用性、集中性、流动性和利率较高的特征。我国 1985 年首次发行金融债券,1987 年金融债券首次流通。我国 2004 年发行政策性金融债券 4452.2 亿元,2005 年为 6068 亿元,2006 年为 8996 亿元。

(3) 公司债券。公司债券又称企业债券,是指公司依照法定程序发行并约定在一定期限还本付息的有价证券。它属于债券体系中的一个品种,表示发行债券的公司和债券投资者之间的债权债务关系。公司债券一般用于筹措长期资金、扩大经营规模,因此期限较长。

我国的公司债券是从 1984 年开始的。据统计,截至 2003 年 12 月底,我国企业债券累计发行 2600 多亿元。2004 年,我国共有 15 家企业发行 19 期企业债券,发行额为 326.2 亿元。2005 年我国共发行中央企业债券 36 期,发行额 644 亿元;地方企业债券 1 期,发行额为 10 亿元。2006 年我国共发行中央企业债券 19 期,发行额 652 亿元;地方企业债券 30 期,发行额为 343 亿元。

(二) 按有无担保抵押分类

按有无担保抵押分,债券可分为信用债券、担保债券和抵押债券。

（1）信用债券。它是指仅凭债务人的信用发行的，没有抵押品作担保的债券，如国债等。

（2）担保债券。它是指有第三者担保偿还本息的债券。

（3）抵押债券。它是指以抵押财产为担保所发行的债券。

（三）按利息支付方式分类

按利息支付方式分，债券可分为附息债券、贴息（贴水）债券、到期一次性还本付息债券和累进利率债券。

（1）附息债券。它是指附有各种息票的中长期债券，发行公司凭从债券上剪下来的当期息票支付利息。

（2）贴息（贴水）债券。它是指按低于债券面值的价格发行，到期不另以付息的债券。

（3）到期一次性还本付息债券。它是指在债务期间不支付利息，只到债务期满后按规定的利率一次性向持有人还本付息的债券。

（4）累进利率债券。它是指随着债券期限增加，其利率累进增加的债券。

（四）按利率是否固定分类

按利率是否固定分，债券可分为固定利率债券和浮动利率债券。

（1）固定利率债券。它是指在偿还期利率不变的债券。在偿还期内，无论市场利率如何变化，债券持有人将按债券票面载明的利率获取利息。它既可能带来额外的收益，也可能带来额外的风险。

（2）浮动利率债券。这种债券不规定固定的利率，而是以事先确定的某一市场利率作为参考指标，随参考指标的变化而变化。因此，也称之为指数债券，在欧洲很流行。

（五）按债券形态分类

按债券形态分，债券可分为实物债券、凭证式债券和记账式债券。

（1）实物债券。它是一种具有标准格式实物券面的债券，是一般意义上的债券。它以实物债券形式记录债权，面值不等，不记名，不挂失，可上市流通。因其发行成本较高，目前已不再采用。

（2）凭证式债券。它的形式是一种债权人认购债券的收款凭证，而不是债券发行人制定的标准格式的债券。它是一种国家储蓄债，可记名、挂失，以"凭证式国债收款凭证"记录债权，不能上市流通，从购买之日起计息。

（3）记账式债券。它是没有实物形态的债券，而是在电脑账户中作记录，以记账形式记录债权，通过证券交易所的交易系统发行和交易。可以记名、挂失。投资者进行记账式国债买卖，必须在证券交易所设立账户。

（六）按募集方式分类

按募集方式分，债券可分为公募债券和私募债券。

（1）公募债券。它是指以不特定多数投资者为对象而广泛募集的债券。

（2）私募债券。它不是面向广大一般投资者,而是面向与发行人有特定关系的投资者发行的债券。

（七）按记名与否分类

按记名与否分,债券可分为记名债券、无记名债券和注册债券。

（1）记名债券。它是指在券面注明债权人姓名,同时在发行公司的账簿上作同样登记的债券。

（2）无记名债券。它是指券面上不注明债权人姓名,也不在发行公司账簿上登记债权人姓名的债券。

（3）注册债券,也称登记债券。它是指在注册机构(一般为发行公司委托的金融机构,如证券公司)登记注册的债券。注册机构给债权人注册证书以代替发行债券本身。

（八）按市场所在地和债券面额货币分类

按市场所在地和债券面额货币分,债券可分为国内债券和国际债券。

（1）国内债券。国内债券是指在本国境内发行,以本国货币为面额的债券。

（2）国际债券。国际债券是指一国借款人在国际市场上,以外国货币为面值,向外国投资者发行的债券。国际债券可以分为外国债券和欧洲债券两种。外国债券是指某一国借款人在本国以外的某一国家发行以该国货币为面值的债券。欧洲债券是指借款人在本国境外市场发行的,不以发行市场所在国货币为面值的国际债券。

三、债券与股票的区别

股票与债券都是投资者进行长期投资的金融工具,也是筹资者用以进行筹资的对象,它们都是有价证券,都具有获得一定收益的权利,且两者的收益率相互影响,并可以进行转让买卖,这是两者的相同处。股票是股权证券,它体现的是一种产权关系。债券是债权凭证,体现的是一种债权债务关系,这是两者最根本的区别。两者的主要区别如下。

（1）两者的权利不同。债券是债务凭证,债券持有者与债券发行人之间是债权债务关系,债券持有者只可近期获取利息及到期收回本金,而无权参与公司的经营决策。股票则不同,股票是所有权凭证,股票拥有者是发行股票公司的股东,股东一般拥有投票权,可以通过选举董事行使对公司的经营决策权和监督权。

（2）两者的目的不同。发行债券是公司追加资金的需要,它属于公司负债而不是资本金,而发行股票是股份公司创立和增加公司资本的需要,筹措的资金归入公司资本。而且,有资格发行债券的经济主体很多,中央政府、地方政府、金融机构、公司等一般都可以发行债券,但能发行股票的经济主体只是能股份公司。

（3）两者的期限不同。债券一般有规定的偿还期,期满时债务人必须按时归还本金,因此,债券是一种有期投资。股票通常是不能偿还的,一旦投资入股,股东便不能从股份公司抽回本金,因此股票是一种无期投资,或称永久投资。当然,股票持有者可以通过市场转让收回投资资金。

（4）两者的收益不同。债券有规定的利率,可以获得固定的利息,而股票的红利和股息不固定,一般视公司经营情况而定。

（5）两者的风险不同。债券的风险比较小,而股票的风险比较大。这是因为：第一,债券利息是公司的固定支出,属于费用范围;股票的股息红利是公司利润的一部分,公司有盈利才能支付,而且支付顺序列在债券利息和纳税之后;第二,倘若公司破产,清理资产有余额偿还时,债券偿付在前,股票偿付在后;第三,在二级市场上,债券因其利率固定、期限固定,因此市场价格也较稳定,而股票无固定期限和利率,因此受宏观因素和微观因素影响比较大,其市场价格波动频率、涨跌幅度也比较大。

第三节　证券投资基金

投资基金是国际流行的证券商品,也是我国在今后一段时间内将大力发展的证券品种。投资基金具有降低投资风险、稳定证券市场的功能,但在失控的情况下,它也会造成很大的危害。

一、证券投资基金的定义、性质、作用与特征

（一）证券投资基金的定义

证券投资基金是通过发售基金份额,将众多投资者分散的资金集中起来,形成独立财产,由基金托管人托管,由基金管理人分散投资于股票、债券或其他金融资产,并将投资收益分配给基金份额持有人的集合投资方式。

（二）证券投资基金的性质

证券投资基金是一种金融工具,同时又是证券市场的机构投资者,可以说,它集投资主体、投资客体和金融中介于一身。证券投资基金的性质主要有以下两点。

（1）证券投资基金体现了一种信托关系,属于金融信托。证券投资基金是基于信托关系而成立的。信托关系是一种特殊的委托——代理关系。基金管理人和基金托管人作为代理人,为委托人——基金持有人利益的最大化而运作和保管基金资产。

（2）证券投资基金是一种间接投资工具。基金份额是一种金融工具。一般来说,证券投资基金所筹集到的资金,不直接用于实体经济,而是投向有价证券,基金投资者则以购买基金份额的方式间接进行证券投资。因此,相对于股票和债券这些直接投资工具而言,证券投资基金是间接投资工具。

（三）证券投资基金的特征

尽管世界各国或地区对证券投资基金的称谓不同,但是它们具有一些共同的特点,主要有以下几点。

1. 集合投资，体现规模优势

证券投资基金将众多投资者的小额资金集中起来，表现出集合投资的特点。单个投资者由于资金规模较小，因此在投资时往往交易量较小，而导致较高的交易成本。而证券投资基金可以发挥资金的规模优势，显著地降低了交易成本，从而使中小投资者也能实现与机构投资者类似的规模效益。

2. 组合投资，分散非系统风险

现代证券投资理论表明，单个证券的风险包括系统风险和非系统风险，不同证券的非系统风险不尽相同，如果能构造一个充分分散化的证券组合，那么组合中各证券的非系统风险就可以相互抵消，从而使证券组合的总风险大大低于单个证券的风险。中小投资者如果要投资多种证券，或者会被资金规模所限，或者会有高额的交易成本。证券投资基金则可以同时投资于数十种，甚至上百种证券，使基金所持有的证券组合的非系统风险充分分散。中小投资者若投资于证券投资基金，就相当于用少量的资金购买了一揽子证券，从而能降低投资的非系统风险。

3. 专家管理，服务专业化

证券投资基金由专业的基金管理人进行投资管理。基金管理人比一般的中小投资者在信息、经验、时间、研究能力和投资技巧等方面更具有优势，同时，证券投资基金从发行、交易、申购赎回到收益分配和再投资都有专门的机构负责办理，因此，基金投资者能享受到专业化的投资管理和服务所带来的好处。

4. 监管严格，信息披露透明

证券投资基金拥有较大的资金量，其交易行为会对市场产生一定的影响，因此各国的法律、法规都对基金业实行严格的监管。基金发起人、管理人、托管人的资格和职责，基金的投资对象和数量，基金的交易行为都有一定的限制。同时，关于证券投资基金的多种信息都会被要求进行及时规范的披露，从而有效地保护了基金持有人的利益。

5. 资产管理和财产保管相分离

证券投资基金的管理人只负责基金的投资运作，而并不处理基金财产的保管。基金财产则由独立于基金管理人的基金托管人负责保管。资产管理和财产保管相分离，使基金管理人和基金托管人能相互监督、相互制衡，从而减少损害基金持有人利益的行为。

（四）证券投资基金的作用

证券投资基金的上述性质和特征，使基金在资本市场中发挥重要的作用。

（1）证券投资基金成为中小投资者和资本市场的金融媒介。中小投资者由于资金规模小，交易成本高，信息、时间不充裕，通常只能投资于少量证券，而且很难取得较好的投资收益，同时还要承受较大的非系统风险。而证券投资基金汇集了众多中小投资者的资金，由专业的管理机构进行组合投资，其交易的品种可以多达上百种，从而拓宽了中小投资者参与资本市场的渠道，成为中小投资者和资本市场之间一种高效的媒介。

（2）证券投资基金有利于证券市场的稳定和发展。

① 证券投资基金的投资和管理由专业的基金管理人实施，他们在进行证券选择时会进行深入的投资分析，其较高的研究水平会促进信息的有效传播，从而使证券的错误定价

大大减少,并提高市场的效率。

② 证券投资基金的发展有助于抑制市场的过度投机。证券投资基金作为机构投资者,投资行为比较理性和成熟。证券投资基金的发展可以有效地改善以个人投资者为主的投资者结构,抑制由于个人投资者的盲目行为带来的市场异常波动。同时,证券投资基金投资理念的示范效应在一定程度上能教育个人投资者树立理性的投资理念,从而促进市场的稳定。

③ 证券投资基金由于持有上市公司的股权比例比一般的个人投资者要大得多,因此可以对上市公司起到一定的监督作用,促进上市公司改善治理结构,提高经营业绩,减少侵害投资者利益的行为。

④ 证券投资基金在发展的过程中,为了拓展投资对象,不断对资本市场的制度和产品创新提出要求,从而提高了资本市场的广度和深度。

(3) 证券投资基金间接推动了社会经济的增长。证券投资基金将筹集到的中小投资者的资金汇集起来投资于证券市场,间接地为企业的直接融资提供了资金来源,从而将储蓄资金转化为生产资金,通过有效的资源配置,促进了产业结构的优化,推动了社会经济的稳定增长。

(4) 证券投资基金的发展推动了资本市场的国际化。在金融全球化的浪潮中,一国的资本市场已经不可能完全封闭。一方面,对于一些国家或地区,特别是一些新兴市场而言,如何开放资本市场是个关系到国家金融安全的问题。如果直接让境外投资者进入新兴资本市场,缺乏完善制度的新兴市场就会蕴涵巨大的风险。另一方面,如果让新兴市场的投资者直接投资于境外成熟的资本市场,他们不成熟的投资理念和对交易制度和产品的不熟悉致使得他们不具备防范风险的能力,从而可能遭受巨额损失。在条件不成熟的情况下,不管是直接"请进来"还是"走出去"都可能使新兴资本市场的国际化遭受重大挫折。如果新兴市场国家和地区通过有限制地在境外发售基金份额然后投资于境内市场,既可以起到吸引外资的作用,又限制了境外资金的投机行为。同样,在境内发行证券投资基金,由专业的管理人员投资于境外成熟市场,个人投资者就能够分享境外市场的收益,同时又不会承担过大的风险。因此,以证券投资基金的形式逐步加强境内与境外市场的资本流动,是新兴资本市场国际化的必要步骤。

二、证券投资基金的分类

证券投资基金按不同的分类标准有不同的分类方法。

(一) 根据组织形式不同分类

根据组织形式的不同,分为契约型基金和公司型基金。

契约型基金是基于一定的信托契约进行代理投资的组织形式,通过基金投资者、基金管理人、基金托管人签订基金契约而设立的。基金契约是一种信托合同,基金投资者作为委托人,将自有资金委托基金管理人进行投资运作,并委托基金托管人保管基金财产。基金管理人和基金托管人依据基金契约进行运作,基金投资者依据基金契约分享投资收益。

公司型基金是依据公司法和基金公司章程,通过向基金投资人募集基金股份而设立的。在公司型基金中,投资者是基金公司的股东,享有股东权,其按所持基金股份分享投资收益,并承担有限责任。公司型基金在形式上类似于一般的股份公司,只是它通常不像普通的股份公司一样直接经营和管理资产,而是委托基金管理公司作为专业机构来经营和管理资产。

契约型基金和公司型基金的主要区别有以下几个方面。

1. 基金资产的性质不同

契约型基金不具备法人资格,基金的资产是通过发行基金份额而筹集起来的信托财产;而公司型基金具备法人资格,基金的资产是通过发行基金股份而筹集起来的,是公司的权益资本。公司型基金在必要时可向银行借款或发行债券融资,而契约型基金的外部融资受到较大限制。

2. 投资者的地位不同

契约型基金的投资者是基金契约的委托人和受益人,但是其对基金资产没有直接的管理权;公司型基金的投资者是基金公司的股东,其可通过股东大会实现对基金资产管理事务的决策。因此一般而言,公司型基金的投资者比契约型基金的投资者享有更大的权力。

3. 基金运作的依据不同

契约型基金依据基金契约进行运作,公司型基金依据《公司法》和基金公司的章程进行运作。

4. 基金的期限不同

一般来说,契约型基金的期限由基金契约所约定;而公司型基金作为一个法人,只要持续经营下去,就没有到期日。

契约型基金和公司型基金的区别并不代表它们之间孰优孰劣,事实上,契约型基金和公司型基金在世界许多国家或地区的市场上是并存的,只是相对数量不同而已。美国的共同基金大多是公司型的,而我国到 2009 年年底为止所设立的证券投资基金都是契约型基金。

(二) 根据基金运作方式不同分类

根据基金运作方式不同,分为封闭式基金和开放式基金。

封闭式基金是指经核准的基金份额总额在基金合同期限内固定不变,基金份额可以在依法设立的证券交易场所交易,但基金份额持有人不得申请赎回的基金运作方式。

开放式基金是指基金份额总额不固定,基金份额可以在基金合同约定的时间和场所申购或赎回的基金运作方式。

封闭式基金和开放式基金在运作中,存在着很多区别。

1. 存续期不同

封闭式基金有一定的存续期,也称为封闭期;而开放式基金一般没有期限限制,如果没有特殊情况,可以一直运作下去。《中华人民共和国证券投资基金法》规定,封闭式基金在存续期结束后,可以进行展期、扩募或转换为开放式基金。目前,我国的封闭式基金的存续期大多在 15 年左右。

2. 规模不同

封闭式基金一经募集成立,其规模在存续期内一般不能改变;而开放式基金则没有规模的限制,投资者可以通过一定的程序随时进行申购和赎回,基金也因此发生变动。目前,我国的封闭式基金的规模在 5 亿份～30 亿份,而开放式基金的规模差异很大。

3. 交易方式和场所不同

当封闭式基金募集完成后,在证券交易所挂牌交易,投资者只能按市场价格进行买卖,交易通过经纪人在投资者之间完成;开放式基金的投资人按照基金合同的规定,在规定的时间和场所向基金管理人或基金的代理销售机构进行申购和赎回,交易在投资者和基金管理人之间完成。目前在我国,除了上市型开放式基金(LOF)以外,开放式基金一般不在证券交易所交易,投资者除了可以到基金管理人设立的直销中心买卖开放式基金以外,还可以通过基金管理人委托的证券公司、商业银行等代销机构进行开放式基金的申购和赎回。

4. 基金价格的形成方式不同

封闭式基金的交易价格除了受基金净值的影响外,还受到二级市场供求关系的影响。当二级市场上供不应求时,封闭式基金的价格有可能超过其份额净值,出现溢价交易的现象;相反,若二级市场上供过于求,封闭式基金的价格就有可能低于其份额净值,出现折价交易的现象。开放式基金由于不在证券交易所交易,其买卖价格直接以基金份额净值为基础,不存在溢价或折价。我国在封闭式基金的初创期,绝大多数的基金是溢价交易的。近年来,封闭式基金的溢价逐步消失,并转为折价交易,最近一两年封闭式基金的折价率有不断攀升之势。

5. 信息披露要求不同

为满足投资者申购和赎回的需要,开放式基金必须每个开放日公布基金份额净值;而封闭式基金只需每周公布一次基金份额净值即可。

6. 基金的激励约束机制和基金的投资策略不同

一方面,由于封闭式基金的规模固定,因此即使其投资业绩较好也不能吸引新资金的流入,从而为基金管理人增加管理费收入;另一方面,如果基金的投资业绩不尽如人意,投资者也不能通过赎回基金份额使基金规模下降,从而减少基金管理人的管理费收入。与此不同的是,开放式基金的业绩表现决定了申购和赎回的份额,特别是当基金业绩不理想时,基金经理可能会面临着巨额赎回的压力,因此,相对于封闭式基金而言,开放式基金的激励机制更有效。

但也正是这种激励约束机制使得开放式基金和封闭式基金的投资策略会有所不同。资产的流动性和收益性往往是成反比的。开放式基金因为面临随时可能的赎回,因此必须保留一定的现金,并持有一些流动性好的证券以应付赎回;同时,由于随时有不可预知的申购资金流入,因此开放式基金资产的收益性会受到一定的不利影响。相对而言,封闭式基金规模固定,基金管理人没有赎回压力,因此可以投资于一些流动性差,但收益性高的资产,从而提高基金的长期业绩。

（三）根据募集方式不同分类

根据募集方式的不同,分为公募基金和私募基金。

公募基金是指面向社会公开发售基金份额的基金;私募基金则是指采取非公开方式向特定投资者发行的基金。

公募基金和私募基金的主要区别如下。

(1)公募基金募集的对象通常是不固定的;而私募基金募集的对象通常是特定的,并受严格限制。

(2)公募基金的最小投资金额要求较低,而且投资者众多;而私募基金要求比较高的最低投资金额,同时投资者人数不会很多,一般达到设定的上限就会停止募集。

(3)公募基金的运作必须严格遵循法律和相关法规的规定,并受到监管部门的严格监管,且必须按规定披露相关信息,因此一般投向中低风险的产品;而私募基金受到的管制较少,不需要公开披露信息,因此往往会投向衍生金融工具等高风险产品。

截至目前,我国并没有为私募基金的合规性立法,但是私募基金却广泛存在着。

(四)根据投资目标不同分类

根据投资目标的不同,分为收入型基金、成长型基金和平衡型基金。

收入型基金是以获取最大的当期收入为目标的基金,特点是风险较小,但长期成长的潜力也较小。收入型基金主要投向政府债券、公司债券和高比例分红的大盘蓝筹股。

成长型基金是以追求资本的长期增值为目标的基金,特点是能获取较大的收益,但风险较大。成长型基金主要投向新兴行业中有成长潜力的中小企业。成长型基金还可以进一步分为积极成长型基金和稳健成长型基金等。

平衡型基金则介于收入型基金和成长型基金两者之间,既注重当期收入,又追求资本的长期增值,收益和风险都适中。

(五)根据投资对象不同分类

根据投资对象的不同,分为股票型基金、债券型基金、混合基金和货币市场基金等。

股票型基金是指以股票为主要投资对象的基金。根据投资股票的不同特性,股票型基金还可以作进一步细分。例如,根据其所投资股票平均市值的大小不同,可以将股票型基金细分为大盘基金、中盘基金、小盘基金。

债券型基金是指主要以各种债券为投资对象的基金。根据投资债券类型的不同,还可以细分为国债基金、公司债基金和可转换债券基金等。

混合基金是指同时投资于股票和债券的基金。根据股票和债券在混合基金中比例的不同,这类基金还可以进一步细分为偏股型基金、偏债型基金和配置型基金。

货币市场基金是指投资于货币市场中高流动性证券的基金,这些证券包括国库券、大额可转让定期存单、商业票据、承兑汇票、银行同业拆借、回购协议等。货币市场基金的最大特点是投资收益可自动转成新的基金份额。

除此之外,还有投资于贵金属及与贵金属有关的有价证券的贵金属基金,投资于期货、期权等衍生证券的衍生产品基金等。

（六）根据资金来源或资金投向的地域不同分类

根据资金来源或资金投向的地域不同，分为国内基金、国际基金、区域基金、环球基金、离岸基金和海外基金。

国内基金是指仅投资于国内有价证券，且投资者多为本国居民的投资基金。

国际基金是指在境内发行基金份额筹集资金，然后投资于境外某一特定国家或地区资本市场的投资基金。国际基金可以为本国投资者带来更多的投资机会和在更大范围内分散风险。国际基金还可以分为区域基金和环球基金。

区域基金是指把资金分散投资于某一地区各个不同国家资本市场的投资基金。

环球基金也称全球基金，它不限定国家或地区，将资金分散投资于全世界各主要资本市场，从而最大限度地分散了风险。

离岸基金是指从境外募集资金，并投资于境外金融市场的基金。离岸基金的注册登记一般在素有"避税天堂"之称的离岸金融中心，因为这些国家或地区对个人投资的所得都不征税。

海外基金是指从境外募集资金投资于国内金融市场的基金。海外基金是资本市场没有对外开放或实行外汇管制的发展中国家利用外资的一种方式。

（七）其他特殊类型的基金

1. 对冲基金

对冲基金（Hedge Fund）的本义是指利用各种衍生工具，对所持资产组合进行套期保值，从而有效控制风险的基金。但近年来，"对冲基金"的名称的适用范围已大大扩大。如今，对冲基金泛指以追求最大绝对收益为目标的基金。它们采取各种策略，也许有时并不进行套期保值。大部分对冲基金采取合伙制、有限责任公司或是离岸公司的形式。一般来说，采用合伙制的对冲基金不受监管部门的管制，但与此同时风险也很大。因此，合伙制的对冲基金与私募基金相似，会限定投资者人数，规定最低投资限额，并且不允许做广告宣传。

2. 指数基金

指数基金设立的动机是源于资本市场的有效性，是一种被动投资型的基金。如果基金管理人相信市场是有效的，那么任何试图战胜市场而获取超额收益的行为都是徒劳的。因此，选择某一市场指数作为特定的基准指数，构造一个投资组合，以该指数中各成分证券的相对权重作为投资组合中各证券的相对权重，就能复制基准指数的收益。只要指数成分证券不发生频繁变动，基金管理人就无须花大量精力来调整投资组合。对于投资者而言，指数基金除了能获得与基准指数大致相当的收益之外，另一重要优势就是管理费用低廉。

3. 伞形基金

伞形基金又称为伞形结构基金、系列基金，它是指多个基金共用一个基金合同，子基金独立运作、子基金之间可以进行相互转换的一种基金结构形式。通常，各子基金投资对象或投资风险有较大差异，子基金之间相互转换的费用比较低廉。这两个设计特点是为了使基金投资人在赎回某一子基金时,可方便地转换为另一风格的子基金,因而仍将资金留在该伞形基金内。举例来说,假设某伞形基金下设股票型基金和债券型基金,某一投资者持有股票型基金。如果投资者预期股市将下跌而债市将上升,其势必会选择赎回股票型基金而申购债券型基金。如果转换费用低于其他债券基金的申购费用,该投资者就会将股票型基金转换成该伞形基金下的债券型基金,从而使现金继续留在该伞形基金中。伞形基金并不是某一具体的基金,而是允许投资者在同一基金管理人管理的系列子基金间转换的基金运营方式,这一特点给开放式基金的流动性风险管理带来了极大的好处。

4. 基金中的基金

基金中的基金是指以其他证券投资基金为投资对象的基金。基金中的基金风险较小,收益较低,费用较高。《中华人民共和国证券投资基金法》规定,基金之间不得相互投资,因此我国没有正式意义上的基金中的基金。但一些金融机构推出的以证券投资基金为投资对象的理财产品,其性质类似基金中的基金。

5. 保本基金

保本基金是指通过投资组合保险技术,保证基金投资要在投资到期日能收回全部或大部分本金,并可能有超额收益的证券投资基金。

保本基金为了能实现收回本金的目标,通常会将大部分资金投资于到期日与基金投资到期日一致的债券。同时,为了使收益水平提高,保本基金将剩余资金投资于股票等风险资产。在股票预期收益变化的情况下,保本基金会主动调整资产中债券和股票的比例,从而确保到期收回本金。

保本基金主要适合比较谨慎、稳健的投资者。在股票市场整体走弱时,保本基金比较受欢迎。

6. 专门基金

专门基金不是一个独立的基金类别,它是从股票型或债券型基金中发展起来的,投资于特定行业或特定证券的基金。例如,投资于高新技术行业的高新技术股票基金、投资于小流通市值股票的小盘股基金、投资于可转换债券的可转换债券基金等,都属于专门基金。专门基金一般风险较大,但通常也能带来高额的收益,它的业绩往往受到经济周期中各行业兴衰的影响,比较适合激进的投资者。2003年以来,我国的开放式基金中出现了不少有特色的专门基金,有投资于消费品行业的消费品基金、投资于基础设施行业的基础行业基金、投资于中小市值股票的小盘股基金、投资于可转换债券的可转换债券基金等。

7. 交易所交易基金

(1) 交易所交易基金的定义及发展。从广义上说,交易所交易基金(ETF)包括所有在有组织的证券交易所交易的基金,但通常所说的ETF专指可以在证券交易所上市交易的开放式基金。ETF以复制和追踪某一市场指数(主要是股票指数)为目标,通过充分分散化的投资策略降低非系统风险,通过消极管理的方式最大限度地降低交易成本,以取得市场平均收益水平。

现存最早的ETF是美国证券交易所(AMEX)于1993年推出的标准普尔存托凭证(SPDR)。根据摩根斯坦利的研究报告,截至2004年6月30日,全球交易所交易基金已达304家,在全球27家交易所上市交易,管理的资产规模超过2464亿美元。在亚洲地区,自1999年中国香港推出盈富基金以来,新加坡、日本、中国台湾等国家或地区的交易所也纷纷推出了交易所交易基金产品。我国第一只ETF是2004年年底设立的上证50ETF。

(2)交易所交易基金的运作。

① 交易所交易基金的设立。ETF一般由证券交易所或大型基金管理公司、证券公司发起设立。其设立步骤如:首先,投资人向ETF的发起人交付一定金额的股票篮子。该股票篮子中各股票的权重与基准指数中各成分股票的权重完全一致。然后,ETF的发起人将众多投资者交付的股票篮子汇合在一起,并将其交付给银行、信托投资公司等机构托管,从而形成信托资产。最后,ETF的发起人以此为实物担保向投资人发行ETF。每一份ETF都代表了成分指数中每一种股票的特定数量,这样就相当于将整个股票篮子进行了分割。

② 交易所交易基金的交易。ETF的最特别之处就在于它的双重交易机制——一级市场的交易和二级市场的交易。

ETF的一级市场交易是指ETF的申购和赎回。投资者在进行申购和赎回时,使用和得到的是一篮子股票。与ETF设立时一样,这一股票篮子中的股票品种和各股票的权重与基准指数中各成分股的权重相一致。具体地说,当投资者申购ETF时,先要到股票市场上去购买一篮子股票交给发起人,发起人根据股票篮子的市值和ETF的实时净值,将相应数量的ETF份额交给投资者。当投资者赎回ETF时,将一定份额的ETF交给发起人,换回一篮子成分股。这样的申购、赎回机制,使得ETF的管理人不必为应付投资者的赎回而保留大量现金。由于买卖一篮子股票会使交易成本大大上升,因此ETF的申购、赎回的最低份额必须达到一个相当大的数目。ETF的一级市场交易主要由机构投资者参与。

ETF的二级市场交易是指ETF在证券交易所挂牌上市。投资者可以通过经纪人在证券交易所内购买和出售ETF份额。为了能吸引更多中小投资者参与交易,机构投资者一般会通过一级市场上申购的ETF份额进行分拆。因此,ETF的二级市场的最低交易份额数要比一级市场小得多。

从ETF的双重交易机制可以看出,ETF的一级市场交易是在投资者和基金管理公司间进行的,而其二级市场交易则在投资者之间进行。

③ 交易所交易基金的套利。由于ETF具有双重交易机制,因此当ETF的二级市场交易价格与其份额净值不一致时,投资者可以通过套利赚取利润。

以下举例说明ETF的套利过程。假设在某一时点上,ETF份额的净值为1.35元,其二级市场价格为1.40元,即ETF溢价交易。又假设ETF在一级市场的最低申购、赎回份额为100万份,并且不考虑交易成本。套利者可以进行如下操作:首先,在股票市场上买入价值为135万元的一篮子成分股票,接着用这一股票篮子在一级市场上以1.35元的净值申购ETF,共得到100万份。然后,将这100万份ETF在二级市场上以1.40元的价格卖出,得到140万元,扣除135万元的初始投资成本,获取套利利润5万元。可见,当ETF溢价交易时,可以通过上述步骤进行套利;反之,当ETF折价交易时,可在二级市场上以市价购入ETF份额,到一级市场以净值赎回,换成一篮子股票,并将股票出售,同样可以获得套利利润。

正是由于这种套利机制的存在,一般来说,ETF 的二级市场交易价格与其净值的偏离不会太大。

ETF 的交易机制使 ETF 集传统的封闭式基金和开放式基金之所长,并且具有流动性好、管理费用低、价格与净值偏离小等优点。它是 20 世纪 90 年代以来全球金融市场中最重要的创新之一。

8. 上市型开放式基金

(1) 上市型开放式基金的定义。上市型开放式基金(LOF)并不是一种新的基金,而是指发行结束后,既可以在一级市场办理日常的申购和赎回,又可以在证券交易所进行实时交易,还可以在一二级市场上进行套利的开放式基金。只是由于申购和赎回是在指定网点进行,因而需要办理基金份额的转托管手续。LOF 是我国借鉴 ETF 的运作机制的独创产品。

从 LOF 的定义可以看出,它与 ETF 在很大程度上是类似的。例如,都是同时在一级市场上申购、赎回和在二级市场上交易,都可以利用基金份额净值与市场价格的差异进行套利等。但是,它与 ETF 还是存在着不少区别。

(2) ETF 和 LOF 的区别。

① ETF 是一种产品创新,是一种可上市交易的新型指数基金;而 LOF 的新意则在于开放式基金交易方式的创新,它并不完全是一种新的产品。

② ETF 的一级市场交易是以一篮子股票进行申购和赎回;而 LOF 在一级市场上和开放式基金一样,以现金申购和赎回。

③ 虽然 LOF 与 ETF 都有套利机会,但套利机制并不相同。LOF 在二级市场的交易和一级市场的申购、赎回之间还存在着一个转托管的问题,由于转托管需要一定的时间,因此套利机会更难把握。

④ 所有投资者都可参加 LOF 的一二级市场套利;但 ETF 一级市场的最低申购、赎回数量很大,中小投资者基本上无法参与套利。

⑤ LOF 有 ETF 所不具备的优势:由于 LOF 提供的是一个交易平台,而不完全是单一的产品,因此任何基金都可以利用这一平台发行、交易。

⑥ ETF 主要是基于某一指数的被动性投资基金产品;而 LOF 虽然也采取了开放式基金在交易所上市的方式,但它不仅可用于被动性投资的基金产品,也可用于主动性投资的基金,即不一定是指数基金。

2004 年 8 月,深圳证券交易所推出了我国第一只 LOF。它的出现为封闭式基金和开放式基金之间搭建了桥梁,并提供了良好的技术平台。更重要的是,如果实施顺利的话,还可以为封闭式基金转为开放式基金提供可行的解决方式。

三、证券投资基金与股票、债券的区别

1. 证券投资基金与股票的区别

证券投资基金是一种投资受益凭证。股票是股份有限公司在筹集资本时向出资人发

行的股份凭证。两者是有区别的。

（1）反映的关系不同。股票反映的是所有权关系，而证券投资基金反映的是信托关系。

（2）在操作上投向不同。股票是融资工具，其集资主要投向实业，是一种直接投资方式。而证券投资基金是信托工具，其集资主要投向有价证券，是一种间接投资方式。

（3）风险与收益状况不同。股票的收益是不确定的，其收益取决于发行公司的经营效益，投资股票有较大风险。证券投资基金采取组合投资，能够在一定程度上分散风险，风险小于股票，收益也较股票稳定。

（4）投资回收方式不同。股票没有到期日，股票投资者不能要求退股，投资者如果想变现的话，只能在二级市场出售。开放式基金的投资者可以按资产净值赎回基金单位，封闭式基金的投资者在基金存续期内不得赎回基金单位，如果想变现，只能在交易所或者柜台市场上出售，但存续期满投资者可以得到投资本金的退让。

2. 证券投资基金与债券的区别

债券是政府、金融机构、工商企业等机构直接向社会借债筹措资金时，向投资者发行，并且承诺按一定利率支付利息并按约定条件偿还本金的债权债务凭证。证券投资基金与债券的区别表现在以下几个方面。

（1）反映的关系不同。债券反映的是债权债务关系，证券投资基金反映的是信托关系。

（2）在操作上投向不同。债券是融资工具，其集资主要投向实业，是一种直接投资方式。而证券投资基金是信托工具，其集资主要投向有价证券，是一种间接投资方式。

（3）风险、收益不同。债券的收益一般是事先确定的，其投资风险较小。证券投资基金的投资风险高于债券，收益也高于债券。证券投资基金的风险、收益状况比债券高，比股票小。

第四节　衍生金融工具

一、衍生金融工具的概念与特征

衍生金融工具是由基础金融工具或基础金融变量的未来价值衍生而来，其价格取决于基础金融工具（或金融变量）价格变动的衍生产品，是由两方或多方共同达成的金融合约及其各种组合的总称。最初的衍生工具交易中通常以一种商品，如郁金香球茎或大米作为基础金融工具。今天，尽管部分衍生金融工具仍以商品作为基础金融工具，但占衍生工具市场主导地位的金融衍生工具的基础是各种金融工具或金融变量，如债券、商业票据、股票指数、货币市场工具、货币，甚至其他衍生金融工具。

与传统金融工具相比，衍生金融工具有以下特征。

（一）杠杆比例高

衍生金融工具的交易，一般只需要支付少量的保证金或权利金就可以签订大额合约或交换不同的金融工具。商品期货的保证金比率一般小于 10%，这意味着交易者可以将手中的资金放大 10 倍以上进行投资；而金融期货和期权的杠杆比率往往比商品期货还大，某些特殊衍生金融工具的杠杆比例甚至可以高达 50 倍以上。高杠杆产生的初衷是为了降低套期保值的成本，从而更有效地发挥衍生金融工具风险转移的功能，但高杠杆比例是一把双刃剑，在收益可能成倍放大的同时，风险与损失也会成倍地放大。

（二）定价复杂

衍生金融工具是由基础金融工具或金融变量的未来价值衍生而来，而未来价值是难以预测的。例如，在期权定价的过程中，需要运用复杂的数学模型，这种数学模型是基于历史数据的分析而对未来价格进行预测，本身就有一定的不准确性。衍生金融工具的价值与基础产品或基础变量紧密联系，但这种联动关系可以是简单的线性关系，也可以为非线性的函数关系。现在的衍生金融工具发展非常迅速，为了迎合客户的需要，投资银行把各种期货、期权和互换进行组合，创造出新的衍生产品，这在提高衍生金融工具的应用弹性和适用范围的同时，也提高了对这些工具定价的难度，使一般投资者难以理解和使用这些工具。

（三）风险大

创造衍生金融工具的初衷是用来转移风险，但是衍生金融工具无法消除风险，相反，衍生金融工具高杠杆比例的特点放大了它的风险，衍生金融工具的交易结果取决于交易者对基础工具（或基础金融变量）未来价格（或数值）的预测准确程度，而基础工具（或变量）价格的变幻莫测使这一预测很难把握，而高杠杆比例又使基础工具（或变量）的轻微变动导致衍生金融工具价格大起大落。衍生金融工具的风险往往要持续很长时间。例如，某公司发行一种长期可转换债券，该债券的风险必须等债券持有人行使转换权利才能得到释放，而债券持有人可能 10 年，甚至 20 年后才执行转换条款，在此之前该发行公司必须承担转债风险。衍生金融工具不仅要承担基础金融工具的市场价格风险，还要承担信用风险和流动性风险。例如，1998 年美国长期资本管理公司（LTCM）发生巨额亏损，该公司几乎亏损了所有的资本，其所欠下的债务高达 800 亿美元，甚至比很多国家的债务还多，并与很多银行及券商间订立了复杂的合约，所以没有人能准确计算出其衍生债务之规模，据估计可能累计达 1 万亿美元之巨，一旦 LTCM 倒闭将会产生连锁反应，损害整个金融体系。最后，美联储不得不联合各主要贷款金融机构，组织一个由 16 家公司组成的银行团，增资 36.25 亿美元注入 LTCM，以避免其倒闭。

（四）跨期交易

衍生金融工具的交易，通常是指双方约定在未来某一时间、按照约定的条件进行交易或是否交易。跨期交易的特点要求交易双方对利率、汇率、股价等基础工具价格或金融变量的未来变动趋势作出预测和判断，而判断的准确与否又将直接决定交易双方的交易盈亏。

（五）交易成本低

由于交易成本低，保值者和投机者都可以用相当低廉的成本来规避风险或者投机。衍生金融工具的杠杆比例高，衍生工具市场交易效率高、费用低，是导致衍生金融工具交易成本低的主要原因。例如，货币期货合约、股票指数期货合约的杠杆比例非常高，交易者用很少的资本就可以实现分散风险或投机获利的目的。再如，互换或远期交易是在未来进行结算，只要凭借商业信用和很少的手续费就可以开始交易。

（六）全球化程度高

由于股票和债券主要受发行人所在国家或地区经济和政策的影响不同，衍生金融工具已经形成了一个世界范围的市场。随着电子化交易的兴起，交易者可以迅速、低成本地进入任何一个市场进行交易，这使得各个市场之间互相影响的程度大大提高。尽管每个交易所每天只开放一定的交易时段，但由于几个主要交易所分布在世界各地，所以交易者可以实现 24 小时不间断交易，如在伦敦市场买入美元期货，在日本市场将其卖掉，这种跨市场套利也使得市场之间的价格差距变得很小，提高了交易的公平和效率。

二、衍生金融工具的分类

衍生金融工具的分类方法很多，按不同的分类标准，主要有以下几种。

（一）按照金融衍生工具的基础金融工具分类

1. 汇率衍生工具

汇率衍生工具（Currency Derivatives）是指以各种货币作为基础金融工具的金融衍生工具，主要包括外汇期货、远期外汇合约、外汇期权、货币互换以及上述工具的混合交易工具。

2. 利率衍生工具

利率衍生工具（Interest Derivatives）是指以利率或债券等利率的载体为基础金融工具的金融衍生工具，主要包括短期利率期货与期权、长期利率期货与期权、利率互换、利率互换期权、远期利率协议以及上述工具的混合交易工具。

3. 指数衍生工具

指数衍生工具（Index Derivatives）是指以各种指数为基础金融工具的金融衍生工具，主要包括各个市场股票指数的期货和期权、商品指数及基金指数的期货与期权、房地产价格指数、通货膨胀指数期货等。

4. 股权衍生工具

股权衍生工具（Equity Derivatives）是指以股票为基础金融工具的金融衍生工具，主要包括个股期货、个股期权、股票组合期货及其变种和混合工具。

5. 其他新兴衍生工具

随着世界经济的发展，新的经济问题不断涌现，为此，新的金融衍生工具也不断被设计出来。例如,房地产衍生工具、税收衍生工具、信用风险衍生工具和通货膨胀衍生工具,甚至还有天气期货、巨灾衍生品、政治期货等。其中,又以信用风险衍生工具发展最为迅速。

(二) 按照交易市场的类型分类

1. 场内工具

场内工具是指在交易所内,按照交易所制定的规则进行交易的衍生工具。交易的合约是标准化的,交易所的价格透明度高、清算的可靠性好、流动性高。场内工具主要包括各种期权和期货等。

2. 场外工具

场外工具是指在交易所外交易的衍生金融工具,又称柜台交易工具。场外工具通常在金融机构之间或金融机构与大交易者之间,借助通信工具进行分散的、一对一的交易。场外交易没有固定场所、交易规则约束较少,且产品一般是非标准化的,更有弹性。场外工具主要包括远期、期权、互换和信用衍生工具等。

(三) 按照衍生金融工具的合约类型分类

1. 远期合约

远期合约(Forward Contract)是指在确定的将来时刻,按确定的价格购买或出售某项资产的协议。远期合约不在规范的交易所内交易,也没有标准化的条款,合约条款根据双方需求协商确定,一般不可以转让。远期合约最大的优点是它锁定了未来某一时期合约标的物的价格,而且合约条款可以根据双方的需要而进行协商。但是与现货市场一样,远期合约的交易双方也面临着信用风险。常见的金融远期合约有远期外汇合约、远期利率合约、远期指数合约和远期股票合约。

2. 期货合约

期货合约(Futures Contract)是指买卖双方在交易所,以公开竞价方式达成交易的、在确定的将来时间按成交时确定的价格购买或出售某项资产的标准化协议。期货合约是格式化合同,期货合约的成交价格是在交易所通过买卖双方的指令竞价形成的。在金融期货合约中,基础金融工具的范围广泛,主要有股票、股票指数、利率和汇率等。

3. 期权合约

期权(Options)又称选择权,它是指赋予它的持有者在未来某一日期,即到期日之前或到期日当天,以一定的价格买入或卖出一定数量基础金融工具权利的合约。期权交易是在期货的基础上逐渐演变而来的,包括现货期权和期货期权两类。除了在交易所内交易的标准化期权,还有大量在场外市场交易的非标准化新型期权,这类期权又被称为奇异期权。

4. 互换

互换(Swap)又称套购交易,它是指在一定的期限内,交易双方同时买入和卖出资本量相当的类资产或债务的一种交易。互换本质上是远期合约的一种延伸,可以使交易双方获得比他们没有这笔互换交易所预期的更为有利的条件。互换交易现在已经是成熟市场融资和风险管理不可缺少的策略之一,金融互换的种类有利率互换、货币互换、有价证券互换、信用违约互换等。

5. 嵌入式衍生工具

嵌入式衍生工具是相对于独立衍生工具而言的,远期合约、期货合约、互换和期权,以及具有远期合约、期货合约、互换和期权中一种或一种以上特征的工具为独立衍生工具。嵌入式衍生工具又称内置式衍生工具,它是指嵌入到非衍生工具(即主合约)中,使混合工具的全部或部分现金流量随特定利率、金融工具价格、商品价格、汇率、价格指数、费率指数、信用等级、信用指数或其他类似变量的变动而变动的衍生工具。嵌入式衍生工具与主合约构成混合工具,如可转换债券、可赎回债券、附权证的公司债券等。

三、衍生金融工具的功能

衍生金融工具的产生是源自于规避逐渐放大的金融风险,除此之外,它还有以下 3 个作用。

(1) 价值发现。金融衍生品的价格变动取决于标的变量的价格变动,而金融衍生品的价格发现功能有利于标的价格更加符合价值规律,有利于对现货市场的价格进行合理的调节。现货市场和期货市场的价格是密切相关且一定程度上是正相关的,金融衍生品的市场供需状况往往可以帮助现货市场建立起均衡价格,形成能够反映真实供求关系和商品价值的合理价格体系。

(2) 风险转移。金融衍生品交易是指将现货市场上的交易风险进行打包创造出新的衍生金融资产和衍生金融工具,最后将金融衍生品和风险重新分配转移到其他持有金融衍生品的经济体中。金融衍生品的出现只是减少了某部分经济行为的风险,而将风险以新的方式重新转移到其他经济部分去,经济体系的总风险并未因此而降低。

(3) 资产组合优化。就投资者来讲,为了提高资产管理的质量,降低风险,提高收益,就必须进行资产组合管理。金融衍生工具的出现,为投资者提供了更多的选择机会和对象。同时,工商企业也可利用金融衍生工具达到优化资产组合的目的。例如,通过利率互换业务,可以降低贷款成本,从而实现资产组合最优化。

本 章 小 结

本章分别对股票、债券、基金、衍生金融工具等投资工具的基本概念、特征、分类及其功能进行了详细的介绍。读者学习本章之后,能对当前的证券投资市场增加了解,从而为后面章节的学习打下扎实的基础。

关 键 术 语

股票 债券 证券投资基金 衍生金融工具

本 章 案 例

　　自经济体制改革以来,随着市场经济的逐步发育,企业之间的并购行为也开始出现,而 20 世纪 90 年代开始的国有企业现代公司制改造和新兴资本市场的迅速发展,使得市场化的购并活动接连发生,对企业发展和市场竞争的影响重大,且意义深远。

　　我国第一例通过证券市场进行购并的案例是 1993 年 10 月发生的深圳宝安集团上海公司收购并控股上海延中实业股份有限公司,被称为"宝延风波"。宝安集团是深圳证交所上市的一家公司,主营房地产;延中公司是在上海证交所上市的一家公司,主营文化办公用品及材料、电子计算机及配件、复印机及消耗材料、文化办公机械。在当时我国有关的并购法规不健全的情况下,宝安集团一举收购了占上海延中实业公司总股本的股票,从而取得对这一目标公司的控制权,实现其抢滩上海房地产市场的目标,并将延中公司的主营业务逐步转向房地产业,实现宝安集团企业发展与扩张的长远发展目标。所以,虽然其收购行为存在违规现象,但从宝安集团的角度来讲,此次收购是很成功的。

复习思考题

1. 简述股票、债券、基金三者的异同点。
2. 请列举我国 A 股市场的 10 只蓝筹股,并就某一只股票进行简要介绍。

第三章 证券市场概述

学习目的

通过本章学习,了解证券市场的定义、结构与基本功能及我国证券市场的发展历程,熟悉证券市场的主要参与者和股票价格指数,理解证券市场的效率及其形式。

证券市场是价值、财产权利和风险直接交换的场所,是金融市场的组成部分。它为解决资本供求矛盾提供了场所和机制,商品经济和信用形式的发展是证券市场产生的重要原因。与借贷市场和商品交易市场相比,证券市场有其自身的特点。从纵向看,证券按进入市场的顺序形成结构关系,产生了发行市场和流通市场;从横向看,证券依品种形成结构关系,产生了股票市场、债券市场和基金市场。本章将首先介绍证券市场的特征、分类以及结构与功能,其次介绍证券市场参与者,然后介绍股票价格指数和证券市场的效率,最后介绍我国证券市场的发展历程。

第一节 证券市场概述

证券市场是市场经济发展的必然产物,一个国家不论实行何种社会制度,只要建立市场经济模式,就迟早会形成和发展证券市场。随着证券市场的产生和发展,其在社会经济生活中的功能和作用日益显著。证券市场是证券发行和交易的场所。从广义上讲,证券市场是指一切以证券为对象的交易关系的总和。从经济学的角度,可以将证券市场定义如下:通过自由竞争的方式,根据供需关系来决定有价证券价格的一种交易机制。

一、证券市场的特征

(一)证券市场是价值直接交换的场所

有价证券是价值的直接代表,其本质上只是价值的一种直接表现形式。虽然证券交易的对象是各类有价证券,但证券市场本质上是价值的直接交易场所。

（二）证券市场是财产权利直接交换的场所

证券市场上的交易对象是作为经济权益凭证的股票、债券、投资基金等有价证券，由于它们本身仅是一定量财产权利的代表，所以证券市场实际上是财产权利的直接交换场所。

（三）证券市场是风险直接交换的市场

有价证券既是一种收益权利的代表，同时也是一定风险的代表。有价证券的交换在转让出一定收益权的同时，也把该有价证券所特有的风险转让出去。所以，从风险的角度分析，证券市场也是风险的直接交换场所。

1. 证券市场与一般商品市场的区别

由此可以看出，证券市场与一般商品市场的主要区别表现在以下 5 个方面。

（1）交易对象不同

一般商品市场的交易对象是各种具有不同使用价值、能满足人们特定需要的商品。而证券市场的交易对象是作为经济权益凭证的股票、债券、投资基金等有价证券。

（2）交易目的不同

证券交易的目的是实现投资收益或为了筹集资金。而购买商品的目的主要是满足某种消费的需要。

（3）交易对象的价格决定不同

商品市场的价格，其实质是商品价值的货币表现，取决于生产商品的社会必要劳动时间。而证券市场的证券价格实质是利润的分割，是预期收益的市场表现，与市场利率的关系密切。

（4）市场风险不同

一般商品市场由于实行的是等价交换原则，价格波动较小，市场前景的可预测性较强，因而风险较小。而证券市场的影响因素复杂多变，价格波动性大且有不可预测性，投资者的投资能否取得预期收益具有较大的不确定性，所以风险较大。

（5）交易关系不同

在商品市场上，出售者与购买者的关系既简单又短暂，钱货两讫后买卖关系就此结束。而证券市场上的关系却复杂得多。如果证券的出售者是发行人，则交易后双方关系并未结束，出售者还需按期向购买者支付股利或利息。如果出售者不是发行人，则交易后双方的关系虽然结束，但发行者与证券购买者的关系也随之成立。

2. 证券市场与借贷市场的区别

证券市场不仅与商品市场不同，与借贷市场也存在较大的区别，主要表现在以下 4 个方面。

（1）交易性质不同

借贷市场上的资金供求交易，只是借与贷的关系；而证券市场上的交易是买与卖的关系。

（2）承担的风险不同

借贷市场上的投资者是以存款方式，通过银行向筹资者投资，投资风险由银行承担，资金供求双方形成的是一种间接的金融关系；而证券市场上的投资者以购买证券向筹资者投资，风险自负，形成的是一种直接的金融关系。

（3）收益来源不同

借贷市场上的资金供给者的收益来自于利息；而证券市场上资金供给者的收益不仅来自利息，还有可能来自于证券价格波动的差价收益。

（4）双方关系的确定性不同

在借贷市场上，借款合同一经签订，债权人与债务人固定不变。而在证券市场上，证券的可转让性导致资本所有者和债权人的不确定。

二、证券市场的分类

证券市场按其职能、交易对象、组织形式等的不同，有不同的类型。

（一）按职能划分

按职能划分，证券市场可分为证券发行市场和证券交易市场。

（1）证券发行市场由证券发行主体、认购者和经纪人构成。发行主体主要包括本国及外国的中央政府、地方政府、金融机构、企业等。认购者包括国内外广大的中小投资者和大型的机构投资者。经纪人在连接发行主体和认购者之间的关系时，发挥很大的作用，他们不仅要对即将发行的证券的投资价值作出正确地分析、评价，而且还要对发行条件、发行额等进行具体的分析，并对发行时的金融、证券市场等进行市场预测，同时根据分析预测结果进行综合判断。经纪人的这种综合分析判断能力，是其长期经验积累所形成的专门技能。

（2）证券交易市场是买卖已发行证券的市场。证券交易市场的中心功能是根据市场利率决定的股息、利息等收入形成虚拟资本价格，并保证按这一价格变换现金。在证券交易市场中，证券交易所具有中心市场的性质。在全国的证券交易所中，证券交易往往具有集中到一国金融中心，甚至国际金融中心的倾向。

（二）按交易对象划分

按交易对象划分，证券市场可分为股票市场、债券市场和投资基金市场。

（1）股票市场是进行各种股票发行和买卖交易的场所。股票市场按其基本职能划分，又可分为股票发行市场和股票交易市场，二者在职能上是互补的。股票交易市场主要是进行集中交易，大量的交易在证券市场内办理，少量的交易则在柜台交易市场完成。

（2）债券市场是进行各种债券发行和买卖交易的场所。债券市场按其基本职能来划分，也可分为债券发行市场和债券交易市场，二者也是紧密联系、相互依存、相互作用的。发行市场是交易市场的存在基础，发行市场的债券条件及发行方式影响交易市场债券的价格及流动性。同样，交易市场又能促进发行市场的发展，为发行市场所发行的债券提供变现的场所，保证了债券的流动性。交易市场的债券价格及流动性，直接影响发行市场新债券的发行规模、条件等。

（3）投资基金市场是指进行基金证券自由买卖和转让的市场。由于投资基金是一种利益共享、风险共担的集合投资制度,它通过发行基金证券,集中投资者的资金,并交由基金托管人托管,由基金管理人管理,主要从事股票、债券等金融工具的投资。因此,在证券市场上,基金证券作为一种投资工具,可以自由买卖和转让,从而也就形成了投资基金的流通市场。

（三）按组织形式划分

按组织形式划分,证券市场可分为场内市场和场外市场。

（1）场内市场是指交易所交易。交易所交易是最主要的证券交易场所,它是交易市场的核心。交易所交易必须根据国家的有关证券法律规定,有组织地、规范化地进行证券买卖。

（2）场外市场通常是指柜台市场（店头市场）以及第 3 市场、第 4 市场,它是指在证券交易所之外的证券交易市场。柜台交易一般是通过证券交易商来进行的,采用协议价格成交。第 3 市场是指非证券交易所成员在交易所之外买卖挂牌上市证券的场所。第 4 市场则是由大企业、大公司、大金融机构等机构投资者绕开通常的证券经纪人,彼此之间直接买卖或交换大宗股票而形成的场外交易市场。

三、证券市场的结构与功能

（一）证券市场的结构

证券市场的结构是指证券市场的构成及其各部分之间的量比的关系。最基本的证券市场结构有以下两种。

1. 纵向结构关系

这是一种按证券进入市场的顺序而形成的结构关系。按这种顺序关系划分,证券市场的构成可分为发行市场和交易市场。证券发行市场又称"一级市场"或"初级市场",是发行人以筹集资金为目的,按照一定的法律程序,向投资者出售证券所形成的市场。证券交易市场又称"二级市场"或"次级市场",是已发行的证券通过买卖交易实现流通转让的市场。

2. 横向结构关系

这是依据有价证券的品种而形成的结构关系,这种关系的构成主要有股票市场、债券市场、基金市场等。股票市场是股票发行和买卖交易的场所。债券市场是债券发行和买卖交易的场所。基金市场是基金证券发行和流通的市场。

（二）证券市场的基本功能

证券市场的基本功能主要表现为以下几个方面。

1. 筹资功能

证券市场的筹资功能是指证券市场为资金需求者筹集资金的功能,这一功能的另一个作用是为资金供给者提供投资对象。在证券市场上交易的任何证券,既是筹资的工具,也是投资的工具。在证券市场上,资金盈余者可以通过买入证券而实现投资。而资金短缺者为了发展自己的业务,就要向社会寻找资金。为了筹集资金,资金短缺者可以通过发行各种证券来达到筹资的目的。

2. 定价功能

证券市场的第二个功能就是为资本决定价格。证券是资本的存在形式,所以证券的价格实际上是证券所代表的资本的价格。证券的价格是证券市场上证券供求双方共同作用的结果。证券市场的运行形成了证券需求者和证券供给者的竞争关系,这种竞争的结果是:能产生高投资回报的资本,其市场需求就大,相应的证券的价格就高;反之,证券的价格就低。因此,证券市场提供了资本的合理定价机制。

3. 资本配置功能

证券市场的资本配置功能是指通过证券价格引导资本的流动,从而实现资本的合理配置的功能。在证券市场上,证券价格的高低是由该证券所能提供的预期收益率的高低来决定的。证券价格的高低实际上是该证券筹资能力的反映,而能提供高收益率的证券一般来自于那些经营好、发展潜力巨大的企业,或者是来自于新兴行业的企业,因此这些企业对投资者的吸引力就强。这样,证券市场就引导资本流向能产生高报酬的企业或行业,从而使社会资本产生尽可能高的效率,进而实现资本的合理配置。

4. 信息传递功能

证券市场的另一个功能是信息产生、传递功能。证券市场本身是一个公平竞争的市场,不仅能产生资本市场价格的信息,而且也会产生资金流动、市场供求等方面的信息。再者,各种有关政治、经济和社会的信息都会在证券市场上迅速扩散和传播。这些信息高度灵敏地影响着证券价格,影响着股市动态。正因为如此,人们把股市看作经济的"晴雨表"。

5. 转换机制

市场证券的转换机制功能是指通过证券市场的运作,促进企业完善法人治理结构、转化经营机制、实现资产的优化组合。这是我国证券市场在市场化取向的经济改革中的一项特殊功能。

公司要通过证券市场筹集资金成为上市公司,首先,必须改制成为股份有限公司,并按照股份公司的机制来运行,形成三级授权关系,而这种企业组织关系成功地适当分离了所有权和经营权,使公司的组织体制走上科学化、民主化、制度化和规范化的轨道。其次,由于上市公司的资本来自诸股东,股票又具有流通性和风险性,这就使企业时时处在股东、社会等各方面的监督和影响之中,因而促使上市公司形成健全的内部运行机制。

综上所述,证券市场的转换机制从根本上改变了上市公司原来单一的产权结构,实现产权的多元化和人格化,促进公司"三权"分离和自主经营,有利于"产权清晰、权责明确、政企分开、管理科学"的现代企业制度的建立。

6. 分散风险

随着社会化大生产的发展、技术进步速度加快,致使投资者的风险日益加剧。证券市场给投资者和融资者提供的不仅是丰富的投融资渠道,而且也提供了一条分散风险的渠道。

首先,由于资金和风险经常"捆绑"在一起,在资金需求者通过发行证券筹集资金而使股权或债权分散的同时,实际上还将其经营风险部分地转移和分散给了投资者,实现了风险社会化,从而使一些风险较高的新兴产业和高科技项目获得必要的资金,对经济发展产生了促进作用;其次,由于证券市场具备强大的信息处理和资产定价功能,其交易的产品又具备良好的流动性、较低的交易成本、很高的财务杠杆、资金容量大等特性,因此投资者可以很方便地构造各种投资组合,将资金分散在不同种类、期限和风险的证券上,从而降低风险。此外,证券市场还提供了一些金融产品,它们本身不是为了转移资金,而更主要的是为了转移风险而交易,例如,期货、期权等衍生金融产品。

7. 推动国际化

证券市场不仅对国内经济发挥作用,而且还具有推动经济国际化的功能。证券市场的国际化功能主要体现在以下 3 个方面。

(1) 促进国际的资金融通。发达国家通过证券市场的自由化和完全开放,可以使本国政府和企业在国外发行证券,外国投资者也可以自由地购买本国证券。同时,外国的政府和企业也可以在本国发行证券,本国的政府和企业也可以购买外国的证券。这样,就可以使融资和投资活动在世界范围内进行。一些发展中国家则可以通过 QFII(Qualified Foreign Institutional Investors,合格的境外机构投资者)和 QDII(Qualified Domestic Institutional Investors,合格的境内机构投资者)等特殊的制度安排,采取间接的、有限制的证券市场模式,在一定程度上实现了融资和投资的国际化。

(2) 促进跨国公司的发展。跨国公司通过利用当地证券市场的融资渠道,可以方便地在当地进行扩大再生产,从而扩大业务规模。

(3) 促进国际金融中心的形成。国际金融中心一般需要以下 6 项最基本的条件:一是拥有强大的经济实力;二是实行本国货币与外国货币的自由兑换;三是拥有完备的金融市场,能够从事大规模的国际资金交易活动;四是拥有一个具有广泛国际联系的外汇市场;五是拥有灵活、弹性的货币金融政策;六是地理位置适中、交通方便、通信发达。纽约、伦敦、东京等国际金融中心都有发达的证券市场作为支撑。

第二节　证券市场参与者

证券市场的高效运作离不开广泛的市场参与者。这些参与者不仅包括提供证券商品的发行者,还包括众多的个人和机构投资者。发行者是证券市场的主体,如果没有发行者的存在,证券发行和交易就不可能存在。证券投资者同样也是证券市场的主体,如果没有证券投资者,证券就不可能售出,也就不存在证券的买卖,作为证券交易活动的证券市场也就无从谈起。而且在现代化的证券市场上,证券的发行和交易也离不开证券中介机构。同样,证券市场的规范运作需要证券自律机构的建立和对证券市场进行有效地监管。

一、证券发行者

证券市场存在的前提条件是要有证券发行者的存在,证券发行者通过发行证券,为证券市场提供交易对象,因此发行者的存在是证券市场的基础。证券市场的发行者主要有公司(企业)、政府和政府机构、金融机构。

(一) 公司(企业)

企业是证券市场主要的发行者,为了满足经营活动中的资金需求,它们通常向社会发行股票和债券筹集资金。随着科学技术的进步和资本有机构成的不断提高,公司对长期资本的需求将越来越大,所以公司(企业)作为证券发行主体的地位有不断上升的趋势。

(二) 政府和政府机构

政府的资金来源是税收,其次是发行公债。在现代社会中,发行政府债券已成为财政收入的重要来源之一。按政府债券发行主体的不同,政府债券又可分为中央政府债券和地方政府债券。中央政府发行的债券也可以称为国债。

(三) 金融机构

金融机构作为证券发行主体,通常有以下两种情形:一是有些金融机构本身就是股份制企业,其经营资本是以发行股票方式募集的;二是有些金融机构还以发行金融债券的方式募集资金、增加负债,借以扩大资产业务。

二、证券投资者

证券投资者是指以取得利息、股息或资本收益为目的而买入证券的机构和个人,它是证券市场的资金供给者,也是金融工具的购买者。由于证券投资者类型甚多,因此投资的目的也各不相同。证券投资者可分为机构投资者和个人投资者。

(一) 机构投资者

在当代各国证券市场上,机构投资者的作用和影响日益扩大。从某种意义上说,一个国家证券市场的投资者结构反映了其市场的成熟程度。机构投资者主要包括政府机构、企业和事业法人、金融机构、各类基金性质的及合格境外机构投资者(QFII)等。

1. 政府机构

作为政府机构,参与证券投资的目的主要是为了调剂资金余缺和进行宏观调控。当各级政府及政府机构出现资金剩余时,可通过购买政府债券、金融债券投资于证券市场。

中央银行以公开市场操作作为政策手段,通过购买政府债券或金融债券,影响货币供应量进行宏观调控。

我国国有资产管理部门或其授权部门持有国有股,履行国有资产的保值增值和通过国家控股、参股来支配更多社会资源的职责。

2. 企业和事业法人

企业是证券市场机构投资者的重要组成部分。对于企业作为机构投资者而言,一方面可以将自己闲置的资金或暂时不用的积蓄进行短、中、长期投资,以获取收益;另一方面,企业可以通过股票投资实现参股、控股某上市公司的目的,以实现在获得股息收入的基础上,实现企业的战略性并购,拓展业务范围。我国现行的规定是国有企业、国有资产控股企业、上市公司既可参与股票配售,也可投资于股票二级市场;事业法人可用自有资金和有权自行支配的预算外资金进行证券投资。

3. 金融机构

金融机构是证券市场上主要的证券需求者和机构投资者。参加证券投资的金融机构可分为 3 类。

（1）证券经营机构

各类证券经营机构是证券市场最大的投资者,它们以自有资本和营运资金建立规模大且又分散良好的资产组合,并由专家进行管理。它们进行证券投资主要有两个目的:一是获取盈利;二是满足一般投资者需要,配合证券主管机构,稳定证券行情。它们既注重本金安全,又注重盈利性和流动性;投资对象较分散,股票、政府债券、公司债券都是投资目标,它们既可能长期持有证券,以期建立一定数量的库存,从而成为长期投资者,又可能瞅准机会短线操作,成为投机者。由于它们资金实力雄厚、信息灵通、操作方便、进出金额巨大,因而它们的投资活动对证券市场的影响很大,是证券市场能否稳定的关键所在。

（2）商业银行

商业银行是以经营存贷款为主要业务,并以盈利为主要经营目的的信用机构。商业银行的投资活动受其自身业务活动和政府法令的制约,使得其投资政策比较保守而风险较少,即首先注意安全性,其次才是营利性。它一般以政府短期债券作为其投资对象选择。

（3）保险公司

保险公司是在投保人发生某种意外时进行支付的一种金融机构。它是西方国家证券市场的主要机构投资者之一,其中 90％都用于再投资。保险公司的投资活动同样受其自身业务性质和政府有关法令规定的制约。因此,其投资活动主要考虑以下几个方面:①本金安全;②收入充分、稳定,至少要等于或高于保险单上规定的准备金利率;③对资产的流动性要求不高;④可进行长期投资;⑤不考虑纳税和通货膨胀因素。

保险公司的保险基金进入证券市场主要有以下 3 种方式:一是保险公司直接进入证券投资。通常在保险公司内部设立证券投资部,其功能相当于证券公司的自营部门,直接对证券进行选择和投资;二是保险公司间接入市,即由保险公司委托证券公司或基金管理公司进行证券投资。托管资产占保险基金的比例可根据保险公司的情况而定;三是多家保险公司联合组建专门运作保险基金的证券投资基金入市。由保险公司自己进行基金的管理是国外比较普遍的做法。各国政府对保险公司的证券投资都加以严格的管理,通常禁止购买股票,或对其入市购买股票限定一定的资金比例,但对国债投资不加限制,而对地方政府债券和企业债券投资只限于高等级债券。

4. 各类基金性质的机构投资者

各类基金性质的机构投资者包括证券投资基金、社保基金和社会公益基金。

（1）证券投资基金

证券投资基金是指一种利益共享、风险共担的集合证券投资方式,即通过发行基金单位,集中投资者的资金,并由基金托管人托管,由基金管理人管理和运用资金,从事股票、债券等金融工具投资,并将投资收益按基金投资者的投资比例进行分配的一种间接投资方式。我国《证券投资基金管理暂行办法》规定,我国的证券投资基金可投资于股票、债券,但对于单个的投资活动有一定比例的限制。

（2）社保基金

在一般国家,社保基金可分为两个层次:一是国家以社会保障税等形式征收的全国性基金;二是由企业定期向员工支付并委托基金公司管理的企业年金。由于资金来源不一样,因此这两种形式的社保基金管理形式完全不同。由于全国性社会保障基金属于国家控制的财政收入,主要用于支付失业救济和退休金,是社会福利网的最后一道防线,因此对资金安全性和流动性要求非常高,这部分资金的投资方向有严格限制,主要投向国债市场。

（3）社会公益基金

社会公益基金是指将收益用于指定的社会公益事业的基金,如福利基金、科技发展基金、教育发展基金、文学奖励基金等。我国有关政策规定,各种社会福利基金可用于证券投资,以求保值、增值。

5. 合格境外机构投资者（QFII）

QFII(Qualified Foreign Institutional Investor),即合格境外机构投资者,QFII 制度是指允许经核准的合格境外机构投资者,在一定规定和限制下,汇入一定额度的外汇资金并转换为当地货币,通过严格监管的专用账户投资当地证券市场,其资本利得、股利等经批准后可转换为外汇汇出的一种市场开放模式。这种制度是在货币没有完全自由兑换、资本账户尚未开放的情况下,有限度地引进外商投资于本国证券市场。2002 年 11 月 8日,我国人民银行和证监会联合发布《合格境外机构投资者境内证券投资管理暂行办法》,并于同年 12 月 1 日正式实施,至 2004 年年末,已经有 9 家银行被批准为 QFII 的托管行,其中包括 5 家外资银行。这标志着 QFII 在我国已进入实质性运作阶段。

（二）个人投资者

个人投资者是指从事证券投资的社会自然人,他们是证券市场最广泛的投资者。个人进行证券投资应具备一些基本条件,这些条件包括国家有关法律、法规关于个人投资者投资资格的规定,且个人投资者必须具备一定的经济实力。

三、证券市场中介机构

证券市场中介机构是指为证券的发行与交易提供服务的各类机构。在证券市场起中介作用的机构是证券经营机构和证券服务机构,通常把两者合称为证券中介机构。

（一）证券经营机构

证券经营机构又称证券商,是指依照《公司法》规定和经国务院监督管理机构批准从事证券经营业务的有限责任公司或股份有限公司。证券公司的主要业务有证券承销、经纪、自营、投资咨询以及并购、受托资产管理和基金管理等。证券公司一般分为综合类证券公司和经纪类证券公司。

经纪类证券公司与综合类证券公司的主要区别之一是业务范围方面较窄,不得进行证券的自营买卖、证券的承销等。其业务范围包括证券的代理买卖、代理证券的还本付息和分红派息、证券的代保管和签证、代理登记开户等。

2004 年,根据国务院《关于推进资本市场改革开放和稳定发展的若干意见》的精神,中国证监会、中国证券业协会在现有监管框架下制定了"创新试点公司"的评审办法,允许认可的证券公司从事集合理财、权证创设等创新业务。

(二)证券服务机构

证券服务机构是指依法设立的从事证券投资咨询、交易结算、资产评估、信用评级以及财务审计等证券服务业务的法人机构,主要包括证券登记结算公司、证券投资咨询公司、信用评级机构、会计师事务所、律师事务所、资产评估机构、证券信息公司等。

1. 证券登记结算公司

证券登记结算公司是指专门为证券与证券交易办理证券存管、资金结算交易和证券过户业务的中介服务机构。其主要业务如下:①公开发行与非公开发行的证券登记;②上市及非上市的记名证券的转让登记;③办理有价证券的保管;④代理有价证券的还本付息和分红派息;⑤从事与证券有关的咨询业务及主管机关批准的其他业务。

证券结算公司的功能有中央登记、中央存管和中央结算。

中央登记功能如下:①统一管理投资者证券账户包括开立证券账户、修改开户资料、证券账户的挂失及补发等;②上市证券的发行登记包括新股发行登记、遗留问题股份登记等;③上市证券非流通股份的管理包括股份的冻结、抵押及法人股、国家股股权的协议转让过户;④股东名册管理。

结算公司为每个结算会员开设证券存管账户。该账户下设有两个账户:托管账户和自营账户,分别用以记录托管于该结算会员名义下和自身拥有的证券余额及其变化情况。中央存管功能包括上市证券的股份管理、证券托管与转托管、权益派发、配股认购等。

证券结算公司作为所有交易买方和卖方的交易对手,通过与交易所、清算银行和结算会员的电子网络,对在交易所达成的买卖以净额结算方式完成证券和资金收付。中央结算功能包括证券交易的清算过户、证券交易的资金交收、新股网上发行的资金清算等。

我国目前上海、深圳两个证券交易所各自具有自成体系的结算系统,证券存管、结算与交收分别由上海证券登记结算公司和深圳证券结算公司来承担,并通过净额结算方式,在成交后的次一工作日完成资金划拨和证券的交收。

从我国证券市场目前运作来看,证券登记结算机构有两个层面:一是专门为交易所提供集中登记、集中结算服务的机构,称为中央登记结算机构;二是代理中央登记结算机构为地方证券经营机构和投资者提供登记结算及其他服务的地方机构,称为地方登记结算机构。

2. 证券投资咨询公司

证券投资咨询公司又称为证券投资顾问公司,是指对证券投资者的证券投资活动提供职业性指导的专业机构。投资咨询公司根据客户的要求,通过收集大量的基础信息资料,在科学分析和现代技术分析相结合的基础上,进行系统的研究分析,向客户提供分析报告和操作建议,帮助客户制定投资策略,确定投资方向,从而帮助其制定最佳的投资、融资方案。

3. 信用评级机构

信用评级机构是指由专门的经济、金融、财务、法律等专家组成的对证券发行者和证券的信用进行等级评定的中介服务机构。目前,投资界公认的最具权威性的信用评级公司有美国的穆迪公司、标准普尔公司、加拿大的债务评级服务公司和英国的爱克斯坦尔统计服务公司。

信用评级机构的主要工作内容是对有价证券的发行公司进行客观、准确、真实、可靠的评级,并负责提供评级结果及有关资料。通常评级的结果对证券发行的成败、发行价格的高低等有着决定性的影响。而对于投资者而言,信用等级有利于他们迅速判断证券的风险程度,降低投资风险,节约信息成本,从而作出正确的投资决策。

信用评级机构一般是独立的、不受官方控制的机构。它们出于对自身的利益、信誉和权威性的考虑,遵循公正、客观、准确、可靠的原则,汇集了一大批实践经验极其丰富的证券分析、企业评估、会计统计、公司财务、电子计算机等各个领域的经济专家和技术专家,建立了完善的证券评级制度。然而,需要强调的是,它们所做出的信用评级仅供投资者决策时参考,并不具有向投资者推荐这些证券的含义;只是评价该种证券的发行质量、债券发行者的资信、投资者承担的风险,并不具备对股票评级的定性作用。选择何种证券进行投资,最终仍然由投资者自行决定。

4. 会计师事务所

会计师事务所是指国家批准的依法独立承担注册会计师业务并独立核算、自负盈亏的中介服务机构。其主要工作内容是对证券、期货相关机构的会计报表进行审计、净资产验证、实收资本的审验及盈利预测审核等业务。

注册会计师执行的业务和会计师事务所在维护证券市场运行方面有着不可低估的作用。从投资人的角度看,无论是对发行股票公司盈利能力的判断,还是对公司发行债券偿还能力的了解,都需要以注册会计师对发行人财务资料的审查和鉴证结论为必要前提;从发行公司的角度看,既需要注册会计师进行改制计划和策略的编制,也希望通过注册会计师的审计报告,提示企业财务报表的公信力,以便吸引更多的投资人与资金,从而求得公司的稳步快速发展;从国家宏观经济的角度看,为了维护正常的市场秩序,保证市场健康发展,也要求注册会计师对企业的财务报表进行客观、公正的审查。因此,在证券市场上,注册会计师执行的业务与会计师事务所发挥的作用,已经不仅要对某个公司的投资人和债权人负责,而且还要发挥社会公证的作用。

5. 律师事务所

律师事务所是指律师执行工作的组织机构。证券市场中的大量业务都涉及法律事务。律师事务所依据有关的法律法规,站在公正的立场,对有关契约文件、公司发行证券的文件是否完整和合法,公司行为是否合法,证券公司的行为是否合法等提供法律服务。因此,律师事务所的工作直接关系到投资者、公司和社会公众的利益,是资本市场的重要参与者。

律师事务所的主要工作内容如下:一是为证券的发行上市和进行交易出具法律意见书。法律意见书是由律师事务所就证券的发行、上市和交易的合法性所出具的法律文件;

二是审查、修改、制作与证券发行、上市和交易有关的法律文件。在证券发行市场上,律师事务所主要对股票发行所附文件是否齐备、真实,股份公司的筹备是否符合要求,公司的章程有无明显瑕疵,公司的股票结构和持股比例是否符合要求等出具法律意见书,审查、修改和制作公司章程、招股说明书、债券募集办法和证券承销协议书等。

律师事务所出具的法律意见书具有法律效力,若有虚假,则律师事务所和签字的律师必须承担相应的法律责任。

6. 资产评估机构

资产评估机构是指组织专业人员依照国家有关规定和数据资料,按照特定的目的,遵循适当的原则、方法和计价标准,对资产价格进行评定估算的专门机构。其主要工作内容是为股票公开发行、上市交易的公司资产进行评估。

我国资产评估业是随着经济体制改革特别是国有企业管理体制改革而产生的,并在证券市场上发挥着越来越重要的作用。

(1) 国有企业股份制的改造需要进行资产评估。国有企业在改制上市发行新股时,为了防止国有资产流失,保护投资者的合法利益,对国有企业作为出资的实物、工业产权、非专利技术或土地使用权等,必须评估作价,核实财产,折合成股份。由于既不能高估作价,损害投资者利益,也不能低估作价,任由国有资产流失,因此由独立的资产评估机构依据公平、科学、客观、独立的原则进行资产评估已成为不可或缺的重要环节。

(2) 上市公司资产重组需要进行资产评估。在现代市场经济中,一个公司的价值组成是极其复杂的,既包括有形资产,也包括无形资产(如商誉、字号、品牌等),因此上市公司在进行收购、兼并等资产重组时,只有对有关企业的资产(包括整体资产或部分资产)都进行评估,才能确认其真实价值,并且只有评估结果由参与各方共同确认,才能达成协议。此外,一些上市公司增发新股或进行配股时,也需要进行资产评估。

(3) 上市公司年度报告也可能涉及资产评估。当上市公司每年公布年度报告或中期报告时,若公司资产价值发生非经营性的变动,如土地使用权的增值等,也需要进行资产评估。

7. 证券信息公司

证券信息公司是依法设立的,对证券信息进行收集、加工、整理、存储、分析、传递以及进行信息产品、信息技术的开发,为客户提供各类证券信息服务的专业性中介机构。

目前,全球最大的两家财务新闻信息传播机构是路透社和道琼斯德利财经资讯系统。它们是综合性的财经信息服务机构,其所开发的信息产品路透财经资讯系统和德利财经资讯系统在全球享有盛誉,用户几乎遍及全世界各个角落。目前,我国的证券信息服务还处于初级阶段,专业性证券信息服务公司还不多,规模实力较小,有待于进一步规范运作和稳定发展。

证券信息公司的功能,主要体现在为证券市场参与者提供准确、及时、全面系统的证券信息服务。对于投资者来说,证券信息公司能够帮助投资者树立理性的投资理念,有利于投资者控制和降低投资风险;对证券经营机构和上市公司来说,证券信息服务使他们从繁杂的资料整理工作中解脱出来,节省了大量的人力和时间,且直接迅速地获得高质量的信息产品,有利于提高管理者的决策质量。此外,准确、及时的证券信息服务也有利于证券管理机构提高对市场的把握能力和市场监督水平,对市场规范运作和稳定发展具有积极的促进作用。

四、自律性组织

自律性管理体制是证券市场管理体制的重要组成部分。自律性组织包括证券交易所和证券业协会。

（一）证券交易所

根据我国《证券法》的规定，证券交易所是提供证券集中竞价交易、不以营利为目的的法人。其主要职责如下：①提供交易场所与设施；②制定交易规则；③监管在该交易所上市的证券以及会员交易行为的合规性、合法性，以确保市场的公开、公平和公正。根据1997年12月10日国务院证券委员会发布的《证券交易所管理办法》（以下简称《办法》），证券交易所的监管职能包括对证券交易活动进行管理、对会员进行管理以及对上市公司进行管理等。

（二）证券业协会

证券业协会是证券行业的自律性组织，其属于社会团体法人。证券业协会的权利机构为由全体会员组成的会员大会。根据我国《证券法》规定，证券公司应当加入证券业协会。证券业协会应当履行协助证券监督管理机构组织会员执行有关法律，维护会员的合法权益，并为会员提供信息服务、制定规则、组织培训和开展业务交流，调解纠纷，就证券业的发展开展研究，监督会员行为以及证券监督管理机构赋予的其他职责。

五、证券监管机构

在我国，证券监管机构是指中国证券监督管理委员会（以下简称"中国证监会"）及其派出机构。中国证监会是国务院直属的证券管理监督机构，按照国务院授权和依照相关法律、法规对证券市场进行集中、统一监管。它的主要职责是负责行业性法规的起草，负责监督有关法律、法规的执行，负责保护投资者的合法权益，对全国的证券发行、证券交易、中介机构的行为等依法实施全面监管，从而维持公平而有序的证券市场。

第三节　股票价格指数

股票价格指数是衡量股票市场总体价格水平及其变化趋势的尺度，是反映国民经济和企业生产经营状况的"温度计"，是指导资金流动的"指挥棒"。世界各地的股票市场都有自己的股票价格指数。在一个国家不同的股票市场也有不同的股票价格指数。不同的股票价格指数在具体的编制中，计算的对象不同、计算的方法不同、确定的基期也不同。

一、股票价格指数

在股票交易市场上,有成百上千种股票在进行不断的买进卖出,各种股票的价格各异、价格种类又多种多样、此起彼伏、变幻不定。在瞬息万变的股票市场交易中,用一种股票价格的变动来说明整个市场状况是不全面的。这就需要有一个总的尺度来衡量股票市场总体价格水平的变动,这样,股票价格指数就应运而生。股票价格指数能及时全面地反映市场上股票价格水平的变动,根据它的上涨和下跌,可以看出股票市场变化的趋势。它能从一个侧面灵敏地反映一个国家政治、经济的发展变化,其作用远远超出一个统计数字。

(一)股票价格平均数

股价平均数采用股价平均法,用来度量所有样本股经调整后的价格水平的平均值,可以分为简单算术股价平均数、加权股价平均数和修正股价平均数。

1. 简单算术股价平均数

简单算术股价平均数是以样本股每日收盘价之和除以样本数。其计算公式为

$$\overline{P} = \frac{1}{n}\sum_{i=1}^{n} P_i$$

式中:$\overline{P}$ 为平均股价;P_i 为各样本股收盘价;n 为股票种数。

简单算术股价平均数的优点是计算简便,但也存在两个缺点:第一,当发生样本股送配股、拆股和更换时,会使股价平均数失去真实性、连续性和时间序列上的可比性;第二,在计算时没有考虑权数,即忽略了发行量或成交量不同的股票对股票市场有不同的影响这一重要因素。这可以通过加权股价平均数和修正股价平均数来弥补。

2. 加权股价平均数

加权股价平均数又称加权平均股价,它是指将各样本股票的发行量或成交量作为权数计算出来的股价平均数。其计算公式为

$$\overline{P} = \frac{\sum_{i=1}^{n} P_i W_i}{\sum_{i=1}^{n} W_i}$$

式中:W_i 为样本股的发行量或成交量。

以样本股成交量为权数的加权平均股价可表示为

$$加权平均股价 = \frac{样本股成交总额}{同期样本股成交总量}$$

以样本股发行量为权数的加权平均股价可表示为

$$加权平均股价 = \frac{样本股市价总额}{同期样本股发行总量}$$

3. 修正股价平均数

修正股价平均数是指在简单算术平均法的基础上,当发生拆股、增资配股时,通过变

动除数,使股价平均数不受影响。其计算公式为

$$新除数 = \frac{变动后的总价格}{变动前的平均数}$$

$$修正股价平均数 = \frac{变动后的总价格}{新除数}$$

目前,在国际上影响最大、历史最悠久的道琼斯股价平均数就采用修正股价平均数法来计算股价平均数,每当股票分割、发放股票股息或增资配股数超过原股份的 10% 时,就对除数作相应的修正。

(二)股票价格指数

股票价格指数是指将计算期的股价与某一基期的股价相比较的相对变化指数,用以反映市场股票价格的相对水平。

1. 股票价格指数的编制步骤

编制股票价格指数应遵循以下步骤。

(1)选择样本股。选择一定数量有代表性的上市公司股票作为编制股票价格指数的样本股。样本股的选择主要考虑两条标准:一是样本股的市价总值要占在交易所上市的全部股票市价总值的相当部分;二是样本股票价格变动趋势必须能反映股票市场价格变动的总趋势。

(2)选定某基期,并以一定方法计算基期平均股价。通常选择某一有代表性或股价相对稳定的日期为基期,并按选定的某一种方法计算这一天的样本股平均价格或总市值。

(3)计算计算期平均股价,并作必要的修正。

(4)指数化。将基期平均股价定为某一常数(通常为 100、50 或 10),并据此计算计算期股价的指数值。

2. 股票价格指数的计算方法

股价指数的编制方法有简单算术股价指数和加权股价指数两类。

(1)简单算术股价指数。简单算术股价指数的计算方法又有相对法和综合法之分。

① 相对法是先计算各样本股的个别指数,再加总求算术平均数。假设股价指数为 P',基期第 i 种股票价格为 P_{0i},计算期第 i 种股票价格为 P_{1i},样本数为 n,则其计算公式为

$$P' = \frac{1}{n} \sum_{i=1}^{n} \frac{p_{1i}}{p_{0i}}$$

② 综合法是将样本股票基期价格和计算期价格分别加总,然后再求出股价指数,其计算公式为

$$P' = \frac{\sum_{i=1}^{n} p_{1i}}{\sum_{i=1}^{n} p_{0i}}$$

(2)加权股价指数。其以样本股票发行量或成交量为权数加以计算,其计算方法又有基期加权、计算期加权和几何加权之分。

① 基期加权股价指数又称拉斯贝尔加权指数(Laspeyre Index),它采用基期发行量或成交量作为权数。其计算公式为

$$P' = \frac{\sum\limits_{i=1}^{n} P_{1i}Q_{0i}}{\sum\limits_{i=1}^{n} P_{0i}Q_{0i}}$$

式中:Q_{0i}为第 i 种股票的基期发行量或成交量。

② 计算期加权股价指数又称派氏加权指数(Paasche Index),它采用计算期发行量或成交量作为权数。其适用性较强,使用较广泛,很多著名的股价指数,如标准普尔指数等都使用这一方法。其计算公式为

$$P' = \frac{\sum\limits_{i=1}^{n} P_{1i}Q_{1i}}{\sum\limits_{i=1}^{n} P_{0i}Q_{1i}}$$

式中:Q_{1i}为第 i 种股票的基期发行量或成交量。

③ 几何加权股价指数又称费雪理想式(Fisher's Index Formula),它是对前两种指数做几何平均。由于其计算复杂,因此很少被实际应用。

$$P' = \sqrt{\frac{\sum\limits_{i=1}^{n} P_{1i}Q_{0i}}{\sum\limits_{i=1}^{n} P_{0i}Q_{0i}} \cdot \frac{\sum\limits_{i=1}^{n} P_{1i}Q_{1i}}{\sum\limits_{i=1}^{n} P_{0i}Q_{1i}}}$$

二、国际主要的股票价格指数

(一) 道琼斯股价指数

道琼斯股价平均指数是世界上最早、最享盛誉的股票价格指数,由美国道琼斯公司计算,并在《华尔街日报》上公布。早在 1884 年 6 月 3 日,道琼斯公司创始人查尔斯·亨利·道和爱德华·琼斯根据当时美国有代表性的 11 种股票编制股票价格平均数,并发表于该公司编辑出版的《每日通讯》上。1938 年,道琼斯股价指数的样本股逐渐扩大至 65 种,编制方法也有所改进,《每日通讯》也于 1889 年改为《华尔街日报》。

现在的道琼斯指数实际上是一组股价平均数,它包括 5 组指标:①工业股价平均数。以美国埃克森石油公司、通用汽车公司和美国钢铁公司等 30 家著名大工商企业股票为编制对象,能灵敏地反映经济发展水平和变化趋势。平时所说的道琼斯指数,就是道琼斯工业股份平均数;②运输业股价平均数。以美国泛美航空公司、国际联运公司等 20 家具有代表性的运输业公司股票为编制对象;③公用事业股价平均数。以美国电力公司、煤气公司等 15 家具有代表性公用事业大公司股票为编制对象;④股价综合平均数。以上述 65 家公司股票为编制对象;⑤公正市价指数。以 700 家不同规模或实力的公司股票作为编制对象。该指数于 1988 年 10 月首次发表。由于该指数所选的股票不但考虑了广泛的行业分布,而且兼顾了公司的不同规模和实力,因而具有相当的代表性。

道琼斯股价平均数以 1928 年 10 月 1 日为基期，基期指数为 200。该指数的计算方法原为简单算术平均法，但由于这一方法的不足，从 1928 年起采用除数修正的简单平均法，使平均数能够连续、真实地反映股价变动情况。长期以来，道琼斯股价平均数被视为最具权威性的股价指数，且被认为是反映美国政治、经济和社会状况最灵敏的指标，甚至是反映西方经济盛衰的重要指标。

（二）金融时报指数

金融时报指数是英国最具权威性的股价指数，由《金融时报》编制和公布。这一指数包括 3 种：一是《金融时报》工业股指数，又称 30 种股票指数。该指数包括 30 种最优良的工业股票价格。它以 1935 年 7 月为基期，基期指数为 100；二是 100 种股票交易指数，它包括 100 家有代表性的大公司股票。该指数自 1984 年 1 月 3 日起编制并公布，基值定为 1000；三是综合精算股票指数，它从伦敦股市上，精选 700 多种股票作为样本股加以计算，自 1962 年 4 月 10 日起编制和公布，并以这一天为基期，令基期指数为 100。这一指数的特点是统计面宽、范围广，能较全面地反映整个股市状况。

（三）日经 225 股价指数

日经 225 股价指数是指由《日本经济新闻社》编制和公布的，用以反映日本股票市场价格变动的股价指数。该指数自 1950 年 9 月开始编制，最初根据东京证券交易所第一市场上市的 225 家公司的股票算出修正平均股价，因此又称为"东证修正平均股价"。1975 年 5 月 1 日，《日本经济新闻社》向道琼斯公司买进商标，采用道琼斯修正指数法计算，因而指数又改称为"日经道式平均股价指标"，1985 年 5 月合同期满，又改为"日经股价指数"。现该指数分成两组：一是日经 225 种股价指数，以在东京证券交易所第一市场上市的 225 种股票为样本股，包括 150 家制造业、15 家金融业、14 家运输业和 46 家其他行业，用 1950 年算出的平均股价 176.21 日元为基数；二是日经 500 种股价指数。该指数从 1982 年 1 月 4 日起开始编制，样本股扩大到 500 种，约占东京证券交易所第一市场上市股票的一半，因而代表性更广泛。

（四）NASDAQ 指数

NASDAQ 市场设立了 13 种指数，分别为 NASDAQ 综合指数、NASDAQ-100 指数、NASDAQ 金融-100 指数、NASDAQ 银行指数、NASDAQ 生物指数、NASDAQ 计算机指数、NASDAQ 工业指数、NASDAQ 保险指数、NASDAQ 其他金融指数、NASDAQ 通信指数、NASDAQ 运输指数、NASDAQ 全国市场综合指数和 NASDAQ 全国市场工业指数。

NASDAQ 综合指数是以在 NASDAQ 市场上市的、以所有本国和外国的上市公司的普通股为基础计算的，它包括了 5000 多家公司，这使得其成为 NASDAQ 的主要市场指数。该指数是在 1971 年 2 月 5 日启用的，基准点为 100 点。

三、我国主要的股票价格指数

（一）上证综合指数

上海证券交易所从 1991 年 7 月 15 日起编制并公布上海证券交易所股价指数，它以 1990 年 12 月 19 日为基期，以全部上市股票为样本，以股票发行量为权数，并按加权平均法计算。其计算公式为

$$本日股价指数 = \frac{本日股票市价总值}{基期股票市价总值} \times 100$$

当遇新增（删除）上市或上市公司增资扩股时，需进行相应修正。修正时计算公式为

$$新基期市价总值 = 修正前基期市价总值 \times \frac{修正前市价总值 + 市价总值变动额}{修正前市价总值}$$

$$修正后本日股价指数 = \frac{本日股票市价总值}{新基期股票市价总值} \times 100$$

自 1992 年 2 月起，分别公布 A 股指数和 B 股指数；自 1993 年 5 月 3 日起正式公布工业、商业、地产业、公用事业和综合 5 大类股价指数。其中，上证 A 股指数以 1990 年 12 月 19 日为基期，上证 B 股指数以 1992 年 2 月 21 日为基期，以全部上市的 A 股和 B 股为样本，以发行量为权数进行加权计算。上证分类指数以 1993 年 5 月 1 日为基期，并按同样方法计算。

（二）深证综合指数

深圳证券交易所综合指数包括深证综合指数、深证 A 股指数和 B 股指数。它们分别以在深圳证券交易所上市的股票、全部 A 股、全部 B 股为样本，以 1991 年 4 月 3 日为综合指数和 A 股指数为基础，以 1992 年 2 月 28 日为 B 股指数的基期，基期指数定为 100，以指数股计算日股份数为权数进行加权平均计算。当有新股上市时，在其上市后的当天纳入指数计算。深证综合指数的基本公式为

$$即日指数 = \frac{即日指数股总市值}{基日指数股总市值} \times 基日指数$$

每日连续计算的环比公式为

$$今日即时指数 = 上日收市指数 \times \frac{今日即时指数股总市值}{经调整上日指数股收市总市值}$$

（三）上证成分股指数

上证成分股指数，简称"上证 180 指数"，它是对原上证 30 指数进行调整和更名产生的指数。上证成分股指数的样本股共有 180 只股票，选择样本股的标准是遵循规模（总市值、流通市值）、流动性（成交金额、换手率）、行业代表性 3 项指标，即选取规模较大、流动性较好且具有行业代表性的股票作为样本。上证 180 指数是 1996 年 7 月 1 日起正式发布的上证 30 指数的延续，从 2002 年 7 月 1 日起正式发布，其基点为 2002 年 6 月 28 日上证 30 指数的收盘点数 3299.05 点。

（四）上证 50 指数

2004 年 1 月 2 日,上海证券交易所发布了上证 50 指数,它以 2003 年 12 月 31 日为基日,以该日 50 只成分股的调整市值为基期,基期指数定为 1000 点。上证 50 指数采用派氏加权方法,按照样本股的调整股本数为权数进行加权计算。

（五）深证成分股指数

深证成分股指数是指由深圳证券交易所编制,通过对所有在深圳证券交易所上市的公司进行考察,按一定标准选出 40 家有代表性的上市公司作为成分股,以成分股的可流通股数为权数,采取加权平均法编制而成。深圳成分股指数包括深证成分指数、成分 A 股指数、成分 B 股指数等。深圳分类指数包括农林指数、采掘指数、制造指数、食品指数、纺织指数、木材指数、造纸指数、石化指数、电子指数、金属指数、机械指数、医药指数、水电指数、建筑指数、运输指数、IT 指数、批零指数、金融指数、地产指数、服务指数、传播指数、综企指数等 22 项。成分股指数以 1994 年 7 月 20 日为基日,其基日指数为 1000 点。

（六）深证 100 指数

深圳证券信息有限公司于 2003 年年初发布深证 100 指数。深证 100 指数成分股的选取主要考察 A 股上市公司流通市值和成交金额两项指标。它从在深交所上市的股票中选取 100 只 A 股作为成分股,以成分股的可流通 A 股数为权数,采用派氏综合法编制。根据市场动态跟踪的成分股稳定性原则,深证 100 指数将每半年调整一次成分股。深证 100 指数以 2002 年 12 月 31 日为基准日,其基准指数定为 1000 点,从 2003 年第一个交易日开始编制和发布。

（七）恒生指数

恒生指数由我国香港恒生银行于 1969 年 11 月 24 日起编制公布,它挑选了 33 种有代表性的上市股票为成分股,包括金融业 4 种、地产业 9 种、公用事业 6 种、其他工商业 14 种,其成分股并不固定,自 1969 年以来,已作了 10 次调整,以保证其代表性。恒生指数最初以股市交易正常的 1964 年 7 月 31 日为基期,且令其基值为 100,后来因为恒生指数按行业增设了 4 个分类指数,因此将其基期改为 1984 年 1 月 13 日,并将该日收市指数的 975.47 点定为其新基期指数。

第四节 证券市场的效率

证券市场具有信息产生、传播和扩散功能。根据信息经济学理论,信息的完全与否直接制约着市场的效率。20 世纪 60 年代,美国芝加哥大学财务学家法玛(Eugene F. Fama,1969)提出了著名的有效市场假说(Efficient Market Hypothesis)。他以"公平交易"来定义有效市场,认为如果证券市场能够充分反映可得的信息,则市场是有效率的。

市场效率背后的驱动力是竞争,是为获得超额利润而进行的竞争。本节主要讨论证券价格对各种影响证券价格的信息反应能力和反应速度问题,即市场的效率问题。其中,有效市场理论是证券投资学的一个重要理论。

一、有效率的证券市场

证券市场的效率与证券市场的完善与否有着密切的关系,但二者又有所不同,讨论有效率证券市场,首先应从证券市场的完善性谈起。

(一)证券市场的完善性

完善的证券市场是指满足下述条件的证券市场。

(1)市场无摩擦,即不存在交易成本和政府税收,所有资产都可以进入市场交易,且交易量可以是资产数额的任意比例(资产可无限分割)。

(2)产品市场和证券市场都是完全竞争的市场,即在产品市场上的所有产品生产者和服务提供者均以最低平均成本提供产品和服务,在证券市场的所有交易者都是价格的接受者。

(3)市场信息的交流是高效率的,即所有信息均不需任何成本,而同时为所有人获知。

(4)参加市场交易的个人都是理性的,都追求个人效用的最大化。

满足上述条件的完善的证券市场要求产品市场和证券市场既能有效率配置资源,又能有效率地运行。有效率地配置资源是指产品和证券的价格使得每一生产者和投资者的边际收益均相等。而有效率地运行则是指在交易过程中不存在交易成本。

(二)证券市场的有效性

有效率的证券市场的条件比完善证券市场的要求宽松得多。它只要求价格能够完全和顺势地反映出所有可获得的有关信息,即保证在资产交易过程中价格是资本配置的真实信息。

与完善市场相比,有效率的证券市场可能存在某些摩擦,即交易成本,如证券交易中所支付的经纪人费用、人力资本的不可分等。例如,若某一企业因在产品市场上的垄断地位而获得垄断利润,则有效率的证券市场将依照预期的垄断利润的现值确定该公司的股票价格。这样,尽管在产品市场上资源配置是无效率的,但证券市场仍然是有效率的。最后,有效率的证券市场只要求信息能够全面及时地在证券价格上反映出来,而并不要求获得信息的成本为零。

从某种意义上来说,有效率的证券市场仍然意味着资源配置的有效率和市场运行的有效率。资源配置有效率表明证券的价格是一个可以信赖的、准确的投资信息,这些价格全面和及时地反映了所有可以获知的有关信息,投资者可以根据这些信息,选择合理的资金投向以获取最高的收益,而这种收益可能是产品市场上垄断收益的反应。运行的有效率是指证券交易的中介能够以最低的成本提供服务,并只收取与所提供服务相适应的合理收益。

二、有效证券市场的形式

法玛在证券市场效率问题方面做了大量的研究,他将证券市场分成效率不同的 3 种形式,即弱式有效、半强式有效和强式有效市场。

(一) 弱式有效(Weak-Efficient)市场

有效率市场的研究是从对证券价格的历史变化趋势研究开始的。长期以来,人们一直认为证券价格的变化有一定的规律可循,证券价格过去和现在的变化将对其未来变化产生一定的影响。所谓技术分析,就是通过对证券价格变化的历史数据分析,试图找出价格变化的规律,并用以预测证券价格未来的变动趋势。1953 年,Maurice Kendall 对股票价格的历史数据进行了研究,试图找到价格变化的某种规律。但他惊奇地发现,实际上并不存在价格变化的规律,股票价格变化完全是随机的。"机会的精灵"每次任选一个随机数加到现行价格上,就形成了下一时期的股票价格。因此,Kendall 得出了股票价格的变化,就像人们抛掷硬币一样,完全是随机的。股票价格的这种随机变化可用下式来描述。

$$F(\Delta P_{j,t+1} \mid \Phi_t) = f(\Delta P_{j,t+1})$$

式中:F 为股票价格变化的概率密度函数;$\Delta P_{j,t+1}$ 为股票 j 在 $t+1$ 时刻发生的价格变化;Φ_t 为 t 时刻所有有关股票价格的公开发布的信息。

上式表明:①证券价格反映了所有已公开发表的有关信息;②证券价格的变化是相互独立的;③证券价格变化的概率密度函数与时间无关。

弱式有效市场是指在这种市场上证券价格过去的变化趋势对判断价格的未来变化毫无用处。投资者不可能利用技术分析来发现证券价格的变化规律而始终如一地谋取超额利润。也就是说,要获得超额利润,就必须寻求这些信息以外的东西,即必须有私人信息的存在才能获得超额利润。其原因在于:在该市场上,信息从产生到被公开的效率受到损害,即存在"私人信息"。而且,投资者对信息进行价值判断的效率也受到损害。并不是每一位投资者对所披露的信息都能作出全面、正确、及时和理性的解读和判断。只有那些掌握专门分析工具和具有较高分析能力的专业人员才能对所披露的信息作出恰当的理解和判断。

(二) 半强式有效(Semi-Strong Efficient)市场

半强式有效市场是弱式有效率市场的进一步发展。在半强式有效证券市场上,不但所有关于证券价格变化的历史资料对判断证券价格的变化毫无用处,而且所有公开发表的最新信息也对证券价格的变化毫无用处。所有对证券价格有影响的信息都会马上在证券价格上反映出来。证券价格对各种最新信息的反应速度是衡量市场效率的关键,假设某一公司,在 $t=0$ 时点以前证券价格是随机漫步。在 $t=0$ 时点该公司向市场传达了一个利好信息,从而导致价格的上升。这时可能会出现两种结果:一是从信息公开到公司股票价格上升到一个新的均衡点要经过时间较长的过程(这个时间用 n 表示),则这个结果表示该市场的效率较低,达不到半强式效率市场的要求;二是该公司的利好信息一经公布,该公司股票的价格立即上升到新的均衡点,这样的结果表示市场是半强式有效的市场。

证券市场的基本分析就是对公开发表的各种信息(政治、经济等)、对有关企业的经营现金流的影响进行分析,并据此确定该公司股票的价值及未来的变化趋势,进而引导证券投资,以期获得高于一般投资者的超额利润。但在半强式效率的证券市场上,基本分析并不能帮助投资者始终如一地获得超额利润,只有那些具有私人信息的投资者才能获得非正常的回报。

(三) 强式有效(Strong Efficient)市场

强式有效市场是指证券市场的价格反映了所有有关该证券的信息,不管是公开发表的,还是内幕信息,即不存在任何私人信息,则原来拥有私人信息的超额收益为零。这时,市场是具有高效率的,交易是公平的。因此,能否迅速获得交易所需的信息,直接影响市场的效率。

显然,强式有效市场只是一个极端的假设,真正的强式有效率的市场是不存在的,如果某些投资者拥有某种私人信息,他有可能利用这一私人信息获取超额利润。

在强式有效率市场上,有关证券信息的产生、公开、处理和反馈几乎是同时的。而且,有关信息的公开也是真实的、信息的处理是正确的,信息的反馈也是准确的。由于在强式有效市场上,每一位投资者都掌握了有关证券的所有的、真实的信息,而且每一位投资者所占有的信息都是一样的,没有信息不对称的存在,因此每一位投资者对该证券的价值的判断都是一致的。证券的价格反映了所有的即时信息。

对于证券组合的管理者来说,如果市场是强式有效的,则管理者会选择消极保守的投资态度,只求获得市场平均的收益水平,管理者一般模拟某一主要的市场指数进行投资。而在弱式有效市场和半强式有效市场中,证券组合的管理者往往是积极进取的,其通常在选择证券和买卖时机上下大功夫努力寻找价格偏离价值的证券,以获得超额利润。

本 章 小 结

证券市场是指股票、债券、投资基金等有价证券及其衍生产品发行和流通转让的场所。由于证券市场的交易对象是有价证券,因而其不同于一般商品市场,又区别于一般借贷市场,它是价值、财产权利和风险的直接交换场所。

证券市场是金融市场的重要组成部分。随着现代市场经济的发展,证券市场在筹集资金、资本定价、资源配置、转换机制、分散风险、宏观调控以及推动国际化等方面的作用日益显著,在社会中的地位日益提高。

证券市场主体包括证券发行人和证券投资者。证券发行人是证券市场的资金需求者和证券的供给者,主要包括政府机构、公司企业、金融机构。证券市场投资者是证券市场上的资金供给者,也是金融工具需求者和购买者。按照证券投资主体的性质,可以分为个人投资者和机构投资者两大类。

证券市场中介是连接证券投资者和筹资者的桥梁,其在保证证券的发行和交易活动的正常进行方面有着不可缺少的作用,主要包括证券经营机构和证券服务机构。

证券经营机构是依法设立可经营证券业务的、具有法人资格的金融机构,按照其经营业务的内容不同,可分为证券承销商、经纪人和自营商三大类。证券服务机构是指依法设立的从事证券投资咨询、交易结算、资产评估、信用评级、财务审计等证券服务业务的法人机构,主要有证券登记结算公司、证券投资咨询公司、信用评级机构、会计师事务所、资产评估机构、律师事务所、证券信息公司等。

有效市场理论讨论的对象是证券价格对各种影响证券价格的信息反应能力和反应速度问题,即市场的效率问题。一般把市场可分为3种类型:弱式有效、半强式有效和强式有效市场,投资者和管理者可根据具体市场的特征来制定相应的投资策略。

关 键 术 语

证券市场　证券发行市场　证券流通市场　股票市场　债券市场　个人投资者　机构投资者　证券投资基金　QFII(合格境外机构投资者)制度　证券市场中介机构　弱式有效市场　半强式有效市场　强式有效市场

本 章 案 例

证监会通报3起证券市场违规案例

2012年5月24日,证监会通报了3起市场违规案例进展情况,它们分别是交银施罗德原基金经理郑拓老鼠仓案、漳泽电力独立董事杨治山内幕交易案、紫金矿业(601899)信息披露违法违规案。

通告显示,原交银施罗德基金经理郑拓在2007年3月至2009年8月实际管理交银稳健基金期间,其利用任职优势获取的交银稳健基金投资交易未公开信息,并使用夏某某、原某某证券账户,先于或同步于其管理的交银稳健基金买入或卖出股票50余只,累计成交金额达5亿余元,非法获利1400余万元。目前,郑拓已被公安机关依法采取强制措施。

资料显示,2011年4月中旬,作为漳泽电力独立董事的杨治山,在履行工作职责中知悉同煤集团与漳泽电力资产重组的内幕信息。2011年4月15日,杨治山指使李某在上海某营业部开立证券账户,4月19、28日,杨治山借用李某账户共计买入漳泽电力股票268.25万股,买入金额约1500万元。在知悉证监会开始调查后,杨治山则以跌停板价格倾仓申报卖出所有股票,造成亏损82.8万元,意图减轻法律制裁。目前,杨治山也已被公安机关刑事拘留。

紫金矿业则由于未按规定披露信息的行为而被证监会立案调查。2010年7月3日下午,紫金矿业员工在巡查时发现紫金山金铜矿所属的铜矿湿法厂污水池发生污水渗漏,并在第一时间向公司领导报告。知悉情况后,紫金矿业执行董事陈景河、罗映南、邹来昌、刘晓初、蓝福生、黄晓东召开碰头会,决定暂缓污水渗漏披露,直到2010年7月12日晚紫金矿业才发布了关于污水渗漏情况的公告。证监会决定,责令紫金矿业改正,给予警告,并处以 30 万元的罚款,并对 6 名执行董事作出行政处罚。

对此,证监会相关负责人表示,基金"老鼠仓"行为损害了基金财产和基金份额持有人的利益,破坏了广大投资者对有关基金及基金管理人的信任。同样,杨治山作为上市公司独立董事,违规窃取上市公司具有重大价值的未公开信息,借用他人账户进行内幕交易,情节严重,影响恶劣。而作为一家上市公司,在对环境产生重大影响的重大事件发生后,首先应当依法及时披露相关信息,将可能产生的后果及时告知投资者和社会公众,以利于投资者的投资决策。该负责人强调,市场专业人士应引以为戒,严格自律,自觉遵守市场诚信原则和法律规定。

2012 年以来,证监会进一步加大了对证券期货市场违法违规行为的打击力度。从证监会公布的数据可以看出,信访举报越来越成为证监会稽查执法的重要线索来源。资料显示,2011 年 12 月 1 日至 2012 年 4 月 30 日,证监会稽查局共受理各类案件线索 199 起。其中,信访举报案件线索 45 起,占期间线索总量的 22.6%,环比上升 40%。特别是今年 1~4 月,已经累计受理 40 起,是去年同期的 2.5 倍。

复习思考题

1. 什么是证券市场?证券市场的特征是什么?
2. 试述证券市场的结构和功能。
3. 什么是 QFII?引进 QFII 对我国证券市场有什么影响?
4. 我国主要的股票价格指数有哪几种?
5. 什么是有效的证券市场?它有哪几种形式?

第四章 证券发行市场

学习目的

　　通过本章的学习,了解证券发行市场的特征和作用,熟悉发行市场结构和分类,掌握股票和债券发行的目的、方式和价格,理解股票、债券、转债、基金和外资股的发行与承销。

　　证券发行者将自行设计,代表一定权利的有价证券商品通过中介转让销售给投资者,这一全过程统称为证券发行市场。发行市场和交易市场是证券市场的两个组成部分。两者既相互依存,又相互制约。证券发行市场是交易市场的基础和前提,有了发行市场的证券供应,才有流通市场的证券交易,证券发行的种类和数量决定着流通市场的规模和交易。本章将首先介绍证券发行市场的基本知识,然后分别介绍股票和债券的发行与承销,最后介绍境外筹资与国外市场发行。

第一节　证券发行市场概述

　　为了实现筹集资金等目的,就需要发行各类证券,因而也就产生了证券发行市场。证券发行市场是发行人向投资者出售证券的市场,通常无固定场所,是一个无形的市场,它包括政府、企业和金融机构发行证券时,从规划、推销到承购等阶段的全部活动过程。证券发行市场通常由发行者、投资者和证券中介机构组成。按发行对象不同,可分为股票发行市场、债券发行市场、投资基金发行市场等,它们的发行目的、发行条件、发行方式各有不同。

一、证券发行市场的特征和作用

(一)证券发行市场的特征

1. 无固定场所

　　新发行证券认购和销售一般没有固定的交易场所,有的由发行者自行向投资者销售,有的由投资银行承购后再向投资者分销,有的由承销者进入证券交易所推销。

2. 无统一时间

证券发行者根据自身的需要和市场行情走势来决定何时发行,而没有例行的发行时间。但每次具体的发行都有发行期限的限制,时间较集中,通常为 3～5 个月,且交易量较大。

3. 证券发行价格有时与票面不一致

证券发行价格与证券票面价格较为接近,尤其是债券常以票面价格发行。但我国目前股票的发行价格与票面价格相差较大。

(二)证券发行市场的作用

证券发行市场是向投资者出售证券的市场。它通常无固定场所,是一个无形的市场。其作用主要表现在以下 3 个方面。

(1)为资金需求者提供筹措资金的渠道。证券发行市场拥有大量运行成熟的证券商品供发行人借鉴,发行人可以参照各类证券的期限、收益水平、参与权、流通性、风险度、发行成本等不同特点,根据自身的需要和可能来选择、确定发行何种证券,并依据当时市场上的供求关系和价格行情来确定证券发行数量和价格。此外,发行市场上还有众多为发行人提供服务的中介机构,它们可以接受发行者的委托,利用自己的信誉、资金、人力、技术和网点等向公众推销证券,有助于发行人及时筹集到所需的资金。发达的发行市场还可以冲破地区限制,为发行人扩大筹资范围和对象,在本地或外地面向各类投资者筹措资金,并通过市场竞争逐步使筹资成本合理化。

(2)为资金供应者提供投资和获利的机会,实现储蓄向投资转化。政府、企业和个人在经济活动中可能出现暂时闲置的货币资金,证券发行市场为其提供了多种多样的投资机会。储蓄转化为投资是社会再生产顺利进行的必要条件。

(3)形成资金流动的收益导向机制,促进资源配置的不断优化。在现代经济生活中,生产要素随着资金流动,只有实现了货币资金的优化配置,才有可能实现社会资源的优化配置。证券发行市场通过市场机制选择发行证券的企业,那些具有良好产业前景、经营业绩优良、具有一定的核心竞争优势和良好发展潜力的企业就会更容易、成本更低地从证券市场上筹集到所需的资金,从而使资金流入最能产生效益的行业和企业,达到促进资源配置优化的目的。

二、证券发行市场结构和分类

(一)证券发行市场结构

由于证券发行市场无特定的发行场所,所以它是一种抽象的非组织化的市场,一切证券发行关系的综合即构成证券发行市场。证券发行市场由以下 3 部分组成。

1. 证券发行者

它是证券的供应者和资金的需求者,它们通过发行股票、债券等各类有价证券,在市场上筹集资金。证券发行者主要有政府、企业、金融机构和其他经济组织。

2. 证券投资者

它是资金的供应者和证券的需求者,投资者人数多少和资金实力的大小同样制约着证券发行市场规模。证券投资者包括个人投资者和机构投资者,后者主要是证券公司、保险公司、社保基金、证券投资基金、信托投资公司、企业单位、事业单位、社会团体等。

3. 证券中介机构

在证券发行市场上,中介机构主要包括证券公司、会计审计机构、律师事务所、资产评估事务所等为证券发行与投资服务的中介机构。它们是证券发行者和投资者之间的中介,在证券发行市场上占有重要的地位。

(二)证券发行分类

证券发行方式的选择对于能否顺利地发售证券、筹足资金是非常关键的。依照不同的分类标准,可以划分出以下几类主要的证券发行方式。

(1)按照发行对象的不同可以将证券发行方式划分为公募发行和私募发行。

① 公募发行。它又称公开发行,是指以不特定的广大投资者为证券发行的对象,按统一的条件公开发行证券的方式。公募发行一般数额较大,且通常由委托证券承销商代理发行,因而发行成本较高。公募发行必须经过严格的审查,且发行过程比较复杂,但信用度较高且流通性较好。如果公募发行的证券是债券,则其发行利率一般低于私募发行的利率。

② 私募发行。它又称不公开发行,是指以特定的投资者为对象发行证券的发行方式。由于私募发行的数额一般较小,且发行程序也比较简单,所以发行人不必委托中介机构办理推销,可以节省手续费开支,降低成本。但由于私募发行不经过严格的审查和批准,所以一般不能公开上市,流动性较差。

(2)按照有没有发行中介的参与,可以将证券发行方式划分为直接发行和间接发行。

① 直接发行。它又称自营发行,是指发行人不委托其他机构,而是自己直接面向投资人发售证券的方式。这种发行方式的特点如下:①发行量小,社会影响面不大;②内部发行不需要向社会公众提供发行人的有关资料;③发行成本较低;④投资人大多是与发行人有业务往来的机构。直接发行方式由于没有证券承销商的参与,一旦发行失败,则风险全部由发行人承担。

② 间接发行。它又称委托代理发行,是指发行人委托证券承销商代其向投资人发售证券的方式。发行人为此需支付代理费用给承销商,而承销商则需承担相应的发行责任和风险。

(3)按照证券发行价格确定方式的不同可以将发行方式划分为定价发行和竞价发行。

① 定价发行。它是指由发行人事先确定一个发行价格来发售证券的方式。根据发行价格同证券面值之间关系的不同,可以将其划分为平价发行、溢价发行和折价发行。我国法律规定,股票不得折价发行,而债券则可根据发行时票面利率与市场利率之间的关系选择平价发行、溢价发行和折价发行,一般多为平价发行。

② 竞价发行。它又称招标发行,是指由发行人通过公开招标的方式,经过投标人的

竞争,选择对发行人最有利的价格作为中标价格,即发行价格的发行方式。一般政府债券的发行多选择此种发行方式。

三、证券发行的定价方式

一级市场发行定价市场化是依据《证券法》的要求来推行的。我国《证券法》第 28 条规定,股票发行采取溢价发行的,其发行价格由证券发行人与承销的证券公司协商确定,并报国务院证券监督管理机构核准。为了规范证券发行与承销行为,保护投资者的合法权益,根据《中华人民共和国证券法》和《中华人民共和国公司法》,制定了《证券发行与承销管理办法》。该《办法》经 2006 年 9 月 11 日中国证券监督管理委员会第 189 次主席办公会议审议通过,2006 年 9 月 17 日中国证券监督管理委员会令第 37 号公布;根据 2012 年 5 月 18 日中国证券监督管理委员会令第 78 号公布的《关于修改〈证券发行与承销管理办法〉的决定》修订并执行。

发行人、证券公司和投资者参与证券发行,还应当遵守中国证券监督管理委员会(以下简称中国证监会)有关证券发行的其他规定,以及证券交易所、证券登记结算机构的业务规则和中国证券业协会的自律规则。证券公司承销证券,还应当遵守中国证监会有关保荐制度、风险控制制度和内部控制制度的相关规定。

若首次公开发行股票,则既可以通过向询价对象询价的方式确定股票发行价格,也可以通过发行人与主承销商自主协商直接定价等其他合法可行的方式确定发行价格,发行人应在发行公告中说明本次发行股票的定价方式。当上市公司发行证券定价时,应当符合中国证监会关于上市公司证券发行的有关规定。询价对象是指符合规定条件的证券投资基金管理公司、证券公司、信托投资公司、财务公司、保险机构投资者、合格境外机构投资者、主承销商自主推荐的机构和个人投资者以及经中国证监会认可的其他投资者。主承销商自主推荐询价对象,应当按照《证券发行与承销管理办法》和中国证券业协会自律规则的规定,制定明确的推荐原则和标准,建立透明的推荐决策机制,并报中国证券业协会登记备案。自主推荐的询价对象包括具有较高定价能力和长期投资取向的机构投资者和投资经验比较丰富的个人投资者。另外《证券发行与承销管理办法》还规定,机构投资者作为询价对象应当符合下列条件:①依法设立,且最近 12 个月未因重大违法违规行为被相关监管部门给予行政处罚、采取监管措施或者受到刑事处罚;②依法可以进行股票投资;③信用记录良好,且具有独立从事证券投资所必需的机构和人员;④具有健全的内部风险评估和控制系统并能够有效执行,风险控制指标符合有关规定;⑤按照本办法的规定被中国证券业协会从询价对象名单中去除的,自去除之日起已满 12 个月。

个人投资者作为询价对象应当具备 5 年以上投资经验、较强的研究能力和风险承受能力。主承销商应当严格按照既定的推荐原则、标准和程序进行推荐。主承销商可以在刊登招股意向书后向询价对象提供投资价值研究报告。发行人、主承销商和询价对象不得以任何形式公开披露投资价值研究报告的内容,但中国证监会另有规定的除外。当招股说明书(申报稿)预先披露后,发行人和主承销商既可向特定询价对象以非公开方式进行初步沟通,征询价格意向,预估发行价格区间,也可通过其他合理方式预估发行价格区间。初步沟通不得采用公开或变相公开方式进行,不得向询价对象提供除预先披露的招股说明书(申报稿)等公开信息以外的发行人其他信息。采用询价方式定价的,发行人和主承销商既可以根据初步询价结果直接确定发行价格,也可以通过初步询价确定发行价格区间,在发行价格区间内通过累计投标询价确定发行价格。当首次公开发行股票招股意向书刊登后,发行人及其主承销商可以向询价对象进行推介和询价,并通过互联网等方式向公众投资者进行推介。当发行人及其主承销商向公众投资者进行推介时,向公众投资者提供的发行人信息的内容及完整性应当与向询价对象提供的信息保持一致。发行人及其主承销商在推介过程中不得夸大宣传,或以虚假广告等不正当手段诱导、误导投资者,不得干扰询价对象正常报价和申购,更不得披露除招股意向书等公开信息以外的发行人其他信息;推介资料不得存在虚假记载、误导性陈述或者重大遗漏。承销商应当保留推介、询价、定价过程中的相关资料并存档备查,包括推介宣传材料、路演现场录音等,如实、全面反映询价、定价过程。采用询价方式确定发行价格的,询价对象可以自主决定是否参与初步询价,询价对象申请参与初步询价的,主承销商无正当理由不得拒绝。未参与初步询价或者参与初步询价但未有效报价的询价对象,不得参与累计投标询价和网下配售。主承销商的证券自营账户不得参与本次发行股票的询价、网下配售和网上发行。发行人与主承销商自主协商确定发行价格,或采用询价以外其他合法可行方式确定发行价格的,应当在发行方案中详细说明定价方式,并在发行方案报送中国证监会备案后刊登招股意向书。

发行人及其主承销商应当向参与网下配售的询价对象配售股票。发行人及其主承销商向询价对象配售股票的数量原则上不低于本次公开发行新股及转让老股(简称为本次发行)总量的 50%。询价对象与发行人、承销商可自主约定网下配售股票的持有期限。股票配售对象限于下列类别:①经批准募集的证券投资基金;②全国社会保障基金;③证券公司证券自营账户;④经批准设立的证券公司集合资产管理计划;⑤信托投资公司证券自营账户;⑥信托投资公司设立并已向相关监管部门履行报告程序的集合信托计划;⑦财务公司证券自营账户;⑧经批准的保险公司或者保险资产管理公司证券投资账户;⑨合格境外机构投资者管理的证券投资账户;⑩在相关监管部门备案的企业年金基金;⑪主承销商自主推荐机构投资者管理的证券投资账户和自主推荐个人投资者的证券投资账户;⑫经中国证监会认可的其他证券投资产品。机构投资者管理的证券投资产品在招募说明书、投资协议等文件中以直接或间接方式载明以博取一二级市场价差为目的申购新股的,相关证券投资账户不得作为股票配售对象。

主承销商应当对询价对象和股票配售对象的登记备案情况进行核查,对有下列情形之一的询价对象不得配售股票:①采用询价方式定价但未参与初步询价;②询价对象或者股票配售对象的名称、账户资料与中国证券业协会登记的不一致;③未在规定时间内报价或者足额划拨申购资金;④有证据表明在询价过程中有违法违规或者违反诚信原则的情形。

首次公开发行股票的发行人及其主承销商应当在网下配售和网上发行之间建立双向回拨机制,并根据申购情况调整网下配售和网上发行的比例。当网上申购不足时,可以向网下回拨由网下投资者申购,仍然申购不足的,可以由承销团推荐其他投资者参与网下申购。当网下中签率为网上中签率的 2～4 倍时,发行人和承销商应将本次发售股份中的 10％从网下向网上回拨;4 倍以上的应将本次发售股份中的 20％从网下向网上回拨。

第二节　股票的发行

股票是最重要的证券,是证券交易市场中最为活跃、影响最广的证券,因此股票的发行与承销在证券市场中占有非常重要的地位。在国际上,股票发行制度基本上可以分为核准制和注册制。核准制较为严格,主要依靠监管机构来保证上市公司的质量,较为适合处于发展早期、自律能力较差的证券市场,不少发展中国家的新兴市场采取核准制。注册制则较为宽松,主要依靠申请公司自律,发展较为成熟的证券市场大多采用注册制。我国目前采用的是核准制,该制度对股票的发行条件、发行主体的规范运作、承销方式及承销机构的资格等方面进行严格的管制。

一、股票的发行条件

在我国,股票发行可分为首次公开发行和增发新股两种方式,两种发行方式的发行条件如下。

(一)首次发行条件

所谓首次发行,是指以募集方式或公开募集股份或已设立公司首次发行股票。《股票发行与交易管理暂行条例》第 8 条规定,设立股份有限公司申请公开发行股票,应当符合以下条件。

(1) 其生产经营符合国家产业政策。

(2) 其发行的普通股票限于一种,同股同权。

(3) 发起人认购的股本数额不少于公司拟发行股本总额的 35％。

(4) 在公司拟发行的股本总额中,发起人认购的部分不少于人民币 3000 万元,但是国家另外有规定的除外。

(5) 发起人在最近 3 年内没有重大违法行为。

股份有限公司在公开发行股票后,若拟申请其股票在证券交易所上市交易,根据《公司法》第 152 条,必须符合下列条件。

(1) 公司股票经中国证监会批准,并已经向社会公开发行。

(2) 公司股本总额不少于人民币 5000 万元。

(3) 公司开业时间在 3 年以上,最近 3 年连续盈利;原国有企业依法改建而设立的或者《公司法》实施后新组建成立的,若其主要发起人为国有大中型企业的,则可连续计算。

(4) 持有股票面值达人民币 1000 元以上的股东人数不少于 1000 人;向社会公开发行的股份达公司股份总数的 25％以上;公司股本总额超过人民币 4 亿元的,其向社会公开发行股份的比例为 15％以上。

（5）公司在最近 3 年内无重大违法行为，财务会计报告无虚假记载等。

（二）增发新股的发行条件

上市公司发行新股是指上市公司向社会公开发行新股，包括向原股东配售（以下简称"配股"）和向全体社会公众发售股票（以下简称"增发"）。

根据《公司法》的有关规定，上市公司发行新股，必须具备下列基本条件。

（1）前一次发行的股份已募足，并间隔 1 年以上。

（2）公司在最近 3 年内连续盈利，并可向股东支付股利。

（3）公司在最近 3 年财务会计文件无虚假记载。

（4）公司预期利润率可达同期银行存款利率。

根据《证券法》第 20 条的规定，上市公司发行新股，还必须满足下列要求：上市公司对发行股票所募集资金，必须按招股说明书所列资金用途使用。改变招股说明书所列资金用途，必须经股东大会批准。擅自改变用途而未作纠正的，或者未经股东大会认可的，不得发行新股。

根据《关于做好上市公司新股发行工作的通知》（证监发〔2001〕43 号），上市公司申请配股，除应当符合《上市公司新股发行管理办法》的规定外，还应当符合以下要求。

（1）经注册会计师核验，公司最近 3 个会计年度加权平均净资产收益率平均不低于 6％；扣除非经常性损益后的净利润与扣除前的净利润相比，以低者作为加权平均净资产收益率的计算依据。设立不满 3 个会计年度的，则按设立后的会计年度计算。

（2）公司一次配股发行股份总额，原则上不超过前次发行并募足股份后股本总额的 30％；若公司具有实际控制权的股东全额认购所配售的股份，则可不受上述比例的限制。

（3）本次配股距前次发行的时间间隔不少于 1 个会计年度。

根据《关于上市公司增发新股有关条件的通知》（证监发〔2002〕55 号）、《关于做好上市公司新股发行工作的通知》（证监发〔2001〕43 号），如果上市公司申请增发新股，除应当符合《上市公司新股发行管理办法》的规定外，还应当符合以下条件。

（1）最近 3 个会计年度加权平均净资产收益率平均不低于 10％，且最近 1 个会计年度加权平均净资产收益率不低于 10％；扣除非经常性损益后的净利润与扣除前的净利润相比，以低者作为加权平均净资产收益率的计算依据。

（2）增发新股募集资金量不超过公司上年度末经审计的净资产值。

（3）发行前最近 1 年及 1 期财务报表中的资产负债率不低于同行业上市公司的平均水平。

（4）前次募集资金投资项目的完工进度不低于 70％。

（5）增发新股的股份数量超过公司股份总数 20％的，其增发提案还必须获得出席股东大会的流通股（社会公众股）股东所持表决权的半数以上通过，且股份总数以董事会增发提案的决议公告日的股份总数为计算依据。

（6）上市公司及其附属公司最近 12 个月内不存在资金、资产被实际控制上市公司的个人、法人或其他组织（以下简称"实际控制人"）及关联人占用的情况。

（7）上市公司及其董事在最近 12 个月内未受到中国证监会公开批评或者证券交易

所公开谴责。

（8）最近 1 年及 1 期财务报表不存在会计政策不稳健（如资产减值准备计提比例过低等）或负债数额过大、潜在不良资产比例过高等情形。

（9）上市公司及其附属公司违规为其实际控制人及关联人提供担保的，整改应已满 12 个月。

（10）上市公司在本次增发中计划向原股东配售或原股东优先认购部分占本次拟发行股份 50％以上的，则还应符合以下规定：①公司一次发行股份总数，原则上不超过前次发行并募足股份后股本总额的 30％；若公司具有实际控制权的股东全额认购所配售的股份，则可不受该比例的限制；②本次发行距前次发行的时间间隔不少于 1 个会计年度。

二、股票发行的目的

1. 为设立股份公司而发行股票

新的股份公司的设立需要通过发行股票来筹集股东资本，以达到预定的资本规模，为公司开展经营活动提供必要的资金条件。股份公司的设立形式有两种：一种是发起设立，它是指由公司的发起人认购应发行全部股份而设立的公司；另一种是募集设立，它是指由发起人认购应发行股份的一部分，其余部分向社会公众公开募集设立公司。

2. 现有股份公司为改善经营而发行新股

其主要目的如下：①增加投资，扩大经营；②调整公司财务结构，保持适当的资产负债比率，优化资本结构；③满足证券交易所的上市标准；④维护股东的直接利益，如配股、送股等；⑤其他目的。例如，当可转换优先股票或可转换公司债的转换请求权生效后，股份公司必须承诺办理、发行新股来注销原来可转换优先股票或可转换公司债。又如，为了争取更多投资者而降低每股股票价格并进行股票分割，或为了便利业务处理而对面额过低股票进行股票合并，以及在公司减资时，都需要发行新股票来替换原来发行的老股票等。

三、股票发行方式

（一）初次发行

它是指新组建股份公司时或原非股份制企业改制为股份公司时或原私人持股公司要转为公众持股公司时，公司首次发行股票。前两种情形又称为设立发行，后一种发行又称为首次公开发行（IPO）。

（二）增资发行

它是指随着公司的发展，业务的扩大，为达到增加资本金的目的而发行股票的行为。按取得股票时是否交纳股金来划分，可分为如下几类。

1. 有偿增资发行

它是指股份公司通过增发股票吸收新股份的办法增资，认购者必须按股票的某种发行价格支付现款才能获得股票的发行方式。具体方式有以下几种：一是股东配售。它是指公司按股东的持股比例向原股东分配该公司的新股认购权，准其优先认购增资的方式。这种方式可以保护原股东的权益及其对公司的控制权。二是公募增资。它是指股份公司以向社会公开发售新股票办法而实现的增资方式。公募增资的股票价格大都以市场价格为基础，是最常用的增资方式。三是私人配售，也称作第三者配股，它是指股份公司向特定人员或第三者分摊新股购买权的增资方式。特定人员一般包括董事、职员、贸易伙伴以及与公司业务有关的第三者——公司顾问、往来银行等。认购者可在特定的时间内，按规定的优惠价格优先购买一定数额的股票。

2. 无偿增资发行

它是指公司原股东不必交纳现金就可以无代价地获得新股的发行方式，发行对象仅限于原股东。其又可分为 3 种类型：一是公积金转增资。它也称为累积转增资，无偿支付。它是将法定公积金转为资本金，按原股东持股比例转给原股东，使股东无偿取得新发行的股票。公积金转增资本应遵循国家的有关法律规定，公司的积累公积金应首先用于弥补历年的亏损，法定公积金的余额必须达到注册资本的 50%，才可将其中不超过一半的数额转为增资，任意公积金则可由股东大会决定全部或部分转为增资。二是红利增资。它又称股票分红、股票股息或送红股，即将应分派给股东的现金股息红利转为增资，并用新发行的股票代替准备派发的股息红利。三是股票分割。它又称股票拆细，即将原来的大面额股票细分为小面额股票。其目的在于降低股票的价格，便于小投资者购买，以利于扩大股票的发行量和增强流动性。

3. 有偿和无偿混合增资发行

它是指公司对原股东发行股票时，按一定比例同时进行有偿无偿增资。它又分为两种类型：一是有偿无偿并行发行。它是按股东的持股比例同时进行股票的有偿发行和无偿发行，且有偿、无偿两部分是相互独立的，股东即使放弃有偿新股的认购权，也能获得无偿新股的分配。通常既送又配，送配互不影响。二是有偿无偿搭配发行。它是指按股东的持股比例同时进行股票的有偿发行和无偿发行，但有偿和无偿两部分不可分割，股东若不支付有偿部分的现金，就不能得到增发的新股，也就丧失了无偿发行部分的收益。通常是先配后送，因为配股后持股数量增加，所以相应的可得到较多的送股。

四、我国的股票发行方式

我国的股票发行市场，基本上采取公募间接发行方式。在证券市场发展初期，股票市场采取定向募集的方式在企业内部发行。从 1993 年起，采用无限量发行认购申请表的方式向全国公开发行。因其发行成本太高，后来又推出了与储蓄存单挂钩的发行方式，后者具有操作简便、时间短、成本低的优点。后来，为了确保股票发行审核过程中的公正性和质量，中国证监会还成立了股票发行审核委员会，对股票发行进行复审。1999 年《证券法》实施后，中国证监会颁布《中国证监会股票发行核准程序》《新股发行定价报告指引》、《关于进一步完善股票发行方式的通知》等一系列文件，实行了对一般投资者上网发行和法人投资者配售相结合的发行方式，确立了股票发行核准制的框架，从而使市场化的发行制度趋于明朗。2000年2月13日,证监会颁布《关于向二级市场投资者配售新股有关问题的通知》,在新股发行中试行向二级市场投资者配售新股的办法。2001年,证监会先后颁布了《中国证监会股票发行审核委员会关于上市公司新股发行审核工作的指导意见》、《新股发行上网竞价方式指导意见》、《上市公司新股发行管理办法》等,对企业发行新股的过程与环节作出明确规定。在总结以往股票发行方式经验教训的基础上,2001年形成了"上网定价发行"、"网下询价、网上定价发行"和"网上、网下询价发行"3种主要的发行方式。

2004年12月10日,中国证监会公布了《关于首次公开发行股票试行询价制度若干问题的通知》及配套文件《股票发行审核标准备忘录第18号——对首次公开发行股票询价对象条件和行为的监管要求》。同时宣布,首次公开发行股票试行询价制度于2005年1月1日正式施行。按照规定,发行申请经证监会核准后,发行人应公告招股意向书,并开始进行推介和询价。询价分为初步询价和累计投标询价两个阶段。发行人及其保荐机构应通过初步询价确定发行价格区间,并通过累计投标询价确定发行价格。这表明我国证券市场将告别计划经济色彩浓厚的新股溢价发行制,并开始步入议价发行的新时代。

五、股票发行价格

股票发行的定价方式主要有协商定价法、一般的询价方式、累计投标询价方式、上网竞价方式等,但不论何种定价方式,都受到公司净资产、盈利水平、发展潜力、行业特点、发行数量、股票市场的状态及其趋势的影响。在通常情况下,时价发行是主要的方式。我国公司法规定,股票发行价格不得低于票面金额。

(一)股票发行价格的类型

股票发行价格的类型主要有面额发行、时价发行、中间价发行3种类型。

1. 面额发行

它又称平价发行、等价发行,是指以票面金额为发行价格发行股票。票面价格并不代表股票的实际价值,也不表示公司每股实际资产的价值。

2. 时价发行

它是指以股票在流通市场上的价格为基础而确定的发行价格。时价发行的价格一般不等于市价,而是接近于股票流通市场上该种已发行股票或同类股票的近期买卖价格。时价发行一般高于股票面额,两者的差价称为溢价,溢价带来的收益计入公司资本公积金。该方式通常在公募发行或第三者配售时采用,是成熟市场最基本、最常用的发行方式。

3. 中间价发行

它是指介于面额与市价之间的价格发行。中间价发行通常是在股东配售时使用。

(二)股票发行的定价方法

股票发行主要有以下4种定价方法。

1. 议价法

议价法是指股票发行人直接与股票承销商议定承销价格和公开发行价格。承销价格和公开发行价格的差额即为承销商的报酬。定价依据主要采取同类上市公司比较法。

2. 竞价法

竞价法是指股票发行人将其股票发行计划和招标文件向社会公众或股票承销商公告,投资者或股票承销商根据各自拟定的标书,以投标方式相互竞争股票承销业务,中标标书中的价格就是股票的发行价格。

3. 市盈率法

市盈率又称为本益比,它是指股票市场价格与每股收益的比率。通常有两种方法计算每股净利润:一种是完全摊薄法,另一种是加权平均法。如果事先有注册会计师事务所的盈利预测审核报告,那么,完全摊薄法就是用发行当年预测全部净利润除以总股本,直接得出每股净利润。而在加权平均法下,每股净利润的计算公式为

$$每股净利润 = \frac{发行当年预测净利润}{发行前总股本 + 本次公开发行股本数 \times (12 - 发行月份) \div 12}$$

如果事先有注册会计师的盈利预测审核报告,那么,当通过市盈率定价法估计股票发行价格时,首先应根据审核后的盈利预测计算出发行人的每股收益;然后,根据二级市场的平均市盈率、发行人的行业状况(同类行业公司股票的市盈率)、发行人的经营状况及其成长性等拟定发行市盈率;最后,依据发行市盈率与每股收益的乘积决定发行价。

$$每股收益 = \frac{净利润}{发行前总股本数}$$

$$发行价格 = 每股收益 \times 发行市盈率$$

而在加权平均法下,发行价格的计算公式为

$$股票发行价格 = \frac{发行当年预测净利润}{发行当年加权平均股本数} \times 市盈率$$

$$发行当年加权平均股本数 = 发行前总股本数 + 本次公开发行股本数$$
$$\times (12 - 发行月份) \div 12$$

4. 净资产倍率法

净资产倍率法又称资产现值法,是指通过资产评估和相关会计手段确定发行人拟募股资产的净现值和每股净资产,然后根据证券市场的状况将每股净资产值乘以一定倍率或折扣,以此确定股票发行价格的方法。

$$发行价 = 每股净资产 \times 溢价倍率(或折扣率)$$

目前,我国上市公司首次公开发行价格主要取决于每股税后利润和发行市盈率两个因素。上市公司的增发新股主要采用时价发行方式,即采用市价折扣法,它是指采用该只股票一定时点上和时段内二级市场的一定折扣,作为发行底价或发行价格区间的端点。然后,通过网上、网下询价、竞价等来确定具体的发行价格。

六、企业改组为拟上市公司并发行股票的程序

为进一步提高上市公司质量,保护投资者利益,中国证监会目前要求在股票发行工作

中实行"先改制运行、后发行上市"的做法。从企业改制到发行股票上市的程序如下。

（1）提出改组设立（或整体变更）申请。企业应当首先向国务院授权部门或省级人民政府提出改组（或整体变更）为股份有限公司的申请。

（2）批准设立股份有限公司。国务院授权部门或省级人民政府批准公司设立申请。

（3）选聘中介机构。中介机构包括主承销商，具有相关业务资格的会计、审计机构，资产评估机构，律师事务所。

（4）主承销商的立项和尽职调查。主承销商根据公司的成长性与增长潜力对公司进行立项审查，他们欢迎成长性强、核心技术具有独创性、领先性、发展潜力大的大型企业，并且主承销商对公司进行尽职调查。

（5）企业改制方案的实施。公司改制的总体方案包括政府政策、资产重组方案和股票发行方案3方面的内容。

（6）发行及上市辅导与考试。在向中国证监会提出股票发行申请前，需由具有主承销资格的主承销商辅导，且辅导期至少为1年。在辅导结束后，要对公司高级管理人员进行法律法规等方面的考试。

（7）改制辅导验收。改制辅导验收适合于首次拟公开发行股票的公司。

（8）主承销商内核并推荐公开发行股票。当主承销商内核小组内核通过后，即出具推荐该公司可公开发行股票的推荐函。

（9）申报阶段。主承销商会同发行公司将申请书、招股说明书、承销协议等申请文件送交中国证监会审核。

（10）受理申请文件。当中国证监会收到申请文件后，在5个工作日内作出是否受理的决定。

（11）初审。当中国证监会收到申请文件后，对发行人申请文件的合规性进行初审，并在30日内将初审意见函报告发行人及其主承销商。

（12）发行委员会审核。发行审核委员会按照国务院批准的工作程序开展审核工作，在委员会进行充分讨论后，以投票方式对发行申请进行表决，并提出审核意见。

（13）核准发行。依据发审委的意见，中国证监会对发行人的发行申请作出核准或不予核准的决定。予以核准的，中国证监会出具核准公开发行的文件。

（14）推介（促销）阶段。当中国证监会审核批准后，发行公司与主承销商可以进行推介活动。

（15）发售阶段。按"上网定价发行"、"网下询价、网上定价发行"和"网上、网下询价发行"3种主要的发行方式开始进入发售阶段。

第三节　债券的发行

债券是除股票外另一类重要的证券投资工具，在现代经济社会中，其发行规模、数量和交易量都远远超过了其他证券。债券的发行是发行人以借贷资金为目的，依照法律规定的程序向投资人要约发行代表一定债权和兑付条件的债券的法律行为。债券发行是证券发行的重要形式之一。

一、债券发行条件

债券发行条件是指债券发行人在以债券形式筹集资金时所必须考虑的有关因素,除了债券的发行价格这一主要条件外,还包括以下主要内容。

1. 发行金额

它是根据发行人所需的资金数量、资金市场的供给情况、发行人的偿债能力和信誉、债券的种类以及该种债券对市场的吸引力等因素来确定的。若发行金额过高,则会影响其他发行条件,造成销售困难,且对其转让流通也不利。

2. 期限

它是根据发行人的资金需求性质、未来市场利率水平的发展趋势、流通市场的发达程度、物价的变动趋势、其他债券的期限结构以及投资者的投资偏好等因素来确定的。

3. 债券的偿还方式

它会直接影响到债券的收益高低和风险的大小。

4. 票面利率

它会直接影响到债券发行人的筹资成本和投资者的投资利益。

5. 付息方式

付息方式一般有一次性付息和分期付息两类,而一次性付息又可分为利随本清方式或利息预扣方式两类。

6. 收益率

它是指投资者获得的收益占投资总额的比率。决定债券收益率的因素主要有利率、期限和购买价格。一般来讲,收益率是投资者在购买债券时首先考虑的因素。

7. 债券的税收效应

它主要是指对债权的收益是否征税。主要是利息预扣税和资本税,它直接影响债券的收益率。

8. 发行费用

它是指债券发行者支付给有关债券发行中介机构、服务机构的各种费用,包括最初费用和期中费用两种。最初费用包括承销商的手续费、登记费、印刷费、评级费、担保费等。期中费用包括支付利息手续费、每年的上市费、本金偿还支付手续费等。

9. 担保

它是债券发行的重要条件之一。由信誉卓著的第三者担保和用发行者的财产作抵押担保,有助于增加债券的安全性,并减少投资风险。

10. 信用评级

债券评级的目的是将发行人的信誉与偿债的可靠程度公布给投资者,以保护投资者的利益。债券评级主要依据债券发行人的偿债能力、资信状况及投资者承担的风险水平。

二、债券发行的目的

债券发行的目的多种多样。一般说来,中央政府和地方政府发行债券的目的主要是为了弥补财政赤字和扩大公共投资。而金融机构发行债券的目的则主要是为了扩大信贷规模和投资。公司发行债券的目的比较复杂,主要有如下几点。

(1) 筹集长期稳定的、低成本的投资。

(2) 灵活地运用资金。可以使资金的使用时间与债券的期限一致,从而避免出现资金剩余或不足的现象。

(3) 转移通货膨胀的风险。当发行出现通货膨胀时,由于债券利息固定,不会增加公司的压力和负担,从而将风险转移给投资者。

(4) 维持对公司的控制。债券的发行者与持有者之间只是债权债务关系,不会对公司的控制权形成冲击。

(5) 满足公司多种方式筹集资金的需求,降低筹资风险。

三、债券发行方式

(一) 定向发售

它是指向商业银行、证券投资基金等金融机构以及养老保险基金、各类社会保障基金等特定机构发行债券的方式。我国国家重点建设债券、财政国债、特种国债等国债均采用定向发售方式。

(二) 承购包销

它是指发行人与由商业银行、证券公司等大型金融机构组成的承销团,通过协商条件签订包销合同,并由承销团分销发行的债券。目前,我国的国债发行以国债一级自营商承购包销方式为主。

(三) 直接发售

它是指发行人通过代销方式在证券公司或银行柜台向投资者直接销售。国外的储蓄债券常采用这种方式。

(四) 招标发行

它是指通过招标的方式来确定债券的承销商和发行条件。

1. 缴款期招标

它包括以下两种招标方式:第一,以缴款期为标的的荷兰式招标,即以募满发行额为止的中标商的最迟缴款日期作为全体中标商的最终缴款日期,所有中标商的缴款日期是相同的。1996年,我国的无记名二期国债采用了这种发行模式。第二,以缴款期为标的的美国式招标,即以募满发行额为止的中标商的各自投标缴款日期作为中标商的最终缴款日期,但各中标商的缴款日期是不同的。1995年,我国记账式一期国债采用了这种发行模式。

2. 价格招标

它包括以下两种招标方式:第一,以价格为标的的荷兰式招标,即以募满发行额为止所有投标商的最低中标价格作为最后中标价格,全体投标商的中标价格是单一的。1996年,我国记账式一、二、三期国债都采用了这种发行模式。第二,以价格为标的的美国式招标,即以募满发行额为止的中标商的最低中标价格作为最后中标价格,但各中标商的认购价格是不同的。1997年,我国记账式一期国债采用了这种发行模式。

3. 收益率招标

它包括以下两种招标方式:第一,以收益率为标的的荷兰式招标,即以募满发行额为止的中标商的最高收益率作为全体中标商的最终收益率,所有中标商的认购成本是相同的。2001年,我国记账式三期、七期国债采用了这种发行模式。第二,以收益率为标的的美国式招标,即以募满发行额为止的中标商各个价位上的中标收益率作为中标商各自最终中标收益率,但每个中标商的加权平均收益率是不同的。1997年,我国记账式二期国债采用了这种发行模式。

目前,我国在以公开招标方式发行国债中采用的是一种无区间、价位非均与分布、以价格或收益率为标的的多种价格招标,它符合国债市场化改革和建设的趋势。

四、债券发行价格

债券的发行价格是指债券投资者认购新发行的债券时实际支付的价格。它也是债券发行的重要条件。债券的发行价格可以分为以下几种。

1. 平价发行

平价发行,即债券的发行价格与面值相等。一般是在债券票面利率与市场利率相同情况下采用。

2. 折价发行

它又称贴水发行,即债券以低于面值的价格发行。一般是在债券票面利率低于市场利率的情况下采用。

3. 溢价发行

它是指债券以高于面值的价格发行。一般是在债券票面利率高于市场利率的情况下采用。

五、国债的发行与承销

(一) 我国国债的发行方式

我国国债的发行方式主要有公开招标方式、承购包销方式和行政分配方式3种。

1. 公开招标方式

我国国债发行招标规则的制定借鉴了国际资本市场中的"美国式"、"荷兰式"规则,初步形成了多样化的公开招标方式。国债公开招标发行是承销商按照财政部确定的当期招标规则，以竞价方式确定各自包销的国债份额及承销成本，财政部则按规定取得发债资金。我国的国债发行公开招标方式主要有如下几种。

（1）交款期招标。它是指在规定的最长交款期内，由各承销商就交款日投标，然后按投标的交款日期的长短从短到长排列，时间短者优先。

（2）价格招标。价格招标一般是在贴现国债的发行中使用。价格招标方式就是以承销机构向财政部报价的价位自高向低的顺序，报价高者首先中标。

（3）收益率招标。收益率招标方式多适用于附息债券，此时国债发行的标的物是收益率，即按各承销机构向财政部投标的收益率的高低自低向高排序，投标的收益率最低者中标。一般来说，对利率（或发行价格）已确定的国债，采用交款期招标；对短期贴现国债，多采用单一价格的荷兰式招标；对长期零息和附息国债，采用多种收益率的美国式招标。

2. 承购包销方式

承购包销是指各金融机构按一定条件向财政部或地方财政部门承销国债，并由其在市场上分销，未能发售的余额由承销商购买的发行方式。目前主要应用于不可上市流通的凭证式国债的发行。承销机构赚取的不是发行者支付的手续费，而是包销价与转卖债券的差价。

3. 行政分配方式

少量的特种国债，采取私募的行政分配方式发行。

（二）国债承销程序

1. 记账式国债的承销程序

记账式国债是一种无纸化国债，主要通过银行间债券市场向商业银行、保险公司、资格券商、基金管理公司等机构和通过证券交易所的交易系统向券商、企业法人及其他投资者发行。在实际运作中，承销商可以选择场内挂牌分销或场外分销两种程序。

（1）场内挂牌分销的程序。承销商在分得包销的国债后，向证券交易所提供一个自营账户作为托管账户，并将在证券交易所注册的记账式国债全部托管于该账户中。同时，证券交易所为每一承销商确定当期国债的承销代码。在此后发行期中的任何交易时间内，承销商按自己的意愿确定挂牌卖出国债的数量和价格，进行分销。投资者通过交易所购买债券，当买卖成交后，客户认购的国债自动过户至客户的账户内，并完成国债的认购登记手续。

（2）场外分销的程序。发行期内承销商也可以在场外确定分销商或客户，并在当期国债的上市交易日前向证券交易所申请办理非交易过户。证券交易所根据承销商的要求，将原先注册在承销商账户中的国债依据承销商指定的数量过户至分销商或客户的账户内，而完成债券的认购登记手续。国债认购款的支付时间和方式由买卖双方场外协商确定。

2. 凭证式国债的承销程序

凭证式国债是一种不可上市流通的储蓄型债券，其主要由银行承销，各地财政部门和各国债一级自营商也可参与发行。承销商在分得所承销的国债后，通过各自的代理网点发售。凭证式国债则主要由银行承销。

六、企业债券的发行与承销

1993 年 8 月国务院颁布的《企业债券管理条例》规定，企业债券的发行主体是在中华人民共和国境内具有法人资格的企业。

1. 发行资格

《企业债券管理条例》要求发行企业债券的企业必须符合下列条件：①企业规模达到国家规定的要求；②企业财务会计制度符合国家规定；③具有偿债能力；④企业经济效益好，发行企业债券前 3 年盈利；⑤企业发行企业债券的总面额不得大于该企业的自有资产净值；⑥所筹资金用途符合国家产业政策。

如发行主体属于《公司法》界定的公司，则可根据《公司法》第 161 条规定发行公司债券。发行公司债券的公司必须符合下列条件：①股份有限公司的净资产额不低于人民币3000 万元，有限责任公司的净资产额不低于人民币 6000 万元；②累计债券总额不超过公司净资产的 40%；③最近 3 年平均可分配利润足以支付公司债券 1 年的利息；④筹集的资金用途符合国家产业政策；⑤债券的利率不得超过国务院限定的利率水平；⑥国务院规定的其他条件。

根据《公司法》第 162 条规定，凡有下列条件之一的不得再次发行公司债券：①前一次发行的公司债券尚未募足的；②已发行的公司债券或者其债券有违约或者延迟支付本息的事实，且仍处于继续状态的。

根据《企业债券管理条例》第 20 条规定，企业发行债券所筹集的资金应当按照审批机关批准的用途，用于本企业的生产经营。企业发行债券所筹集的资金不得用于股票、房地产和期货买卖等与本企业生产经营无关的风险性投资。而《公司法》第 161 条规定，企业发行债券所筹集的资金，必须用于审批机关批准的用途，且不得用于弥补亏损或非生产性支出。

2. 发行审核

发行企业债券，需要经过向有关主管部门进行额度申请和发行申报两个过程。额度申请受理的主管部门为国家发展与改革委员会；发行申报的主管部门主要为国家发展与改革委员会，在国家发展与改革委员会核准通过并经中国人民银行和中国证监会会签后，由国家发展与改革委员会下达发行批复文件。其中，中国人民银行主要核准利率，中国证监会对证券公司类承销商进行资格认定和发行与兑付的风险评估。

3. 发行方式及程序

根据《企业债券管理条例》规定，企业发行企业债券，应当由证券经营机构承销。我国企业债券的发行采用包销和代销两种方式，即先由某家证券经营机构与发行债券的企业签订承销协议，然后企业拟发行的债券由该机构承销，未销完部分按协议规定处理。此外，对于一些数额较大的企业债券，多采用组织区域性承销团承销的方式。具体程序如下。

（1）在证券承销商审查发行债券的企业发行章程和其他有关文件的真实性、准确性和完整性后，与企业签订承销协议，明确双方的权责。

（2）主承销商与分销商签订分销协议，协议中应对承销团成员在承销过程中的权利和义务等作出详细的规定。

（3）主承销商与其他证券经营机构签订代销协议，未销出的部分可退还给主承销商。

（4）开展广泛的宣传活动。

（5）各承销团成员利用自己的销售网络，向金融机构、企事业单位及个人投资者销售。

（6）在规定的时间内，承销商将所筹款项转到企业的账户上。

七、金融债券的发行与承销

金融债券是由商业银行、政策性银行以及其他金融机构发行的。发行金融债券所筹集的资金用于发放特种贷款、政策性贷款或其他专门用途。

1. 发行资格

具有发行金融债券资格的是国有商业银行、政策性银行以及其他金融机构。

2. 发行审核

准备发行金融债券的各银行与非银行金融机构根据实际需要，按照规定的要求和程序向中国人民银行总行报送本单位发行金融债券的计划，其主要内容如下：①金融债券的发行额度；②金融债券的面额；③金融债券的发行条件；④金融债券的转让、抵押等规定；⑤金融债券的发售时间与发售方式；⑥所筹资金的运用。

3. 发行方式及其程序

金融债券的发行方式有自办发行和代理发行两种。金融债券的发行程序一般如下。

（1）银行或金融机构在拟发行的规模被批准之后，首先应发布发行债券的通告，并在其中详细说明发行的目的、发行数量、发行办法、债券期限、债券利率、认购对象、认购和缴款的地址等事项。

（2）发行金融债券的银行或金融机构同其分支机构或其他单位签订金融债券的分销或代理协议，并分担一定数量的金融债券的发行任务。

（3）发行金融债券的银行或金融机构同其分支机构或相关单位利用业务关系和推销网络，并将金融债券卖给企事业单位。

（4）在规定的期限内，各分销和代理机构将款项划入发债主体的账户，发债主体再将手续费划到各承销单位的账户上。

八、债券承销的风险与收益

由于承销商的债券承销既面临风险又会带来很大的收益，因此承销商必须在风险与收益之间作出权衡选择。

1. 债券承销的风险

承销商的债券承销活动可能面临一定的风险。一般因承销而产生亏损有两种情况：一种是在整个发行期结束后，承销商仍有部分债券积压，从而垫付相应的发行款，并且这部分非留存自营的债券上市后也没有获得收益；另一种是承销商将所有包销的债券全部予以分销，但分销的收入不足以抵付承销成本。债券承销风险的影响因素如下：①债券本身的条件，主要是指债券的利率水平、期限结构、还本付息情况、发行价格、发行数量、票面金额等；②发行市场状况，如发行市场的资金供给情况、其他证券品种的供给情况、市场平均利率水平、投资者的投资偏好等；③宏观经济因素，如社会经济环境的稳定性、物价及利率状况等。

2. 证券公司承销债券的收益

在债券承购包销过程中，债券承销的收益来源主要有以下 4 种。

（1）差价收益。在承销商于发行期内自己确定债券分销价格的情况下，分销价格与承销商同发行人的结算价格之间存在着差价，这种差价可能是收益，也可能发生亏损。

（2）发行手续费收益。承销商发行债券同其他发行活动一样，发行人应按承销金额的一定比例向其支付手续费。

（3）资金占用的利息收益。如果承销商提前完成了债券的分销任务，那么，在缴款日前，承销商就可以免费占用这部分资金，并取得利息收益。

（4）留存自营债券交易收益。如果承销商认为所承销的债券有较高的投资价值，就可以留存一部分债券自营，在债券上市后，既可以通过二级市场的交易获益，也可以一直持有该部分证券直至到期兑付。

第四节　转债、基金的发行

在国外资本市场上，证券发行是公司，尤其是上市公司进行外源性融资的一种主要方式，而在金融市场的各种证券中，可转换公司债券（以下简称"转债"）是一种使用较为普遍的品种，而且最近的 30 年则更是全球可转换证券市场得到飞速发展的时期。另外，投资基金和股票、债券一样，在国外都是非常成熟的金融商品，作为有价证券，它们既具有收益的功能，又有增值的功能。随着我国机构投资者培育力度的加大，也会呈现出越来越重要的作用。

一、转债的发行

可转换债券是西方国家一种广为流行的融资和投资工具。该种债券 1843 年起源于美国，已有 160 多年的历史。由于其独特的投资价值，转债已发展成为当今国际资本市场上最重要的融资工具之一，并呈稳步上升趋势。美国可转债证券市场从 1996 年开始成为新兴高新技术公司融资的主要场所。目前，全球可转债市场规模已达 3750 亿美元，成为资本市场的重要组成部分。据统计，美林证券、摩根斯坦利等投资银行 2001 年度包销的可转债达到了创纪录的 1450 亿美元，远远超过了 IPO 的规模。

转债是公司债券的一种，它是指发行人依照法定程序发行，在一定时期内依据约定的条件可以转换成股份的公司债券。根据 1997 年 3 月发布的《可转换公司债券管理办法》

规定,我国股份有限公司经批准可在国内发行以人民币认购的可转换公司债券,其转换期限最短为 3 年,最长为 5 年,并可依法转让、质押和继承。

1. 发行资格

公司发行转债应当符合下列条件。

(1) 经注册会计师核验,最近 3 年连续盈利,且最近 3 年加权平均净资产利润率在 10% 以上;属于能源、原材料、基础设施类的公司可以略低,但是不得低于 7%。经注册会计师核验,扣除非经常性损益后,公司最近 3 个会计年度的净资产利润率的平均值原则上不得低于 6%。若低于 6%,则公司应当具有良好的现金流量。

(2) 转债发行后,资产负债率不得超过 70%;

(3) 累计债券余额不超过公司净资产额的 40%;

(4) 筹集资金的投向符合国家产业政策;

(5) 转债的利率不得超过银行同期存款的利率水平;

(6) 转债的发行额不少于人民币 1 亿元;

(7) 具有代为清偿能力的保证人的担保。

2. 转债发行的核准程序

(1) 受理申请文件。发行申请人按照中国证监会颁布的《公开发行证券的公司信息披露内容与格式准则》制作申请文件,由主承销商推荐,并向中国证监会申报。中国证监会收到申请文件后,在 5 个工作日内作出是否受理的决定。

(2) 中国证监会初审。中国证监会收到申请文件后,对发行人申请文件的合规性进行初审,并在 30 日内将初审意见函报告发行人及其主承销商。主承销商自收到初审意见起 10 日内,将补充完善的申请文件报至中国证监会初审。

(3) 发行审核委员会审核。中国证监会对按初审意见完善的申请文件进一步审核,并在受理申请文件后 60 日内,将初审报告和申请文件提交发行审核委员会审核。

(4) 核准发行。根据发行审核委员会的审核意见,中国证监会对发行人的发行申请作出核准或不予核准的决定。予以核准的,中国证监会出具核准发行的文件。

(5) 复议。发行申请未被批准的公司,自接到中国证监会的书面决议之日起 60 日内,可提出复议申请。中国证监会收到复议申请后 60 日内,对复议申请作出决定。

3. 转债的发行条款

(1) 发行人应在申请文件中列明转债发行条款及其依据。

(2) 转债的发行规模由发行人根据其投资计划和财务状况确定。

(3) 转债按面值发行,每张面值为 100 元,最小交易单位面值为 1000 元。

(4) 转债的最短期限为 3 年,最长期限为 5 年,由发行人和主承销商根据发行人的具体情况商定。

(5) 转债的转股价格应在募集说明书中约定。价格的确定应以公布募集说明书前 30 个交易日公司股票的平均收盘价格为基础,并上浮一定幅度。具体上浮幅度由发行人与主承销商商定。

(6) 转债自发行之日起 6 个月后,方可转换为公司股票。转债的具体转股期限由发行人根据转债的存续期及公司财务情况而定。

（7）发行人应明确约定转债转股的具体方式及程序。

（8）转债的利率及其调整，由发行人根据本次发行的市场情况以及转债的发行条款确定。

（9）转债的计息起始日为转债发行首日。

（10）转债应每半年或 1 年付息一次；到期后 5 个工作日内，应偿还未转股债券的本金及最后一期利息。具体付息时间、计息规则等由发行人约定。

（11）转债转股当年的利息、股利以及不足一股金额的处理办法由发行人约定。

（12）发行人设置赎回条款、回售条款、转股价格修正条款的，应明确约定实施这些条款的条件、方式和程序等。

（13）回收条款应当就转债持有人可以行使回售的年份作出规定。在募集说明书约定的行使回售权的年份内，转债持有人每年可以行使一次回售权。

（14）募集说明书设置转股价格修正条款的，必须确定修正底限；修正幅度超过底限的，应当由股东大会另行表决通过。

（15）发行转债后，因配股、增发、送股、分立及其他原因引起发行人股价变动的，应同时调整转股价格，并予以公告。转股价格调整的原则及方式应事先约定。

（16）转股价格调整日为转股申请日或之后，在转换股份登记日之前，该类转股申请应按调整后的转股价格执行。

（17）发行人可约定转债的其他发行条款。

（18）发行人应依法与担保人签订担保合同。担保应采取全额担保；担保方式可采用保证、质押或抵押。其中，以保证方式提供担保的，应为连带责任担保。

（19）转债保证人的净资产额不得低于本次转债的发行金额；转债保证人的净资产额应当经过具有证券相关资格的会计师事务所核验，并出具验证报告；证券公司、上市公司不得为转债发行提供担保。

（20）发行人可委托有资格的信用评级机构对本次转债的信用或发行人的信用进行评级，信用评级的结果可以作为确定有关发行条款的依据，并予以披露。

4. 转债的发行方式

（1）上海证券交易所的上网发行

在上海证券交易所，转债的发行参照 A 股的有关规定执行。

（2）深圳交易所的上网发行

① 经中国证监会核准后，转债的发行人和主承销商可向深圳证券交易所申请上网发行。

② 发行人和主承销商向深圳证券交易所申请上网发行需提交以下材料：a. 中国证监会关于公开发行转债的核准文件；b. 募集说明书；c. 转债发行公告。

③ 主承销商或发行人应当在发行日前 2～5 个交易日内，将转债募集说明书和发行公告刊登在至少一种中国证监会指定的全国报刊上。

④ 上网定价发行的申购程序如下：a. 申购当日（T 日）投资者凭证券账户卡申请认购转债，并由深圳证券交易所反馈认购情况；b. T＋1 日，由中国证券登记结算有限责任公司将申购资金冻结在申购专户内。确因银行结算制度而造成申购资金不能及时入账的，

必须在 T+1 日提供通过中国人民银行或商业银行电子联行系统汇划的划款凭证,并确保 T+2 日上午申购资金入账;c. T+2 日,主承销商和具有证券相关业务资格的会计师事务所对申购资金进行验资,并由会计师事务所出具验资报告;d. T+3 日,主承销商负责组织摇号抽签,并于当日公布中签结果;e. T+4 日,对未中签部分的申购款予以解冻,并将认购款划入主承销商的指定账户,主承销商于次日将此款划入发行人账户。

⑤ 每个账户申购转债不少于 1000 元面值,超过 1000 元面值的,必须是 1000 元面值的整数倍,每个账户的认购上限为不超过公开发行的转债总额的 1‰。

⑥ 深圳证券交易所在申购期(3 个交易日)内冻结所有投资者的申购资金。

⑦ 发行方面的其他事宜,参照深圳证券交易所 A 股发行的有关规定执行。

二、基金的发行

基金发起人可以申请设立开放式基金,也可以申请设立封闭式基金。基金发起人应当于基金募集前 3 天在中国证监会指定的报刊上刊载招募说明书。在基金成立前,投资者的认购款项,只能存入商业银行,不得动用。

(一)封闭式基金的发行

1. 基金的成立

(1) 封闭式基金的存续时间不得少于 5 年,最低募集数额不得少于 2 亿元。

(2) 封闭式基金的募集期限为 3 个月,自该基金批准之日起计算。封闭式基金自批准之日起 3 个月内募集的资金超过该基金批准规模的 80% 的,该基金方可成立。封闭式基金募集期满时,其所募集的资金少于该基金批准规模的 80% 的,该基金不得成立。基金发起人必须承担基金募集费用,已募集的资金并加计银行活期存款利息必须在 30 天内退还基金认购人。

2. 封闭式基金的承销

(1) 自 1997 年 11 月到 2001 年 11 月,封闭式证券投资基金都由证券公司代销,并通过证券交易所的交易系统发行,证券公司担任发行协调人。自 2001 年 11 月开始,封闭式基金都由证券公司组成的承销团以余额包销的方式进行发行。

(2) 基金发行时,基金管理公司可根据市场需求向机构投资者配售一定比例的基金份额,并可采取"回拨"机制,按照基金发行的具体情况,调整向机构投资者和社会公众投资者发行的比例。向机构投资者配售的基金份额应采取网下配售方式。基金管理公司应当在基金契约和招募说明书中载明基金的发行方案。

(3) 基金管理公司可根据市场情况确定参与认购的机构投资者的资格条件和最低认购份额,并在基金契约的招募说明书中予以载明。

(4) 在基金的发行过程中,基金管理公司应以"公开、公平、公正"的原则对待所有的基金投资者,维护基金投资者的合法利益。

3. 封闭式基金的上市推荐

(1) 基金的上市条件。申请上市的基金必须符合下列主要条件:①经中国证监会批准设立并公开发行;②基金存续期不少于 5 年;③基金的最低募集数额不少于人民币 2 亿元;④基金持有人不少于 1000 人;⑤有经审查批准的基金管理人和基金托管人;⑥基金管理人、基金托管人有健全的组织机构和管理制度,财务状况良好,经营行为规范。

(2)上市推荐人。证券交易所对基金上市实行上市推荐人制度,基金向交易所申请上市,必须由 1～2 名上市推荐人出具上市推荐书,且上市推荐人应当是证券交易所的会员。

(二)开放式基金的销售

(1)开放式基金由基金管理人设立。开放式基金的设立必须经中国证监会审查批准。

(2)基金管理人应当自开放式基金设立申请获得批准之日起 6 个月内进行募集设立。超过 6 个月尚未开始设立募集的,原申请内容如有实质性改变的,应当向中国证监会报告;原申请内容没有实质性改变的,应当向中国证监会备案。

(3)开放式基金的设立募集期限不得超过 3 个月。设立募集期限自招募说明书公告之日起计算。

符合下列条件的开放式基金方可成立:①在设立募集期限内,净销售额超过 2 亿元;②在设立募集期限内,最低认购户数达到 100 人。不符合上述条件的基金不得成立。基金管理人应当承担募集费用,已募集的资金并加计银行活期存款利息,应当自募集期满之日起 30 天内退还给基金认购人。

(4)开放式单位基金的认购、申购和赎回业务可以由基金管理人直接办理,也可以由基金管理人委托其他机构(如证券公司)代为办理。基金管理人委托其他机构代为办理开放式基金单位认购、申购和赎回业务的,应当与有关机构签订委托代理协议。

(5)商业银行以及中国证监会认定的其他机构(如证券公司)可以接受基金管理人的委托,办理开放式基金单位的认购、申购和赎回业务。

(6)基金管理人或者其他机构及其经办业务人员,在直接或者代为办理开放式基金单位的认购、申购和赎回业务过程中,应当严格遵守法律、法规以及本行业公认的道德标准和行为规范,不得误导、欺骗投资人。

(7)开放式基金的广告、宣传推介应当经中国证监会核准;其内容应当真实、完整、准确,不得有虚假记载、误导性陈述和重大遗漏。

本 章 小 结

证券发行市场是发行人以发行证券的方式募集资金的场所,它相对于证券流通市场而言,没有固定场所,没有统一的发行时间,且证券发行价格与证券票面价格较为接近。

首次发行股票和增发新股必须具备《证券法》和《公司法》规定的相应条件,同时证监会要求在股票发行工作中实行"先改制运行、后发行上市"的做法,企业要经历改制、申请、核准、发售等几个关键阶段。

债券发行是证券发行的重要形式之一,发行债券同样要遵循我国相关法律、法规的规定。我国国债的发行方式主要有公开招标方式和承购包销方式。企业债券和金融债券的发行需要具备一定的资格和具体的程序。债券承销具备一定的风险,同时会带来一定的收益。

转债、基金的发行与承销是现代社会证券市场快速发展的金融商品,其发行条件承销都有严格的相关规定和要求才能成立。

关 键 术 语

证券发行市场　股票发行　债券发行　基金发行　转债发行　发行条件　定价方式
定价方法　发行价格

本 章 案 例

西部证券:又一起高市盈率发行案例吗

经过数月等待,西部证券 IPO 在领取批文迅速完成路演后终于披露发行定价:发行价 8.7 元,摊薄后市盈率为 48.33 倍,成为 2012 年首只完成定价的券商股。

48.33 倍的市盈率,相对于近期新股发行 20、30 倍左右的市盈率而言显得有点扎眼,同期中证指数有限公司发布的行业静态市盈率及动态市盈率仅仅为 18.84 倍及 22.64 倍,从以上数据上来看,本次定价市盈率似乎有些偏高。发行人西部证券和保荐机构招商证券也在投资风险特别提示公告,就本次发行市盈率对应的风险在公告中进行了较为详细的描述,特别强调证券市场的不确定性及较强的周期性对投资者投资西部证券可能带来损失的风险。

仔细看了一下西部证券招股说明书,发现西部证券业绩近 3 年波动性较大,2009—2011 年归属于母公司所有者的净利润分别为 7.9 亿元、5.4 亿元、2.2 亿元,净利润逐年下降,且 2011 年较 2010 年下降接近 60%,公司经营周期性明显。

据我国证券业协会对证券公司 2011 年经营数据的初步统计显示,109 家证券公司去年累计实现净利润 393.77 亿元,与 2010 年 775.57 亿元的成绩相比,缩水 49%。而与 2010 年证券公司 100% 盈利的盛况相比,去年有 19 家未能实现盈利,接近证券公司家数的 20%。这充分说明证券行业是一个强周期行业,券商股的投资需要比其他的投资更加考验投资者的判断力,需要投资者对证券公司进行认真研究,充分认识投资可能产生的风险。

就本次发行价格而言,48.33 倍的市盈率与行业市盈率指标因统计口径的原因,导致对比意义一定程度上打了折扣,但从特别风险提示公告中来看,同口径下仍然较行业的市盈率水平有所溢价,以及定价对应仍有近 10 倍的认购的现实,说明投资者对报价时谨慎程度仍然不高,仍需要进一步提高谨慎程度。

面对证券行业的新股,投资者确实需要像风险提示公告里面描述的那样,高度关注公司所处行业的周期性,并根据自身经济实力、投资经验、风险和心理承受能力独立审慎决定投资与否。

复习思考题

1. 试述首次发行股票和增发新股应具备的条件。
2. 债券发行的条件包括哪些主要内容?
3. 我国国债的发行方式有哪几种?
4. 试述发行公司债券必须具备的条件。
5. 试述发行企业债券必须具备的条件。
6. 债券承销的收益来源有哪几种?
7. 试述发行可转换债券应具备什么样的条件。

第五章 证券交易市场

学习目的

  通过本章的学习,了解证券交易市场的功能、特点以及证券交易所、场外交易市场及其特征,掌握证券交易程序以及期货交易、期权交易独特的交易规则和运行机制。

  证券市场的高效运作和持续、健康发展,离不开证券交易活动。而证券交易又不同于一般的商品交易,它需要有一整套的交易程序和方式,并在严密的组织下实施,这不仅保证了证券市场的高效运作,也保证了证券市场的交易秩序,有利于加强对证券市场的管理,使整个证券交易活动在有序状态下运行,以利于一个公开、公平、公正市场体系的建立。近年来,随着经济的发展和证券市场功能的不断完善,证券交易的方式也在不断地发展和更新,因而出现了许多新的交易方式。目前,根据证券市场交易地点、合约内容、交易形式、交割方式、交易费用、交割期限、交易目的、参与者身份等方面的不同,其大致可以分为现货交易、信用交易、远期交易、期货交易和期权交易等种类。

第一节 证券交易市场概述

  证券交易市场是对已发行证券进行再次乃至重复多次交易的市场,是证券商品所有权在无数投资者手中流转易手的集中地,它与证券发行市场相对应,因此也称为二级市场、次级市场或有形市场。它主要由两部分组成:一是证券交易所,它是高度组织化的市场,是证券市场的主体和核心;二是分散的、非组织化的场外交易市场,它是证券交易所的必要补充。此外,还有二板市场、三板市场、第三市场、第四市场,但实际上仍属于场外交易市场。

一、证券交易市场的特点和功能

(一)证券交易市场的特点

1. 参与者的广泛性

参与者的广泛性主要表现在二级市场参与主体的广泛性。二级市场投资者的构成主要有政府部门、商业银行、证券公司、投资公司等机构投资者和广大普通公民,投资者的种类和数量具有多样性。再者,作为证券的发行者,也非常具有多样性。

2. 价格的不确定性

交易市场价格不确定性的原因有两个:一是市场开盘价仅是一种参考,交易价格往往围绕它上下波动;二是卖出证券者一方或买进证券者一方的买卖意愿、价值判断是由多种因素决定的,因而其价格起伏频繁。

3. 交易的连续性

证券交易的连续性表现在以下两个方面:一是在证券市场上证券的买卖并不一定必须是券票与钱款互相交换才算达成交易。如股票的期货交易,在未交割前,可以进行若干次买卖交易,也就是说,当某人拥有某种证券的权利时,并不需要实际持有它,就可以进行卖出的交易,而对购买者来说,买的是权利,因而使得证券交易可以连续不断地进行。二是证券交易在时间上的连续性。目前,世界证券交易市场已形成一个 24h 都可连续进行交易业务的市场。

4. 交易的投机性

证券交易市场的投机性是由证券交易价格的波动性所引起的。证券交易市场的商品,同其他商品一样存在着买卖价格的差异,有价差就会有投机产生,特别是交易的不即时交割,更给证券交易的投机创造条件。另外,对证券价格变动的预期,也使证券交易的投机增加了可能。

(二)证券交易市场的功能

1. 流通性功能

二级市场的基本功能是为在一级市场上发行的证券提供流通性,使一级市场的功能得以维持。如果没有流通市场,证券不能流通、转让,那它对投资者的吸引力就会降低,证券发行主体就难以筹集到他们所需要的资金,证券市场的筹资功能就会受到严重制约。

2. 维持证券的合理价格

证券交易市场为证券买卖双方提供各种服务,使交易双方在同一市场公开竞价,直到双方都得到满意的价格才成交,从而保证买卖双方的利益。正是由于二级市场为买卖双方的竞价提供了场所和条件,再加之买卖双方的数量足够多,竞争较为充分,才使得证券价格的合理性得以体现。

3. 资金期限转化功能

资本市场的特点是提供长期资金,而购买证券的投资者可能并不希望资金被长期占用。二级市场使证券的变现成为可能,既减少了投资者资金被长期占用的后顾之忧,又降低了投资风险,从而促进了短期闲散资金转化为长期投资。

4. 资金流动的导向功能

交易市场上证券需求状况决定证券价格的变化,当供大于求时,价格下跌,由此减少一级市场上的证券发行量;反之,则增加证券发行量。通过这种调节,使社会资金供求趋于平衡,并引导投资者作出合理的投资决策,以保证资金向最需要、使用效率最高的方向流动,从而提高社会资金的配置功能。

5. 反映宏观经济功能

由于证券交易价格的变化一般先于经济循环，因而证券价格波动往往成为经济周期变化的先兆，也成为社会经济活动的"晴雨表"。交易市场上的价格指数是反映整个国民经济动态的"晴雨表"。某类或某种证券价格的变动同样反映行业或企业的变化情况。国家由此通过相应的措施，以调整整个宏观经济。

二、证券交易所

（一）证券交易所的概念

证券交易所是证券买卖双方公开交易的场所，是一个有组织、有固定地点的、集中进行交易的次级市场，是整个证券市场的中心。证券交易所本身并不买卖证券，也不决定证券价格，而是为证券交易提供一定的从业场所和设施，配备必要的管理和服务人员，并对证券交易进行周密的组织和严格的管理，为证券交易顺利进行提供一个稳定、公开、高效的市场。根据我国《证券法》和 2001 年 12 月 12 日颁布实施的《证券交易所管理办法》规定，证券交易所是依据规定条件设立的，不以营利为目的的，为证券的集中和有组织的交易提供场所、设施，并履行国家有关法律、法规、规章、政策规定的职责的，实行自律性管理的法人。

（二）证券交易所的特征

证券交易所作为高度组织化的有形市场，具有以下特征。

（1）有固定的交易场所和交易时间。

（2）参加交易者为具备会员资格的证券经营机构，交易采取经纪人制，即一般投资者不能直接进入交易所买卖证券，只能委托会员作为经纪人间接进行交易。

（3）交易的对象限于合乎一定标准的上市证券。

（4）通过公开竞价的方式决定交易价格。

（5）集中了证券的供求双方，具有较高的成交速度和成交率。

（6）实行"公开、公平、公正"原则，并对证券交易加以严格管理。

（三）证券交易所的组织形式

1. 公司制证券交易所

它是以股份有限公司形式组织并以营利为目的的法人团体，一般由金融机构及各类民营公司组建。交易所章程中规定了作为股东的证券经纪商和证券自营商的名额、资格和公司的存续期限。它必须遵守本国公司法的规定，在政府证券主管机构的管理和监督下，吸收各类证券挂牌上市，但它本身的股票不得在交易所上市交易。同时，任何成员公司的股东、高级雇员、雇员都不能担任证券交易所高级职员，以保证交易的公正性。

2. 会员制证券交易所

它是一个由会员自愿组成的、不以营利为目的的社会法人团体。交易所设会员大会、理事会和监察委员会。会员制证券交易所规定，只有会员才能进入交易所大厅进行证券交易,其他人要买卖在证券交易所上市的证券,必须通过会员进行。它注重会员自律,对于违反法令及交易所规章制度的会员,由交易所给予惩罚。

我国目前有两家证券交易所——上海证券交易所和深圳证券交易所。上海证券交易所于 1990 年 11 月 26 日成立,同年 12 月 19 日正式营业。深圳证券交易所于 1989 年 11 月 15 日筹建,1991 年 4 月 11 日经中国人民银行总行批准成立,7 月 3 日正式营业。两家证券交易所均采用会员制方式组成,是非营利性的事业法人。组织机构由会员大会、理事会、监事会、总经理及其他职能部门组成。

(四)证券交易所的功能

作为证券交易高度组织化的公开市场,证券交易所在社会经济生活中具有重要功能。

(1) 为交易双方提供了一个完备、公开的证券交易场所,促使证券买卖迅速合理地成交。证券交易所具有成交量大、买卖频繁、报价差距小、交易完成迅速的特点。

(2) 形成较为合理的价格。交易所内的证券交易价格是在充分竞争的条件下,由买卖双方公开竞价形成的。因此能较准确地反映供求关系,并在一定程度上体现证券的投资价值。

(3) 引导社会资金的合理流动和资源的合理配置。证券交易价格的波动通常是资本市场供求关系的反映,反过来又会进一步促进资本向着价格信号指引的方向流动和引导社会资源的流动。跨国证券交易目前被视为发达国家输出资本、发展中国家吸引外资的一个重要方式。

(4) 及时、准确地传递上市公司的财务状况、经营业绩,以及随时公布市场成交数量、成交价格等行情信息。通过证券价格的变动,可以预测企业、行业和整个社会经济的发展动态,引导投资者的投资决策,指导上市公司调整经营战略,影响宏观经济运行中的结构调整和调控政策的取向。

(5) 对整个证券市场进行一线监控。通过制定完备的交易规则,及时发现和处理不正常的交易,从而维护证券市场的公开、公平和公正。

(五)证券交易所的运行系统

现代证券交易所的运作普遍实现了高度的无形化和电脑化,建立起了安全、高效的电脑运行系统。该系统通常包括如下几个部分。

1. 交易系统

它通常由撮合主机、通信网络和柜台终端 3 部分组成。在我国,根据席位的报盘方式可分为有形席位和无形席位。有形席位属于一种场内报盘,即证券公司在柜台接到投资者的委托指令并审查后,以电话等通信方式向驻交易所场内交易员(俗称"红马甲")转达买卖指令。当该证券公司场内交易员接到指令后,将其输入交易所电脑主机;无形席位属于一种场外报盘,它无须证券公司派驻场内交易员,而由证券公司的电脑交易系统直接向交易所电脑主机发送买卖证券的指令。

2. 结算系统

它是指对证券交易进行结算、交收和过户的系统。世界各地的证券交易市场都有专门机构进行证券的存管和结算,并在每个交易日结束后对证券和资金进行结算、交收和过户。

3. 信息系统

信息系统负责对每日证券交易的行情信息和市场信息进行实时发布。信息系统发布网络可由以下渠道组成：交易通信网、信息服务网、证券报刊、互联网等。

4. 检查系统

检查系统负责证券交易所对市场进行实时监控的职责。日常监控包括以下几方面的监控：行情监控、交易监控、证券监控、资金监控。

三、场外交易市场

场外交易市场(Over-The-Counter Market)是指在证券交易所外进行证券买卖的市场。在证券市场发展初期,许多有价证券的买卖都是在柜台上进行的,因此称之为柜台市场或店头市场。随着通信技术的发展,目前许多场外交易市场并不直接在证券经营机构的柜台前进行,而是由客户与证券经营机构通过电话、传真、计算机网络进行交易,故又称为电话交易市场。由于进入证券交易所交易的必须是符合一定上市标准的证券,且经过交易所的会员才能买卖,为此还要向会员支付一定数额的佣金,为了规避较严格的法律条件,降低交易成本,因此产生了场外交易的需求。

（一）场外交易市场的特征

（1）场外交易市场是一个分散的无形市场,它没有固定、集中的交易场所,而是由许多各自独立的证券经营机构分别进行交易,并且主要依靠电话、电报、传真和计算机网络联系成交的市场。

（2）场外交易市场的组织方式采取做市商制。场外交易市场与证券交易所的区别在于不采取经纪制,投资者直接与证券商进行交易。证券交易通常在证券经营机构与投资者之间进行,不需要中介人。在场外证券交易中,证券经营机构先行垫入资金买进若干证券作为库存,然后开始挂牌对外进行交易。它们以较低的价格买进,再以略高的价格卖出,从中赚取差价,但其加价幅度一般受到限制。证券商既是交易的直接参与者,又是市场的组织者,他们制造出证券交易的机会并组织市场活动,因此被称为"做市商"(Market Maker)。这里的"做市商"是指场外交易市场的做市商,而与场内交易中的不完全相同。

（3）场外交易市场是一个以议价方式进行证券交易的市场。在此,证券买卖采取一对一交易方式,对同一种证券的买卖不可能出现众多的买方和卖方,也不存在公开的竞价机制。其价格决定机制不是公开竞价,而是买卖双方协商议价。具体地说,是证券公司对自己所经营的证券同时挂出卖出价和买入价,最终的成交价是在牌价基础上经双方协商决定的不含佣金的净价。而且券商可根据市场情况随时调整所挂的牌价。

（4）场外交易市场是一个拥有众多证券种类和证券经营机构的市场,以未能在证券交易所批准上市的股票和债券为主。由于证券种类繁多,因此每家证券经营机构只能固定地经营若干种证券。

（5）场外交易市场的管理比证券交易所宽松。由于场外交易市场分散，因此缺乏统一的组织和章程，不易管理和监督，其交易效率也不及证券交易所。但是，美国的NASDAQ市场借助计算机将分散于全国的场外交易市场联成网络，在管理和效率上都有很大的提高。

（二）场外交易市场的交易者和交易对象

1. 场外交易市场的交易者

在国外，场外交易市场的参加者主要是证券商和投资者。参加场外交易的证券商包括如下几种。

（1）会员证券商，即证券交易所会员设立机构经营场外交易业务。

（2）非会员证券商，或称柜台证券商，他们不是证券交易所会员，但他们是经批准设立的证券营业机构，以买卖未上市证券及债券为主要业务。

（3）证券承销商，即专门承销新发行证券的金融机构，有的国家新发行的证券主要在场外市场销售。

（4）专职买卖政府债券或地方债券以及地方公共团体债券的证券商等。

2. 场外交易市场的交易对象

场外交易市场交易的证券很多，交易量很大，主要有以下几种。

（1）债券，包括国债、政府债券、公司债券等各类债券。由于证券种类多、发行量大、替代性大、投机性小，有的期限很短，所以没有必要、也不可能全部在证券交易所上市交易。

（2）新发行的各类证券主要在场外市场承销、代销。

（3）符合证券交易所上市标准而没有上市的证券，主要有金融机构或大公司的零股股票和债券、上市交易后因故停牌的股票。

（4）不符合证券交易所上市标准的证券，主要有规模较小的小公司股票、具有发展潜力的新公司的股票（通常先在场外交易后再进入证券交易所），因业绩不佳而不符合上市标准的风险大、流动性差的股票等。

（5）开放型投资基金的股份或受益凭证。

（三）场外交易市场的功能

场外交易市场与证券交易所共同组成证券交易市场，主要具备以下功能。

（1）场外交易市场是证券发行的主要场所。新证券的发行时间集中、数量大，需要众多的销售网点和灵活的交易时间，场外交易市场是一个广泛的无形市场，能满足证券发行的要求。

（2）场外交易市场为政府债券、金融债券以及按照有关法律公开发行而又不能或一时不能到证券交易所上市交易的股票提供了流通转让的场所，并为这些证券提供了流动性的必要条件，也为投资者提供了兑现及投资的机会。

（3）场外交易市场是证券交易所的必要补充。场外交易市场是一个"开放"的市场，投资者可以与证券商当面直接成交，不仅交易时间灵活分散，而且交易手续简单方便，且价格又可协商。由于这种交易方式可以满足部分投资者的需要,因而成为证券交易所的卫星市场。

(四)几种典型的场外市场

1. 纳斯达克市场

NASDAQ 的中文全称是美国"全国证券交易商自动报价系统",该系统于 1971 年正式启用,它利用现代电子计算机技术,将美国 6000 多个证券商网点连接在一起,形成了一个全美统一的场外二级市场。1975 年又通过立法,确定这一系统在证券二级市场中的合法地位。纳斯达克采取的模式是孪生式或称为附属式,即把创业板市场分为两个部分:一个是全国市场,具有一定规模公司的证券在此上市,其上市公司达 3300 家;另一个是小型市场,规模较小的新公司的证券在此上市,其上市公司达 1700 多家。

目前,有不少的国家或地区将其称为"第二交易系统"或"二板"市场,如欧洲称 EASDAQ 市场、日本称 JASDAQ 市场、新加坡称 SESDAQ 市场、马来西亚称 MESDAQ 市场、韩国称 KOSDAQ 市场、罗马尼亚称 RASDAQ 市场等。我国 1992 年 7 月建立的全国证券交易商自动报价系统(STAQ)和 1993 年 4 月由中国证券交易系统有限公司建立的全国电子交易系统(NET)也有类似的性质。

2. 三板市场

三板市场是指证券公司以其自有或租用的业务设施,为非上市公司提供的股份转让服务的市场。为妥善解决 STAQ 和 NET 系统原挂牌公司股份和退市上市公司的股份流通问题,根据中国证监会的意见,中国证券业协会作出决定,自 2001 年 6 月 29 日起选择部分证券公司开展上述公司流通股份转让业务。在三板市场上市的公司由两部分组成:一是原在 NET 系统挂牌的东方实业、中兴实业、建北集团、湛江供销、广东广建和原 STAQ 系统挂牌的沈阳长白、杭州大自然等 11 家公司。二是退市的上市公司,如粤金曼、深中浩、水仙电器等。第一批有资格提供特别转让服务的券商有申银万国证券公司、国泰君安证券公司、辽宁证券公司等 6 家。股份转让采用定期、非连续方式进行,暂定为每周提供 3 次转让服务,并以集合竞价的方式配对撮合,转让价格不设指数,设 5% 涨幅限制,不设跌幅限制。代办证券公司可利用其网站和营业网点披露公司信息、转让价格及成交量。原挂牌公司必须具有正常的经营管理机制。中国证券业协会依照有关自律性章程对代办股份转让服务活动进行监管。

3. 第三市场

第三市场又称三级市场。它是指那些已经在证券交易所上市交易的证券却在证券交易所以外进行交易而形成的市场。它实际是上市证券的场外交易市场,是场外交易市场的一部分。第三市场是从 20 世纪 60 年代起最早在美国兴起的市场,近些年来发展很快。其形成的原因主要有两种:一是场内市场通过证券商进行交易活动,使投资者和筹资者在证券交易中的选择机会和买卖行为受到限制,随行就市的要求常常得不到充分满足,因而要求有一种比场内二级市场更自由的三级市场存在,以满足其交易的需要;二是场内市场由于有最低佣金的规定,一些投资者和筹资者认为场内交易费用过高,他们自发地寻求第三市场这种交易费用更低廉的交易场所。其主要客户是机构投资者,如银行信托部、投资基金、养老基金会、保险公司和其他投资机构,也有少数个人投资者。其交易特点是佣金便宜、成本较低、手续简便和成交迅速。

4. 第四市场

第四市场又称四级市场。它是指由机构投资者与筹资者直接进行证券买卖所形成的市场。该市场的形成主要在于 20 世纪 60 年代以后,世界各国证券市场上投资公司、保险公司、证券投资基金等机构投资的比重明显上升,单笔交易的金额急剧扩大,若这些交易仍然委托证券商来交易,不但交易费用高昂,而且存在诸多不便。因此,一些机构投资者和筹资者利用电子自动报价系统提供的联络便利,选择了直接交易的方式。

第四市场这种交易形式的特点在于其交易成本低、价格满意、成交迅速,且可以保守交易秘密,并不对证券市场产生冲击。但也有其不利的一面,它会给金融监管带来很大的困难,连买卖交易的统计资料都很难获得,更不易对这类交易进行管理监督或制定行为规范。所以,第四市场的存在和发展也对证券市场的管理提出了挑战。

近年来,我国定向募集公司法人股的转让,就其交易方式而言,与第四市场有相似之处,但就其产生的原因而言则不尽相同。

第二节　证券交易程序

证券交易是指已发行的证券在证券市场上买卖或转让的活动,主要是指投资者通过经纪商在证券交易所从事证券的交易活动。证券交易一般要经过开户、委托、竞价成交、结算、登记过户等程序。

一、开户

投资者在证券交易所买卖股票,首先要到证券登记结算公司或其代理点办理开户手续。所谓开户,一般包括两层含义:一是开立证券账户,作为投资者买卖证券、实行清算交割的专户;二是开立资金账户。

(一)开立证券账户

证券账户是指证券登记结算机构为投资者设立的,用于准确记载投资者所持有的证券种类、名称、数量以及相应权益和变动情况的一种账册。证券账户是认定股东身份的重要凭证,具有证明股东身份的法律效力,同时也是投资者进行证券交易的先决条件。

1. 证券账户的种类

根据我国法律、法规对自然人和法人开立证券账户和买卖证券品种的限制,按目前上市证券品种和证券账户的用途,证券账户主要分为 3 种。

(1)股票账户。它是我国使用最早、用途最多、数量最多的一种通用型证券账户。它既可用于买卖股票,也可用于买卖债券和基金及其他上市证券。

(2)债券账户。它是只能用于购买上市债券的一种专用型账户。目前我国使用的债券账户主要是国债账户,它是为方便投资者买卖国债而专门设置的。

(3) 基金账户。它是只能用于买卖上市基金的一种专用型账户，是为方便投资者买卖证券投资基金而专门设置的。

2. 开立账户的基本原则

开立证券账户应坚持合法性和真实性的原则。

(1) 合法性原则。合法性是指只有国家法律规定允许进行证券交易的自然人和法人才能到指定机构开立证券账户。根据有关规定，下列人员不得开户：①证券管理机关工作人员(不得开立股票账户)；②证券交易所管理人员(不得开立股票账户)；③证券业从业人员(不得开立股票账户)；④未成年人未经法定监护人的代理或允许者；⑤未经授权代理法人开户者；⑥因违反证券法规，经有权机关认定为市场禁入者且期限未满者；⑦其他法规规定不得拥有证券或参加证券交易的自然人。

根据规定，自然人和法人在同一证券交易所只能开立一个同一类型的证券账户，禁止多头开户。

(2) 真实性原则。真实性是指投资者开立投资证券账户时所提供的资料必须真实有效，不得有虚假隐匿。

3. 开立账户的要求

沪、深证券交易所的证券账户由证券登记结算公司集中统一办理，投资者需持相关资料、证件前往证券登记结算公司或由其指定的代理点，填写开户申请表，经审核后领取股票账户。

(1) 自然人开户要求。自然人开立的证券账户为个人账户。当开立个人账户时，投资者必须持有本人有效的身份证件(一般为居民身份证)去证券交易所指定的证券登记结算公司或开户代理机构开立证券账户。个人投资者在开立账户时，应载明登记日期和个人的姓名、性别、身份证号码、家庭住址、职业、学历、工作单位、联系电话等并签字或盖章。委托他人代办的，还需要提供公证过的委托代理书、代办人的有效身份证明文件。根据有关规定，在从事 B 股交易前，应先开立 B 股资金账户，再开立 B 股证券账户。

(2) 法人开户要求。法人开立证券账户应提供有效的法人注册登记证明、营业执照复印件、单位介绍信、社团组织批准件、法定代表人的证明书及身份证复印件、法定代表人授权经办人的有效身份证件和书面授权书。此外，还应提供法人的地址、联系电话、邮政编码、机构性质等。证券公司和基金管理公司开户，还需提供中国证监会颁发的"证券经营机构营业许可证"、《证券账户自律管理承诺书》。

(3) 境外投资者开户要求。境外从事 B 股交易的个人投资者在申请开立 B 股账户时，必须提供其姓名、身份证或护照、国籍、通信地址、联系电话。此外，境外从事 B 股交易的机构投资者必须提供其机构名称、商业注册登记证明、董事证明文件、注册地、通信地址及联系电话。

(二) 开立资金账户

资金账户是证券经纪商为投资者设立的账户，用于投资者证券交易的资金清算，记录证券交易的币种、余额和变动情况。

1. 开立资金账户的要求

投资者在证券经纪商处开立证券交易结算资金账户时,必须提交本人身份证和证券账户卡。若替他人代办开户手续,还应提交委托人签署的授权委托书和身份证。机构投资者应提交营业执照复印件、法人证券账户卡、法人代表签署的授权委托书和经办人身份证。境内居民个人从事 B 股交易,允许使用其存入境内商业银行的现汇存款和外币现钞存款以及从境外汇入的外汇资金,不允许使用外币现钞。

根据我国目前证券营业部的发展现状和做法,证券经纪商在为投资者开户时一般都同时为其开通自助电话委托和电话委托功能。因此,开户时除了审查客户证件、授权委托手续之外,还应为投资者预设证券交易、资金存取密码,发给委托买卖资金账户卡。投资者在证券经纪商处开户后,证券经纪商为其提供代理、托管、出纳服务。

2. 办理资金存取业务的方式

投资者在证券营业部的资金存取主要有 3 种方式:①证券营业部自办资金存取;②委托银行代理资金存取;③银证联网转账存取。

(三)三方存管业务

1. 定义

客户证券交易结算资金(俗称"保证金")第三方存管制度是指证券公司将客户证券交易结算资金交由银行等独立第三方存管。实施客户证券交易结算资金第三方存管制度的证券公司将不再接触客户证券交易结算资金,而由存管银行负责投资者交易清算与资金交收。客户证券交易资金、证券交易买卖、证券交易结算托管三分离是国际上通用的"防火"规则。

我国证券市场是在体制转轨过程中建立和发展起来的新兴市场,由于证券市场法律体系不完善,交易管理制度设计存在缺陷,证券公司法人治理结构不健全和自我守法合规意识不强等因素,一些证券公司出现了挪用、质押客户证券交易结算资金,占用客户资产等违法违规现象,给客户造成了巨大经济损失,已经严重损害了证券公司的行业形象,挫伤了客户的信心。因此,必须探索从制度上杜绝挪用客户证券交易结算资金的行为,换回行业信誉和客户信心,督促证券公司规范发展。2003 年年末,证监会在设计南方证券股份有限公司风险处置方案时,提出实行客户证券交易结算资金第三方存管制度。

2. 目的

建立客户证券交易结算资金第三方存管制度,旨在从源头切断证券公司挪用客户证券交易结算资金的通道,从制度上杜绝证券公司挪用客户证券交易结算资金现象的发生,从根本上建立起确保客户证券交易结算资金安全运作的制度,从而达到控制行业风险、防范道德风险、保护投资者利益、维护金融体系稳定的目的。

3. 原因

实行客户证券交易结算资金第三方存管制度之所以能确保客户证券交易结算资金不被券商挪用,是因为该制度有效地在证券公司与所属客户证券交易结算资金之间建立起了隔离墙。具体而言,实施客户证券交易结算资金第三方存管制度后,客户可以在存管银行网点或证券公司的营业网点办理开户业务,在存管银行的系统中生成客户证券交易结算资金账号,并在证券公司的系统中生成客户号。遵循"证券公司管交易、商业银行管资金、登记公司管证券"的原则,由证券公司负责客户证券交易买卖、登记公司负责交易结算并托管股票;由商业银行负责客户证券交易结算资金账户的转账、现金存取以及其他相关业务。

二、委托

当投资者开户后,就可以在证券经纪商营业部办理委托买卖。所谓委托买卖,是指证券经纪商接受投资者委托,代理投资者买卖证券,并从中收取佣金的交易行为。

1. 委托形式

投资者发出委托指令的形式有柜台委托、场内热自助委托、互联网终端行情委托、电话(包括手机)委托等多种委托方式。随着科学技术的进步,电子化通道越来越丰富,未来可提供的委托将随之多元化,投资者可选择的渠道将越来越多,证券交易的效率也将越来越高。

(1)柜台委托。它是最传统的委托方式,由投资人将自己的买卖申请依照要求逐项填写在委托单据上,交给证券营业网点柜台人员录入电脑系统并向交易所发送,当发送成功之后,柜台人员将打印出委托单据并要求投资者进行确认,同时在这张委托单据上将列印出委托单号,投资者可据此号码查询成交情况。随着电脑和现代化通信手段的日新月异,这种方式由于其自主性不强效率不高已经逐渐被其他自助委托方式所代替。

(2)电话自助委托。随着电话的普及,电话委托查询系统逐渐受到更多投资者的认同。用户在使用电话委托方式前,需先到所在证券公司办理电话委托登记手续,然后根据券商提供的委托电话,按照提示进行委托。

(3)网上自助委托。随着电脑的普及和现代化通信设施的日益完善,电脑自助委托方式已经普及到越来越多的证券公司,成为最公平、最方便快捷,也最常用的委托交易方式。投资者在登录券商网站,下载安装交易软件后,由于证券经纪商的电脑交易系统与互联网联结,因此委托人可利用任何可上网的电脑终端,通过互联网凭交易密码进入证券经纪商电脑交易系统委托状态,自行将委托内容输入电脑交易系统,完成证券交易。

(4)手机委托。其也称为"手机炒股",它是目前一种新兴的交易方式,投资者先在通信商处开通手机上网功能,然后用手机登录券商 Wap 网站下载安装交易软件,便可以委托交易、查询交易信息或取得资讯等。

2. 委托指令

委托指令的内容有多项,正确填写委托单或输入委托指令是投资决策得以实施和保护投资者权益的重要环节。以委托单为例,委托指令的基本要素包括如下几个方面。

(1)证券账号。投资者在买卖上海证券交易所上市的证券时,必须填写在上海证券登记结算公司开设的证券账户号码;在买卖深圳证券交易所上市的证券时,必须填写深圳证券登记结算公司开设的证券账户号码。

(2)日期。即投资者委托买卖的日期,填写年、月、日。

(3)证券品种。它是指投资者委托买卖证券的名称,也是填写委托单的第一要点。

填写证券名称的方法有全称、简称和代码 3 种。

（4）数量。它是指买卖证券的数量，可分为整数委托和零数委托。整数委托是指委托买卖证券的数量为一个交易单位或交易单位的整数倍。一个交易单位俗称"一手"。

（5）价格。它是指委托买卖证券的价格。它是委托能否成交和盈亏的关键。一般分为市价委托和限价委托。我国目前规定，证券交易所只接受其会员的限价委托，即投资者要求证券经纪商按限定价格或更优价格买入或卖出证券。

（6）时间。它是指投资者填写委托单的具体时间，也可由证券经纪商填写委托时点。这是检查证券经纪商是否执行时间优先原则的依据。

（7）有效期。它是指委托指令的有效期间，它指明了委托指令的最后生效期限。委托指令的有效期可分为当日有效与约定有效两种。当日有效是指从委托之时起至当日证券交易所闭市为止的时间内有效；约定日有效是指委托人与证券公司约定，从委托之时起到约定的营业日证券交易所闭市止的时间内有效。我国目前的合法委托为当日委托有效。

（8）签名。投资者签名以示对所作的委托负责；若预留印鉴，则应盖章。

（9）委托买卖的方向。它是指委托人是委托买入还是委托卖出。

（10）其他内容。其他内容涉委托人的身份证号码、资金账号等。

3. 委托方式

（1）市价委托指令。市价委托指令是指当证券投资者向证券经纪商发出买卖某种证券的委托指令时，要求证券经纪商按证券交易所内当时的市场价格买进或卖出证券。证券经纪商在接到市价委托指令后应立即以最快的速度并尽可能以当时市场上最有利的价格执行这一指令。

（2）限价委托指令。限价委托指令是指投资者要求证券经纪商在执行委托指令时，必须按限定的价格或比限定价格更有利的价格买卖证券，即必须以限价或低于限价买进证券，以限价或高于限价卖出证券。如果投资者提出的限定价格与当时的市场价格不一致，则证券经纪商必须等待限价出现时才能执行委托。

（3）停止损失委托指令。停止损失委托指令是一种特殊的限制性的市价委托，它是指投资者委托证券经纪商在证券市场价格上升到或超过指定价格时，按照市场价格买进证券；或是在证券市场价格下降到或低于指定价格时，按照市场价格卖出证券。前者称为停止损失购买委托，后者称为停止损失出售委托。

（4）停止损失限价委托指令。停止损失限价委托指令是指将停止损失委托与限价委托结合运用的一种指令。投资者实际发出两个指定价格——停止损失价格和限制性价格，如果证券市场价格达到或突破停止损失价格，限价指令便开始生效。这种指令既指定当证券价格到达什么价位时执行指令，又限定成交价格必须等于或优于指定价，这样投资者便可预先限定成交价格的变动范围，克服停止损失指令执行价格不确定的缺点，从而更明确地保障既得利益或限制可能的损失。但这一委托方式也有缺点，如果证券经纪商无法在投资者指定的范围内执行委托指令，则投资人的损失可能更为惨重。

4. 委托的执行

证券经纪商在收到投资者的委托后，应对委托人的身份、委托内容、委托卖出的实际证券数量及委托买入的实际资金余额进行审查,经审查符合要求后,才能接受委托,并根据委托书载明的证券名称、买卖数量、出价方式、价格幅度等,按照交易规则代理买卖证券;当买卖成交后,应当按规定制作买卖成交报告单交付客户。

当证券经纪商收到客户的柜台递单委托时,柜台工作人员在确认委托者身份的真实性和合法性后,利用柜台电脑终端录入委托指令。电话自动委托、自助终端委托和网上委托的身份由密码控制。柜台电脑终端在收到工作人员录入的委托指令或其他委托方式下达的委托指令时,会自动检测委托密码是否正确、委托是否符合要求和相应账户中是否有足额数量的证券或资金等。如果检查无误,则冻结相应数量的证券或资金,并将此笔委托传至证券交易所电脑主机。投资者的委托如果未能全部成交,除一次成交有效委托外,证券经纪商可在委托有效期内继续执行委托,直至有效期结束。在委托有效期内,只要委托尚未执行,投资者有权变更或者撤销委托指令,且在有形席位申报的情况下,证券营业部柜台业务员必须即刻通知场内交易员,经场内交易员操作确认后,立即将执行结果告知委托人;而在无形席位申报的情况下,证券营业部的业务员或委托人可直接将撤单信息通过电脑终端告知证券交易所主机,并办理撤单。

5. 委托双方的责任

委托单一经接受,投资者和证券经纪商之间就建立起受法律约束和保护的委托和受托关系。证券经纪商作为受托人,要忠实地执行委托指令,在委托有效期内按指令要求买卖有价证券,且不得以任何方式损害委托人的利益。投资者作为委托人,在发出委托指令前应对自己所下的委托指令及可能的后果有足够的认识,委托指令一旦执行,在有效期内不管证券行情如何变化,委托人必须履行交割清算的责任。如果因为委托人的违约或过失造成证券经纪商的损失,也必须负赔偿责任。

三、竞价成交

证券市场的市场属性集中体现在竞价成交环节上,特别是在高度组织化的证券交易所内,会员经纪商代表众多的卖方和买方按照一定规则和程序公开竞价,达成交易。正是这种竞价成交机制使证券市场成为最接近充分竞争的、高效的和公开、公平、公正的市场,同时也使市场成交价成为合理公正的价格。

1. 竞价原则

一般情况下,证券交易所内的证券交易按"价格优先、时间优先"的原则竞价成交。

(1) 价格优先。价格优先原则表现如下:价格较高的买进申报优先于价格较低的买进申报,价格较低的卖出申报优先于价格较高的卖出申报。

(2) 时间优先。时间优先原则表现如下:同价位申报,依照申报时序决定优先顺序,即买卖方向、价格相同的,先申报者优先于后申报者。先后顺序按证券交易所交易主机接受申报的时间确定。

除此之外,还有市价优先原则、客户优先原则和数量优先原则。市价优先原则是指市价申报比限价申报优先。客户优先原则是指客户的申报比证券商自营买卖申报优先。数量优先原则是指申报买卖数量大的比数量较小的优先。

2. 竞价方式

目前,证券交易所一般采用两种竞价方式,即在每日开盘时采用集合竞价方式,而在日常交易中采用连续竞价方式。由于市场的成熟程度、规模大小不同,因此竞价方式较多,如连续竞价不仅包括计算机终端申报竞价,还包括口头竞价、牌板竞价、专柜书面竞价等方式。在此主要介绍计算机申报竞价方式,我国的上海、深圳证券交易所均采用这种方式。

(1) 集合竞价。所谓集合竞价,是指在每个交易日开盘前,证券经纪商将接受的客户开盘竞价指令统一输入证券交易所电脑主机,并由电脑主机将接受的全部有效委托进行一次集中撮合处理的过程。

集合竞价确定成交价的原则如下:首先,在有效价格范围内选取,使所有有效委托产生最大成交量的价位。如有两个以上这样的价位,则以以下规则选取成交价位:高于选取价格的所有买方有效委托和低于选取价格的所有卖方有效委托能够全部成交;与选取价格相同的买方或卖方至少有一方全部成交。如满足以上条件的价位仍有多个,则上海证券交易所取其中间价为成交价,深圳证券交易所选取离上日收市最近的价位为成交价。其次,进行集中撮合处理。所有买方有效委托按委托限价由高到低的顺序排列,限价相同者也按照进入电脑交易主机的时间先后排列。依序逐笔将排在前面的卖方和买方委托配对成交,即价格优先、同等价格下时间优先的顺序依次成交,直至成交条件不满足为止,也就是说,所有买入委托的限价均低于卖出委托的限价。集合竞价未能成交的委托,将自动进入连续竞价。

(2) 连续竞价。集合竞价结束、交易时间开始时,即进入连续竞价,直至收市。连续竞价阶段的特点是每一笔买卖委托输入电脑自动撮合系统后,当即判断并进行不同的处理:能成交者予以成交;不能成交者等待机会成交;部分成交者,则让剩余部分继续等待。按照我国目前的有关规定,在无撤单的情况下,委托当日有效。

当连续竞价时,成交价格的确定原则如下:①最高买入价申报与最低卖出价申报价位相同,并以该价格为成交价;②当买入申报价格高于即时揭示的最低卖出申报价格时,以即时揭示的最低卖出申报价格为成交价;③当卖出申报价格低于即时揭示的最高买入申报价格时,以即时揭示的最高买入申报价格为成交价。另外,在竞价申报时还涉及证券价格有效申报范围,如涨跌停板限制等。我国规定,股票、基金类证券的涨跌幅度不得超过 10%;ST 股票不得超过 5% 等。

竞价的结果有 3 种:全部成交、部分成交、不成交。

四、结算

一笔证券交易成交,买卖双方结清价款和交收证券的过程,即买方付出价款收取证券、卖方付出证券并收取价款的过程。证券结算包括证券清算和交割、交收两个过程。

1. 结算的原则

证券结算主要遵循以下两条原则。

(1) 净额清算原则。它又称差额结算,是指在一个清算期内,对每个证券公司价款的清算只计其各笔应收应付款项相抵后的净额,对证券的清算只计每一种证券应收应付相抵后的净额(有的清算机构采用逐笔交收)。差额清算方式的主要优点是可以简化操作手续、提高清算效率。应该注意的是,当清算价款时,同一清算期内发生的不同种类证券的买卖价款可以合并计算,但不同清算期发生的价款不能合并计算;当清算证券时,只有在同一清算期内同种证券才能合并计算。

(2) 钱货两讫原则。它是指在办理资金交收的同时完成证券的交割,这是清算交收业务的基本原则。钱货两讫的主要目的是为了防止买空卖空行为的发生,从而维护交易双方的正当权益,保护市场正常运行。

2. 结算模式

证券结算包括证券交收和资金清算两项内容,并分为证券交易所与证券经纪商之间的一级结算和证券经纪商与投资者之间的二级结算两个层次。在 2001 年 10 月 1 日之前,我国的证券登记结算是由上海证券交易所成立的上海中央登记结算公司和深圳证券交易所成立的深圳证券登记结算公司完成的。2001 年 3 月 30 日,中国证券登记结算有限责任公司成立,其上海分公司和深圳分公司分别于 9 月 20 日和 9 月 21 日在两地相继组建,形成了全国集中统一的证券登记结算体制,这标志着我国证券结算模式的形成。在这种体制下,证券公司都以证券登记结算公司为对手办理结算业务,即证券登记结算公司作为所有卖方的买方和所有买方的卖方,与之进行清算、交割交收。投资者一般由证券经纪商代为办理结算,而证券公司之间、各投资者之间均不存在相互清算、交割、交收问题。

目前,我国证券市场采用的是法人结算模式。法人结算模式是指由证券公司以法人名义集中在证券登记结算公司开立资金清算交收账户,其所属证券营业部的证券交易的清算、交收均通过此账户办理。但沪、深证券交易所在具体操作上有一定的差异。

3. 交收清算办法

交收清算办法随证券流通形式的发展而发展。目前,主要包括以下 3 种。

(1) 实物交收。在实物券流通情况下,投资者对证券的所有权以其对证券的持有和证券上记载的姓名为依据,相应的以实物交收办法进行交收清算。买方必须在规定的时间内向证券经纪商交出全部价款,卖方则必须在规定时间内向证券经纪商交出全部证券,如果交易的是记名证券,则还需附加过户申请书或转让背书。

(2) 动款不动账。在证券集中保管的情况下,投资者的证券由某一金融机构或证券交易所集中保管,并由代保管机构建立证券库存分户账。证券交易通过库存分户账的划转解决,投资者无须交收证券,价款则可通过资金账户划转清算。

(3) 自动交收清算。在实行股票无纸化交易的情况下,交易过程中并无实物券流通,相应的实行一整套电脑自动交易、自动交收清算、自动过户制度,买卖双方凭股票账户和资金账户进行交易,投资者对证券的所有权不再凭持有证券和证券上的记名,而是以结算机构的电脑记载为依据。

4. 交收的种类

按交收日期安排,有会计日交收和滚动交收两种。

(1) 会计日交收。它是指一个时期发生的所有交易在交易所规定日期交收。这种交收方式不利于提高市场效率,且容易发生结算风险,因此已很少使用。

（2）滚动交收。它是指所有交易的交收安排于交易日后固定天数内完成,因此又被称为例行日交收。滚动式交收日期短至 T＋0 日,长至 T＋40 日。T＋0 日是指证券买卖双方于成交当日完成证券和价款的收付,完成结算手续。这种交收方式可缩短交收时间,有利于提高市场效率、防止结算风险的发生,所以一般适用于证券商的自营业务,但最终实现 T＋0 交收是国际证券界倡导的方向。我国目前对 A 股、基金、投资基金、国债、国债回购、债券等实行的是 T＋1 交收,对 B 股实行 T＋3 交收。所谓 T＋1 交收,是指将成交以后相应的资金交收与证券交割在成交日的下一个营业日(T＋1)完成。目前,大多数证券市场已采用滚动交收方式。其中,美国、日本、法国、加拿大、丹麦、瑞士等国采用 T＋3交收,韩国、巴西、墨西哥、中国香港、中国台湾采用 T＋2 交收,英国则采用 T＋5 交收。

五、登记过户

证券登记是指通过一定的记录形式确定当事人对证券的所有权及相关权益产生、变更、消失的法律行为。过户是指买入证券的投资者到证券发行人或其指定的代理金融机构办理变更持有者名簿登记的手续,它分为股权与债权的过户。过户是证券交易的最后一个环节。

(一)证券登记

在我国目前由证券登记结算公司集中办理证券登记业务。证券登记结算公司作为证券交易所及发行人认定的市场唯一的证券登记机构,其向发行人提供发行登记服务,为发行人提供有效的持有人名册,并确保持有人名册的合法性、真实性与完整性。

通常情况下,有 3 种情况需要进行证券登记:一是托管登记,即原有的少量实物证券经过托管后进行登记;二是发行登记,即结算机构对投资者认购的新发行证券进行登记;三是过户登记,即当证券所有权从一个证券账户名下转移到另一个证券账户名下时,进行的登记。

(二)股权与债权过户

1. 股权与债权过户的概念

所谓股权(债权)过户,简言之就是股权(债权)在投资者之间转移。一方面,现代证券交易的对象多为无纸化证券,由于没有实物载体,股东(或债权人)对相应证券的所有权无法凭借实物券来体现,而是股东名册(或债权人名册)上对股东(或债权人)的姓名等资料进行登录从而确认其股东(或债权人)身份,并明确相应的权利、义务的法律关系,这便是股权(债权)登记的由来;另一方面,在证券交易中,股东(债权人)的身份会不断发生改变,权利、义务不断地在交易者之间转移,从而要求能够对已有的股权(债权)等进行修改,这便是股权(债权)过户。

2. 股权与债权过户的种类

股权与债权过户的种类,主要有以下三大类。

(1)交易性过户。它是指由于记名证券的交易使股权(或债权)从出让人转移到受让人,从而完成股权(债权)过户。

(2) 非交易性过户。它是指符合法律规定和程序的因继承、赠与、财产分割或法院判决等原因而发生的股票、基金、无纸化国债等记名证券的股权(或债权)在出让人、受让人之间的变更。受让人需凭法院、公证处等机关出具的文书到证券登记结算公司或其代理机构申办非交易过户,并根据受让总数按当天收盘价交纳规定标准的印花税。

(3) 账户挂失转户。由于实行无纸化流通,证券账户一旦遗失,即可按规定办理挂失手续。在约定的转户中,证券登记结算公司主动办理转户手续。

我国上海、深圳证券交易所采取无纸化登记方式,实行电脑自动过户办法,投资者无须再另外办理过户手续。当股东(或债权人)在享受其应得权益时,证券交易所电脑会打印出股东名册提供给股票发行公司作为股东(或债权人)的收益证明。

当办理完过户手续后,整个证券交易过程就全部结束了。

第三节　证券交易方式

随着经济的发展和证券市场功能的不断完善,交易方式也在不断地变化革新。目前,各种证券交易方式从交易地点、合约内容、交易形式、交割方式、交易费用、交割期限、交易目的、参与者身份等方面都存在区别,可大致分为现货交易、信用交易、远期交易、期货交易、期权交易等种类。其中,后3种交易方式是从前两者派生出来的全新交易方式,并在近30年里发展迅速,被称为衍生金融工具,从而成为证券市场发展最快、影响最为广泛的交易方式。

一、现货交易

现货交易亦称现金现货交易,它是证券交易中最古老的交易方式。它是指证券买卖双方在成交后即办理交收手续,买入者付出资金并得到证券,卖出者交付证券并得到资金的交易方式。

1. 现货交易的特征

(1) 卖出方应是证券的实际拥有者,其不能出售不存在的东西。

(2) 交易的目的是实现证券的实物转移,即卖方必须实实在在地向买方转移证券,且没有对冲。

(3) 买入方必须及时按一定价格付出交易的证券价款,且成交和交割基本上同时进行,在交割时,买方必须支付现款。

(4) 交易技术简单、易于操作、便于管理。

2. 现货交易的局限性

(1) 交易双方必须保证使证券所有权发生转移。

(2) 交易是及时的,双方只能就目前的市场行情议价。

(3) 交易者只能等待行情上涨才能获得资本升值的利益;否则,无法盈利。这种单方向的交易限制了交易者的积极参与。

（4）买方必须有足够的资金才能参与交易。尽管这笔资金可能并非投资者自己的，可能是融资借入，但在交割时，买方必须一次付清。

二、信用交易

信用交易最早起源于美国，它是信用在证券市场上的延伸，也是信用经济高度发达的体现。所谓信用交易，是指证券交易的当事人在买卖证券时，只向证券公司交付一定的保证金，或者只向证券公司交付一定的证券，而由证券公司提供融资或者融券进行交易。因此，信用交易具体分为融资买进和融券卖出两种。也就是说，客户在买卖证券时仅向证券公司支付一定数额的保证金或交付部分证券，其应当支付的价款和应交付的证券不足时，由证券公司进行垫付，而代理进行证券的买卖交易。其中，融资买入证券为"买空"，融券卖出证券为"卖空"，其又称融资融券交易。融资融券业务是指证券公司向客户出借资金供其买入证券或出具证券供其卖出证券的业务。由融资融券业务产生的证券交易称为融资融券交易。融资融券交易分为融资交易和融券交易两类，客户向证券公司借资金买证券叫融资交易，客户向证券公司卖出为融券交易。2008年10月5日，中国证监会宣布启动融资融券试点。

（一）融资融券的作用

1. 发挥价格稳定器的作用

在完善的市场体系下，信用交易制度能发挥价格稳定器的作用，即当市场过度投机或者坐庄导致某一股票价格暴涨时，投资者可通过融券卖出方式沽出股票，从而促使股价下跌；反之，当某一股票价值低估时，投资者可通过融资买进方式购入股票，从而促使股价上涨。详细来说，以融券交易为例，当市场上某些股票价格因为投资者过度追捧或是恶意炒作而变得虚高时，敏感的投机者会及时地察觉这种现象，于是其会通过借入股票来卖空，从而增加股票的供给量，缓解市场对这些股票供不应求的紧张局面，抑制股票价格泡沫的继续生成和膨胀。而当这些价格被高估股票因泡沫破灭而使价格下跌时，先前卖空这些股票的投资者为了锁定已有的利润，则适机重新买入这些股票以归还融券债务，这样就又增加了市场对这些股票的需求，在某种程度上起到"托市"的作用，从而达到稳定证券市场的效果。

融资融券交易有助于投资者表达自己对某种股票实际投资价值的预期，引导股价趋于体现其内在价值，并在一定程度上减缓了证券价格的波动，维护了证券市场的稳定。有效缓解市场的资金压力对于证券公司的融资渠道现在可以有基金等多种方式，所以融资的放开和银行资金的入市也会分两步走。在股市低迷时期，对于基金这类需要资金调节的机构来说，不仅能解燃眉之急，而且还会带来相当不错的投资收益。

2. 刺激A股市场活跃

融资融券业务有利于市场交投的活跃，利用场内存量资金放大效应也是刺激A股市场活跃的一种方式。融资融券业务有利于增加股票市场的流通性。

3. 改善券商生存环境

融资融券业务除了可以为券商带来数量不菲的佣金收入和息差收益外，还可以衍生出很多产品创新机会，并为自营业务降低成本和套期保值提供了可能。

4. 是建立多层次证券市场的基础

融资融券制度是现代多层次证券市场的基础，也是解决新老划断之后必然出现的结构性供求失衡的配套政策。

融资融券和做空机制、股指期货等是配套联在一起的，其将会同时为资金规模和市场风险带来巨大的放大效应。在不完善的市场体系下，信用交易不仅不会起到价格稳定器的作用，反而会进一步加剧市场波动。其风险表现在两方面：其一，透支比例过大，一旦股价下跌，其损失会加倍；其二，当大盘指数走熊时，信用交易有助跌作用。

（二）交易模式

在证券融资融券交易中，包括证券公司向客户的融资、融券和证券公司获得资金、证券的转融通两个环节。这种转融通的授信有集中和分散之分。在集中授信模式下，其由专门的机构，如证券金融公司提供；在分散模式下，转融通由金融市场中有资金或证券的任何人提供。

通俗地说，融资交易就是投资者以资金或证券作为质押，向券商借入资金用于证券买卖，并在约定的期限内偿还借款本金和利息；融券交易是投资者以资金或证券作为质押，向券商借入证券卖出，并在约定的期限内，买入相同数量和品种的证券归还券商并支付相应的融券费用。总体来说，融资融券交易关键在于一个"融"字，有"融"投资者就必须提供一定的担保和支付一定的费用，并在约定期内归还借贷的资金或证券。

1. 分散信用模式

投资者向证券公司申请融资融券，由证券公司直接对其提供信用。当证券公司的资金或股票不足时，则向金融市场融通或通过标借取得相应的资金和股票。这种模式建立在发达的金融市场基础上，不存在专门从事信用交易融资的机构。这种模式以美国为代表，中国香港市场也采用类似的模式。

2. 集中信用模式

券商为投资者提供融资融券，同时设立半官方性质的、带有一定垄断性质的证券金融公司为证券公司提供资金和证券的转融通，以此来调控流入和流出证券市场的信用资金和证券量，并对证券市场信用交易活动进行机动灵活的管理。这种模式以日本、韩国为代表。

3. 双轨制信用模式

在证券公司中，只有一部分拥有直接融资融券的许可证的公司可以给客户提供融资融券服务，然后再从证券金融公司转融通。而没有许可的证券公司只能接受客户的委托，代理客户的融资融券申请，由证券金融公司来完成直接融资融券的服务。这种模式以中国台湾地区为代表。

上述各具特色的 3 种模式，在各国（地区）的信用交易中发挥了重要作用。选择哪种信用交易模式很大程度上取决于金融市场的发育程度、金融机构的风险意识和内部控制水平等因素。在我国证券信用交易模式的选择问题上,已经基本形成一致意见,即应采取证券金融公司主导的集中信用模式作为过渡,专门向券商提供融资融券服务,从而加强对信用交易的监管与控制。

(三)管理机制

各国主要从以下几个方面建立一套管理机制来控制信用交易中的各种风险。

1. 证券资格认定

由于不同证券的质量和价格波动性差异很大,因此将直接影响到信用交易的风险水平。且由于信用交易证券选择的主要标准是股价波动性较小、流动性较好,因此应选择主营业务稳定、行业波动性较小、法人治理结构完善、流通股本较大的股票。在实际操作上,我国可以通过对上证 50 或沪深 300 指数的成分股作必要调整来确定信用交易股票,并由交易所定期公布。

2. 保证金比例

保证金比例是影响证券融资融券交易信用扩张程度最为重要的参数,其包括最低初始保证金比例和维持保证金比例。美国规定的初始保证金比例为 50%,融资的维持保证金比例为 25%,融券的维持保证金比例则根据融券的股价而有所不同。中国台湾地区规定初始保证金比例为 50%,融资的维持保证金比例为 28.6%,融券的维持保证金比例为28%。预计我国内地初始保证金比例将确定为 50%,融资与融券的维持保证金比例在30%左右。

3. 对融资融券的限额管理

规定券商对投资者融资融券的总额不应该超过净资本的一定限度,规定券商在单个证券上的融资和融券额度与其净资本的比率,规定券商对单个客户的融资和融券额度与其净资本的比率。例如,中国台湾地区规定,单个证券公司对单个证券的融资不应该超过5%,融券不应该超过 5%,对客户的融资融券总额不能超过其资本金的 250%。我国的《证券公司风险控制指标管理办法》(征求意见稿)规定,对单个客户融资或融券业务规模分别不得超过净资本的 5%,对所有客户融资或融券业务规模分别不得超过净资本的10 倍。

4. 单只股票的信用额度管理制度

对个股的信用额度管理是为了防止股票被过度融资融券而导致风险增加或被操纵。参照海外市场的经验,当一只股票的融资融券额达到其流通股本 25% 时,交易所应停止融资买进或融券卖出,且当比率下降到 20% 以下时再恢复交易;当融券额超过融资额时,应停止融券交易,直到恢复平衡后再重新开始交易。

三、期货交易

期货交易是指买卖双方约定在将来某个日期按成交时双方约定的条件交割一定数量某种商品的交易方式。由于交易双方在成交时并未真正实现商品和价款的转移,而要到未来某个日期按原来达成的协议进行货款交割,因此双方就需要就交易内容分别向对方作出承诺,并达成某种形式的书面协议,这一协议就是期货合约。期货合约是指交易双方约定在将来某个日期按双方商定的条件接受或付出一定标准数量和质量的某一具体商品的可转移的协议。交易双方按规定的日期和价格交收标准数量的特定金融工具而达成的协议是金融期货合约。

(一) 期货交易的特征

期货交易是一种独立的交易方式,有着不同于现货交易的特征。

(1) 交易对象不同。商品现货交易的交易对象是某一具体形态的商品。而证券现货交易的对象是代表一定所有权或债权关系的股票或债券,由于这些有价证券可以在未来的时间内为它的持有人带来一定的收益,因此是一种具有"内在价值"的金融资产。期货交易的交易对象是期货合约,它并不是一种有形的书面合同,而是由期货交易所设计的一种具有固定内容和形式的统一协议书,买卖双方如果愿意接受合约上规定的条件,就在经纪商开立账户并作相应记载,期货合约通过入账和销账来记录交易情况。此外,期货合约也没有固定的内在价值,它的价值在于合约指定的金融资产的价格是否波动。如果合约中的金融资产价格高度稳定,就没有必要进行期货交易,而期货合约也就没有"价值"了。

(2) 交易目的不同。商品交易的目的是取得商品的使用价值和实现商品价值。而证券交易的目的是为生产和经营筹集必要资金及为暂时闲置的资金寻找投资机会。期货交易活动既不能提供筹资渠道,也不能提供真正的投资机会,而是为不愿承担价格风险的生产者或经营者提供稳定成本、保住盈利,从而保证生产和经营活动正常进行的保值机会,同时也为一部分投机者提供了投机获利机会。

(3) 现货交易一般以商品、证券和货币的转手而结束交易活动。而在期货交易中,仅有极少数的合约到期进行实物交割,且接近98%的期货合约是做相反交易平仓了结的,这种以结清差价平仓了结的方式称为"对冲"。

(二) 期货交易的参加者

对期货交易的参加者没有严格的限制,金融机构、工商企业、基金组织甚至个人,都可以参加期货交易。根据参加者的目的不同,可以划分为套期保值者和投机者两类。

1. 套期保值者

套期保值者是指那些为减少企业经营过程中因商品价格波动所带来的商业风险而在期货市场进行方向相反、数量相等操作的交易者。他们一般都是生产者、中间商以及最终消费用户,他们是现货市场上实实在在的参加者,只从事与其经营相关的期货交易。通过参加期货交易,使其需要保值的金融资产价格基本锁定。如果未来价格对其不利,期货交易可使其免受因价格变动带来的损失。如果未来价格变动有利,期货交易反而会使其丧失可能的获利机会。市场趋势风云变幻,套期保值者的目的仅在于保值,而不可存获利的预期。

2. 投机者

投机者是指那些自认为可以正确预测商品或金融资产价格变化的未来趋势,而甘愿利用自己的资金冒险,不断买进或卖出期货合约,其目的是为了获利的人。他们根据自己对期货价格的预期判断,几乎都会在合约到期前进行对冲。而当其预期落空时,带给他们的是实实在在的亏损。当投机者预测价格会上涨,就买进做多,希望以后能以较高的价格对冲获利;而当投机者预测价格将下跌时,就卖出做空,希望今后能以更低的价格补进获利。他们一般是那些通晓商品或金融资产行情和利率、汇率行情的个人和法人,是期货交易所的会员,根据其持有合约的时间长短可以分为以下几种类型。

(1) 期货头寸交易者(Position Trader)。这类投机者往往持有期货合约数日或数周才对其多头或空头交易,一般为大户或专业投机者,其持仓量大、持仓时间较长。

(2) 日交易者(Day Trader)。一般情况下,开盘时下场,收盘时了结,当天交易当天平仓的投机者,其持仓时间短、交易数额大。

(3) 抢帽子者(Scalper)。他们是人数最多,最活跃的投机者,又称短线炒手,其做法是随时关注行情变动,不断地进行买进卖出,以博取小额差价。只要盈利超过手续费,抢帽子者就愿意入场交易。这类交易填补了交易厅内订单的时间差,增加了市场的流动性,使订单在较小的价格变动区间迅速成交,减缓了价格波动。

(三) 期货交易机制

期货交易有一定的交易规则,参加交易的人必须遵守这些规则,这些规则也是正常开展期货交易的制度保证,同时还是期货市场运转机制的外在体现。期货交易规则与证券交易既有相似之处,也有其独特之处。

1. 期货交易所

期货交易所是指有固定交易地点、严格交易时间的高度组织化的专门进行期货合约买卖的场所。它通常采取会员制形式,且对会员席位有严格的限制,可以公开出售转让,但对于接受新会员控制很严。其最高权力机构是会员大会,由会员大会选举产生的董事会或理事会是交易所最高管理机构或会员大会常设机构。其会员分为两大类:一类是一般会员,又称自营商;另一类是全权会员,他们既可以在交易所内为自己买卖期货合约,也可接受非会员委托在场内买卖期货合约,充当经纪人并赚取佣金。其交易规则与证券交易所相似,较为独特的方面有如下几点。

(1) 价位变动。它是指在交易过程中报价最小的变动单位。由于期货合约的金额较大,所以其价位变动幅度通常较小,且其价位变动单位由交易所决定。如美国政府长期债券的每份合约面额为 10 万美元,其价位变动单位为"点"(Tick),一个点相当于合约面额的 1% 的 1/32,即 31.25 美元。

(2) 涨跌停板。它是指期货合约成交价格在一个交易日内不能高于或低于以该合约上一交易日结算价为基准的某一涨跌幅度。涨跌停板制度对控制交易风险,维持市场秩序是非常必要的。

(3) 仓位。在期货交易中,每当交易者买入或卖出一笔期货合约,称为"建仓",经纪人便需要给客户开设相应的账户进行记载。此时,交易者并不实际授受合约或实物,他们处于纯买入或卖出地位。在合约到期前,交易者可通过两种方法结束交易:一是进行实物交收,但这只占交易合约的 2% 左右,更多的交易者是做一笔内容、数量、期限相同但方向相反的交易结清差价了结,称为对冲。交易者结束交易,称为平仓。在交易的某一时点上,交易者处于纯买入地位时称之为"多头"(Long Position),此时买进期货合约数多于卖出数;反之,则称为"空头"(Short Position)。这两种状态都属于未平仓,也叫"持仓"。

(4)限仓制度和大户报告制度。限仓制度是指期货交易所为了防止市场风险过度集中和防范操纵市场行为,对交易者持仓数量进行限制的制度。大户报告制度是指当期货交易所建立限仓制度后,当交易者投机头寸达到交易所规定的数量时,必须向交易所申报有关开户、交易、资金来源、交易动机等情况,以便交易所审查大户有否过度投机和操纵市场行为以及大户的交易风险情况。

2. 期货合约

期货合约是指期货交易双方向对方承诺在一确定远期按约定的价格交收标准数量的某一特定商品或金融资产而达成的书面协议。期货合约的单位是"手"或"口",它具有法律约束力,违约者将受到有关部门的制裁,并被限制以交收日价格清盘和承担违约造成的一切损失,还要支付罚金。其主要特征如下:①具有统一的交易品种。每份期货合约所规定的内容都具有标准化的品种规格,并沿用国际公认的标准。如金融期货所涉及的证券、货币等都有规定的利息率、汇率基础,任何一地的交易所都有规定的执行标准。②标准交易单位。每一份金融期货合约的交易数量是由交易所或交易者协会预先统一规定,每次买卖都是标准交易单位的倍数,而不得自由分割。如 CBOT 指数期货的交易单位为250 美元×指数点;CBOT 抵押证券期货合约单位为 100 000 美元面值;③标准的交割月份。当期货合约交割时,一般都是在指定月份,从 1~12 个月甚至当月都有。这种交割月份也是事前规定好的,不得任意更改。

3. 期货交易保证金

为了有效降低期货交易的风险,参加交易者在成交后都要通过经纪人向交易所交纳一定数量的保证金。保证金既可以是现金,也可以是有价证券,具体水平由交易所确定,依合约性质、对象、价格变动幅度、客户资信状况以及交易目的而有所不同,从期货合约价值的 1%~18% 都有,一般为 5%~10% 左右,因而其杠杆作用明显,这也是期货交易具有吸引力的重要原因。因为交易双方都有可能出现亏损,因此双方都必须交纳保证金。在初次交易后,交易者交纳初始保证金,以后每天根据清算状况调整保证金数量。当交易者的保证金率不足维持最低水平时,则将被强制平仓,而交易客户不得有异议。

4. 清算所

清算所是指期货交易所附属的专门结算机构,但它又以独立的公司形式组建,并以会员公司的名义加入交易所。清算所的职能是负责对每日成交的期货合约进行清算,并对清算所会员的保证金账户进行调整平衡,负责收取和管理保证金,监督管理到期合约的实物交割及报告交易数据等。清算所采取会员制,并以其独特的机制在期货交易中发挥重要的作用:①实行无负债的每日清算制度。所谓无负债,又称逐日盯市制度,就是以每种期货合约在交易日收盘前最后 30~60s 的平均成交价格作为清算价格,与每笔交易成交时的价格作对照,计算每个清算所会员账户的浮动盈亏,进行随市清算,对于发生浮动亏损的会员若保证金低于最低保证金要求,则发出通知补足第二个交易日开始前不足差额的要求。②形成简便高效的对冲机制;③可使期货交易没有信用风险,只有价格风险。

四、期权交易

期权,全称期货合约选择权(Option Future Contracts),是指其持有者在规定的期限内具有按交易双方确定的价格购买或卖出一定数量某种金融资产的权利。期权交易就是对一定期限内买卖金融资产选择权的交易。期权的购买者在支付了一定的权利金(Premium,也称保险金)后,即拥有在一定时间内以协议价格购买或出售一定数量的金融资产的权利,但并不负有必须买进或卖出的义务,即买进期权后可以放弃权利,但不能收回已付出的权利金。期权的卖方则收取买入方付出的权利金,并在规定期限内必须无条件服从买方的选择并履行交易时的承诺。因此,期权是一种单方面的权利有偿转让。期权交易最终并不一定会涉及实际的金融资产的转移,双方只需要就现货资产进行折价清算即可。所以期权完全是一种新型的衍生金融工具,是一种新的交易方式。

1. 期权交易与期货交易的区别

由期货交易与期权交易各自的定义、特征对比中,可以看出两者的区别主要表现在以下几个方面。

(1) 交易对象不同。期货交易的对象是期货合约,而期权交易的对象是选择的权利,是在未来一段时间内按约定的价格买卖某种商品或金融资产的权利。

(2) 交易双方的权利和义务不同。期货交易的双方都有对等的权利和义务,如果没有做一个相反的交易对冲,这种权利和义务要到期割后才能解除。期权交易的权利和义务是不对等的,只有期权的买方有选择权。

(3) 交易双方承担的风险和可能得到的盈亏不同。期货交易双方对等地承担盈亏无限的责任,且风险随着标的物市价的涨跌而变化。而期权交易的买方承担的亏损风险是有限的,仅以支付的期权费为限,而获取的盈利却可能是无限的;期权交易的卖方可能获得的盈利是有限的,即以收取的期权费为限,但亏损的风险可能是无限的。

(4) 交付的保证金不同。期货交易双方都要交付保证金,在交易期间还要对亏损一方追加收取保证金并允许盈利一方提取超额部分,期权交易只有卖方需要交付作为履约财力保证的保证金,买方则不需要交付保证金,但必须支付买入选择权的代价即期权费。

(5) 价格决定方式不同。期货价格就是指合约标的物的交割价格,它是由市场供需双方决定的,而且是随时变动的。期权交易要区分两种不同的价格,期权的价格是指选择权的价格,由市场供需双方决定。而期权合约标的物的交割价格,即协议价格由交易所按一定规则制定,且在期权合约有效期内这一价格一般不会改变。

2. 期权交易的要素

期权交易的要素主要包括以下几个方面。

(1) 期权交易当事人。期权交易当事人有买方、卖方和中介经纪人。①期权的买方是指获得选择权利的一方。作为取得期权的代价,买方要向卖方付出一笔费用,即期权费。在期权合约的有效期限内,期权的买方可以有 3 种选择:买进、卖出(让渡)或放弃。②期权的卖方是指出售选择权的一方。卖方以取得期权费为代价出售这种权利,在期权合约的有效期内卖方应无条件服从买方的选择,除非买方放弃这一权利。③经纪商是指期货交易所会员,其接收交易双方的委托,充当他们的代理人并收取双方的手续费。

(2) 期权合约。期权合约也就是进行期权交易的期货合约,主要包括以下内容:①期权标的物。主要有股票、股票价格指数、外币、利率、期货合约等,其中以股票期权最为流行。②标的物数量。各种期权标的物的数量都应标准化。在美国每一份股票期权合约的数量是 100 股,股票价格指数期权为指数的 100 倍。③期权合约的期限。期权合约的期限一般为 9 个月。④协议价格。它又称为履约价格,是指期权合约中指定标的物的买卖价格。期权交易所按标准化的程序计算并制定期权的协议价格。另外还包括最小变动单位、每日最大波动限制、交易时间、最后交易日、履约方式等。

(3) 期权价格。期权价格一般由两部分构成:①内涵价值。它是指立即执行期权合约即可获得的总利润。它反映了履约价格与相关期货合约市价间的关系。具有内涵价值和可能在日后履约时获利的期权称为实值(In The Money)。当看涨期权在其协议价格低于相关期货价格时,具有实值;当看涨期权在其协议价格高于相关期货价格时,期权为虚值(Out Of Money),这时期权买方实质已无利可图,且不会执行合约,其损失为期权费。当协议价格与当时的期货价格相近时,称为两平(At The Money),不盈不亏。②时间价值。它是指期权卖方希望随着时间的延长,当相关期货价格的变动有可能使期权增值时,期权买方为此付出期权费。期权的有效期越长,风险的可能性越大,期权价格也就相应较高。除此之外,期权价格还受市场供求关系及利率的影响。

(4) 保证金。对于期权买方而言,面临的风险就是损失付出的期权费,但这种风险已经事先预知且计算清楚,故不再需要另开保证金账户。而对于期权卖出方则不然,其面临的风险几乎与期货市场一样,一旦期权买入方决定执行合约,则必须无条件服从,以敲定价格卖出或买入一定的金融资产,为保证期权卖出方的履约能力,其必须存入一笔保证金。每场交易结束时,清算机构会根据价格变动情况及时对期权卖出方的交易部位进行清算,如出现保证金不足,则必须依规定追加。

3. 期权交易的程序

期权交易通常是由投资者提出委托单通过经纪人在期货交易所内公开喊价成交的,交易所通过电脑记录所有的期权交易情况。

期权清算公司(OCC)是由作为交易所会员的期权交易公司和期权经纪公司组成的清算机构。当期权成交时,清算公司承担卖方角色发行该期权,从而成为买方的交易对手,而真正的卖方则需要交纳保证金以弥补清算公司所承担的风险。这样,清算公司就成为交易的中介,同时成为所有卖方的买方和所有买方的卖方。清算机构为每笔期权交易进行担保,如果某个期权卖方无法履行合约义务,则清算所会代为履行,因此期权的买方不承担卖方的信用风险。

当期权的买方决定履约时,必须向经纪人提出,再由经纪商将履约要求汇转至清算机构。清算机构从该期权所有未平仓卖方合约中随机抽出一家代理卖方的经纪公司并发出通知,接到通知的经纪公司再从自己持有该期权卖方合约的客户中抽取一人来履约。因此,期权卖方在卖出当天即有可能成为履约对象。

期权交易的履约因标的物不同而有所差异。现货期权,如股票,买卖双方需有现货与现款交割;指数期货则以现金结算差价;期货期权的履约则是将双方的契约关系由期权转为期货,即期货期权的买方在履约后会自动取得一个标的物期货的买方部位,其卖方在履约后会自动取得一个标的物期货的卖方部位,当履约后,他们既可以继续持有期货的买方或卖方部位,也可将其在期货市场平仓。

期权的持有人如果决定不再持有该期权,也可将未到期期权在市场上出售,这样可避免履约并可省去履约的手续费。

本 章 小 结

随着商品经济的发展和世界经济形势的变化,世界各国和我国的证券交易的方式也在不断发展与更新,出现了融资融券业务、股指期货交易和期权交易。证券交易可分为现货交易、信用交易、期货交易和期权交易。

证券交易程序如下:开户、委托、竞价成交、清算交割、登记过户。

关 键 术 语

证券交易所 开户 证券账户 资金账户 三方存管 限价委托 竞价成交 清算交割 登记过户 现货交易 融资融券 期货交易 期权交易

本 章 案 例

黄光裕内幕交易案

黄光裕作为北京中关村科技发展(控股)股份有限公司(以下简称中关村上市公司)的实际控制人、董事,于2007年4月至2007年6月28日,利用职务便利,在拟将中关村上市公司与黄光裕经营管理的北京鹏泰投资有限公司(以下简称鹏泰公司)进行资产置换事项中,决定并指令他人于2007年4月27日至6月27日,使用其实际控制交易的龙某、王某等6人的股票账户,累计购入"中关村"股票(股票代码000931)976万余股,成交额共计人民币9310万余元,至6月28日公告日时,6个股票账户的账面收益额为人民币348万余元。

黄光裕于2007年7、8月至2008年5月7日,在拟以中关村上市公司收购北京鹏润地产控股有限公司(以下简称鹏润控股公司)全部股权进行重组事项中,决定并指令他人于2007年8月13日至9月28日,使用其实际控制交易的曹楚娟、林家锋等79人的股票账户,累计购入"中关村"股票1.04亿余股,成交额共计人民币13.22亿余元,至2008年5月7日公告日时,79个股票账户的账面收益额为人民币3.06亿余元。

杜鹃于2007年7月至2008年5月7日,接受黄光裕的指令,协助管理上述79个股票账户的开户、交易、资金等事项,并直接或间接向杜薇、杜非、谢某(均另案处理)等人代传交易指令等,79个股票账户累计购入"中关村"股票1.04亿余股,成交额共计人民币13.22亿余元。

许钟民于2007年7月至2008年5月7日,接受黄光裕的指令调拨资金,并指使许伟

铭(另案处理)在广东地区借用他人身份证开立股票账户或直接借用他人股票账户共计
30个。上述股票账户于2007年8月13日至9月28日,累计购入"中关村"股票3166万
余股,成交额共计人民币4.14亿余元,至2008年5月7日公告日时,30个股票账户的账
面收益额为人民币9021万余元。其间,被告人许钟民将中关村上市公司拟重组的内幕信
息故意泄露给原公安部经济犯罪侦查局(以下简称公安部经侦局)副局长兼北京直属总队
(以下简称北京总队)总队长的相怀珠及其妻子李善娟(均另案处理)等人,同年9月21~
25日,李善娟使用其个人股票账户分7笔买入"中关村"股票12万余股,成交额共计人民
币181万余元。

　　2010年4月22日,国美原董事局主席黄光裕案在北京市第二中级人民法院开庭,检
方指控他的罪名有3:非法经营罪、单位行贿罪、内幕交易罪。5月18日,北京市第二中
级人民法院以黄光裕犯非法经营罪判处其有期徒刑8年,并处没收个人部分财产人民币
2亿元;以犯内幕交易罪判处其有期徒刑9年,并处罚金人民币6亿元;以犯单位行贿罪
判处其有期徒刑两年。数罪并罚,决定执行有期徒刑14年,并处罚金人民币6亿元,没收
个人财产人民币2亿元。法院以内幕交易罪判处黄光裕妻子杜鹃有期徒刑3年6个月,
并处罚金人民币2亿元。以内幕交易、泄露内幕信息罪,判处北京中关村科技发展(控股)
股份有限公司原董事长许钟民有期徒刑3年,并处罚金人民币1亿元;以单位行贿罪判处
许钟民有期徒刑1年,决定执行有期徒刑3年,并处罚金人民币1亿元。国美电器有限公
司、北京鹏润房地产开发有限责任公司也因单位行贿罪分别被判处罚金人民币500万元
与120万元。

　　2010年8月30日,北京市高级人民法院对黄光裕案进行了二审宣判。黄光裕3罪
并罚被判14年以及罚金8亿元人民币的判决维持不变;其妻子杜鹃被改判缓刑,即被判
处有期徒刑3年缓期3年,并当庭释放。黄光裕案成为迄今为止国内最大的内幕交易案。

复习思考题

1. 试述证券交易的程序。
2. 委托指令的基本要素包括哪几个方面?
3. 竞价成交的原则和方式是什么?
4. 证券交易的委托方式有哪几种?
5. 什么是期货交易,期货交易有什么特点?
6. 什么是期权交易,期权交易与期货交易有什么区别?

第六章 证券投资分析概述

学习目的

通过本章的学习，了解证券投资分析的意义、证券投资的主要分析流派及其特点、证券投资分析信息的种类和来源，掌握证券投资分析的步骤，证券投资分析的基本方法、特点、内容以及它们之间的区别与联系。

证券投资是指投资者购买股票、债券、基金等有价证券以及这些有价证券的衍生品，以获取红利、利息及资本利得的投资行为和投资过程，这个投资过程包括证券投资分析、决策、操作和管理等一系列阶段，其中证券投资分析是基础性的核心环节，是证券投资过程不可或缺的一个组成部分，在整个证券投资过程中占有相当重要的地位。

第一节 证券投资分析的意义和步骤

一、证券投资分析的意义

证券投资分析是指人们通过各种专业性分析方法对影响证券价值或价格的各种信息进行综合分析以判断证券价值或价格及其变动的行为，是证券投资过程中的重要环节。证券投资分析作为证券投资过程不可或缺的一个组成部分，在投资过程中占有相当重要的地位。它是投资者在完成第一阶段确定投资资金和数量和寻找投资对象的工作以后，对投资对象所作的进一步、具体的考察和分析；同时也是为下一阶段投资者实际资金投入进行必不可少的准备。进行证券投资分析的意义主要体现在以下几个方面。

1. 有利于提高投资决策的科学性

投资决策贯穿于整个投资过程，其正确与否关系到投资的成败。尽管不同投资者投资的方法可能不同，但科学的投资决策无疑有助于保证投资决策的正确性。由于资金拥有量及其他条件的不同，所以不同的投资者会拥有不同的风险承受能力、不同的收益要求和不同的投资周期。同时，由于受到各种相关因素的作用,故每一种证券的风险——收益特性并不是一成不变的。此外,由于证券一般具有流通性,投资者可以通过在证券流通市场上买卖证券来满足自己的流动性需求。因此,在投资决策时,投资者应当正确认识每一种证券在风险性、收益性、流动性和时间性方面的特点,借此选择风险性、收益性、流动性和时间性同自己的要求相匹配的投资对象,并制定相应的投资策略。只有这样,投资者的投资决策才具有科学性,从而尽可能保证投资决策的正确性,以使投资获得成功。进行证券投资分析正是使投资者正确认知证券风险性、收益性、流动性和时间性的有效途径,是投资者科学决策的基础。因此,进行证券投资分析有利于减少投资决策的盲目性,从而提高投资决策的科学性。

2. 有利于降低投资风险,提高投资效益

进行证券投资分析首先是投资者规避风险的需要。投资者从事证券投资的目的就是为了获得投资回报(预期收益),但这种回报是以承担相应的风险为代价的。从总体上来说,预期收益水平和风险之间存在一种正相关关系。预期收益水平越高,投资者所要承担的风险也就越大;预期收益水平低,投资者所要承担的风险也就相应较小。然而,每一种证券都有自己的风险——收益特性,而这种特性又会随着各相关因素的变化而变化。因此,对于某些具体的证券而言,由于判断失误,投资者在承担较高风险的同时,却未必能获得较高的投资收益。理性的投资者通过证券投资分析来考察每种证券风险—收益特性及其变化,就可以较为准确地确定哪些证券是风险较大的证券,哪些证券是风险较小的证券,从而避免承担不必要的风险。从这个角度上讲,证券投资分析有利于降低投资者的风险,或者说可以使投资者在承担一定风险的条件下,获得最大收益。

证券投资分析是能否降低投资风险、获得投资成功的关键。证券投资的目的是证券投资净效用(收益带来的正效用减去风险带来的负效用)的最大化。因此,投资收益率最大化和风险最小化是证券投资的两大具体目标。证券投资的成功与否,往往是看这两个目标的实现程度。但是投资收益率和所承受的风险这两个目标的实现受诸多因素制约,其作用机制也相当复杂。只有通过全面、系统和科学的专业分析,才能客观、理性、完整地把握这些因素及其作用机制,从而作出比较准确的预测,以实现预期收益。证券投资分析正是采用了基本分析和技术分析等证券投资分析方面的专业分析方法和分析手段,通过对影响证券回报率和风险的诸多因素的全面、客观、系统和科学的分析,揭示出其作用机制及其某些规律,用于指导投资决策,从而保证在降低投资风险的同时获得较高的投资收益率。

3. 有利于提高投资决策与投资价值分析水平

投资者之所以对证券进行投资,是因为证券具有一定的投资价值。其投资价值受诸多因素影响,并随这些因素的变化而发生相应变化。影响股票投资价值的因素更为复杂,不仅受公司盈利能力、经营管理、行业特点等方面的影响,还受国家产业政策、利率、汇率、通货膨胀水平等宏观经济条件等方面的影响。所以,投资者在决定投资某种证券前,首先应该认真评估该证券的投资价值,只有当证券处于投资价值区域时,投资该证券才是有的放矢。否则,可能承受不应承受的风险,导致投资失败。而证券投资分析正是通过对可能影响证券投资价值的各种因素进行综合分析来判断这些因素及其变化可能会对证券投资价值带来的影响,因此它有利于投资者正确评估证券的投资价值,从而为合理制定投资决策奠定基础。

4. 有利于合理选择投资对象和投资机会

提高投资收益,降低风险损失的一个关键因素在于对投资对象的合理选择。证券市场上可供选择的证券种类繁多,如政府债券、金融债券、企业债券、投资基金与股票等,其风险、收益呈现显著的差异,而具体的某种证券的风险、收益又受到特定因素的影响。投资者选择投资对象的标准主要有两个:价格标准与收益率标准。两者最终反映证券投资价值,即证券投资预期未来现金流入量的折现值的高低。但是,投资价值仅是直接进行证券投资对象选择的理论依据。股利、红利以及未来证券市价都具有极大的不确定性,因此单独地依据投资价值与当前市价的比较而决定是否进行证券投资往往会产生一定程序的偏误。而证券投资分析正是在投资价值分析的基础上,结合各种因素的有效预期,如发行企业的财务状况及发展趋势、股市的未来走势、宏观经济政策调整、资金供求态势以及投资者心理预期等各种不可控因素的影响,通过对不同证券收益性、风险性以及流动性的综合分析,择良弃莠,最终作出合理的投资对象选择。

选择素质良好的证券投资固然重要,但能否抓住各种有利的市场机会,对证券投资的成败同样具有至关重要的影响。尽管证券买卖时机一般不易把握,但时机形成又有着一定的规律性,它是各种主观因素与客观因素综合作用的结果。影响证券市场价格变动的主要因素包括国内外政治局势、经济的景气循环、政府的宏观经济政策,如产业政策、财政政策、金融政策、外贸政策等,上市公司的经营状况、财务状况及发展前景,投资者的心理预期,机构投资者的动向以及其他突发因素等。一般而言,如果国内政治局势稳定、经济增长良好、政策环境优惠、上市公司经营业绩不断提高、发展情景良好,投资者必然对未来证券市场的走势产生乐观预期,从而增强投资信心,推动市场价格上升;反之,则会因投资者信心不足而减少投资、抛售证券,最终导致市价下跌。证券投资分析正是通过对这些影响进行综合分析,从而抓住良好的投资机会,取得较高的投资收益。

需要指出的是,证券投资的分析与选择,并不仅仅是在投资决策前进行。要想保持最佳的收益、风险对称关系,投资者必须针对证券市场的各种变化,及时对其投资的证券组合进行分析、检查,随时对投资决策进行调整。

截止到 2010 年 4 月底,在我国境内上市的公司数量合计(含上海交易所、深圳交易所的 A、B 股市场)已达到 1837 家,境内公司境外上市数量(主要指 H 股)达 159 家,证券投资基金有 589 只,股票总发行股本为 26 994.82 亿股,其中流通股本为 20 731.82 亿股,股票市价总值为 227 905.5 亿元,而且这些数字随着时间的推移还在不停地变化、增长。投资者要在这近 1900 家公司中挑选中意的、适合自己风险承受能力和投资风格的股票,如果没有很好地进行证券投资分析,是远远不可能达到自己当初设定的投资收益目标,甚至还会出现严重的亏损情况。

二、证券投资分析行业的发展历程

从事证券投资的工作人员称为证券投资分析师,大多是指在较宽泛的意义上参与证券投资决策过程相关的专业人员。其主要职能包括以下几方面:①运用各种有效信息,对证券市场或个别证券的未来走势进行分析预测,对投资证券的可行性进行分析评判;②为投资者的投资决策过程提供分析、预测、建议等服务,传授投资技巧,倡导投资理念,引导投资者进行理性投资;③为上市公司提供收购、兼并、重组等方面的财务顾问服务;④为主管部门、地方政府等的决策提供依据。

证券投资分析这一职业起源于英、美等金融发达国家。在证券市场起步之初,由于市场不规范,因此证券投资分析师不受重视,地位很低,这种情况在美国、日本等国出现过。发展至今,证券投资分析师队伍已经相当成熟,证券投资分析师已经成为证券市场中一个非常重要的职业。随着境外证券市场的不断创新和发展,证券投资分析的业务范围不断拓展,证券投资分析的业务分工不断细化,分别服务于企业、基金管理公司和证券公司等不同的社会部门。证券投资分析的对象不断延伸,从微观的企业、中观的产业到宏观的国民经济,从国内市场到国际市场。证券投资分析方法不断创新,从以技术分析和基础分析为主的传统分析方法扩充到资本资产定价模型、资本资产套利模型等现代投资分析方法。目前,从国际角度上来看,证券投资分析师在提高市场的公平性和公正性、引导市场理性投资、维护证券市场的稳定性等方面发挥着重要的作用。

从我国证券咨询业的发展历程看,自从证券市场出现以来,证券投资分析师就开始进行证券投资分析,为投资者服务。当时他们从事着较为初级的股评业务,最早主要是描述当天的最高价、收盘价、成交量以及行情变化等内容;之后的股评在描述中增加了分析,且主要以技术分析方法为主。当时股评在投资咨询领域占据主导地位。

1996年以来,证券咨询业发生了分化。一方面,相当一部分证券投资分析师开始进入一级市场,辅导企业股份制改制,探索从事财务顾问业务;另一方面,股评的内容进一步发生变化,证券投资分析师在作投资分析时,开始注重对宏观经济形势、行业形势和上市公司基本面的分析。与此相伴随的是1996—1997年证券研究机构经历了较大发展,证券公司纷纷成立研究部门,并且涌现出相当多的专业证券投资咨询机构。

1998年之后,随着《证券、期货投资咨询管理暂行办法》的颁布实施,对证券投资咨询业务及其从业人员的管理纳入法制轨道;而后,《证券法》的颁布实施,又进一步明确了该行业的法律地位。近年来,随着该行业的法律法规、规章制度的不断完善,监管体系的逐步建立,从业机构及其人员不断规范经营管理,证券投资分析业务开始进入规范发展的新阶段。2000年7月5日,我国的证券投资分析师自律组织——"中国证券业协会证券投资分析师专业委员会"的成立,标志着它将在加强证券投资分析师行业职业道德教育、培训从业人员技能、加强自律管理等方面发挥积极的作用。2002年12月13日,在我国证券业协会机构设置过程中,中国证券业协会证券分析师委员会设立,成为我国证券业协会机构设立的11个专业委员会之一。新成立的证券分析师委员会是在证券业协会的职责范围与组织框架内设立的,由专业人士组成的议事机构。作为证券公司、基金管理公司和证券投资咨询公司的证券分析行业代表,这个委员会不仅承接了协会原证券分析师专业委员会的工作职责,而且适应了我国证券分析师行业自律发展的需要,并被赋予了新的职责和任务。

三、证券投资分析的信息

信息在证券投资中起着十分重要的作用,是进行证券投资分析的基础。来自各个不同渠道的信息最终都将通过各种方式对证券的价格发生作用,导致证券价格的上升或下降,从而影响证券投资的收益。因此,信息的多寡、信息质量的高低将直接影响证券投资分析的结果,且影响分析报告的最终结论。掌握及时、准确、充分的证券市场信息是证券投资成功的关键问题。

1. 证券投资分析的信息种类

广义地说,证券市场信息是指一切直接或间接影响证券价格变动的信息。因此,凡是影响到证券价格变动的政治、经济、行业、公司以及市场等方面的信息都应列入证券投资分析收集和分析的范围。具体来说,证券投资信息主要有以下几个方面:一是宏观信息,它涉及的范围很广,包括经济周期信息、金融信息、财税信息、产业信息、国际经贸信息以及改革信息等;二是微观信息,即公司信息,它是影响单一证券价格变动的最直接的信息,具体又包括招股说明书、公司章程、上市公告书、定期报告以及临时公告等;三是交易信息,它是指在证券交易中产生的信息,主要包括证券交易所发布的信息、市场指标以及证券公司发布的信息等。

2. 证券投资分析的信息来源

证券分析人中所能获得信息的来源、数量和质量取决于一个国家证券市场的发展水平、通信手段的发达程度等多个方面。一般来说,进行证券投资分析的信息主要来自3个方面:公开发布的信息资料、电子化的信息资料和通过实地访查获得的信息资料。

公开发布的信息资料主要是指通过各种书刊、报纸、杂志、其他公开出版物以及电视、广播等媒体公开发布的信息。这一信息来源种类繁多,提供的信息量极为庞大,是进行证券投资分析最重要的信息来源。

随着计算机技术、材料技术的发展以及计算机在证券投资领域的广泛应用,有关证券投资方面的计算机可读信息资料的数量增长很快。另外,随着计算机网络技术和远程通信技术的发展,某些投资咨询公司开始提供投资信息数据库共享服务。这些公司把证券公司和研究机构提供的证券价格行情、基本面分析、公司财务报表等编制成数据库,存放在某个服务器上,投资者或证券分析人员既可以通过网络访问服务器,直接提取和阅读所需信息,也可以把所需的信息下载到自己的电脑上,供分析使用。从而避免了直接收集、整理、保存这些资料的工作。其一方面提高了效率;另一方面降低了成本。由于这是一个动态的数据库,分析人员可以随时获取最新的信息。

实地访查是获得证券分析信息的又一个来源,它是指证券投资分析人员直接到有关的证券公司、上市公司、交易所、政府部门等机构去实地了解证券分析所需的信息资料。由于在证券投资分析过程中需要用到各种各样的信息资料,有些信息资料可以通过公开的渠道或者计算机网络获得,但有些资料无法通过公开的渠道获得,或者通过公开渠道所获得的信息资料的完整性、客观性值得怀疑,或者为了获得更为准确的信息,这就可以通过实地访查去核实和调查。通过实地访查去获取信息资料的做法,具有较强的针对性,信息资料的真实性也有相当的保障,然而其所花费的时间、精力都较多,成本较高,而且具有一定的难度。但在确定大规模投资决策时,为了获得重要研究报告的准确性,这又是必要的。

四、证券投资分析的步骤

证券投资分析作为证券投资过程的一个重要环节,对投资的成败起着十分重要的作用。分析结论的正确程度实际上取决于 3 个方面:①分析人员占有信息量的大小以及分析时所使用的信息资料的真实程度;②所采用的分析方法和分析手段的合理性与科学性;③证券分析过程的合理性与科学性。证券分析过程涉及进行证券分析的步骤安排以及在每一阶段所要进行的主要工作等。合理科学地确定进行证券投资分析的各个步骤,对提高证券分析效率,形成相对正确的分析结论有着十分重要的意义。一般说来,证券投资分析由信息资料的收集与整理、案头研究、实地考察和撰写分析报告等步骤构成。

其主要工作包括以下几个方面。

1. 信息资料的收集

证券分析人员通过信息来源的各个渠道收集各种各样的信息资料,主要是通过订阅各种书报资料和研究出版物、参加各类会议、进行计算机联网查询、跟踪交易所实时行情、购买和阅读各种电子出版物以及实地访查等方式获取有关证券投资方面的信息资料。

2. 信息资料的分类

根据不同的分类标准,对所收集的证券投资信息资料根据自己分析的对象和内容进行分类归档,编制分类目录,以便于查询。

3. 信息资料的保管和使用管理

大部分的信息资料都不是一次性用完就扔掉,而是需要重复使用的。有时,一份资料需要使用很长的时间或者被好几个分析人员使用。这样,就必须做好信息资料的保存和使用管理工作,从而确保信息资料能发挥比较高的效益。

4. 案头研究

证券投资信息资料的收集与整理是进行证券投资分析的起点,证券分析人员在拥有了证券投资方面的信息资料后,接下来的关键工作就是进行案头研究。证券分析人员首先应根据自己的研究主题和分析方向,确定所需的信息资料。例如,进行宏观经济分析,就可以寻找各种经济指标的统计资料;进行行业分析,就可以寻找有关行业的法规、政策、发展状况、竞争情况等方面的资料;进行公司分析,就可以寻找公司财务报告、股票行情、交易量等有关数据资料。其次,是利用证券投资分析的专门方法和手段进行科学的研究和长期实践的总结。它们所揭示的是影响证券价格变化的一些带有规律性的东西,利用这些专门的分析方法和分析手段,可以发现各种经济指标、行业指标、公司指标及市场指标对证券市场价格走势的影响方向和影响力度。案头研究就是要找出这些指标与证券价格走势之间的关系。最后,作出分析结论,也就是得出有关指标与证券价格之间相关关系的正式结论。

5. 实地考察

实地考察是指分析人员就自己的研究分析主题到实际工作部门或公司企业等单位进行实地的考察调查。证券投资分析过程的实地考察主要出于两个目的:一是就信息资料的真实性到实际工作部门或公司企业进行调查核实;二是就某些阶段性分析结论的公正性和客观性到实际工作部门或公司企业进行调查核实。

实地考察的方式主要有如下几种：①亲自到有关部门或企业与有关人员进行面对面的交谈；②通过电话、电传、传真等方式进行查询核实；③通过发调查问卷的方式进行调查核实；④通过计算机网络进行查询核实等。

6. 撰写分析报告

证券投资分析的最后一个步骤是撰写分析报告，也就是将分析人员的分析结论通过书面的形式反映出来。分析报告的种类很多，有关上市公司、投资基金等投资工具投资价值的分析报告，有关投资风险的分析报告，有关某个行业发展前景的分析报告，有关国家政策、法规对行业、企业及产品影响的分析报告等。无论是什么样的分析报告，一般都应该包括以下几个方面的内容：①研究分析的主题；②所使用的数据来源和数据种类；③采用的分析方法和分析手段；④形成分析结论的理由；⑤所得出的分析结论及建议；⑥分析结论和建议的使用期限；⑦报告提供者或撰写者；⑧分析报告形成日期。

第二节　证券投资分析的主要分析流派

随着现代投资组合理论的诞生，证券投资分析开始形成了界线分明的 4 个基本的分析流派，即基本分析流派、技术分析流派、心理分析流派和学术分析流派。其中，基本分析流派和技术分析流派是完全体系化的分析流派，而心理分析流派与学术分析流派，目前还不能据以形成完整的投资决策。但是心理分析流派在市场重大转折点的心理把握上，往往有其独到之处；而学术分析流派在投资理论方法的研究、大型投资组合的组建与管理以及风险评估与控制等方面，具有不可取代的地位。

一、基本分析流派

基本分析流派是指以宏观经济形势、行业特征及上市公司的基本财务数据作为投资分析对象与投资决策基础的投资分析流派。它是目前西方投资界的主流派别。其分析方法体系体现了以价值分析理论为基础，以统计方法和现值方法为主要分析手段的基本特征。基本分析流派的两个假设前提是"股票的价值决定其价格"、"股票的价格围绕价值波动"，因此价值成为测量价格合理与否的尺度。

基本分析流派又细分为价值投资分析法和增长投资分析这两个不同分支。

信奉价值投资法的投资者认为，股票价格是公司内在价值的指示器。他们摒弃了价格反映所有可获信息的有效市场假设，努力寻找股票价格和公司内在价值之间的差异所形成的投资机会。为了揭示这些机会，他们使用一系列基本分析方法中的传统估价工具，如市盈率模型、股息贴现模型、托宾 Q 等。本杰明·格雷厄姆被称为价值投资之父，1934年他写的《证券分析》一书出版，奠定了基本分析法的基石，该书被称为投资界的圣经。

增长投资分析方法则试图判断哪些投资将来会取得持续稳定的增长，一旦发现就毫不犹豫地买进。增长投资分析方法最初由费舍提出，他把对企业分析的重点放在其技术创新能力和管理创新能力上。林奇是典型的增长投资分析方法专家,他经营的麦哲伦基金在自 1977 年以后的 13 年中收益率高达到 2700%。

在美国股票市场上,20 世纪 60 年代和 20 世纪 80 年代,价值投资分析法比较适用,而增长投资法不适用。但 20 世纪 70 年代和 20 世纪 90 年代,增长投资法较为适用,而价值投资分析法不太适用。在日本股票市场上,20 世纪 80 年代后期,股票基本上不具备投资价值。而价值投资法的信奉者错过了股市飙升的大好时机,当然,也规避了日本股市泡沫破灭的极大风险。目前,基本分析法仍是证券投资的主要分析方法之一。

二、技术分析流派

技术分析流派是指以证券市场价格、成交量、价和量的变化以及完成这些变化所经历的时间等市场行为作为投资分析对象与投资决策基础的投资分析流派。该流派以价格判断为基础,以正确的投资时机抉择为依据,从最早的直觉化决策方式,到图形化决策方式,再到指标化决策方式,直到最近的模型化决策方式,以及正在研究开发中的智能化决策方式。技术分析流派投资方法的演进遵循了一条日趋定量化、客观化、系统化的发展道路。对投资市场的数量化与人性化之间的平衡,是其面对的最艰巨的研究任务之一。技术分析流派的主要观点有如下几种:①股票价格取决于市场供需关系,而与它本身的价值无关;②影响股票价格的因素有理性的,也有非理性的,但都已反映在股票价格的变动上;③股票市场的变化存在一定的周期性,这种周期变化的时间和形态是有一定规律的;④尽管股票市场存在着短期的波动,但在一定时期内,股价的变化会存在一种主要趋势;⑤股票价格的变动趋势可以从图表走势、交易资料与数据运算中发觉它的征兆;⑥股票价格变动的历史会一再重演,而投资者也会一再地重蹈覆辙。

技术分析流派的投资分析方法也有不足之处,如缺乏可靠、周密、有说服力的理论依据,它的分析指标没有统一标准,预测市场变动的准确率也不高。尽管如此,技术分析法现在仍然是人们进行证券投资分析时最常用的方法之一。

三、心理分析流派

心理分析流派是基于市场心理分析股价,强调市场心理是影响股价的最主要因素。而在其他投资分析流派看来,市场心理并非是影响股票市场的主要因素。在技术分析流派中,由于他们认为一切影响因素都已包含在价格中,因此不把市场心理作为独立的分析对象。在基本分析流派及学术分析流派的理论研究中,也没有考虑市场心理因素。

心理分析流派的投资分析主要有两个方向:个体心理分析和群体心理分析。其中,个体心理分析基于"人的生存欲望"、"人的权利欲望"、"人的存在价值欲望"3 大心理分析理论进行分析,旨在解决投资者如何在投资决策过程中的心理障碍问题。群体心理分析基于群体心理理论与逆向思维理论,旨在解决投资者如何在研究投资市场过程中保证正确的观察视角问题。

历史上著名的股票投资家,如凯恩斯、巴鲁赫、索罗斯都是市场心理分析大师。"空中楼阁理论"是心理分析流派中最重要的理论,由凯恩斯在 1936 年提出。该理论完全抛开股票的内在价值,强调心理构造出来的"空中楼阁"。该理论认为,投资者之所以以一定的价格购买某种股票,是因为其相信股价将上升,且会有其他投资者以更高的价格向其购买这种股票。投资者无须计算股票的内在价值,其需要做的,就是在股价到最高点之前买进股票,然后以高于成本的价格将其卖出。成功的投资者要能判断何种情形下适宜建筑"空中楼阁",何种股票适宜建筑"空中楼阁",并抢先买进。此外,"选美理论"也是心理分析流派的分支之一。

心理分析流派在判断市场趋势是否发生重大转折时,有其独到之处。当市场表现出越来越强烈的投机狂热的心理特征时,牛市常常已进入尾声。当市场一片低迷,恐惧心理越来越强烈时,熊市可能正悄然离去。这是心理学的逆向思维理论在股票投资中的应用。

但心理分析流派亦有其缺点。如何衡量股票市场的心理,这常使分析股市行情的人士感到困惑。在美国,已建立了测量市场心理的一些指标体系,如共同基金的现金/资产比例、投资顾问公司的看法、二次发行的数量等。由于不同的国家有不同的市场监管体系、不同的市场发育程度、不同的市场信息结构,因此按美国市场条件建立的市场心理测试体系,无法直接应用于其他国家。

四、学术分析流派

学术分析流派分析方法的重点为长期持有投资战略,即在长期的时间区段内不断吸纳并持有所选定上市公司股票的投资战略,其投资分析的哲学基础是"效率市场理论",投资目标为按照投资风险水平选择投资对象。其重要观点之一就是效率市场理论的含义:当给定当前的市场信息集合时,投资人不可能发展出任何交易系统或投资战略以获取超出由投资对象风险水平所对应的投资收益率的超额收益。"长期持有"投资战略以获取平均的长期收益率为投资目标的原则,是学术分析流派与其他流派最重要的区别之一,其他流派大多都以"战胜市场"为投资目标。

表 6-1 列出了各主要投资分析流派的基本区别,表 6-2 列出了各证券投资分析流派对证券价格波动原因的不同解释。

表 6-1　各主要投资分析流派的基本区别

分析流派	对待市场的态度	所使用数据的性质	所使用判断的本质特征	投资规模适用性特征
基本分析流派	市场永远是错的	只使用市场外数据	所作判断只具肯定意义	适合战略规模的投资
技术分析流派	市场永远是对的	只使用市场内数据	所作判断只具否定意义	适合战术规模的投资
心理分析流派	市场有时对,有时错	兼用市场内、外数据	可以肯定,也可以否定	无严格规模限制
学术分析流派	不置可否	兼用市场内、外数据	只作假设判断,不作决策判断	适合战略规模的投资研究

表 6-2　各证券投资分析流派对证券价格波动原因的不同解释

分 析 流 派	对证券价格波动原因的解释
基本分析流派	对价格与价值间偏离的调整
技术分析流派	对市场供求均衡状态偏离的调整
心理分析流派	对市场心理平衡状态偏离的调整
学术分析流派	对价格所反映信息内容偏离的调整

第三节　证券投资分析的主要方法

证券投资分析有 3 个基本要素：信息、步骤和方法。其中，证券投资分析的方法直接决定了证券投资分析的质量。目前，进行证券投资分析所采用的方法主要有两大类：第一类是基本分析法；第二类是技术分析法。前者是根据经济学、金融学、投资学等基本原理推导出结论的分析方法，后者则是主要根据证券市场自身变化规律得出结果的分析方法。

一、基本分析法

1. 定义

基本分析法又称为基本面分析法，它是指证券投资分析人员根据经济学、金融学、财务管理学及投资学等基本原理，对决定证券价值的基本要素，如宏观经济指标、经济政策走势、行业发展状况、产品市场公布、公司销售和财务状况等进行分析，评估证券的投资价值，判断证券的合理价位，并提出相应的投资建议的一种分析方法。

2. 理论基础

基本分析法的理论基础主要来源于以下 4 个方面。

（1）经济学。它包括宏观经济学和微观经济学两方面。经济学所揭示的各经济主体、各经济变量（如 GDP、国民收入、经济增长速度、进出口、通货膨胀、物价指数、投资规模、居民消费等）之间关系的原理，为探索经济变量与证券价格之间的关系提供了理论依据。

（2）财政金融学。一个国家的财政货币政策直接影响着一国的证券市场。财政金融学所揭示的财政政策指标，如政府支付、税率、财政赤字、政府债务规模；货币政策指标，如货币供应、利率水平、汇率水平、贷款规模与结构等之间的关系原理，为探索财政政策和货币政策与证券价格之间的关系提供了理论依据。

（3）财务管理学。财务管理学所揭示的企业财务指标之间的关系原理，为探索企业财务指标与证券价格之间的关系提供了理论依据。

（4）投资学。投资学所揭示的投资价值、投资风险、投资回报率等的关系原理，为探索这些因素对证券价格的作用提供了理论依据。

3. 基本内容

基本分析法主要包括以下 3 方面的内容。

(1) 宏观经济分析。证券的市场价格变动受多种因素影响。宏观上受国际国内政治、经济情况变动影响很大。在政治方面,如发生战争、政局变动、领导人逝世等,都会不同程度影响投资者的信心,进而影响股市。在经济方面,经济增长情况、通货膨胀、利率、汇率的变动,都会对股市产生影响。

另外国家政策因素对股价的影响也是很大的,如控制货币供应量政策、调整税种、税率政策、产业政策等,都会对证券市场、对股价变动产生直接或间接影响,因此密切注意宏观政治、经济变化情况,进行分析研究是很重要的。

(2) 行业分析。行业分析是指对上市公司处于什么样的行业及公司在这一行业中所处的地位进行分析。公司企业划分方法有很多种,如按工业(重工业、轻工业)、商业和农业划分。其中,工业公司相对稳定,在国民经济中处于重要地位,但受国家经济政策和国民经济整体情况的影响也比较大。商业企业资金周转快,利润较丰厚,但稳定性较差,受季节性因素的影响较大。农业企业容易受气候和生态环境的影响,利润波动大。另一种方法是从行业的未来着眼,将其划分为朝阳行业和夕阳行业。处于夕阳产业中的公司,它的特点是目前的获利能力可能很高,但从长远来看,它的发展前景不乐观。处于朝阳产业中的公司情况恰恰相反,它在未来将有获得丰厚利润的机会。类似的分法还有如分为传统产业和高新技术产业。传统产业相对稳定和成熟;而高新技术产业风险较大,但前途光明。

公司在行业中的地位很重要,处于同一行业中不同地位的公司其成长能力也不同。地位较高的公司,知名度高,容易获得比较稳定与丰厚的利润,但其成长能力也可能较弱;地位较低的公司,知名度不高,目前缺乏足够的竞争力,但未来的成长能力却可能较强。成长型公司是投资者的较好选择。

(3) 公司分析。对公司本身的分析,是基本分析中最重要的环节。对公司分析包括多方面内容,包括公司生产的产品处于什么产品周期阶段、市场占有率、新产品开发能力等。重点要分析公司的营销效率、生产效率和管理效率。通过分析公司的各项财务指标,如资产负债表、利润表、现金流量表等分析公司的经营状况。还要通过公司的其他各项指标分析公司的偿债能力、营运能力、盈利能力以及成长潜力等。

总之,基本分析法就是指利用丰富的统计资料,运用多种经济指标,采用比例、动态的分析方法,从宏观政治、经济到中观行业分析,直到微观的企业经营、盈利现状及发展前景分析,从而对企业所发行的证券作出评价,并尽可能预测未来的变化,以此作为投资者投资的重要依据。

4. 特点

(1) 基本分析法的优点主要有如下几个方面:①能够比较全面地把握证券价格的基本走势;②应用起来相对简单。

(2) 基本分析法的缺点主要有如下几个方面:①预测的时间跨度相对较长,对短线投资者的指导作用比较弱;②预测的精确度相对较低。

5. 适用范围

基本分析法主要适用于以下几方面：①周期相对比较长的证券价格预测；②相对成熟的证券市场；③预测精确度要求不高的领域。

二、技术分析法

（一）定义

技术分析法是指仅从证券的市场行为来分析证券价格未来变化趋势的方法。证券的市场行为可以有多种表现形式，其中证券的市场价格、成交量、价和量的变化以及完成这些变化所经历的时间是市场行为最基本的表现形式。纯粹的技术分析法往往集中于对证券价格和数量的分析，而不考虑公司的财务状况和收益能力。根据价格和交易数量变化，预测股价上涨或下跌，来决定投资行为。

（二）理论基础

技术分析法的理论基础是建立在以下 3 个假设之上的。这 3 个假设如下：①市场行为包含一切信息——认为所有影响证券，尤其是股票的各种因素，都会反映在股票的价格水平和交易量上；②证券价格沿趋势变动——证券价格的变动是有规律的，即保持原来运动方向的惯性，而证券价格的运动方向是由供应关系决定的；③历史会重复——如果市场上某种活动、现象包括价格的变动幅度、周期等过去出现过，非常可能在未来的时候再出现。

1. 市场行为包含一切信息

"市场行为包含一切信息"这一假设是技术分析的基础。其基本思想是认为影响股票价格的任何因素都反映在市场行为之中，不管出现什么样的因素影响股价，都会在图表上直观地反映出来。

所有技术分析师在实际中都是利用价格与供求关系的互相关联来进行分析和预测的。如果需求超过供给，则价格就会上升；如果供给超过需求，则价格就会下降。无论什么原因，如果价格上涨，需求必定超过供给，体现在股市上就是整个股市为多头市场；如果价格下降，供给必定超过需求，体现在股市上就是股市为空头市场。总之，供需关系决定市场走势。

作为一项法则，技术分析家们并不关注价格上涨或下跌的原因，而只关注价格上涨或下跌本身将带来的结果，即根据价格的上涨或下跌来预测市场的走势。同样的，技术分析法在通过研究市场行为来预测市场价格变动的趋势时，也不关注该市场行为形成的原因，而只关注市场行为会给价格带来怎么样的影响。

2. 证券价格沿趋势变动

这一假设是进行技术分析的最根本、最核心的思想，技术分析的全部目的就是搞清市场价格变动的趋势。

市场确实有趋势可循，否则技术分析的预测作用根本无从体现。这个基本前提的推论如下：价格按照某种趋势移动，一个正在进行中的趋势可能持续，而非反转。根据这个推论,一个趋势一般情况下将持续下去,除非出现一些外来力量使其趋势停止,甚至反转。因此,投资者无须搜集大量决定股票价值决定因素的资料,而只需通过一定的技术方法找出过去股票价格的运动趋势或运动模式,就可以据以预测未来股票价格变化的趋势。

3. 历史会重复

这一假设是从交易者的心理因素考虑的。股市中进行具体买卖的是人,且是由人决定最终的操作行为。某个市场行为或价格形态在投资者头脑中的快乐和阴影是会让人刻骨铭心的,在进行技术分析时,一旦遇到与过去某一时期相同或相似的情况,此人就会认为会得到相似的结果。

例如,图表形态在过去的 100 多年中已被辨别、分类来反映一些显示在价格上的市场心理状况,由于这些图表形态在过去多年较为准确地反映了一些市场信息,因此人们就会假设它在将来也一样能"表现良好"。这主要是基于心理学研究的一些成果。基于这样一个"历史会重复"的假定,人们才能以研究过去来了解未来,从而达到通过技术分析来预测市场走向的目的。

(三) 技术分析的四大要素:价、量、时、空

价格、成交量、时间和空间是进行技术分析的四大要素,这几个要素的具体情况和相互关系是进行技术分析的基础。

1. 价和量是市场行为最基本的表现

市场行为最基本的表现反映在成交价格和成交量上。过去和现在的成交价格和成交量反映大部分市场行为,在某一时间的价格和成交量反映的是买卖双方在这个时间的共同市场行为,是双方暂时的均衡点。随着时间的变化,均衡会不断地发生变化,这就是价量关系的变化。一般来说,买卖双方对价格的认同程度通过成交量的大小得到确认。认同程度大,则成交量大;认同程度小,则成交量小。双方的这种市场行为反映在价量上就呈现出这样的一种趋势规律:价增量增,价跌量减。根据这一规律,当价格上升时,成交量不再增加,意味着价格得不到买方的确认,价格上升的趋势就会减弱;反之,当价格下降时,成交量萎缩到一定程度不继续萎缩,意味着卖方不再认同价格继续下降,价格下降的趋势将有可能发生变化。成交价格和成交量的这一种规律关系是技术分析的合理性所在。因此,价、量既是技术分析的基本要素,也是市场行为最基本的表现。

2. 时间和空间是市场潜在能量的表现

在技术分析中,"时间"是指完成某个过程所经过的时间长短,通常是指一个波段或一个升降周期所经过的时间。"空间"是指价格升降的波动幅度。时间将指出"价格有可能在何时出现上升或下降",空间将指出"价格有可能上升或下降到什么地方"。投资者对这两个因素都很关心,且更关心的是后者。

时间更多地与循环周期理论相联系,反映市场起伏的内在规律和事物发展的周而复始的特征,体现了市场潜在的能量由小变大再变小的过程。空间反映的是每次市场发生变动程度的大小,也体现市场潜在的上升或下降的能量的大小。上升或下降的幅度越大,潜在能量就越大;相反,上升或下降的幅度越小,潜在能量就越小。所谓"横有多长,竖就有多高",讲的就是这个道理。

3. 成交量与价格趋势的一般关系

价格随成交量的增加而上升,这是正常的市场特征,这种价量关系表示价格将继续上升;反之,如果价格出现了新高,而成交量没有创出新高,则此上升趋势是令人怀疑的,是价格潜在的反转信号。

有时,价格随着缓慢增加的成交量而逐渐上升,某一天平缓的走势突然变为直线上升的"井喷",成交量急剧增加,价格暴涨。之后,成交量萎缩,价格大幅度下降,这表明上升已到了末期。

在长期下降之后,价格形成了"波谷",并开始回升,成交量没有因价格的上升而放大。之后,价格再度回到"波谷"。如果此时的成交量低于前一个"波谷",就是价格将要上升的信号。

市场出现了一段时间的上升行情后,出现大的成交量,而价格没有同时向上扬,而出现所谓的"滞胀",说明卖压很重,因而形成了价格下降的因素。

成交量是价格的先行指标,价格是虚的,成交量是实的,所以投资者在进行价量分析时首先应注重成交量的分析,同时配合价格的变化分析才能得出相对较正确的结论。

4. 时间、空间与价格趋势的一般关系

对于大周期,或者说是时间长的周期,今后价格将要经过的变化过程也应该长,价格变动的空间也应该大。对于时间短的周期,今后价格变动的过程和变动的幅度也应该小。

一般的说,时间长、波动空间大的过程,对今后价格趋势的影响和预测作用也大;时间短、波动空间小的过程,对今后价格趋势的影响和预测作用也小。

(四) 基本内容

技术分析理论的内容就是市场行为的内容。大体上可以将技术分析理论分为以下几类:K线理论、切线理论、形态理论、技术指标理论、波浪理论和循环周期理论,且几乎所有的技术分析方法都可以归入以上内容。

1. K 线分析

K 线图是进行各种技术分析最重要的图表。在本书中将介绍以交易日作为交易单位的 K 线组合情况,并推测股票市场多空双方力量的对比,进而判断多空双方哪一方占优势。单独一天的 K 线形状有 11 种,若干天 K 线的组合种类就无法计数了。在不断总结经验中,人们发现了一些有指导作用的组合,而且,新的结果还在不断地被发现、被运用。

2. 切线分析

切线法按照一定的方式和原则,在由价格数据所绘制的图表中画出一些直线,然后根据这些直线的情况推测股票价格未来的发展,这些直线就是切线。切线主要起支撑和压力作用,支撑线和压力线向后的延伸位置对价格的波动起到一定的制约作用。一般来说,价格从下向上抬升的过程中,触及支撑线附近就会调头向上。如果在支撑线和压力线的附近,价格没有如期转向,而是继续向上或向下,这时就出现了支撑线和压力线的被突破。被突破后的支撑线和压力线仍然有实际作用,只是作用发生了变化。原来的支撑线变成了压力线,原来的压力线变成了支撑线。切线的画法是最为重要的,切线画得好与坏直接影响着预测的结果。目前,画切线的方法有很多种,著名的有趋势线、通道线、黄金分割线、甘氏线、速度线等。

3. 形态分析

形态法是根据价格在一段时间所走过的轨迹的形态来预测股票价格未来趋势的方法。市场行为包含一切。价格所走过的形态是市场行为的重要部分,是证券市场对一段时间的各种信息消化之后的具体表现,用过去的价格形态来推测将来的股票价格是很有道理的。从价格轨迹的形态中,人们可以推测股票市场处在一个什么样的大环境中,由此对人们今后的行为给予一定的指导。著名的形态有双顶(M 头)、双底(W 底)、头肩顶(底)等多种。这些形态同样是过去的投资者经验总结的结晶。

4. 技术指标分析

技术指标分析法要考虑市场行为的各个方面,建立一个数学模型,并给出数学上的计算公式,从而得到一个体现股票市场某个方面内在实质的数字,这个数字叫作技术指标值。它的具体数值和数值之间的相互关系,直接反映股票市场所处的状态,能为人们的投资操作行为提供有益的建议。技术指标所反映的东西大多数是从行情报表中不能直接得到的。目前,世界上用在证券市场上的技术指标至少有上千种,如相对强弱指标(RSI)、随机指标(KD)、方向指标(DMI)、指数平滑异同平均线(MACD)、能量潮(OBV)等。这些都是有名的技术指标,并在市场中长盛不衰。随着时间的推移,还将涌现出更多新的技术指标。

5. 波浪分析

波浪理论是美国的技术分析大师艾略特于 1939 年发现的价格趋势分析工具。它是迄今为止全世界使用人数最多、运用范围最广、精确度最高,但又最难以准确把握的分析工具之一。波浪理论的核心思想认为,世界是有序的,人类社会是有序的,人们的投资行为是有序的。伴随人们投资行为的有序性,表现在证券市场上的行情当然也是有序的。而这种有序性表现在价格的波动上,与大自然的潮汐一样,一浪跟着一浪,并且周而复始,展现出周期循环的必然性。简单地说,上升是 5 浪,下降是 3 浪。数清楚了各个浪就能准确地预见到跌势已经接近尾声,牛市将来临;或者牛市已经到了强弩之末,熊市将来临。波浪理论较之别的技术分析方法,最大的区别就是能提前很长时间预见到顶和底,而别的方法往往要等到新的趋势已经确立之后才能看到。但是,波浪理论又是公认的最难掌握的技术分析方法。大浪套小浪,浪中有浪,在数浪的时候极易发生偏差。事情过去了以后,回头来数这些浪,会发现均满足波浪理论。但在现实中,真正能够数清楚的人是很少见的。

6. 循环周期分析

循环周期理论认为,价格的高点和低点的出现,在时间上存在一定的规律性。正如事物的发展兴衰有周期性一样,价格的上升或下降也存在某些周期的特征。如果人们掌握了价格高低出现时间上的规律性,则对进行实际买卖是有一定好处的。

以上 6 类技术分析方法是从不同的角度理解和考虑证券市场,它们大多是经过市场的实际考验最终没有被淘汰而保留下来的精华。尽管考虑的方式不同,但目的是一样的,彼此并不排斥,而且在使用上可以相互借鉴。

由于这 6 类方法考虑的方式不同,因此导致具体操作指导上存在区别。有的注重长线,有的注重短线,有的注重相对的位置,有的注重绝对的位置,有的注重时间,有的注重价格。但不管注重什么,最终殊途同归。只要有收益,用什么方法是不重要的。

(五)特点

(1)技术分析的优点主要有以下几个方面:①同市场接近,考虑问题比较直接;②证券买卖见效快,获利周期短;③对市场的反应比较直接,分析的结果也更接近实际市场的局部现象。

(2)技术分析的缺点主要是眼光太短,考虑问题的范围相对狭窄,对市场的趋势不能进行有益的判断,且在给出结论时只能给出相对较短期的结论。

(六)适用范围

技术分析法适用于进行在时间上较短的行情预测。若要进行周期较长的分析,则必须依靠其他的分析方法。另一个需要注意的问题是,它所得出的结论不是绝对的,仅仅是一种建议。得到的结论都应该以概率的形式看待,而不能把它当成万能的工具。

三、两种分析方法的关系

以上两种分析方法是既相联系,又互为独立的分析方法。基本分析法是宏观的,它是对证券市场基本取向的总体评价,并展开对股票本身价格的研究;技术分析法是微观的,它主要是选时,是对市场属性的研究。在使用上述两种方法进行证券投资分析时,应当注意每种方法的范围及对两种方法的结合使用。

(一)两种方法的联系

两种方法的起点和终点一致,都是为了更好地把握投资时机,提高投资决策水平,以达到在降低风险的同时获得预期的收益的目的。两种方法的实践基础相同,都是人们在长期投资实践中逐步总结归纳并提炼的科学方法,它们自成体系,既相互对立,又相互联系。两种方法在实践运用中相辅相成,都对投资者具有指导意义。基本分析法决定股票的选择,技术分析法决定投资的最佳时机。只有将两者相结合,才能扬长避短,选准投资对象和把握投资机会,才能在证券投资中有所收获。

(二)两种方法的区别

两种分析方法的区别主要表现在以下几个方面。

1. 两种方法的依据不同

基本分析是根据价格变动的原因和各种宏观、微观因素来预测证券的未来行情。其方法具有某种主观性,即在搜集各种客观资料的基础上,依据分析人员的金融、经济知识和经验得出某种倾向性的看法,不同的分析人员面对同样的资料,有时可能会得出截然不同的判断。技术分析则是根据市场价格变化规律,并采用过去及现在的资料数据,采用统计分析归纳出典型的模式,其方法更为客观,也更加直观,甚至可直接得出买卖证券的拐点,这也是技术分析法的优势。但它只能得出相对较短的结论,且这种结论只是某一种概率性的结论。

2. 两种方法的思维方式不同

基本分析是理性思维,它列举所有影响行情的因素,再逐一研究它们对价格的影响,属于质的分析,具有一定的前瞻性。技术分析是一种经验性的思维,它认为所有因素变动最终反映在价格和交易量的动态指标上。它忽略产生这些因素的原因,而利用已知资料数据,给出可能出现的价格范围和区间,它侧重历史数据,是量的分析,具有一定的滞后性。

3. 两种方法的投资策略不同

基本分析侧重于证券的内在投资价值,研究价格的长期走势,而往往忽略短期数天的价格波动,人们可以从中得出应该投资哪些证券品种。而技术分析则侧重于对市场趋势的预测,它可告诉人们获利并不在于买什么证券品种,哪怕是亏损公司的股票,也不在于买多少数量,而在于在什么价位区间买入和在什么价位区间卖出,其具有直观性和可操作性。

4. 两种方法的操作方法不同

基本分析着重研究各种因素与价格的内在联系和逻辑,它涉及面广,要求分析人员具有较强的专业理论知识,对国家宏观、微观经济、方针政策都要有所涉及,除要具有政治上的敏感性和敏锐的洞察力,还必须具备搜集各类信息和从中筛选出有用的信息,并有准确判断和推理的能力。而技术分析则着重于图表分析,使用证券的价量资料,用统计方法得出某种结论。人们既可将已知的市场原始数据代入各类数学公式、模型,计算出相应的指标值,然后以单日或数日指标值的连线及其他判断结论,作为操作的依据,也可按照以往连线,得出某种迹象和联想,从而指导具体操作。

5. 两种分析方法优势互补

基本分析涉及面广,所得结论一般不会发生严重偏差,有助于证券市场的长期稳定,并引导投资者关心国家大事,有利于投资者整体素质的提高。技术分析则揭示行情变化趋势,可剔除市场偶发事件的影响。这种数据既具有滚动连贯性,也是趋势的延伸,具有合理性。它不需要人们掌握专门的金融证券知识和齐全的情报资料,对广大非专业投资者有着积极的意义。两种方法配合使用,可最大限度地弥补各自的缺陷。

本 章 小 结

证券投资分析是基础性的核心环节,是证券投资过程不可或缺的一个组成部分,在整个证券投资过程中占有相当重要的地位。证券投资分析流派主要有基本分析流派、技术分析流派、心理分析流派和学术分析流派。

证券投资分析的信息主要包括宏观信息和微观信息、交易信息。信息来源主要是公开发布的信息资料和电子化的信息资料以及实地查访的信息资料。

证券投资分析的步骤包括信息资料的收集与整理、案头研究、实地考察和撰写分析报告。

证券投资分析的主要方法有基本分析法和技术分析法两种,基本分析用于选股,技术分析用于选时,两者配合使用,优势互补。

关 键 术 语

投资分析　微观信息　宏观信息　交易信息　基本分析　技术分析

本 章 案 例

海普瑞破发之谜

2010 年 5 月 6 日上市的海普瑞(002399)在次日股价冲至 188.88 元,而之后的 3 日大幅跳水,累计跌幅近 30%。截至 2010 年 5 月 13 日,海普瑞股价已经跌至 135.5 元,较发行价下跌了 8%。"A 股最贵股票"、李锂夫妇"新首富"以及机构的坐享可观账面收益的愿景亦随之昙花一现。当初抛出重金抢筹海普瑞的机构们,如今深陷被套旋涡。

在一些业内人士眼里,市场配套制度不完善、医药行业的专业性门槛和人为制造的噱头,以及专业投资机构的独立研究能力未能得到体现等诸多因素,成就了海普瑞如中石油一般的名声。在一些分析师看来,海普瑞不会仅仅处于破发的尴尬,甚至股价有腰斩的必然性。王成认为,如果说中石油套住的则主要是散户,那么海普瑞套住的则主要是机构,3 个月解禁期后,这些中签机构套牢的可能性"几乎是百分之百"。

2010 年 4 月 23 日,一家拟上市公司随其发行价而声名大振,这就是海普瑞。当日,其发行价确定为 148 元/股,A 股史上最贵新股出炉。

据悉,海普瑞之前在深圳、上海路演时,吸引众多机构投资者蜂拥而至。但随着华夏基金王亚伟的出现和他对海普瑞的赞美之词,使得海普瑞更加名震江湖,"神坛"开始向高处逐渐搭建。在一些业内人士看来,有着高盛在背后操刀的海普瑞对资本市场的运作手法并不会太差,从其对自身价值和行业定位的宣传来看就足以显示出其俘获投资者的"技艺超群"。

海普瑞为肝素钠龙头企业,其生产的 99% 的产品用于出口。公司在招股书上称其是国内唯一通过 FDA 认证的企业,公司还通过了欧洲 CEP 认证,是标准制定的提供者和参与者。但备受质疑的是,海普瑞在 FDA 不是认证而只是注册,此外,海普瑞也并非国内唯一在 FDA 注册的公司。券商、基金似乎都未能看穿这样的"外包装"。在券商提供的新股定价报告中,几乎全部都有着与上述招股书关于认证方面相同的文字表述,对公司的实际资质未有认真的调研和判断。借助于公司和机构的这些"标签",海普瑞享受到机构追捧所带来的超高溢价。

著名私募人士、深圳明达资产管理公司董事长刘明达则明确表示,海普瑞 600 亿~700 亿元人民币的市值规模实不合理,且对海普瑞非常看空,他用一般的逻辑强调,"技术并不一定能使得公司享受溢价"。

此外,券商间给出的估值分歧也非常大。最看好海普瑞的国泰君安认为,该公司将受益于产品价格上涨、产能释放,考虑公司的成长性,且创业板医药公司目前 10 年 PE 波动在 50～70 倍,预计市场会给予公司 2010 年 50～60 倍的 PE,上市首日价格区间为 160～191 元。但东方证券、宏源证券(000562)、国都证券、天相投顾等一些机构预测的价格却全部在发行价以下。其中,国都证券给出的合理估值下限仅为 61.2 元。

接近海普瑞保荐机构的人士称,在该股申购阶段,有机构甚至报价达到了最高的 250 元,而还有少量机构的报价超过 200 元的,证监会对发行价格有所把关,最终才确定为 148 元的发行价。数据显示,保荐机构中投证券收到了 133 家询价机构统一申报的 373 家配售对象的初步询价申报,机构的超额认购高达 95 倍,机构如此追捧力度,在近期的新股发行中鲜有出现,也仅次于此前碧水源(300070)的网下超额认购倍数。

而有效申购信息显示,为申购这只中小板公司股票,动用资金超过 10 亿元的机构竟然达到了 47 家。王亚伟率领华夏系共 8 只基金积极参与网下申购,在所有基金中排名第一。华夏系基金的有效申购总额达到了 3800 万股,这意味着,其至少动用了 56 亿元来参与这只中小板新股的申购。数据显示,总共有 23 个券商自营账户获得了配售,而动用 10 亿元以上申购的券商也比比皆是。

值得留意的是,尽管在所有券商中,国都证券研究员对海普瑞的估值最为谨慎,仅仅认为合理股价的上限为 76.5 元,但国都证券自营账户依然动用了近 12 亿元申购发行价为 148 元的海普瑞。

上述基金公司投资总监表示,他特意留意过海普瑞的资料,公司也有研究员参加了在上海的路演,但公司最终讨论的结果仍然认为不可能超过 148 元,最终他们公司的申购价格未能达到发行价。

正是顶着"最贵新股"的盛名,2010 年 5 月 6 日,海普瑞挂牌上市,当日,海普瑞逆市上涨 18.36%。但好景不长,海普瑞在勉强维持着第二日的表现后,从第三日起迅速下跌,连续三天的跌幅分别达到 10%、9.84% 和 8.34%。一时间,海普瑞的神话破灭,不仅迅速沦为破发一族,也使得包括王亚伟在内的机构投资者们悉数被套。

但尽管如此,机构对于海普瑞的疯狂热度仍未消减。交易数据显示,海普瑞上市后的前 3 天,分别有机构大举买入 4447 万元、2014 万元和 800 万元,卖出的则为营业部席位。机构仍在期望重塑神话。

复习思考题

1. 证券投资分析的意义是什么?
2. 简述证券投资分析的主要步骤。
3. 证券投资分析的信息有哪些?
4. 试述证券投资分析的主要流派及其特点。
5. 试述基本分析法与技术分析法的区别及其关系。

第七章 证券的价值分析

学习目的

通过本章的学习,系统把握影响股票及证券价格的因素,熟练掌握股票和证券价格的计算方法,同时了解基金及其他有价证券的价格分析。

证券市场上交易的品种是股票、中长期债券和一些证券衍生产品,可谓名目繁多,数不胜数。由于这些证券品种的概念、特征、功能各不相同,其收益和风险的影响因素也有很大差别,因此投资者在进行证券投资决策前要对它们的投资价值作出分析,其评价主要体现在证券价格上,这主要是因为证券持有者据此可以获得利息或股利,买卖证券实际上成了买卖获得某种收益的证书,因此也就形成了一种市场行情,即形成了价格,证券价格也就成为调节证券收益和风险的杠杆。根据我国证券市场的实际情况,我国的证券品种大致可以分为两类:一类是基本证券,其主要构成为股票、债券和投资基金;另一类是金融衍生品种。本章主要针对我国现有的有价证券,包括股票、债券、基金、可转换证券、认股权证进行投资价值分析。

第一节 证券的价值

证券是用来证明持有人取得相应权益的凭证。证券本身没有任何使用价值,也没有真正的价值,但有价证券属于虚拟资本,它具有资本的保值增值功能。证券投资者购买证券,能定期获取投资收益,因而证券具有投资价值,即所谓的证券价值。证券价值是证券市场价格的基础,证券的市场价格是围绕证券价值上下波动的。证券的价值可通过证券的基本面分析来进行投资决策。

一、证券价值的决定

对于证券投资者而言,市场价格是给定的,如果能较可靠地评估出证券的价值,并与其市场价格相比较,投资者就可以找到获利的机会。因此,证券价值的决定是很重要的。证券的价值取决于它能带来的货币收入流量。持有证券所获得的货币收入流量越大,证券价值就越高;反之,就越低。证券所带来的货币流量是指它所代表的资产在未来能产生的所有收益。

由于证券的货币收入流量是将来的,并且尚未实现,所以投资者在投资某种证券时,只能根据该公司过去的财务状况和未来的盈利水平及成长性进行分析,并同证券市场上其他投资机会的收益水平进行比较,从而推测购买该股票所获收入流量的大小及可靠程度,以及本金遭受损失的可能性大小,这种推测即叫预期。证券投资者对证券价值的评价,就是基于其对该证券所可能带来的收入流量的预期。

即使证券的未来收入流量已知,证券的价值也并不简单地等同于证券的未来收入流量。这是因为,证券的未来收入流量是不确定的,它要受到两方面因素的影响:一方面,各种经济因素、政治因素、社会因素以及证券市场中不确定的因素都有可能影响证券价格,从而导致证券未来收入流量发生变化。投资者购买证券,就要承担这种风险。因此,在评价该证券的价值时就要从证券收入流量中扣除一部分作为这种风险的补偿。另一方面,对于证券投资者来说,由于资金是有时间价值的,所以在运用证券未来收入流量评价证券价值时就要考虑资金的时间价值。因此,证券价值应是证券未来收入流量的资本化。在评估证券价值的过程中要充分考虑证券未来收入流量的不确定性和收入流量的时间价值。

二、证券价值评价的一般模型

1. 现值法

任何一项资产的价值等于其未来所产生的现金流量的现值的总和。现值法就是把证券价值定义为证券预期收入的现值。评价证券价值,首先必须确定证券未来收入的终值,然后通过贴现率确定未来收入的现值,也就是证券价值。用公式表示为

$$P = \sum_{t}^{n} F \frac{1}{(1+r)^t}$$

式中:P 为证券的价值;F 为证券在 n 期产生的现金流量;r 为贴现率(应得收益率);n 为该证券的存续期。

这是贴现现金流方法的基本公式。其中,现金流量 F 一项,对于股票而言是现金股利,对于债券而言是利息和本金。贴现率是指投资者对该证券所要求的应得收益率。

2. 相对估价法

相对估价法最常用的比率指标有市盈率法和市净值法等。它是参考性质相同或相似的、价格已知的"可比"资产的价格与某一变量的比率关系来给出对待估证券的价值的方法。

例如,已知甲公司股票的市盈率为 15 倍,乙公司与甲公司无论在行业还是经营业绩方面均十分相近,且知乙公司在过去一年的每股收益为 0.60 元,则可估计乙公司股票的价值为

$$0.60 \text{ 元/股} \times 15 \text{ 倍} = 9 \text{ 元/股}$$

相对估价法推理的依据是同种商品的价格应该是相同的,其存在的前提是市场完善

和高效运行,从而使得市场中不会存在套利的机会。

第二节　股票的投资价值分析

　　股票是证券市场中最重要、最活跃、影响最广的证券品种,其概念、特征、功能等在前面已有所论及,在此主要是围绕股票价格对股票的投资价值进行分析。股票的价格取决于股票的内在价值,对股票内在价值的判断是股票投资价值分析的前提和核心。

一、股票投资价值形成及影响因素

　　一般来说,投资者在买卖股票前,都要评估一下股票的价值,也就是要准确掌握自己可能买卖的股票的内在价值,以便得到该股票市场价格是否合理、是否具有投资价值的判断。如果股票价值超过市场价格,就是说明该股票价格被低估,具有上涨的潜力;反之,就可能下跌。因此,股票的价格既受内在价值的制约,同时也受其他因素的影响。

(一)股票的价值

　　有关股票的价值有多种提法,它们在不同的场合有不同的含义,需要加以区分。

1. 票面价值

　　股票的票面价值又称面值,即股票票面上标明的金额。有的股票有票面金额,称其为面值股票;有的不表明票面金额,称其为份额股票。股票的票面价值仅在初次发行时有一定意义,如果股票以面值发行,则股票面值的总和即为公司的资本金总额。随着时间的推移,公司的资产会发生变化,股票的市场价格会逐渐背离面值,股票的票面价值也逐渐失去原来的意义。

2. 账面价值

　　账面价值又称股票净值或每股净资产,它是指每股股票所代表的实际资产的价值。每股账面价值是以公司净资产除以发行在外的普通股股票的股数求得的,它是证券分析师和投资者分析股票投资的重要指标。

3. 清算价值

　　清算价值是指公司清算时每一股份所代表的实际价值。从理论上讲,股票的清算价值应与账面价值一致,但实际上并非如此简单。只有当清算时资产实际出售额与财务报表所反映的账面价值一致时,每一股的清算价值才会和账面价值一致。在公司清算时,由于资产的专有性等原因,其资产往往只能压低价格出售,再加上必要的清算成本,因此大多数公司的实际清算价值总是低于账面价值。

4. 内在价值

　　股票的内在价值即理论价值,它是指股票未来收益的现值,它取决于股息收入和市场收益率。股票的内在价值决定股票的市场价格。股票的市场价格总是围绕股票的内在价值波动。

（二）股票具有投资价值的原因

证券价格，又称为证券行市，它是指在证券市场上买卖有价证券的价格。证券价格应由其价值决定，但证券本身并无价值，它既不是劳动的产物，也不是在再生产过程中发挥职能作用的实体资本，而只是一种纸制的凭证或是一种电子符号。有价证券之所以有价格，是因为它代表着资产的价值，是资产所有权或债权的证书；同时，它又代表着收益的价值，它能给它的持有者带来股息或利息收入，是凭此取得某种收入的证书。证券交易实际上是对一种资产的所有权或债权以及他们的收入证书的转让买卖，所以证券有价格。股票是有价证券的一种，作为一种所有权凭证，谁持有股票，谁就有权获得收益，也就具有投资价值。

（三）影响股票投资价值的因素

股票投资价值受许多因素共同影响，它们可分为内部因素和外部因素。其中，内部因素包括公司净资产、公司盈利水平、公司的股利政策、股份分割、增资和减资、公司资产重组等；外部则受宏观因素、行业因素、市场因素的影响。在这些影响因素中，有的是影响股市长期发展的基本因素，有的则只是影响股价短期波动的暂时因素。

1. 公司经营状况

股份公司的经营状况是股票投资价值存在与否的基石。从理论上讲，公司经济状况与股票价格成正比。其经营状况可以从以下指标进行判断。

（1）公司净资产。它是公司总资产减去总负债的净值。股票作为投资的凭证，每一股代表一定数量的净值，通常来说，净值增加，则股价上涨；净值减少，则股价下跌。但有时两者可能出现脱节现象。

（2）盈利水平。它是影响股票价格的基本因素之一。一般情况下，公司盈利增加，股息也会相应增加，股票的市场价格上涨；反之，则下降。通常股价的变化要先于盈利的变化，且股价的变动幅度要大于盈利的变动幅度。

（3）公司的股利政策。它反映了公司的经营作风和发展潜力，对股票价格具有直接的影响。不同的股利政策会对各期的股息收入等产生不同的影响。

（4）股票分割，又称为拆股、拆细，它是将一股股票均等地拆成若干股。股票分割一般在年度决算月份进行，且通常会刺激股价上升。

（5）增资和减资。在通常情况下，增发新股，会促使股价下跌。但对于那些业绩优良、财务机构健全、具有发展潜力的公司来说，可能会上涨。当公司宣布减资时，一般股价会大幅下跌。

（6）销售收入。销售收入增加，说明公司销售能力增强，利润增加，股价随之上涨。但需根据成本、费用和负债情况进行综合分析。

（7）原材料供应及价格变化。原材料供应情况及价格变化会影响股价的变化，如石油价格的上涨会引起世界各国股价的下跌。

（8）主营经营者更换。公司主要经营者更换会引起投资者的猜测，改变对公司的信任程度，从而引起股价的涨跌。

（9）公司改组或合并。这会引起股价剧烈波动。但要分析公司合并或改组对公司发展是否有利，能否改善公司的经营状况，这是股价变动的决定因素。

（10）意外灾害。因发生不可预料和不可抵抗的自然灾害或不幸事件，给公司带来重大的财产损失又得不到相应赔偿，股价就会下跌。

2. 宏观经济因素

宏观经济发展水平和状况是股票市场的背景和后盾，也是影响股票投资价值的重要因素，其影响股票价格的特点是波及范围广、干扰程度深、作用机制复杂和股价波动幅度较大。宏观经济因素主要包括经济增长、经济周期循环、货币政策、财政政策、市场利率、通货膨胀、汇率变化、国际收支状况以及行业发展状况等。这将在以后的章节里详细讨论。

3. 政治因素

政治因素对股价的影响很大，往往难以预测。主要有如下几个方面：①战争。如第二次世界大战的爆发，使西方证券市场直至 20 世纪 50 年代才逐渐得以恢复；②政权更迭、领袖更替、政治事件等的爆发都会影响社会安定，进而影响投资者心理状态和投资行为，引起股票市场涨跌的变化；③政府重大经济政策的出台、社会经济发展规划的制定、重要法规的颁布等也会引起股票价格的变化；④国际社会政治经济形势的变化对股票市场价格也产生影响。

4. 心理因素

投资者的心理变化对股价变动影响很大。在大多数投资者对股市抱乐观态度时，会有意或无意地夸大市场利好消息的影响，并忽视一些潜在的不利因素，从而脱离上市公司的实际业绩而纷纷买进股票，从而促使股价上涨；反之，则加快股价下跌。再加之，中小投资者往往有严重的盲从心理，在股价上涨时盲目追涨或者在股价下跌时恐慌抛售，从而加大股价涨跌的程度。

5. 证券主管部门的限制规定

有的证券交易所对每日股价的涨跌幅度有一定的限制，即涨跌停板制度，则股价的涨跌会大大平缓。另外，当股票市场投机过度或出现严重违规行为时，证券主管部门也会采取一定的措施以缓和股价的波动。

6. 人为操纵因素

股市上总有一些人为了使股价向自己有利的方向变化而操纵股市，以获取暴利。这往往会引起股票价格的剧烈波动。

二、股票的理论价格

股票的理论价格就是指股票的内在价值。股票的内在价值是预期未来现金流量的现值，依据不同的假设条件，有多种不同的定价模型。

1. 现金流量贴现模型

现金流量贴现模型是运用收入的资本化定价方法来决定普通股票内在价值的方法。按照收入的资本化定价方法，任何资产的内在价值都是由拥有资产的投资者在未来时期内所接受的现金流决定的。

（1）一般公式。由于现金流是未来时期的预期值，因此必须按照一定的贴现率返还成现值，也就是说，一种资产的内在价值等于其预期现金流的贴现值。对股票而言，预期现金流即为预期未来支付的股息。因此，贴现现金流模型的一般公式为

$$V = \frac{D_1}{(1+k)^1} + \frac{D_2}{(1+k)^2} + \cdots + \frac{D_t}{(1+k)^t} = \sum_{t=1}^{\infty} \frac{D_t}{(1+k)^t}$$

式中：V 为在期初的内在价值（与投资者在未来时期是否中途转让无关）；D_t 为在时期 t 末以现金形式表示的每股股息；k 为一定风险程度下现金流的合适的贴现率，也称必要收益率。

（2）内部收益率。在介绍内部收益率之前，先介绍一下净现值的概念。净现值等于内在价值与成本之差，即

$$NPV = V - P = \sum_{t=1}^{\infty} \frac{D_t}{(1+k)^t} - P$$

式中：P 为在 $t=0$ 时购买股票的成本。

如果 $NPV > 0$，则表示所有预期的现金流的现值之和大于投资成本，即这种股票的价格被低估，可以购买这种股票；若 $NPV < 0$，则说明这种股票价格被高估，不可购买这种股票。内部收益率就是指使得投资净现值等于零的贴现率。如果用 k^* 代表内部收益率，可得到下式

$$NPV = V - P = \sum_{t=1}^{\infty} \frac{D_t}{(1+k)^t} - P = 0$$

所以有

$$P = \sum_{t=1}^{\infty} \frac{D_t}{(1+k^*)^t}$$

由此可以解出内部收益率 k^*。将其与具有同等风险水平股票的必要收益率 k 相比较：如果 $k^* > k$，则可考虑购买这种股票；如果 $k^* < k$，则不要购买该种股票。

2. 零增长模型

零增长模型假定股息增长率等于零，即 $g=0$，也就是说，未来的股息按一个固定数量来支付。根据这个假定，用 D_0 来替换 D_t，可得

$$V = \sum_{t=1}^{\infty} \frac{D_0}{(1+k)^t} = D_0 \sum_{t=1}^{\infty} \frac{1}{(1+k)^t}$$

因为 $k > 0$，按照数学中无穷级数的性质，可知

$$\sum_{t=1}^{\infty} \frac{1}{(1+k)^t} = \frac{1}{k}$$

因此，得零增长模型公式为

$$V = \frac{D_0}{k}$$

式中：V 为股票的内在价值；D_0 为在未来每期支付的每股股息；k 为到期收益率。

例如，某公司在未来每期支付的每股股息为 8 元，必要收益率为 10%，运用零增长模型，可知该公司股票的价值等于 $8 \div 0.10 = 80$ 元，而当时股票价格为 65 元，每股股票净现

值等于 80－65＝15 元,说明该股股票被低估 15 元,因此可以购买该种股票。

3. 不变增长模型

不变增长模型可以分为两种形式:一种是股息按照不变的增长率增长,另一种是股息以固定不变的绝对值增长。相比之下,由于前者更为常见,因此在此作主要介绍。如果假设股息永远按不变的增长率增长,就可以建立不变增长模型。假设时期 t 的股息为

$$D_t = D_{t-1} \times (1+g) = D_0 \times (1+g)^t$$

将此公式代入现金流贴现模型中,可得出不变增长模型为

$$V = D_0 \frac{1+g}{k-g}$$

因为 $D_1 = D_0(1+g)$,则上式可以改写成

$$V = \frac{D_1}{k-g}$$

例如,某公司去年支付每股股息为 1.80 元,预计在未来一段时期内,该公司股票的股息按每年 5％ 的速度增长。因此,预期下一年股息等于 $1.80 \times (1+0.05) = 1.89$ 元。假定必要收益率是 11％,根据公式可知,该公司股票价值等于 $1.89/(0.11-0.05) = 31.50$ 元。而当前该股股票市价为 40 元,因此该股票被高估 8.5 元,不能购买或应该出售该股票。

可以看出,零增长模型实际上是不变增长模型的一个特例。虽然该模型的应用限制较少,但在很多情况下仍然被认为是不现实的。由于它是多元增长模型的基础,因此这种模型是极为重要的。

4. 可变增长模型

在现实经济生活中,股息的增长率是变化不定的,即零增长模型和不变增长模型并不能很好地在现实中对股票的价值进行评估。现主要介绍可变增长模型中的二元增长模型。

二元增长模型是假定在时间 T 之前股息以一个不变增长速度 g_1 增长,在时间 T 后,以另一个不变增长速度 g_2 增长。由此可建立二元可变增长模型

$$V = \sum_{t=1}^{T} D_0 \frac{(1+g)^t}{(1+k)^t} + \frac{1}{(1+k)^T} \times \frac{D_{T+1}}{(k-g_2)}$$

式中: $D_{T+1} = D_0(1+g_1)^t \times (1+g_2)$。

例如,某公司目前股息为每股 0.02 元,预期回报率为 16％,未来 5 年内超常态增长率为 20％,随后的增长率为 10％,即 $D_0 = 0.2, g_1 = 0.2, g_2 = 0.1, T = 5, K = 0.16$,根据以上公式,由计算可知,该公司股票的理论价值为 4.45 元。当市场价格高于该值时,投资者应该出售该股票;反之,应该买进。

由上可以看出,从本质上来讲,零增长模型和不变增长模型都可以看做是不变增长模型的特例。相对于这两模型而言,由于二元增长模型较为接近实际情况。因此,可以根据二元增长模型对股票的增长形态进行更细的分析,以更好地接近现实情况。如建立三元等模型,其原理、方法和应用方式类似。

三、股票的市场价格

市场价格是指在股票流通市场上进行交易的价格,是股票买卖双方供求力量共同作用的结果,它从本质上反映了交易双方对股票内在价值的不同评价。在股票的某一交易日内,股票的市场价格有不同的表现形式。

1. 股票开盘价

股票开盘价是指某种股票在每个营业日开市后第一笔成交的价格。如果开市后半小时内某种股票仍无成交,则取前一日的收盘价作为当日的开盘价。目前,上海证券交易所采用集合竞价的方式产生开盘价。

2. 申报价格

申报价格是指投资者下单买卖股票的意愿价格。申报价格分为限价和时价两种。限价又可分为最高买进价和最低卖出价。购进股票的投资者限制买进股票的最高买进限价,即在此限价之下的任一价位都愿意买进。而出售股票的投资者限定售出股票的最低卖出价,即在此限价之上的任一价位都愿意成交。也有的投资者采用时价,即不限定最高或最低买卖价格,而按照流通市场上某一股票的即时价格进行交易。

3. 最高价、最低价和最新价

在一个交易日内,股票的市场价格是不断变化的。最高价是指在某个交易日内,某种股票的最高成交价格。最低价是指在某个交易日内,某种股票的最低成交价格。利用最高价和最低价可以分析在某个交易日中某种股票市场价格上下波动的幅度。最新价是在某个交易日中,某种股票最新的成交价格。由于最高价、最低价和最新价格都是股票的即时交易价格,因此在买卖股票时应给予充分的重视。

4. 股票的收盘价

收盘价是指某种股票在某个交易日内最后一笔交易成交的价格。若当日无成交,则取前一日的收盘价作为当日的收盘价。

四、股票市场价格的评估方法

在股票市场上,投资者必须先对各种股票的市场价格进行分析和评价,然后才能决定其投资行为。对股票市场价格进行评价的主要方法有以下几种。

1. 每股净值法

许多稳健的投资者在进行股票投资时,常分析股票的每股净值,即分析一股股票所代表的公司的净资产有多少。股票的每股净值是从公司的财务报表中计算出来的。其公式为

$$股票净值 = \frac{资产总额 - 负债总额}{普通股股数} = \frac{股东权益}{普通股股数}$$

由于净资产总额是属于股东全体所有的,因此也称为股东权益。为了充分衡量股价的合理性,一般以每股净值的倍数作为衡量的指标。其计算公式为

$$股价净资产倍率 = \frac{股票价格}{每股净资产}$$

这一指标是从公司单位净资产与股价的关系上衡量股价水平的静态指标,它说明股票正以几倍于每股净资产的价格在市场上流通。这个指标越小,股价越接近净资产,其上升的潜力越大;该指标越大,其上涨潜力越小,其价格的风险也就越大。投资者一般把净资产倍率高的股票卖出,而买进净资产倍率低的股票。

2. 市盈率法

市盈率又称为价格收益比率,它是每股价格与每股收益之间的比率。其公式为

$$市盈率 = \frac{每股价格}{每股收益}$$

如果人们能分别估计出股票的市盈率和每股收益,那么其就能间接地由此公式估计出股票价格。这种评价股票价格的方法,就是市盈率估价方法。

市盈率是衡量股价是否合理的重要指标。市场对市盈率往往有一个公认的可接受范围,股价变动受制于市盈率的认可范围,呈现出一定的规律性。例如,国际上公认市盈率20倍以内为投资区域,当股价下跌至该范围时,即会引起投资者的抢盘;当高于40倍的范围时,在无特殊因素的影响情况下,投资者会抛售股票。如果人们能分别估计出股票的市盈率和每股收益,则其就可以估计出股票的价格,这就是评价股票价格的"市盈率估价方法"。实际上,市场上对真正绩优股、具有良好发展潜力的股票的市盈率是可以放宽的,并不一定严格按此方法进行投资决策。一般说来,对股票市盈率的估计主要有如下两种。

(1) 简单估计法。所谓简单估计法,即对与评估公司处于同一行业、同等规模、竞争地位相当的公司取其每股市价和每股收益,计算出其市盈率,直接或乘以某一折扣率运用到评估公司。

(2) 回归分析法。回归分析法即运用评估公司过去的市盈率指标或同行业各类公司市盈率指标,通过市盈率和公司发展阶段或公司规模之间的关系建立回归方程,计算出评估公司当前适当的市盈率水平,用于公司股票价格的评估。

第三节　债券的投资价值分析

债券与股票不一样,债券的面值是还本及计息的依据。由于债券代表债券投资者的债权,并可以给持有人带来一定的报酬,因而它具有价格。在证券市场上,债券的价格也像其他商品那样受到价值规律的影响,受各种各样因素的影响。决定债券价格最主要的因素是其内在价值,对其内在价值的估计是债券投资价值分析的关键。在此基础上,与其市场价格进行比较,以判断债券价格的市价是否偏高或偏低,进而作出投资决策。在债券市场上,同种债券因期限结构不同而具有不同的收益率,并形成了利率期限结构,其收益率曲线对债券投资者和筹资者的决策有一定帮助。

一、影响债券投资价值的因素

债券既是政府或企业筹措资金的重要手段,代表着一定的债权债务关系,同时也是重要的有价证券投资品种。其投资价值受各种因素的制约,除了受市场供求关系的影响,还受票面价值、利息率、还本期限、付息方式及市场平均收益率的影响。总体来看,可以从其内部和外部两个层面对其影响因素进行分析。

1. 影响债券投资价值的内部因素

(1) 期限。一般说来,在其他条件不变的情况下,债券的期限越长,其市场价格变动的可能性就越大,投资者要求的收益率补偿就越高。

(2) 票面利率。债券的票面利率越低,则债券价格的易变性也就越大。在市场利率提高的时候,票面利率较低的债券的价格下降较快。但当市场利率下降时,它们的增值潜力也很大。

(3) 提前赎回条款。提前赎回条款允许债券发行人在债券到期前按约定的赎回价格部分或全部偿还债务,这种规定对发行人是有利的。但对投资者来说,其再投资机会受到限制,且再投资利率也较低,这种风险应从价格上得到补偿。因此,具有该种条款债券的内在价值较低,应当有较高的票面利率。

(4) 税收待遇。一般来说,免税债券的到期收益率比类似的应纳税债券的到期收益率低。在其他条件大致相同的情况下,低利附息债券比高利附息债券的内在价值要高。

(5) 流动性。债券的这一性质可使债券具有可规避由市场价格波动而导致实际价格损失的能力。因此,流动性好的债券比流动性差的债券具有较高的内在价值。

(6) 信用级别。一般来说,除政府债券外,一般债券都有信用风险(或称违约风险),只不过是有量的差别。信用级别越低的债券,投资者要求的收益率越高,债券的内在价值越低。

2. 影响债券投资价值的外部因素

(1) 社会经济发展状况。在经济发展阶段,对债券的需求量减少,而供应增加,使债券价格下跌,利率上升;相反,在经济衰退阶段,对资金需求量少,企业和金融机构都会出现资金过剩,对债券的需求增加,供给减少,债券价格上升,利率下降。

(2) 基础利率。基础利率是债券定价过程中必须考虑的一个重要因素,在证券投资价值分析中,基础利率一般是指无风险债券利率。政府债券可以近似看作无风险债券,由于它风险最小,因此收益率也最低。一般说来,银行作为金融机构,信用度很高,这就使得银行存款的风险较低,而且银行利率应用广泛。因此,基础利率也可参照银行存款利率来确定。

(3) 市场利率。市场利率是债券利率的替代物,是投资于债券的机会成本。在市场总体利率水平上升时,债券的收益率水平也应上升,从而使债券的内在价值降低;反之,债券的内在价值上升。

(4) 通货膨胀、汇率等因素。影响债券定价的外部因素还有通货膨胀水平以及外汇汇率风险等。通货膨胀的存在可能使投资者从债券投资中实现的收益不足以抵补由于通货膨胀而造成的购买力损失。当投资者投资于某种外币债券时,汇率的变化会使投资者的未来本币收入受到贬值损失。这些损失的可能性都必须在债券的定价中得到体现,从而使债券的到期收益率增加,债券的内在价值降低。

另外,债券市场的供求关系、财政收支情况、货币政策等对债券价格也会产生一定的影响。

二、债券价值的计算

在评估债券基本价值前,假定债券不存在信用风险,其典型代表是政府债券。虽然这种债券肯定能按期支付约定金额,但就该约定金额的购买力而言,仍存在一定的不确定性,即通货膨胀风险。并由此产生投资者的名义收益与实际收益的差异。通货膨胀可以分为期望型和意外型。前者是投资者根据以往的数据资料对未来的通货膨胀的预计,也是他们对未来投资所求补偿的依据;后者则是他们所始料不及的。短期债券和具有浮动利率的中长期债券由于考虑了通货膨胀补偿,因而可以降低期望型贬值风险;固定利率的长期债券的投资者则同时承受这两种风险,期限越长,贬值风险越大。由此可以假定各种债券的名义和实际支付金额都是确定的,尤其是假定通货膨胀的幅度可精确地预算出来,从而使对债券的估价可以集中在时间的影响上。在此假设基础上,影响债券估价的其他因素就可以不纳入考察范围。

(一)债券定价原理

债券投资的目的在于使投资者在未来某个时点取得一笔已发生增值的货币收入,即未来实现的现金收入流量大于今天投资的价值。因此,债券的价格可表达为投资者为取得这笔收入目前希望投入的资金。如果计算出来的价格高于当前的市场价格,则投资是合算的。

货币的时间价值是指货币按照某种利率进行投资的机会是有价值的,因此若一笔货币投资的终值高于其现值,则多出的部分等于投资的利息收入;等价地,若一笔未来的货币收入(含利息)的当前价值(现值)低于其终值,则低于的部分等于投资的利息收入。

1. 终值的计算

债券在未来待偿期限内以利息和偿还本金方式支付给投资者的现金流量之和是债券的未来价值,或称为终值,通常它是一个确定的量。如果知道投资的利率为 r,若进行一项为期 n 年的投资,到第 n 年按复利计算的货币总额为

$$P_n = P_0(1+r)^n$$

目前,我国债券是按单利计息,因此当到第 n 年时,按单利计息的货币总额为

$$P_n = P_0(1+r \cdot n)$$

式中:P_n 为从现在开始 n 个时期后的终值;P_0 为现值;r 为每期的利率;n 为时期数。

例如,某投资者将 1000 元投资于年息 10%,为期 5 年的债券(按年计息),此投资的终值为

按复利计息: $P = 1000 \times (1+10\%)^5 = 1610.51$ 元

按单利计息： $P = 1000 \times (1 + 10\% \times 5) = 1500$ 元

由计算可知，用单利计息的终值比用复利计息的终值低。

2. 现值的计算

为了获得某一确定的未来价值，投资者当天愿意投资的货币额，称为现值。根据现值是终值的逆运算关系，运用终值计算公式，可推算出现值计算公式如下。

按复利计算终值的现值公式为

$$P_0 = \frac{P_n}{(1+r)^n}$$

按单利计算终值的现值公式为

$$P_0 = \frac{P_n}{1 + r \cdot n}$$

我国债券是按单利计息，但国际惯例则按复利贴现。若按单利计息，复利贴现，可得出现值公式为

$$P_0 = \frac{M(1 + r \cdot n)}{(1+r)^n}$$

式中：M 为面值。

例如，某投资者有如下投资机会可供选择，从现在起的 7 年后收入 500 万元，期间不形成任何货币收入，假定投资者希望的年利率为 10%，则投资者的现值为

按复利计算的现值：

$$P_0 = 5\,000\,000/(1 + 10\%)^7 = 2\,565\,791 \text{ 元}$$

按单利计算的现值：

$$P_0 = 5\,000\,000/(1 + 10\% \times 7) = 2\,941\,176.4 \text{ 元}$$

由计算可知，按单利计息的现值要高于用复利计息的现值。根据终值求现值的过程称为贴现。现值有两个特征：一是当给定终值时，贴现率越高，现值越低；二是当给定利率及终值时，取得终值的时间越长，该终值的现值就越低。

（二）根据债券的现值确定债券的市场价格

证券市场上债券的发行价格都是根据其现值决定的。债券发行人在考虑债券发行条件时，通常都参照当时的市场利率来确定票面利率，但市场利率是经常波动的，且从债券的发行准备到实际发行，往往要间隔一段时间，在这段时间里市场利率可能发生几种不同的变化，相应地可能出现几种不同的价格。

1. 债券现值与发行价格

债券现值与发行价格主要有 3 种情况。

（1）市场利率不变。若市场利率不变，债券的票面利率等于市场同类债券的收益率，债券现值等于其面值，债券以面值发行，称为平价发行。

例如，某息票债券，面值为 1000 元，期限为 3 年，每年付一次利息，票面利率为 10%，则其发行价为

$$P = \frac{1000 \times 10\%}{1 + 10\%} + \frac{1000 \times 10\%}{(1 + 10\%)^2} + \frac{1000 \times 10\%}{(1 + 10\%)^3} + \frac{1000}{(1 + 10\%)^3} = 1000 \text{ 元}$$

（2）市场利率上升。若市场利率上升，则债券的票面利率低于市场同类债券的收益率，其现值低于面值，因此债券必须以低于面值的价格发售，发行价格与面值之间的差额称为债券折价，这是发行者对投资者提供的利息补偿。这种发行称为折价发行。

同上例，若发行时市场利率为 12%，则债券发行价为

$$P = \frac{1000 \times 10\%}{1 + 12\%} + \frac{1000 \times 10\%}{(1 + 12\%)^2} + \frac{1000 \times 10\%}{(1 + 12\%)^3} + \frac{1000}{(1 + 12\%)^3} = 951.98 \text{ 元}$$

（3）市场利率下降。若市场利率下降，则债券的票面利率高于市场同类债券的收益率，债券现值高于面值，这时债券以高于面值的价格发行，称为溢价发行。发行价格与面值的差额是发行溢价。

同上例，若发行时市场利率为 8%，则债券发行价为

$$P = \frac{1000 \times 10\%}{1 + 8\%} + \frac{1000 \times 10\%}{(1 + 8\%)^2} + \frac{1000 \times 10\%}{(1 + 8\%)^3} + \frac{1000}{(1 + 8\%)^3} = 1051.54 \text{ 元}$$

2. 债券现值与债券交易价格

债券的交易价格也是以现值计算为基础的。与发行价格不同的是，在计算发行价格时，期限 n 代表从债券发行日到到期日为止的有效期限；在计算交易价格时，期限 n 代表从发生交易转让至债券到期日为止的待偿期限。

按现值公式计算出来的债券价格仅是理论价格，又称债券的内在价值，有很多其他的经济因素和非经济因素也会影响债券价格，但现值始终是决定债券价格的根本因素。

（三）一次还本付息债券的定价公式

收入的资本化定价方法认为，资产的内在价值等于投资者投入的资产可获得的预期现金收入的现在价值。将其运用到债券上，则债券的价格即等于来自债券的预期货币收入的现值。在确定债券价格时，需要知道估计的预期货币收入和投资者要求的适当收益率，也称为必要收益率。债券的预期货币收入主要有两个来源：息票利息和票面额。其必要收益率一般是比照具有相同风险程度和偿还期限的债券的收益率得出的。

在最简单的债券价格决定中，也就是对于一次还本付息的债券来说，其预期货币收入是期末一次性支付的利息和本金，必要收益率可参照可比债券得出。所以，如果债券按单利计息，并一次性还本付息，但按单利贴现，其价格决定公式为

$$P = \frac{M(I + i \cdot n)}{I + r \cdot n}$$

如果债券按单利计息，并一次还本付息，但按复利贴现，其价格决定公式为

$$P = \frac{M(I + i \cdot n)}{(I + r)^n}$$

如果债券按复利计息，并一次还本付息，但按复利贴现，其价格决定公式为

$$P = \frac{M(I + i)^n}{(I + r)^n}$$

式中：P 为债券的价格；M 为票面价值；I 为每期利率；n 为剩余时期数；r 为必要收益率。

贴现债券也是一次还本付息债券，只不过付息是在债券发行的时候，还本是在债券到

期时按面值偿还,所以可把面值视为贴现债券到期的本息和。与上述一次还本付息债券的估价公式同理,可算出贴现债券的价格。

(四) 附息债券的定价公式

按期付息债券的预期货币收入有两个来源:到期日前定期支付的息票利息和票面额。其必要收益率也可参照可比债券确定。

对于一年付息一次的债券来说,贴现方法有复利贴现和单利贴现两种。如果按复利贴现,其价格决定公式为

$$P = \sum_{t=1}^{n} \frac{C}{(1+r)^t} + \frac{M}{(1+r)^n}$$

如果按单利贴现,其价格决定公式为

$$P = \sum_{t=1}^{n} \frac{C}{1+r \cdot t} + \frac{M}{1+n \cdot r}$$

式中:P 为债券的价格;C 为每年支付的利息;M 为面值;n 为所余年数;r 为必要收益率;t 为第 t 次。

对于半年付息一次的债券来说,由于每年会收到两次利息支付,因此,在计算其价格时,要对公式进行修改。第一,年利率要按每年利息支付的次数除,即由于每半年收到一次利息,因此年利率要除以 2;第二,时期数要乘以每年支付利息的次数。例如,在期限到期时,其时期数为年数乘以 2,可用以上公式表示,只是含义有所区别。在此 C 表示半年支付的利息,n 表示剩余年数乘以 2。

第四节　证券投资基金的投资价值分析

随着我国证券市场的发展和投资者队伍的发展,证券投资基金的作用越来越显著。从基金的品种上,也由原来的单纯封闭式基金拓展到开放式基金。因此,对证券投资基金进行投资价值分析十分重要。为了阐明投资基金的价值分析原理,首先介绍一个重要的概念,即基金的单位资产净值。单位资产净值既是基金经营业绩的指示器,也是基金在发行期满后基金单位买卖价格的计算依据。该值是经常变动的。从总体上看,与基金单位价格的变动趋势是一致的,即成正比例关系。它是分析投资基金价值的最重要的指标。

$$单位资产净值 = \frac{基金资产总值 - 各种费用}{基金单位数量}$$

式中:基金资产总值是指一个基金所拥有的资产(包括现金、股票、债券和其他有价证券及其他资产)于每个营业日收市后,根据收盘价格计算出来的总资产值。

一、封闭式基金的价值分析

封闭式基金最为显著的特征是发行后基金份额将不再发生变化,投资者如果想增加或减少持有的基金份额只能从其他持有人手中购买或卖给其他投资者。

1. 封闭式基金的价格形成

封闭式基金的价格与股票价格一样，可以分为发行价格和交易价格。

(1) 基金的发行价格。每一份基金单位的发行价格是指投资者购买基金单位的认购价格，主要由以下 3 部分构成：①基金面值。它是指基金单位发行时受益凭证所表明的价格，类似于股票面值。这是基金总额进行等额划分的结果。如某投资基金总额为 30 亿元，划分为 30 亿份，则每份面值为 1 元。基金面额仅表明拥有的基金单位份额以及参与分配的比例关系，并不代表基金的实际价值。②基金的发起与招募费用。它是指在成立基金时发生的费用，包括基金的组织与招募等支出的办公、签证、登记、印刷及人员方面的开支，一般占基金发起总额的 2%～5%，并一次分摊在基金单位的销售价格内。③基金销售费。一般按基金发起总额的 1%～4% 计提，并在招募费用中列支。

以上②、③项可以并称为基金发行费用，基金单位的初次发行价格实际上为基金面值＋发行费用。我国发行的投资基金，如基金金泰、开元、安信、裕阳等都是由在面值 1 元的基础上再加发行费用 0.01 元构成的，实际发行价格为 1.01 元/份。如果投资基金规模较大，必须分次销售的，则第二次以后的发行价要按基金的单位资产净值计算。

(2) 基金的交易价格。它是指基金在二级市场进行流通的价格。封闭式基金发行期满后即行关闭，投资者不得任意进出基金，基金管理公司不办理基金份额的赎回。一般都申请在交易所上市交易，以满足投资者变现的要求。因此，它的交易价格和股票价格的表现形式一样，可以分为开盘价、收盘价、最高价、最低价、成交价等。

2. 影响封闭型基金交易价格的因素

影响其交易价格的主要因素包括以下 6 个方面：①基金单位资产净值（指基金全部资产扣除按照国家有关规定可以在基金资产中扣除的费用后的价值，这些费用包括管理人的管理费等）；②市场供求关系；③宏观经济状况；④证券市场状况；⑤基金管理人的管理水平；⑥政府有关基金的政策法规。其中，确定基金价格最根本的依据是每基金单位资产净值（基金资产净值除以基金单位总数后的价值）及其变动情况。

3. 封闭式基金价格的形式

按照封闭式基金买卖标的的具体形式不同，封闭式基金价格有不同的表现形式。一般说来主要有以下几种。

(1) 基金面值。这种价格主要在基金的发行阶段采用。按照基金单位的份额——面值直接出售，这种形式称为平价发行。由于平价发行时投资者不需负担有关发行费用，因此其极受投资者欢迎。这个阶段称为基金价格的第一阶段。我国较早的封闭式基金有不少曾采用过平价发行方式。

(2) 基金单位资产净值。在基金发行期满至上市日之前，基金的价格以单位资产净值来表示。这是基金价格的第二阶段，这一阶段基金并不能在市场流通，这一价格实际上成为投资者资产的参考价格。但是假如基金分成几期销售，那么从第二期开始出售基金单位就必须以基金单位资产净值为依据，因为首期募得的基金份额已经投入运行并取得一定的收益，为了不致摊薄原有基金单位的资产净值，新发售的基金单位必须以这一价格发行。

(3) 市价。基金上市后进入交易阶段，这是基金价格的第三阶段。基金买卖双方可在证券交易所进行公开交易,形成双方都能接受的价格,即市价。市价反映的是基金的现实价格,在基金封闭后,面值已经仅有象征意义,投资者所关心的是基金单位的资产净值。市价以基金单位的资产净值为基础,并以供求关系来决定。市价可能比较忠实于基金单位的资产净值,也可能出现脱离现象。此外,市价还有可能出现折价和溢价的现象。

① 折价,即基金市价低于基金单位的资产净值的现象。在美国,封闭式基金常有折价出售,因为美国的基金多为开放型,封闭型极少,承销商不太愿承销,公众对此也缺乏了解,基金本身又太保守,因此投资者投资积极性不高,不得不折价出售。

② 溢价,即基金市价高于基金单位的资产净值的现象。在新兴市场里,可供投资者购买的基金不多,而投资者购买意愿强烈,基金自然供不应求,也就常常出现溢价交易。例如,我国在 1993 年第一家封闭式基金——淄博乡镇企业投资基金上市交易时,交易价格曾一度超过 5 元/份,甚至比一些国企大盘股还高,超过基金单位的资产净值数倍。随着投资者的理性以及投资条件的改善,这种高倍溢价现象会逐渐回归到以基金单位资产净值为计算基础进行波动。

二、开放式基金的价值分析

开放式基金与封闭型基金的最大区别在于发行在外基金份额的规模是不确定的。基金管理公司与基金投资人之间是基金买卖的双方,投资人增持或减持基金单位必须通过向管理公司买入或由管理公司赎回才能实现。由于不存在供求关系的影响,因此开放式基金的价格与基金单位的资产净值之间的联系更为密切。

1. 开放式基金价格形成

由于开放式基金经常不断地按客户要求购回或卖出基金单位,因此开放式基金的价格分为两种,即申购价格和赎回价格。

(1) 申购价格。开放式基金由于负有在中途赎回基金单位的义务,一般不进入证券交易所买卖,而主要在场外交易。投资者在购买开放式基金单位时,除了支付资产净值外,还要支付一定的销售附加费用,也就是说,开放式基金单位的购买价格包括资产净值和一定的附加费用。

$$申购价格 = \frac{资产净值}{1-附加费}$$

值得注意的是,对于一般投资者来说,由于该附加费是一笔不小的成本,增加了投资者的风险,因此国外出现了一些不收附加费用的开放式基金,其销售价格直接等于资产净值,投资者在购买该种基金时,不需交纳附加费用。

(2) 赎回价格。由于开放式基金承诺可以在任何时候根据投资者个人的意愿赎回其所持基金单位,因此对于赎回时不收取任何费用的开放式基金来说,赎回价格就等于基金资产净值。

$$赎回价格 = 资产净值$$

有些开放式基金赎回时是收取费用的,费用的收取是按照基金投资年数不同而设立不同的赎回费率。持有该基金单位的时间越长,费率越低。当然也有一些基金收取的是同一费率。

$$赎回价格 = \frac{资产净值}{1 + 赎回费率}$$

由此可见,开放式基金的价格是与资产净值密切相关(在相关费用确定的条件下)的。

2. 基金资产净值的构成

基金的净资产额不但决定了基金的交易价格,同时也是投资者衡量基金品质的主要参考指标,是对其进行投资价值分析的核心。因此,基金经理人每天都要在营业日结束后计算并公布基金资产净值。

基金资产净值(NAV)总额是基金的资产总额减去负债总额后的结果。

基金资产总额应该包括以下内容:①基金所拥有的上市股票,以计算日的收盘价格为准。②基金拥有的国债、公司债券及金融债券。对于已上市流通者,以计算日的收盘价格为准;对于未上市流通者,以面值加上到计算日止的应得利息为准。③基金所拥有的短期票据,以买进成本加上自买进日起到计算日止的应收利息为准。④基金所拥有的现金以及相当于现金的资产,包括应收款、存放在其他金融机构的存款。⑤坏账准备金。⑥已订立契约但尚未履行的资产,应视同已履行资产,并记入资产总额。

基金负债总额包括以下内容:①借入资金;②依信托契约规定至计算日止对基金托管人和基金管理公司应付未付的报酬;③其他应付款、税金。

3. 基金单位资产净值的计算方法

基金单位资产净值有两种常用的计算方法:历史价和期货价计算法。

(1) 历史价计算法

历史价又称已知价,它是指上一个交易日的收盘价。历史价计算法就是由基金管理公司根据上一个交易日的收盘价来计算基金所拥有的金融资产,包括股票、债券、期货合约、期权证等总值,加上基金拥有的现金资产,然后除以售出的基金单位数,即可得到每个基金单位的资产净值。具体计算公式可表示如下。

$$基金单位资产净值 = \frac{根据上一交易日收盘价计算的资产总值 + 现金}{已售出的基金单位总数}$$

或表示为

$$NAV = \frac{P \cdot Q + C}{M}$$

式中:NAV 为基金单位资产净值;P 为基金拥有金融资产的上一交易日的收盘价;Q 为该资产相应的数量;C 为基金拥有的现金;M 为已售出的基金单位总数。

(2) 期货价计算法

期货价又称未知价,它是指当日证券市场上各种金融资产的收盘价。由于投资者在收盘前进行基金买卖是无法确切知道当日的收盘价的,故称为期货价或未知价,如果基金管理公司根据当日收盘价来计算单位基金净值,则称其为期货价计算法。

实行期货价计算法,投资者要到第二天才能知道基金单位的价格。由于当日收盘后进行计算在时间上也是相当紧张,不可能将所有资产项目计算清楚,故有的基金管理公司采取投资估值法计算。具体方法为将基金估值分为证券投资估值和其他投资估值两种,证券投资估值是通过每天计算出证券投资盈亏及库存证券余额,算出每天证券投资已实现的所得收益或亏损以及未实现的投资所得或亏损,其他投资估值则是按投资资产市场价或原始成本价计价。

证券投资估值公式为

已实现的证券投资所得 =[证券卖出数量×卖出价-(手续费+印花税)]
　　　　　　　　　　 -(卖出数量×上一日证券加权平均价)

未实现的证券投资所得 =库存证券数量×当日收盘价
　　　　　　　　　　 -库存数量×截至当日的证券加权平均成本

其他投资估值公式为

估值日资产净值=上一估值日资产净值×已实现投资所得+未实现投资所得

以上计算若结果为亏损,则用负号表示。

第五节　其他有价证券的投资价值分析

在证券市场上还有一些股票债券的衍生物,它们通常可以单独交易,并具有财务杠杆的作用,且对市场具有一定的吸引力,因此受到部分投资者的青睐,如可转换证券、优先认股权、认股权证等。在此对它们的投资价值进行分析。

一、可转换证券

可转换证券是指可以在一定时期内按一定比例或价格转换成一定数量的另一种证券的特殊公司证券。可转换证券一般是公司发行的一种允许投资者将其转换成公司普通股票的信用债券或优先股票,前者称为可转换债券,后者称为可转换优先股。可转换证券实际上是一种长期的普通股票的看涨期权。公司发行可转换证券的目的是增强证券对投资者的吸引力,从而能以较低的成本筹集到所需要的资金。

1. 可转换证券的特点

(1) 可转换证券既具有债券和优先股的特性,又具有普通股的特点。如果公司发行的是可转换债券,则它既具有其他债券的基本特点,也具有规定的票面利率和期限,发行人应承诺按时付息和到期偿还本金;如果发行的是可转换优先股,则其具备优先领取固定股息、优先清偿和不得参与公司经营决策等特点。投资者具有选择转换与否的权利,若投资者不想转换,则可继续持有,直至期满或在流通市场出售变现。但一旦转换成普通股票,该证券就失去了债券和优先股的一切特性,与此同时,则具备了普通股票的一切特点。

(2) 可转换证券的形式和持有者的身份随着证券的转换而相应转换。可转换证券在发行后至转换以前的一段时间内,以债券或优先股的形式存在,证券的持有者或者是公司的债权人或者是优先股股东。当持有者行使转换权后,原来的债券、优先股票便不复存在,持有者的身份也转换成普通股股东而分享普通股增值带来的潜在收益。

(3) 可转换证券实际上是一种普通股票的看涨期权。它的价格变动比一般债券优先股频繁,并随普通股股票价格的升降而增减。当普通股票价格下跌时,可转换证券的价格也下跌,但它仍可作为债券或优先股出售,且价格不会低于相同类型、相同期限的债券或优先股的价格。由于可转换证券价格多变,因此它也是一种风险较大、投机性较强的投资工具。

2. 可转换证券的转换条件

可转换证券约定在一定条件下可以转换成普通股票,且它的转换条件通常在证券发行时就作了规定。

(1)转换比例或转换价格。转换比例是指一定面额可转换证券可换成普通股的股数。转换价格是指可转换证券转换为每股股份时所支付的价格,它等于可转换证券面值除以转换比例。

$$转换比例 = \frac{可转换证券面值}{转换价格}$$

$$转换价格 = \frac{可转换证券面值}{转换比例}$$

(2)转换期限。转换期限是指投资者可以将可转换证券转换成普通股股票的期限。在大多数情况下,发行公司都规定某一具体期限,在这有效期限之内,允许持有者按规定的价格或比例转换。在很多情况下,公司还规定在有限期限内转换比例逐渐递减条款。

(3)赎回条款。赎回条款是指当公司普通股价格在一段时间内连续高于转换价格达到一定幅度时,公司有权按照事先约定的价格买回尚未转换的可转换证券。这一方面是为了避免市场利率下调时公司承担较高的利率风险;另一方面是为了在股价大幅上扬时,迫使投资者行使转换权。

(4)回售条款。它是指当公司股票在一段时期内连续低于转换价格达到一定幅度时,可转换证券持有人有权按事先约定的价格将所持证券卖给发行人。这一条款使得投资者有机会在股价低迷时要求发行人以一定的回报率将债券买回,从而为投资者提供了一种额外的保护。

(5)票面利率或股息率。它是指可转换证券作为债券所具有的票面年利率或是作为优先股所具有的票面股息率。

3. 可转换证券的价值

可转换证券赋予投资者将其持有的可转换证券按规定的价格和比例,在规定的时间内转换成普通股或优先股的选择权。可转换证券有两种价值:理论价值和转换价值。

(1)理论价值。可转换证券的理论价值,又称内在价值,该价值相当于将未来一系列债息或股息加上转换价值用市场利率折成的现值,其是指当它作为不具有转换选择权的一种证券的价值。为了估计可转换证券的理论价值,首先必须估计与它具有同等资信和类似投资特点的不可转换证券的必要收益率,然后利用这个必要收益率算出它未来现金流量的现值(可参考本章第二节债券的投资价值分析部分)。

(2)转换价值。如果一种可转换债券可以立即转让,则它可转换的普通股票的市场价格与转换比例的乘积便是转换价值,即

$$转换价值 = 普通股股票市场价格 \times 转换比例$$

4. 可转换证券的市场价格

可转换证券的市场价格一般保持在它的理论价格和转换价值之上。如果可转换证券市场价格在理论价格之下,则该证券价格被低估;如果可转换证券市场价格在转换价值之

下,则购买该证券并立即转化为股票就有利可图,从而使该证券的价格上涨至转换价值之上。为了更好地理解这一点,下面引入转换平价这一概念。

(1) 转换平价、转换升水和转换贴水。转换平价是指可转换证券持有人在转换期限内依据可转换证券的市场价格和转换比例把证券转换成公司普通股票而对应的每股价格。转换平价实质上是转换比例的另一种表达方式。

一般来说,投资者在购买可转换证券时,都要支付一笔转换升水。每股的转换升水等于转换平价与普通股票当期市场价格(也称为基准股价)的差额,或者说是可转换证券持有人在将证券转换成股票时,相对于当初认购转换证券时的股票价格(即基准价格)而作出的让步,通常被表示为当期市场价格的百分比。

而如果转换平价小于基准股价,基准股价与转换平价的差额就称为转换贴水,转换贴水的出现与可转换证券的溢价程度有关。

(2) 计算方法。

$$转换平价 = \frac{可转换证券的市场价格}{转换比例}$$

转换平价是一个非常有用的指标,因为一旦实际股票市场上升到转换平价水平,则任何进一步的股价上升肯定会使可转换证券的价值增加。因此,转换平价可视为一个平衡点。

$$转换升水 = 转换平价 - 基准股价$$

$$转换升水比例 = \frac{转换升水}{基准股价} \times 100\%$$

$$转换贴水 = 基准股价 - 转换平价$$

$$转换贴水比例 = \frac{转换贴水}{基准股价} \times 100\%$$

例如,某公司的可转换债券票面利率10.25%,2000年12月31日到期,其转换平价为30元,股票基准价格为20元,该债券价格为1200元,则有

$$转换比例 = 1200 \div 30 = 40 \ 股$$

$$转换升水 = 30 - 20 = 10 \ 元$$

$$转换升水比例 = (10 \div 20) \times 100\% = 50\%$$

二、优先认股权

优先认股权又称股票先买权,它是普通股股东的一种特权。当公司要再筹资时,可以向现有股东而不是向公众发行新股。此时,股东可以按原有的持股比例以较低的价格购买一定数量的股票。公司发行优先认股权的目的如下:一是不改变老股东对公司控制权和享有的各种权利;二是因发行新股导致短期内每股净利润稀释而给股东一定的风险补偿;三是增加新股票对股东的吸引力。

享有优先认股权的股东在有效期内可以有3种选择:一是在到期前按规定的优惠价格购买新股票;二是任它过期作废,放弃这一权利;三是自己不买新股票,将这种权利出售。这种权证在市场上有交易和行情,其价格随着股票价格的涨跌而波动,因为它有货币价值,所以大多数股东不愿放弃这一权利,不是实际执行就是将其出售。实际上它是一种

短期的股票看涨期权。

1. 附权优先认股权的价值

优先认股权通常在某一股权登记日前颁发。在此之前购买的股东享有优先认股权,或者说此时的股票的市场价格含有分享新发行股票的优先权,因此称为附权优先认股权,其价值可用下式表示。

$$M-(R \cdot N+S)=R$$

式中:M 为附权股票的市价;R 为附权优先认股权的价值;N 表示为购买一股股票所需的股权数;S 为新股票的购买价。

对该公式可作如下解释:投资者在股权登记日前购买一股股票,应该付出市价 M,同时获得一股股权;投资者也可购买申购一股所需的若干股权,价格为 $R \cdot N$,并且付出每股认购价 S 的金额。这两种选择都可获得一股股票,唯一差别在于,前一种选择多获得一股股权。因此,这两种选择的成本差额,即 $M-(R \cdot N+S)$,其必然等于股权价值 R。重写方程,可得

$$R=\frac{M-S}{N+1}$$

例如,如果某公司分配给现有股东的新发行股票与原有股票的比例为 1：5,且每股认购价为 30 元,原有股票每股市价为 40 元,则在股权登记日前此附权优先认股权的价值为

$$(40-30) \div (5+1)=1.67 \text{ 元}$$

于是,无优先认股权的股票价格将下降到 $40-1.67=38.33$ 元。

2. 除权优先认股权的价值

在股权登记日以后,股票的市场价格中将不再含有新发行股票的认购权,其优先认股权的价值也按比例下降,此时就被称为除权优先认股权,其价值可由下式得到。

$$M-(R \cdot N+S)=0$$

式中:M 为除权股票的市价;R 为附权优先认股权的价值;N 为购买一股股票所需的认股权数;S 为新股票的认购价。

以上两个公式原理基本相同。投资者可在公开市场购买一股股票,付出成本 M,或者可购买申购一股股票所需的认股权,并付出一股的认购金额,其总成本为 $R \cdot N+S$。由于这两种选择完全相同,都是为投资者提供一股股票,因此成本应该是相同的,其差额为 0。将上个公式进行改写,可得

$$R=\frac{M-S}{N}$$

在前面的例子中,除权后,认股权的价值应为

$$(38.33-30) \div 5=1.666 \text{ 元}$$

3. 优先认股权的杠杆作用

优先认股权的主要特点之一就是它能提供较大程度的杠杆作用,就是说优先认股权的价格要比其可购买的股票的价格的增长和减小的速度要快得多。例如,某公司股票在除权之后价格为 15 元,其优先认股权的认购价格为 5 元,认购比率为 1：4,则其优先认

股权的价格为(15－5)/4＝2.5元。假定公司收益改善的良好前景使股票价格上升到30元/股,增长100％,则优先认股权的价格为(30－5)/4＝6.25元,增长(6.25－2.5)/2.5＝150％,远远高于股票价格的增长速度。

三、认股权证

认股权证是指允许它的持有者在规定的有效期内以特定的价格购买一定数量普通股票的看涨期权。它是对债权人和优先股股东的优惠权,而不是普通股股东的优惠权。其规定的购买价格可称为执行价格。由于执行价格一般高于认股权证发行时公司普通股票的市场价格,所以,其在发行时并不具有价值。它的价值取决于普通股票市场价格的变化,只有当公司股票的市场价格高于执行价格时,认股权证才有价值。投资者,特别是投机者进行认股权证交易就是为了等待这种机会。它可以是公开的,也可以是不公开的,有效期可以是有限的也可以是无限的。有效期的长短是决定其价值的因素之一,有效期越长,其价值越大。它可以连在债券、优先股上,称为不可分的认股权证;也可与债券等分开,称为可分开认股权证。认股权证可以单独在市场交易。

1. 认股权证的理论价值

在认股权证可以公开交易时,它就有自己的市场,有的在交易所上市,有的通过场外交易。股票的市场价格与认股权证的预购股票价格之间的差额就是认股权证的理论价格,可用公式表示如下。

$$认股权证的理论价值＝股票市场价格－预购股票价格$$

例如,某公司股票的市场价格为25元,而通过认股权证购买的价格为20元,则认股权证就具有5元的理论价值;如果股票的市场价格跌至19元,则该认股权证的理论价值就为负值。

但在交易时,认股权证的市场价格很少与其理论价值一致。事实上,在很多情况下,认股权证的市场价格要大于其理论价值。因此,即使其理论价值为零,在认股权证到期之前,它的需求量也可能会很大。认股权证的市场价格超过其理论价值的部分被称为认股权证的溢价。其公式如下。

$$溢价 ＝认股权证的市场价格 － 理论价值$$
$$＝(认股权证的市场价格 － 普通股市场价格) ＋ 预购股票价格$$

由于认股权证的市场价格会随着股票价格的变化而变化,因此其溢价可能有时很高。当然,认股权证的理论价值也同样会急剧上升或急剧下跌。

2. 认股权证的杠杆作用

认股权证的杠杆作用表现为认股权证价格要比其可选购的股票价格的上涨或下跌的速度快得多。

例如,某公司股票报价为15元,未清偿的认股权证允许持有者以20元/股的价格购买股票,则该认股权证没有理论价值。如果公司股票报价为25元,则认股权证具有5元的市场价值。如果股票的价格上升到50元/股,即股价上涨100％,则认股权证的理论价值上升到50－20＝30元,上涨600％,或者说其市场价格最低也会上涨600％。

　　杠杆作用在这里可以用普通股的市场价格与认股权证的市场价格的比率表示。对于某一认股权证来说,其溢价越高,杠杆作用就越低;反之,如果认股权证的市场价格相对于普通股的市场价格降低时,其溢价就会降低,杠杆作用就会升高。

本 章 小 结

　　有价证券本身并没有真正的价值,它只是表示因资本的供求关系而产生的一种权利。这种权利不仅可以给投资者带来收益,还可以使它在证券市场上进行买卖并形成一定的价格,从而也使它具有投资价值。有价证券的价格围绕证券投资价值上下波动。本章主要分析各种有价证券的投资价值体现、价格的决定及其影响因素。

关 键 术 语

　　投资价值　票面价值　账面价值　清算价值　内在价值　理论价格　贴现模型　利率期限结构　基金面值　基金单位资产净值　申购价格　赎回价格　可转换证券　转换期限　转换价值　转换比例

本 章 案 例

"漂亮50"助推道琼斯指数上万点

　　美国股市在20世纪60年代后期行流行"概念股"的炒作,当1969—1971年熊市来临时,投资者损失惨重。此后"概念股"失宠,市场理性得到恢复,投资者在"稳健原则"的趋势下,逐步趋向于价值投资,于是IBM、雅芳、飞利浦、莫里斯、施乐、柯达等50只大盘蓝筹股受到美国机构投资者的青睐,股价飙升,成为当时美国股市的"核心资产",被称为"漂亮50",也正是这些蓝筹公司推动着道琼斯指数由千点跃居万点以上。

复习思考题

　　1. 什么是股票的账面价值?

　　2. 影响股票投资价值的因素是什么?

　　3. 影响债券投资价值的因素是什么?

　　4. 什么是债券的利率期限结构,它有哪几种类型?

　　5. 影响债券利率期限结构的因素有哪几种?

　　6. 影响封闭型基金交易价格的因素有哪几种?

　　7. 可转换证券的特点是什么?

　　8. 可转换证券的理论价值是什么?

　　9. 什么是转换平价?

　　10. 什么是除权优先认股权的价值?

　　11. 认股权证的理论价值是什么?

第八章　宏观经济分析

学习目的

通过本章的学习，了解宏观经济分析的意义和方法，熟练应用各经济指标进行宏观分析，系统把握经济运行状况和宏观政策对证券市场的影响，了解政治、文化、社会和灾害因素与证券市场的关联。

证券市场是经济运行的"晴雨表"，它对国民经济的所有变化都会作出相应的反映。而国民经济是一个有机的统一体，在这个有机体中，有各种不同的部门，在各部门中又有着千差万别的行业，各行业中更有成千上万的不同企业。这些众多的企业、行业和部门有着千丝万缕的联系，它们互相影响，互相制约。因此，证券投资作为金融活动的重要组成部分，不仅受国民经济的单个因素影响，还受到宏观经济的制约。从证券投资的理论和实践看，"由上至下"的层次分析法对证券投资者来说是非常重要的。它强调从全球经济入手，分析国内的宏观经济环境，了解国家整体经济条件。然后，分析者可以根据前面的结果确定外部经济环境对公司所在行业的影响，最后对公司在行业中所处的位置进行分析。本章将主要介绍全球经济对证券投资的影响；宏观经济分析的意义和方法；宏观经济分析与证券市场等内容。

第一节　宏观经济分析概述

一、宏观经济分析的意义

在证券投资领域中，宏观经济分析是非常重要的，不仅投资对象要受到宏观经济形势的深刻影响，而且证券业本身的生存、发展和繁荣也与宏观经济因素息息相关。宏观经济分析的意义主要表现在以下几个方面。

1. 把握证券市场的总体变动趋势

在证券投资中，宏观经济分析是一个重要环节，只有把握住宏观经济发展的大方向，才能把握证券市场的总体变动趋势，从而作出正确的投资决策；只有密切关注宏观经济因素的变化,尤其是货币政策和财政政策因素的变化,才能抓住证券投资的市场时机。

2. 判断整个证券市场的投资价值

证券市场的投资价值与整个国民经济整体素质及其结构变动密切相关。这里的证券市场的投资价值是指整个市场的平均投资价值。从一定意义上说,整个证券市场的投资价值就是整个国民经济增长质量与速度的反映,因为不同部门、不同行业与成千上万的不同企业相互影响、相互制约,共同影响国民经济发展的速度和质量。宏观经济是个体经济的总和,企业的投资价值必然在宏观经济的总体中综合反映出来,所以宏观经济分析是判断整个证券市场投资价值的关键。

3. 掌握宏观经济政策对证券市场的影响力度与方向

证券市场与国家宏观经济政策息息相关。在市场经济条件下,国家通过财政政策和货币政策来调控经济,或挤出市场泡沫,或促进经济增长,这些政策将会影响到经济增长速度和企业经济效益,并进一步对证券市场产生影响。因此,证券投资分析人员必须认真分析宏观经济政策,并由此掌握其对证券市场的影响力度和方向,以准确把握整个证券市场的运行趋势和不同证券品种的投资价值变动。

二、宏观分析的方法

成功的证券投资者能从整体上把握国际和国内经济形势,而不是整天跑股市、看股评、围着股市团团转。他们对经济前景的预测不仅仅是依靠运气,而是使用了科学的方法。分析过程涉及了大量宏观经济的基本变量,包括国内生产总值、工业增加值、失业率、同业拆借率、利率、汇率等。要了解并把握其中的运动规律,使经济预测具有科学性,首先要掌握下面几种基本的宏观经济分析方法。

1. 经济指标分析法

宏观经济分析可以通过对一系列经济指标的计算、分析和对比来进行。经济指标是反映经济活动结果的一系列数据和比例关系。经济指标有三大类:一是先行指标,这类指标可以对将来的经济状况提供预示性的信息,这类指标主要有货币供应量、股票价格指数等;二是同步指标,通过这类指标反映的国民经济转折点大致与总的经济活动的转变点同步,这类指标主要包括失业率、国民生产总值等;三是滞后指标,这些指标反映出的国民经济的转折点一般要比实际的经济活动晚一定时间,这类指标主要有银行短期商业贷款利率、物价指数等。

2. 计量经济模型

计量经济模型是一个或一组反映经济指标、因素、宏观经济之间数量关系的方程式,通过计量经济模型,可以进一步研究、发现经济现象之间的数量关系,描述国民经济各部门和社会再生产各环节之间的联系,并预见政策变化、行业调整、经济波动的方向甚至范围。

计量经济模型有 3 个要素:经济变量、参数、随机误差。经济变量在模型中被分为内生变量和外生变量两种。内生变量正是人们要求的未知数,通过方程方能求解。外生变量是已知变量,由统计机构或其他部门定期或不定期公布,也可由自己推算。为了集中分析特定变量之间的关系,假定某些变量保持不变,这些被假定不变的但又与所求变量密不可分的量被称为参数,它通常是一个常数。而随机误差则是指在相同条件下多次重复测量同一量时,大小和符号无规律的变化的误差,它主要用来纠正或调整模型中由于统计误差或者数据在整理、综合过程中产生的与实际存在之间的差错。

运用计量经济模型的主要缺陷是容易忽略某些作用较大的变量,使模型的使用价值受影响;还有若对变量的预测结果正确但转化现实所需的时间无法确定,也会削弱模型的社会意义。由于一般投资者受环境限制,因此大多不具备使用计量经济模型预测宏观经济的条件,在这种情况下,可以参考权威机构(如政府部门和证券机构)的研究报告。

3. 概率预测

某随机事件发生的可能性大小被称为该事件发生的概率,概率论是一门研究随机现象的数量规律的学科。而概率预测实质上是根据过去和现在推测未来。广泛搜集经济领域的历史和现时的资料是开展经济预测的基本条件,善于处理和运用资料则是概率预测取得效果的必要手段。在预测经济形势前,投资者必须熟知整个经济及其组成部分的过去与现状。虽说国民经济的领域广阔、关系错综复杂,但从时间序列上看,却有必然的前后继承关系。只要掌握了它们过去的变动情况,就可以此为据,进行适当的调整并预计事物的将来。目前,越来越多的概率论方法被运用于经济、金融和管理科学等领域。

概率预测方法运用得较多也较为成功的是对宏观经济的短期预测。宏观经济的短期预测是指对实际国民生产总值及其增长率、通货膨胀率、失业率、利息率、个人收入、个人消费、企业投资、企业利润及对外贸易差额等指标的下一时期水平或变动率的预测,其中最重要的是对前 3 项指标的预测。西方各国有很多公司和机构从事这一预测,它们使用自行研究的预测技术或独立构造的计量经济模型进行预测并定期公布预测数值,预测时限通常为一年或一年半。

4. 结构分析法

结构分析法形成于 20 世纪 70 年代,一开始被应用于由经济增长导致的国际收支失衡的研究及相应政策。它主要是对经济系统中各个组成部分及它们的对比关系变动规律进行分析。如国民生产总值中第三产业的结构分析、消费和投资的结构分析、经济增长中各因素作用的结构分析等。与总量分析不同,结构分析更侧重于对一定时期内经济整体中各个组成部分的相互关系进行研究,分析经济现象的相对静止状态,因此结构分析属于静态分析。但是它同样可以用于研究不同时期的经济结构,因此它又属于动态分析。

第二节　宏观经济运行分析

理论研究和经济发展的实践证明,由于受到多种因素的影响,因此宏观经济的运行总是呈现出周期性变化规律。

一、周期分析和经济指标分析

（一）经济周期

从整个国民经济看，由于经济运行受各种因素影响，常常呈现周期性变化，即经济周而复始地沿着复苏、繁荣、衰退、萧条、再复苏的轨迹发展，其原因在于市场经济的发展始终遵循其内在的价值规律，企业和部门都在市场价格这只"看不见的手"的引导下，经历萌芽期、成长期、成熟期，而后又必然由于该市场趋于饱和而进入衰退期。在它们的共同影响下，股市的每一个变化周期同样是由上升期、高涨期、下降期和停滞期4个阶段构成。

经济周期是一个连续不断的过程，表现为扩张和收缩的交替出现，对股市走势的影响可以从经济周期4个阶段的运行轨迹来分析。

（1）萧条阶段。它是指经济活动低于正常水平的阶段，此时信用收缩、消费萎缩、投资减少、生产下降、效益滑坡、失业严重，收入相应减少，悲观情绪笼罩着整个经济领域。在股市中，利空消息满天乱飞，市场人气极度低迷，成交萎缩频创低点，股指不断探新低，一片熊市景象。当萧条到一定时期时，人们压抑的需求开始显露，企业开始积极筹划未来，政府为了刺激经济增长，出台放松银根及其他有利于经济增长的政策。由于对经济复苏的预期，一些有远见的投资者开始默默吸纳股票，股价便缓缓回升。

（2）复苏阶段。该阶段是萧条与繁荣的过渡阶段。各项经济指标显示，经济已开始回升，公司的经营转好，盈利水平提高，因经济的复苏使居民的收入增加，加之良好预期，流入股市的资金开始增多，对股票的需求增大，从而推动股价上扬。股市的获利效应使投资者对股市的信心增强，更多的居民投资股市，形成股价上扬的良性循环。

（3）繁荣阶段。这一阶段，信用扩张、消费旺盛、生产回升、就业充分、国民收入增长，乐观情绪笼罩着整个经济领域。在股市中，投资者信心十足、交易活跃、成交量剧增、股价指数屡创新高。当经济繁荣达到过热阶段时，政府为调控经济会提高利率实行紧缩银根的政策，公司业绩会因成本上升收益减少而下降，股价上升动力衰竭。此时，股价所形成的峰位往往会成为牛市与熊市的转折点。

（4）衰退阶段。该阶段国民生产总值开始下降，股价由繁荣末期的缓慢下跌变成急速下跌，由于股市的总体收益率降低甚至低于利率，加之对经济的预期看淡，人们纷纷离开股市，股市进入漫长的熊市。

一般说来，当经济衰退时，股票价格会逐渐下跌；当到达萧条期时，股价跌至最低点；而当经济复苏开始时，股价又会逐步上升；当到繁荣期时，股价则上涨至最高点。这种变动的具体原因如下：当经济开始衰退以后，企业的产品滞销，利润相应减少，这促使企业减少产量，从而导致股息、红利也随之减少，持股的股东因股票收益不佳而纷纷抛售，致使股票价格下跌。当经济衰退至经济萧条期时，整个经济处于瘫痪状况，大量企业倒闭，股票持有者感到经济前景黯淡而纷纷卖出手中的股票，从而使整个股市价格大跌，市场处于萧条和混乱之中。经济周期经过谷底之后又会缓慢出现复苏的势头，随着经济结构的调整，供给和需求开始恢复平衡，企业开始给股东分发一些股息红利，股东又恢复了信心，于是纷纷购买，从而使股价逐步回升；当经济由复苏达到繁荣阶段时，企业的商品生产能力与产量大增,需求旺盛,商品销售状况良好,企业开始大量盈利,股息、红利相应增多,股票价格则上涨至最高点。

(二)结合我国实例阐明二者关系

我国股市创立于第 4 次经济周期启动之时,在此期间股市的走势与宏观经济形势呈现出明显的联动性。1991 年我国经济从"谷底"开始复苏,1992 年是我国经济具有转折性变化的一年,经济进入了一个以投资与出口为主推动力的高速增长期,其中扩张期从 1991 年初至 1993 年 6 月历时两年半,并在 1993 年 6 月达到峰顶。在经济高速增长的同时,出口导向型经济的过度膨胀产生了大量无效供给。面对这种状况,中央于 1993 年下半年起整顿经济秩序,采取了严厉的紧缩政策,宏观经济进入新一轮大调整步入收缩期,工业总产值、GDP、投资规模开始降温。与宏观经济的扩张、收缩相一致,上证指数自 1990 年 12 月 19 日的 100 点起步,1991—1992 年呈现了持续上升的牛市行情,在 1993 年 2 月达到了 1558.95 点的高点,而第 4 次经济周期的顶点在 1993 年 6 月。相对于宏观经济,股市周期提前了 4 个月。股市从 1991 年 1 月至 1993 年 2 月上升时间跨度为 26 个月,与经济扩张期平均期 23 个月基本吻合。从 1993 年开始,国家开始对经济进行宏观调控,沪深两市也步入了与经济收缩期相吻合的调整市。1993 年下半年开始,经过 1994 年、1995 年到 1996 年初,将近 3 年时间,我国股市经历了一个大熊市。在这一阶段里,沪深两市的大盘指数均在下降通道中运行,期间上证指数曾经下探至 325.89 的低点。经过了 3 年的调整,1996 年 4 月中国人民银行停办保值储蓄业务,5 月中国人民银行作出了下调利率的决定,我国经济成功地实现了"软着陆",沪深股市于 1996 年 2 月开始悄然回升,上证指数自当年初的 500 点回升到 1997 年的 1500 点。

上面实际上描绘了股价波动与经济周期相互关联的一个总体轮廓,这个轮廓给了人们以下几点启示。

(1)经济总是处在周期性运动中。股价伴随经济相应的波动,但股价的波动超前于经济运动,且股市的低迷和高涨不是永恒的。

(2)收集有关宏观经济资料和政策信息,随时注意动向。正确把握当前经济发展处于经济周期的何种阶段,并对未来作出正确判断,切忌盲目从众,否则极有可能成为别人的"盘中餐"。

(3)把握经济周期,认清经济形势。不要被股价的"小涨"、"小跌"驱使而追逐小利或回避小失(这一点对中长期投资者尤为重要)。或许配合技术分析的趋势线进行研究会大有裨益。

(4)景气来临之时股票往往率先上涨,而在衰退之时首当其冲下跌。典型的情况是,能源、设备等股票在上涨初期将有优异表现,但其抗跌能力差;反之,公用事业股、消费弹性较小的日常消费品部门的股票则在下跌末期发挥较强的抗跌能力。

从历史经验看来,股市的变化周期和经济周期并不是同步的,它总要比经济变化周期提前一个阶段,即如果各行业有望兴旺,股市便抢先一步先行复苏;而整体经济出现滑坡迹象后,股市必然先行出现多个无法挽回的跌停板。

另外,不同行业受经济周期的影响程度是不一样的,当对某种股票的行情进行分析时,应深入细致地探究该波动周期的起因,政府控制经济周期采取的政策措施,结合行业特征及发行公司的"公司分析"进行综合分析。当预测的正确率较高时,如果投资者对经济持乐观态度,觉得股市前景看好,那么其选择周期敏感型行业将会带来较多收益;相反,当其对经济持悲观态度时,选择防守型行业能帮助其减少或避免损失。但是,人们对经济的预测并不都是准确的,如果预测失误,投资者将遭受巨大损失。

(三)经济指标分析

经济指标犹如经济发展的指示器,从不同层面显示社会经济发展的速度、水平、结构与规模。宏观经济所涉及的经济指标,如国内生产总值变动率、经济周期、失业率、通货膨胀率、利率、汇率等,都与股票投资有着各种各样的互动联系。投资者观察宏观经济只有从这些经济指标入手,循序渐进,才能深刻领会股票投资的跌宕起伏,并形成独特的视角和分析结论。

由于各个不同的经济指标从不同方面反映宏观经济的发展变化,因此简单的相加不能说明任何问题。通常情况下将国内生产总值、国民生产净值、国民收入、个人收入、个人可支配收入 5 个关联度较高的指标综合考虑,推断出宏观经济的大体趋势,虽然不能确定具体的增减量,但至少可以判定增加或下降的方向和范围。

下面将介绍几种主要的经济指标,通过它们分析经济形势,作出投资选择。

1. 国内生产总值或经济增长率

国内生产总值是指一国在一定时期内(年、季)以货币表示的全部产品和劳务的价值总和。它是整个国民经济的概括,是全面反映一国经济实力和经济发展程度的综合指标体系。当国内生产总值规模扩张、各类产业和各种上市公司投入产出规模增大时,投资者的目标公司才有可能给予股民高额回报;否则,没有不断增长的量作基础,证券投资收益将无从谈起。但是,在国内生产总值增长的同时,还要考虑其他因素,因为在总的经济形势一定的前提下,有的个股追随大的宏观经济走势,但是也有许多股票与宏观经济的相关性很小或呈负相关。例如,我国在经济过热的 20 世纪 90 年代初期,经济发展速度惊人,但是许多技术水平低、生产管理落后、产品与市场需求差距较大的企业部门就逐渐走下坡路,支撑股价的企业效益为负,股东的实际现金收益落空,在大市看涨的环境中长期徘徊低迷。因此,投资者绝不能对宏观经济和个股走向一概而论。

经济增长率也称经济增长速度,它指的是国内生产总值增长率。它是一个反映一定时期内经济发展水平变化程度的动态指标,也是一个反映国家经济是否具有活力的基本指标,它从根本上制约着股票市场的发展方向与速度。对于发达国家来说,其经济发展总水平已经达到相当的高度,提高经济发展速度较为困难;而对经济尚处于较低水平的发展中国家而言,由于发展潜力大,它们的经济发展可能达到高速甚至超高速增长。这个时候,国家经济容易出现一系列问题,如总需求膨胀、物价指数上升等,造成宏观经济过热。因此,应该把适度经济增长作为目标。

2. 失业率

失业率是指所有的短缺的就业机会,或愿意就业但没有合适就业机会的人数与全社会劳动力的比率。它反映着两种现象:一是社会经济活动的萎缩,总供给水平下降;二是社会需求能力下降。因此,失业率上升必然影响宏观经济的增长势头,人们失去赖以生存和发展的收入来源,就不得不自动约束投资冲动,以避免更大的市场投资风险;同时,所有的人都会产生一种思维定式:对未来的预期收入下降而预期支出增加。一方面,社会总投资、总需求的紧缩和总产出、总供给的下降,都将使股市一枝独秀的基础不复存在。另一方面,当失业率很高时,资源被浪费,人们收入减少,经济上的痛苦还会影响人们的情绪和家庭生活,进而引发一系列的社会问题。因此,高就业率(或低失业率)是经济社会追求的另一个重要目标。

失业率与经济增长率有密切的联系。奥肯在对美国经济增长率与失业率之间的关系进行研究后总结出以下规律。

$$\Delta u = -0.5(y - 2.25\%)$$

式中:Δu 为失业率的变化;y 为经济增长率。

这就是奥肯定律。它表明,当经济增长率高于 2.25% 时,失业率将下降。在此基础上,经济增长率每增加 1%,失业率就会下降 0.5%;当经济增长率低于 2.25% 时,失业率将上升。在此基础上,经济增长率每减少 1%,失业率就会上升 0.5%。奥肯定律就经济增长率与失业率的变化之间的关系给出了一个估算模型,它是一个粗略的近似估算规则。它是在研究美国实际情况的基础上产生的,不一定完全准确地适用于别的国家。但是,通过奥肯定律,人们能够得出这样一个基本结论:失业率与经济增长率之间有着密切的联系,通过经济增长率可以对失业率进行大致的判断。

3. 通货膨胀

(1) 通货与通货膨胀的定义。所谓通货,是指流通中的货币,包括现金和存款(主要是以支票形式出现的银行活期存款),通货膨胀就是通货过多。通货膨胀一般表现为物价上涨,但不能说物价上涨就一定是通货膨胀。只有通货过多引起的物价上涨才是通货膨胀,非货币因素引起的物价上涨就不是通货膨胀。还需要指出的是,通货膨胀是指一般物价水平的持续普遍上涨,一般物价水平就是指各类商品和劳务的价格加总在一起的加权平均数,包括所有商品和劳务的价格在内。因此,局部的或个别的商品或劳务价格上涨以及季节性、偶然性和暂时性的价格上涨都不能称为通货膨胀。

(2) 通货膨胀的类型。按照通货膨胀形成原因划分,通货膨胀主要有需求拉上型和成本推动型两种,另外在实行开放经济的“小国”还存在结构型通货膨胀。导致通货膨胀有 3 种原因:①原材料生产成本上涨,造成成本推动的通货膨胀;②商品和服务的需求急速增加,致使在短期内无法满足强劲的需求,造成需求拉动的通货膨胀;③由于部门间劳动生产率的增长速度不同,而工资增长却保持一致的倾向,因此劳动生产率低的部门会导致价格总水平上升。部门之间的工资相互攀比导致结构型通货膨胀。通货膨胀一般以两种方式影响经济:收入和财产的再分配以及改变产品产量与类型。其具体包括引起收入和财富的再分配、扭曲商品相对价格、降低资源配置效率、引发泡沫经济乃至损害一国的经济基础和政权基础。

(3) 通货膨胀对股价的影响。通货膨胀因其原因不同,会对股价产生不同的影响。需求拉上型通货膨胀会使以生产投资品为主的上市公司如钢铁、石化、建材、机械等公司的账面盈利因产品价格上涨而增多,消费类如家电、轻工、商业等上市公司也将大受其惠。

成本推动型通货膨胀往往会使企业生产的产品会因成本的增加而涨价,致使消费者购买欲望下降,从而造成销售减少、公司成本增加、利润减少,导致股价出现下跌。

在通货膨胀初期,对上市公司来说,企业销售增加,同时因为以低价原材料生产的库存产品成本较低,公司利润会有较大幅度的增长。在通货膨胀初期商品价格全面上涨时,生产资料价格一般领涨于其他商品价格,从而使这些生产生产资料(如建材、钢铁等)、生活必需品上市公司的股票上涨领先于其他公司的股票。在通货膨胀后期,通货膨胀的持续会导致生产要素价格大幅上扬,企业成本急剧增加,上市公司盈利减少,这直接导致市面人气低落。同时,因通货膨胀加剧了各种社会经济矛盾,政府为抑制严重的通货膨胀将采取紧缩性的货币政策,从而大幅度提高利率。由于股票投资收益率的相对下降,投资者纷纷抽资退出股市,对股票的需求减少,从而导致股价下跌。

(4) 我国股市与通货膨胀的关系。1988 年我国商品零售价格指数达到高峰后下降,在 1990 年达到了低谷,随后开始进入新一轮的通货膨胀。物价指数由 1990 年的 2.1% 上升到 1991 年的 2.9%,此时我国股市刚刚建立,随着通货膨胀的走高,股价指数逐步上升。1993 年我国出现了经济过热,进入了严重的通货膨胀时期,这一年的物价指数高达 13.2%,是 1992 年涨幅的 1.44 倍,是该轮经济周期中涨幅最大的一年。在 1993 年我国沪市股价指数也达到了 1558.95 点的高点。随后,国家采取严厉的宏观调控手段抑制通货膨胀。由于物价上涨的惯性,1994 年的零售物价指数再创新高,达到 21.7%,但涨幅却比 1993 年下降了 55.5%。因此,我国股市则踏着通货膨胀的节拍步入长达 3 年的熊市。1996 年,我国零售物价指数开始回落到 6.1%,同时保值贴补率的取消表示物价指数上涨已与国民经济的增长处于合理的比例之中,与此相对应,沪深股市也出现了上升行情。

4. 通货紧缩

(1) 通货紧缩的定义。通货紧缩是与通货膨胀相反的一种经济现象,它是指一般物价水平的持续下跌,并且这种商品和劳务价格的下跌是因货币供给不足或货币存量不能如期转化为有效需求而造成的。非货币因素引起的价格下跌不是通货紧缩。技术进步、劳动生产率提高导致的价格下跌会给消费者带来一定的好处,而通货紧缩造成的价格下跌只会给社会经济的发展带来危害。

(2) 通货紧缩对股价的影响。通货紧缩反映到股市上,一方面上市公司因投资减少,销售下降,盈利水平大受影响,经营业绩出现滑坡;另一方面投资者因收入的减少及对经济前景悲观而减少投入股市的资金,表现在股票市场上投资者或因对股市后市信心不足而抛售股票或采取观望态度。

(3) 我国的情况。1998 年 3 月以来,我国出现了明显的通货紧缩,通货紧缩的负效应在上市公司的业绩上明显体现出来。1998 年报统计结果表示,与 1997 年相比,沪深两地上市公司加权每股收益下降了 12.26%,加权净利润下降了 2.11%。上市 824 家公司中 85 家亏损,亏损面为 10.32%。1999 年上市公司整体业绩虽有增长,但受通货紧缩影响较大的制笔业、旅游业、百货贸易业上市公司仍然业绩较差,每股收益和净资产收益率两项指标在上市公司的行业排名中居于后 3 位。

5. 国际收支状况与股价运行

(1) 国际收支与国际收支平衡表的定义。国际收支是一国与其他国家之间经济交往的系统记录,是一国居民与外国居民在一定时期内各项经济交易的货币价值总和。英国著名经济学家 J·米德对国际收支含义的解释如下:当一个国家向世界其他国家出口等项目的总收入超过从世界其他国家进口等项目的总支付时,其国际收支就说是"顺差"或"有盈余";相反,如果入不敷出,则国际收支就说是"逆差"或"有赤字"。当它与其他国家进行交易而收支相抵时,其国际收支就说是"平衡"。

(2)国际收支状况对股票市场的影响。主要体现在国际收支总额的平衡状况上。如果一国国际收支状况逆差增加、本币贬值、外币升值,国内资金持有者和外国投资者为防范汇率风险,纷纷卖出本币买入外币,国内资本外流,股市中资金抽出,这时股票价格一般看跌。但对于不同类型的企业,其影响不同。对于出口型企业来说,本币贬值、外币升值,意味着在国际市场的竞争力加强,市场扩大,销售收入提高,从而使企业经营业绩提高,股票价格自然上扬;相反,依赖于进口的企业成本增加、利润受损、股票价格下跌。如果一国国际收支状况顺差增加、本币升值、外币贬值,则会吸引外国资本涌入本国,且有一部分进入股市,这时股票价格一般看涨。此时,出口型企业股票价格会下跌,进口型企业股票价格会上涨。

(3)案例。1997 年爆发的亚洲金融危机对我国的进出口影响很大。从 1998 年的中报上可以看出亚洲金融危机对我国一些出口型上市公司的影响。例如,新潮实业,公司主导产品羊绒制品及毛纱制品的出口由于受亚洲金融危机影响,出口比例下降了约 20%,上半年净利润比 1997 年同期减少了 495.7 万元。

6. 货币供应量

货币供应量是指单位和居民个人在银行的各项存款和手持现金之和,它的变化反映着中央银行货币政策的变化,其对企业生产经营、金融市场,尤其是证券市场的运行和居民个人的投资行为有着重大的影响。在我国现阶段将它分为 3 个层次:①流通中的现金,用符号 M_0 表示;②狭义货币供应量,即 M_0 +企事业单位活期存款,用符号 M_1 表示;③广义货币供应量,即 M_1 +企事业单位定期存款+居民储蓄存款,用符号 M_2 表示。在三者中,M_0 与消费物价密切变动,是最活跃的货币;M_1 反映居民和企业资金松紧变化,是经济周期波动的先行指标;M_2 流动性最弱,它反映的是社会总需求变化和未来通货膨胀的压力状况。通常所说的货币供应量,主要是指 M_2。中央银行可以通过增加或减少货币供应量调节货币市场,实现对经济的干预。货币供应量的变动会影响利率,中央银行可以通过对货币供应量的管理来调节信贷供给和利率,从而影响货币需求并使其与货币供应相一致,并影响宏观经济活动水平。

7. 利率

在美国华尔街证券市场上有句名言:"股市随利率的变动而涨跌。"我国的股民也深知利率调整对股市的杠杆作用:当利率调整后,投资者就要比较存款与购买股票哪一个更合算。一般从理论上来说,当利率下降时,股票的价格就上涨;当利率上升时,股票的价格就会下跌。因此,利率的高低以及利率同股票市场的关系,也成为股票投资者据以买进和卖出股票的重要依据。

首先,利率作为经济指标在很大程度上预示着宏观经济的未来趋势。利率在成熟的市场经济环境中,应当作为市场资金供求的均衡指示器,反映市场上资金的余缺状况。当利率下降时,就表示货币供应一方出现了剩余,或者资金需求一方出现了不足,宏观经济有可能摆脱萧条走向繁荣。当利率上升时,就表示资金需求过旺、宏观经济投入过多、通货膨胀的压力增加,经济衰退的阶段就要来临。

其次,随着利率的变动,投资者将随时改变投资策略。利率变动不只对债券产生影响,利率水平的变动对股市行情的影响也是相当直观和迅速的。例如,1998 年美国联邦储备银行连续 3 次下调利率,美国股市在短短的一个月内,道琼斯指数从 7000 多点急剧上升到 9000 多点。我国自 1996 年 5 月至 1999 年 7 月,连续 7 次下调利率,伴随每一次降息,股市都有不俗的表现。利率主要通过 3 种途径影响股票价格。第一,利率变动造成的资产组合替代效应,利率变动通过影响存款收益率,投资者就会在股票和储蓄以及债券之间作出选择,实现资本的保值增值。通过资产重新组合进而影响资金流向和流量,最终必然会影响到股票市场的资金供求和股票价格。而利率上升,一部分资金可能从股市转而投向银行储蓄和债券,从而会减少市场上的资金供应量,减少股票需求,导致股票价格下降;反之,利率下降,股票市场资金供应增加,从而使股票价格上升。第二,利率影响上市公司的经营条件,进而影响公司未来的估值水平。贷款利率提高会加重企业利息负担,从而减少企业的盈利,进而减少企业的股票分红派息,受利率的提高和股票分红派息降低的双重影响,股票价格必然会下降;相反,贷款利率下调将减轻企业利息负担,降低企业生产经营成本,提高企业盈利能力,使企业可以增加股票的分红派息,股票价格将大幅上升。第三,利率变动对股票内在价值的影响,股票资产的内在价值是由资产在未来时期中所接受的现金流决定的,股票的内在价值与一定风险下的贴现率呈反比关系,贴现率的上扬必然导致股票内在价值的降低,从而也会使股票价格下降。股票指数的变化与市场的贴现率呈现反向变化,贴现率上升,股票的内在价值下降,则股票指数将下降;反之,贴现率下降,则股价指数上升。

当然,利率变化与股价涨跌的反方向变化也不是绝对的,在股市变化中往往有很多可变因素,如当经济增长因素、非市场宏观政策因素的影响大于利率对股市的影响时,股价指数的走势就会与利率的中长期走势相背离。由于我国目前非市场宏观政策因素仍然有比较大的不确定性,所以利率对股市的影响不能够成为人们研究和预测股市中长期走势的主要因素。

8. 汇率

汇率与股市的联系方式更为抽象,许多股民也只是模糊地意识到汇率的存在对股市的影响。事实上,随着改革开放步伐的加快,尤其是中国加入 WTO 之后,汇率作为衡量宏观经济的参照系数,其作用会越来越大。汇率是外汇市场上一国货币与他国货币相互交换的比率,它是由货币所代表的实际社会购买力水平和自由市场对外汇的供求关系决定的。汇率变动是国际市场中商品和货币供求关系的综合反映。对我国股民来说汇率的高低是指外币兑换本币的多少。汇率上升表示外币升值,本币贬值;汇率下降表示本币升值,外币贬值。汇率变动方向是由两国综合实力比较后来确定的。

汇率变动对宏观经济有很大影响。首先,如果货币贬值,外销产品在海外市场的竞争力增强,本国的贸易收入往往会得到改善,整个经济体系中外贸部门所占比重会扩大,从而提高本国的对外开放程度,进而可以有更多的产品同国外产品竞争。在非典爆发期间,我国出口之所以能继续保持旺盛的主要原因在于：首先,随着美元的走低,与美元挂钩的人民币也在贬值,使得我国出口产品的价格竞争力提高。其次,本币贬值将引起物价上升。一方面,出口扩大引起需求拉动物价上升;另一方面,通过提高国内生产成本推动物价上升。货币贬值对物价的影响会逐渐扩大到所有商品,这有利于扼制通货紧缩,但必须高度警惕引发通货膨胀。相反,当货币升值时,外销产品竞争力变弱,出口企业利润下降,对整个国民经济带来不利影响。在亚洲金融危机期间,东南亚国家货币纷纷大幅贬值,人民币相对升值,导致了我国出口价格竞争力下降,成为我国 1998 年下半年至 1999 年上半年出口急剧滑坡的一个重要原因。

汇率的变动通过两个渠道影响股市：一个是资本流动;一个是对外贸易活动。在资本市场上,由于汇率波动,外币与本币的比率将损害其中一方的利益,这样一来,受损的一方就要及时抽走资金,以免遭受更大的投资风险,若这些资金是证券融资,那么其流动将直接冲击股市的正常运转。如果预测某国的汇率将要上涨,那么货币相对贬值国的资金将向上升国转移,而其中部分资金将进入股市,股票行情也可能因此上涨。在对外贸易活动中,国际的商品与劳务的交换,就要面临一般贸易所没有的风险即汇率风险。汇率变动,即计价货币的价值变动,将直接导致交易其中一方的收入减少,得到益处的一方即货币贬值的一方借机扩大出口,有可能带动其国内产业的繁荣;而受损一方即货币升值的一方不得不降低出口或增加进口,因而抑制了国内产业的发展。前者会为股市带来利好消息,后者则可能拖住股市,使其低迷不振。

9. 税收

它是国家凭借政治权力参与社会产品分配的重要形式,由于税收具有强制性、无偿性和固定性特征,使得它既是筹集财政收入的主要工具,又是调节宏观经济的重要手段。

税收调节经济的首要功能是调节收入的分配。第一,税制的设置可以调节和制约企业间的税负水平。"区别对待"的税制可以达到鼓励一部分企业发展、限制另一部分企业发展的目的;"公平税负"税制的设置则可使各类税负水平大致相当。当前为适应发展社会主义市场经济的需要,我国通过税制改革,设置统一的内资企业所得税和中性税率的增值税就是发挥"公平税负"的政策效应,从而促进各类企业平等竞争;第二,通过设置个人所得税可以调节个人收入的差距。其次,税收可以调节社会总供求的结构。财政税收可以根据消费需求和投资需求的不同对象设置税种或同一税种中实行差别税率,以控制需求数量和调节供求结构。再次,税收对促进国际收支平衡具有重要的调节功能。对出口产品的退税政策可用来鼓励出口,进口关税的设置用来调节进口商品的品种和数量。

税率变化对证券市场的影响首先是通过对上市公司的影响表现出来的。税收对上市公司的影响主要表现在对上市公司产业结构的影响。税收属于社会再生产的分配环节,与产业结构及其优化状态之间有着十分密切的联系。首先,税收分配结构制约着产业结构,税收的部门结构对于产业结构的变化具有非常重要的影响;其次,国家可以通过设立税种、确定税率和规定税收优惠等,从多方面改善税收调节,对实现产业结构优化发挥积极作用。

另外,在政府进行宏观调控时,作为国家财政政策的有效工具,税率的升降也对证券市场产生了较大的影响。政府如果实行积极的财政政策,就必须降低税率,扩大免税范围,这样可以增加微观经济主体的收入,刺激他们的投资需求,并联动性扩大其他企业的投资,从而扩大社会供给。其对证券市场的影响表现为税负的减轻、刺激投资规模的扩大和就业的增加,投资者收入的提高又刺激投资和消费。投资增加可直接引起证券市场价格上扬,消费增加则使社会总需求增加。社会总需求增加又刺激投资,并且使生产规模扩大和企业利润增加。企业税后利润的增加也会提高其经营业绩,从而促使公司股票价格上涨。减税还会进一步减轻企业还本付息的负担,从而刺激债券价格的上升。但是,由于政府减税政策的实施空间是有限的,它不可能大幅度降低整个税率水平,因此只能根据经济发展的不同需要和不同对象,对税率作有选择和有限的调整。

除以上 9 种经济指标外,还可以利用其他指标对宏观经济进行分析,如工业增加值、国际收支、政府投资、社会消费品零售总额、财政收入、财政支出等,它们从不同方面反映了一个国家的经济运行情况。在证券投资前,应结合投资的目标,选取合适的经济指标进行分析,从整体上把握经济动态。

二、宏观经济运行分析

宏观经济运行分析是指从影响证券市场价格的因素来揭示宏观经济变动与证券投资间的关系。一般把证券投资的宏观经济分析对象分为两个方面的内容,即宏观经济运行和宏观经济政策,这里首先就宏观经济运行对证券市场的影响进行分析。

(一)宏观经济运行对证券市场的影响途径

由于宏观因素、行业和区域因素、公司因素和市场因素共同作用,证券价格的变动形式十分复杂。因此,作为投资者,如果要取得较高的投资收益并尽可能降低投资风险,就要认真分析和研究影响证券市场价格的各种要素。从总体上来看,宏观经济因素是影响证券市场长期走势的唯一因素,其他因素则暂时改变证券市场的中期和短期走势。宏观经济对整个证券市场的影响,包括经济周期波动等规律性因素和政府实施的经济政策等政策性因素。宏观经济运行对证券市场的影响通常通过以下途径实现。

1. 企业经济效益

无论从长期看还是从短期看,宏观经济环境是影响公司生存、发展的最基本因素。公司的经济效益会随着宏观经济运行周期、宏观经济政策、利率水平和物价水平等宏观经济因素的变动而变动。如果宏观经济运行趋好,则企业总体盈利水平就会提高,证券市场的市值自然上涨;如果政府采取强有力的宏观调控政策,紧缩银根,则企业的投资和经营必然会受到影响,使其盈利下降,证券市场市值就可能缩水。

2. 居民收入水平

在经济周期处于上升阶段或在提高居民收入政策的作用下,居民收入水平提高,将会在一定程度上拉动消费需求,从而增加相关企业的经济效益。另外,居民收入水平的提高,也会直接促进证券市场投资需求。

3. 投资者对股价的预期

投资者对股价的预期,也就是投资者的信心,是宏观经济影响证券市场走势的重要途径。当宏观经济趋好时,投资者预期公司效益和自身的收入水平会上升,证券市场自然人气旺盛,从而推动市场平均价格走高;反之,则会令投资者对证券市场信心下降,引起股市价格下跌。

4. 资金成本

当国家经济政策发生变化时,如采取调整利率水平、实施消费信贷政策、征收利息税等政策,居民、单位的资金持有成本也将随之变化。例如,利率水平的降低和征收利息税的政策,将会促使部分资金由银行储蓄变为投资,从而扩大证券市场的资金供应量,影响股价的上升。

(二) 宏观经济变动与证券市场波动的关系

1. 国内生产总值(GDP)变动对证券市场的影响

GDP是一国经济成就的根本反映,持续上升的GDP表明国民经济良性发展,制约经济的各种矛盾趋于或达到协调,则人们有理由对未来经济持乐观态度;相反,如果GDP处于不稳定的非均衡增长状态,此时不均衡的发展可能激化各种矛盾,从而导致经济衰退。证券市场是经济的"晴雨表",它对GDP的任何变动都会作出反应。在进行分析时必须将GDP与经济形势结合起来,而不能简单地以为GDP增长,证券市场就必将伴之以上升的态势,关键是看GDP的变动是否将导致各种经济因素(或经济条件)的恶化。通常把它们之间的变动关系分为以下几种基本情况。

(1) 持续、稳定、高速的GDP增长。在这种情况下,社会总需求与总供给协调增长,经济结构逐步合理,趋于平衡,经济增长来源于需求刺激并使得闲置的或利用率不高的资源得以更充分的利用,从而表明经济发展的良好势头,这时证券市场将基于下述原因而呈现上升走势。

首先,伴随总体经济成长,上市公司利润持续上升,股息和红利不断增长,企业经营环境不断改善,产销两旺,投资风险也越来越小,从而使公司的股票和债券得到全面升值,促使价格上扬。

其次,人们对经济形势形成了良好的预期,投资积极性得以提高,从而增加了对证券的需求,促使证券价格上涨。

最后,随着国内生产总值GDP的持续增长,国民收入和个人收入都不断提高,收入增加也将增加证券投资的需求,从而证券价格上涨。

(2) 高通货膨胀下的GDP增长。当经济高速增长却处于严重失衡时,总需求大大超过总供给,通货膨胀率快速提高,这是经济形势恶化的征兆,如不采取调控措施,则必将导致未来的"滞胀"(通货膨胀与经济停滞并存)。这时,经济的矛盾会明显地表现出来,企业经营将面临困境,居民实际收入也将降低,因而失衡的经济增长必将导致证券市场下跌。此时,政府会对经济运行采取宏观调控,使国民经济由"高增长、高通胀"转变为"高增长、低通胀"。

(3) 宏观调控下的GDP减速增长。当GDP呈现失衡的高速增长时,对部分行业的投资过热,一些行业供不应求,将造成能源过度紧张,从而出现大量不正常消费,各方面的基础设施告急,这时政府可能采用紧缩性的宏观调控措施以控制经济增长,减缓GDP的增长速度。如果调控目标得以顺利实现，经济矛盾逐步得以缓解，为进一步增长创造有利条件，这时证券市场便会反映这种好的形势而呈现出企稳渐升的态势。例如，我国在进入2004年以后，经济升温偏快的现象十分明显。一季度，全社会固定资产投资同比增长了43%，人民币贷款余额同比增长23.4%，GDP增长率达到9.8%，煤电油运等基础产品供给全面告急，粮食供应紧张，食品价格和生产资料价格快速上涨。经济过热的苗头开始形成。这使2004年成为我国宏观经济政策取向发生重大改变的一年。继1998年采取扩张的财政、货币政策扩大内需以来，国家政策又一次明确转变为以稳定需求、适度控制一些方面的过快增长为主调的宏观经济措施。

（4）转折性的GDP变动。它有两种表现形式：一种是正向转折；另一种是反向转变。如果GDP在一定时期内呈负增长，那么当负增长速度逐渐下降并向正增长转变时，表明恶化的经济环境逐步得到改善，人们对经济恢复信心，证券市场走势也将由下跌转为上升。同时，当GDP由低速增长转向高速增长时，表明在低速增长中，经济结构得到调整，经济的"瓶颈"制约得以改善，新一轮经济高速增长来临，证券市场也将伴随以快速上涨的势头。这两种情况都属于正向转折；反之，当GDP由正增长转变成负增长或由高速增长转向低速增长时，说明经济形势恶化，证券市场逐渐进入低迷状态，而呈现反向转变。

最后，还必须强调指出，证券市场一般提前对GDP的变动作出反应，也就是说它能够反映预期GDP的变动，而当GDP的实际变动被公布时，证券市场只反映实际变动与预期变动的差别，因而对GDP变动进行分析时必须着眼于未来，这是最基本的原则。

2. 通货膨胀与通货紧缩对证券市场的影响

通货膨胀和失业一直是困扰各国政府的两个主要经济问题。虽然已经初步了解通货膨胀的原因以及其对经济的影响，但政府通过宏观政策对通货膨胀进行控制也往往要付出一定的代价，如高失业率和GDP的低增长，而其又将导致产量和就业数量的损失。

（1）通货膨胀对证券市场的影响。处于不同阶段的通货膨胀对证券市场的影响不同。不管何种原因引发通货膨胀，它都会对整个股市的运动产生影响。在通货膨胀初期，由于货币供应迅速增加，社会总供给所需的资金相对充裕，经营规模扩大，产品产值倍数扩张，效益凸现；同时，消费者面临货币贬值的压力，抢先购物保值，社会需求量节节攀升。总供需相对平衡，股市利好而股民信心大增。在通货膨胀后期，预期的价格上升幅度过大，一方面投资成本升幅过大；另一方面消费者苦于物价过高不再扩大消费，市场供需均衡被打破，宏观经济萧条，股市后市乏力。

不同程度的通货膨胀对证券市场的影响也不同。通货膨胀对股价特别是个股的影响没有永恒的定式，它也可能同时产生相反方向的影响。通货膨胀与股票价格有多个传导关系，它通过利率、上市公司的经营业绩、股票市场的资金供给等影响股价。当对这些影响作具体分析和比较时，必须从该时期通货膨胀的原因、通货膨胀的程度，配合当时的经济结构和形势，政府可能采取的干预措施等方面入手。下面说明了3种不同程度的通货膨胀对股市的影响。

首先，温和的、稳定的通货膨胀对股价的影响较小。虽然通货膨胀提高了债券的必要收益率水平，但却引起债券价格下跌。

其次，如果通货膨胀在一定的可容忍范围内持续，而经济处于景气（扩张）阶段，产量和就业都持续增长,那么股价也将持续上升。

最后,严重的通货膨胀是很危险的,一旦其站稳脚跟,经济将被严重扭曲,货币加速贬值,这时人们将会囤积商品,购买房屋以期对资金保值。这可能从两个方面影响股价:其一,资金流出金融市场,引起股价下跌;其二,经济扭曲和失去效率,企业一方面筹集不到必需的生产资金;另一方面,原材料、劳务价格等成本飞涨,致使企业经营严重受挫,盈利水平下降,甚至倒闭。

不同类型的通货膨胀对证券市场的影响也不相同。通货膨胀的类型决定了其对证券市场影响的方向和程度。当流通货币的供应超过实际需要量时,货币购买力下降;当出现需求拉动型通货膨胀时,由于证券市场资金充裕,而买入股票是货币保值、取得高投资回报率的途径之一,所以物价(包括商品价和金融商品价格)持续上升,通货膨胀与证券市场的变化呈现正相关;当出现成本推动型通货膨胀时,居民货币收入增长率低于通货膨胀率,且受需求的制约,企业难以完全向消费者转嫁成本上升的影响,盈利困难,甚至出现亏损,因此股价必然下跌。在一般条件下,无论哪种类型的通货膨胀,都表现为货币贬值,居民要维持原有消费水平,就必须增加货币支出,结果会相应减少证券投资金额,从而使证券市场的资金减少,股价下跌。

(2) 通货紧缩对证券市场的影响。纵观人类社会经济发展历史,通货紧缩是一种比较普遍的经济现象。最具代表性的,当属美国 1929—1933 年大萧条期间出现的严重通货紧缩,以及日本在 20 世纪 90 年代产生并延续至今的螺旋式的通货紧缩。无论是美国还是日本,其通货紧缩的产生和发展都与证券市场有着密不可分的关系。

通货紧缩会导致股市持续低迷。股市稳定的最根本基础是上市公司的素质。而在通货紧缩的条件下,由于市场疲软、价格下跌、产品销售不畅、利润下滑、再生产资金短缺等因素的作用,上市公司难以维持正常的生产经营活动,甚至可能发生严重的亏损直至倒闭。上市公司盈利能力的持续下降恶化了其资产质量,直接导致股市不断下挫,即使政府采取刺激性的措施,只要上市公司的业绩没有实质性的改善,也只能暂时转变局面,而难以改变股市长期低迷的颓势。美联储在 1928—1929 年错误地采取了过激的紧缩性货币政策,收缩公开市场操作并两次提高再贴现率,同时大幅度提高对经纪商贷款的利率,甚至限制会员银行对经纪商贷款,从而导致金融市场在诸多利空下变得无序,进而出现股价暴跌。

同时,通货紧缩会使证券市场的重心向债券业务倾斜。活跃的债券市场和萎缩的股票市场并存是证券业务在通货紧缩下(特别是在中长期通货紧缩下)的典型表现。因为在通货紧缩时,负增长的物价水平(即商品零售物价指数为负增长)将使实际利率增加,而名义利率不断走低,这导致低风险的中长期债券成为抵抗通货紧缩的有效武器。

此外,证券市场与通货紧缩互为因果关系。证券市场,尤其是股市的崩溃会直接引发通货紧缩,而证券市场的萧条会加重通货紧缩的治理难度;反过来,通货紧缩导致企业经营困难,瓦解了证券市场发展的基础,造成证券市场长期低迷,最终可能引发证券市场崩溃直至整个金融市场和国家经济的全面危机。

3. 经济周期

经济周期是一个连续不断的过程,它的波峰和波谷交替出现,每个周期的时间长度和影响深度各不相同。经济周期的变动对投资策略产生的影响已经在本节的第一部分内容中做了详细的介绍,在此不再展开。

第三节　宏观经济政策分析

宏观经济政策大体分为三大类:财政政策、货币政策和收入政策,其中财政和货币政策被称为国家干预经济的主要宏观调控工具,在发达的市场经济国家,收入政策也被作为社会经济持续发展的辅助调控工具。但无论采取什么政策,它们都会对证券市场产生影响。表8-1简单列举了宏观政策和中国证券市场波动的关系。

表 8-1　宏观政策和中国证券市场波动的关系

政策	1992 年邓小平南巡讲话	1993 年提高利率紧缩银根	1994 年出台三大救市政策	1996 年降息及金融工作会议	1996 年年底《人民日报》文章:"风险控制"
沪市股指	425～1420.79	1558.95～333	394.87～1033	516～1244.90	1258～871
涨跌幅度	995.41	−1225.03	638.6	728.46	−387

政策	1997 年上海推出百家上市公司优惠政策	2001 年 6 月推出国有股减持政策	2001 年 10 月 22 日暂停国有股减持	2002 年 6 月 24 日彻底停止国有股减持政策	
沪市股指	872.80～1500.4	2245～1514.86	1514.86～1670	1517～1709	
涨跌幅度	627.6	−730.14	155.7	191.81	

资料来源:中国证券业协会.中国证券市场发展前沿问题研究.北京:中国金融出版社,2002.

一、财政政策对证券市场的影响

1. 财政政策概述

财政政策是指政府依据客观经济规律制定的指导财政工作和处理财政关系的一系列方针和措施的总和,包括财政收入政策和财政支出政策。从财政政策产生的经济效应来看,财政政策又可分为紧缩型财政政策、宽松型财政政策以及中性财政政策。财政政策对证券市场有着巨大的影响,总地来说,紧缩型财政政策对经济有抑制作用,构成证券市场的利空因素,而宽松型财政政策则刺激经济的发展,构成证券市场的利多因素。

财政政策的实施主要是通过国家预算、税收、国债、财政补贴等手段,这些手段可以单独使用也可以相互配合使用。

(1)国家预算。国家预算是财政政策的主要手段。它对经济的调控作用主要表现在以下两个方面:首先,通过国家预算收支规模的变动及其平衡状态调节社会总供给与总需求的平衡关系。其次,通过调整国家预算支出结构调节国民经济中的各种比例关系和经济结构,从而促使社会的总供求结构平衡。

(2)税收。税收是国家凭借政治权力参与社会产品分配的重要形式,具有强制性、无偿性和固定性的特征。税收具有广泛的调节作用,它是实施财政政策的重要手段。

调节社会总供给与总需求平衡是税收的首要职能。从调节供给来看,可以通过降低税率和扩大减免税范围,增加企业可支配收入,刺激投资和增加供给;反之,提高税率和缩小减免税范围,使企业可支配的收入减少,影响企业投资和生产的发展,从而减少供给。从调节社会总需求来看,可以根据消费需求和投资需求设置不同的税种或在同一税种中实行差别税率,控制需求数量。调节产业结构,优化资源配置是税收的第二个职能。进行宏观经济调控不仅要求供求在总量上平衡,在结构上也要求平衡,这主要是通过设置不同的税率和税种来实现对生产结构和消费结构的调节。另外,通过税收可促进国际收支平衡。例如,当一国国际收支出现赤字时,政府一方面通过出口退税刺激出口;另一方面征收或调高进口关税抑制进口,从而使国际收支达到平衡。

(3)国债。国债是中央政府按照有偿信用原则筹集财政资金的一种重要形式,同时也是实现宏观调控的重要财政政策手段。国债的调节作用主要表现在以下几个方面。

① 国债可以调节国民收入的使用结构,调节积累和消费的比例关系。中央政府通过发行国债,将社会上的闲散的消费资金转化为积累资金,并用于生产建设。

② 国债可以调节产业结构。中央政府通过发行国债筹集资金并将资金运用到社会效益和宏观效益较高的项目上,消除企业和银行投资较注重微观效益而常常与宏观经济目标发生矛盾的弊端,其站在整个国家的角度调节投资结构,从而促进整个国民经济结构趋于合理。

③ 国债可以调节资金供求和货币流通。中央政府通过扩大或减少国债的发行,降低或提高国债利率或贴现率直接调节货币供求和货币流通量来调节整个国民经济。

(4)财政投资。财政投资是国家预算内的投资,它是进行国家重点建设和其他大中型项目投资的主要资金来源。由于财政投资具有数量大、作用强的特点。因而,财政投资是实现国家宏观调控、形成和调整国民经济结构的有力手段。

2. 财政政策的运作及对股价的影响

一国政府运用财政政策来影响国民经济,一方面可以通过"自动稳定器",即财政政策系统本身存在的一种防御各种干扰因素对国民经济冲击的机制,其能够在经济繁荣时自动抑制膨胀,在经济衰退时减轻萧条,通过这种内在的稳定器调节社会供需,减轻经济波动;另一方面通过"相机抉择"发挥财政政策的职能。自动稳定器虽然在起作用,但作用有限,要确保经济稳定,还需政府运用财政政策工具,从经济形势出发,主动采取一些财政措施,使总供需平衡。

(1)松的财政政策对股票价格的影响。总体上讲,松的财政政策会促使股价上涨。宽松型财政政策对证券资产投资产生积极作用。所谓宽松型财政政策,是指国家减免税赋,降低税率,扩大财政性支出,支持基础建设,扩大固定资产投资规模;积极扶持产业发展,鼓励企业扩大投资规模,调整产业结构;鼓励民间资本进入证券市场等。扩大政府购买水平会增加政府在道路、桥梁、港口等非竞争性领域的投资,直接增加相关行业,如水泥、建材、机械等的产品需求,而这些产业的发展又带动其他行业的需求,并以乘数方式促进经济发展。这样,公司利润增加,从而推动证券价格上扬。另外,改变政府转移支付水平,如增加社会福利费用、增加为维持农产品价格而对农民的拨款等,使一部分人的收入水平提高,从而间接增加公司利润,证券价格也随之上扬。

① 减少税收对股价的影响。对于上市公司,减税会直接减少支出增加税后利润,每股税后收益增加,这使股票更"值钱",股票的交易价格也将上涨。上市公司税后收益增加,企业投资增加,进而带动社会整体需求增加,促进经济增长,使企业利润进一步增加,股票价格将长期走牛。对于社会公众,降低税收、扩大减免税范围,在增加了社会公众收入的同时也增加了投资需求和消费需求,增加投资需求会直接加大对股票的需求,而增加消费需求会带动社会整体需求增加,因此减税有利于股票价格上涨。

② 增加政府支出对股市的影响。加大政府的财政支出与财政赤字,通过政府的投资行为,增加社会整体需求,扩大就业,刺激经济的增长,这样企业利润也将随之增加,进而推动股票价格上涨。在经济的回升中,居民收入增加,居民的投资需求和消费需求也会随之增加,前者会直接刺激股价上涨,后者会间接促使股价步入上升通道。

③ 国债发行对股价的影响。当一国政府运用国债这个政策工具实施财政政策时,往往要考虑很多的因素。实施松的财政政策,从增加社会货币流通量这个角度出发,往往会减少国债的发行;从增加政府支出及加大财政赤字这个角度出发,又会增加国债的发行。减少国债的供给,社会货币流通量增加,在股票总供给量不变或变化较小时会增加对股票的需求,使股价上涨。但减少国债发行又会影响到政府的支出,给国民经济及股市上涨带来负面影响。增加国债的发行,一方面会导致证券供应的增加,在证券市场无增量资金介入的情况下,就会减少对股票的需求,引起股票价格下跌;另一方面又会增加政府的支出,刺激国民经济增长,有利于股价上涨。因此,国债的发行对股价的影响十分复杂,不能单纯地从一个角度来分析国债发行对股价的影响。

(2) 紧的财政政策对股票价格的影响。紧的财政政策对股价产生的影响与松的财政政策正好相反,其从总体上抑制股价上涨。紧缩型财政政策,一方面通过高税率来抑制产业过分膨胀,通过高收费来抑制经济泡沫产生,同时使财政收入增加;另一方面,它通过控制财政性投资和消费支出来降低财政支出。这种财政政策是一种抑制型财政政策,一般在经济过热时使用。但如果长期采用紧缩型财政政策,必然阻碍经济和产业发展,影响企业融资环境、投资机会和资金周转,抑制证券资金投资。同时,由于政府的财政性投资支出减少,固定资产规模缩小,社会资金投资和货币资本流动程度缩小,社会资金总量下降,因此使资本市场资金流规模缩小,从而影响证券交易的顺利进行。

无论采取紧缩型还是宽松型的财政政策,从理论上说,它的传导过程都比较长。财政政策较长的时滞性决定了它对证券市场的影响不像货币政策那样立竿见影,而是比较缓慢和持久的。

二、货币政策对股市的影响分析

1. 货币政策概述

货币政策是政府为实现一定的宏观经济目标所制定的关于货币供应和货币流通组织

管理的基本方针和基本准则。货币政策对经济的调控是总体的和全方位的,这一政策对证券市场的影响更为直接和明显。货币政策工具可分为一般性政策工具和选择性政策工具。一般性政策工具是指西方经常采用的三大政策工具,即法定存款准备金率、再贴现政策和公开市场业务。而选择性政策工具则包括直接信用控制和间接信用指导。根据政策的运作方向,同样可以把货币政策分为紧缩型货币政策和宽松型货币政策。总地来说,在经济衰退时,总需求不足,政府一般采取宽松型货币政策;在经济扩张时,总需求过大,通常采取的是紧缩型货币政策。

(1) 法定存款准备金率。提高法定存款准备金率,商业银行可运用资金减少,贷款能力下降,市场货币流通量减少;降低存款准备金率,商业银行可运用资金增多,贷款能力增强,市场货币流通量加大。此外,法定准备金率还可通过货币乘数效应,对货币供给总量产生更大的影响。因此,法定存款准备金率是一种影响货币供应的强有力的工具,中央银行很少动用这一工具。一般情况下,当物价上涨幅度过快,发生较严重的通货膨胀时,央行会提高法定存款准备金率;反之,当发生较严重的需求不足,经济出现危机时,央行会降低法定存款准备金率。

(2) 再贴现率。再贴现是指商业银行用持有的未到期票据向中央银行融资的行为。中央银行根据市场资金供求状况确定再贴现率,能够影响商业银行借款成本,进而影响商业银行对社会的信用量,从而调节货币供应总量。央行提高再贴现率,则商业银行向中央银行融资成本就会增高,因而商业银行就会提高对客户的贴现率或贷款利率,使商业银行信用量收缩,以减少市场货币量供应;反之,若央行降低再贴现率,则商业银行向中央银行融资成本就会降低,因而商业银行就会降低对客户的贴现率或贷款利率,以增加市场货币供应。

(3) 公开市场业务。公开市场业务是指中央银行在金融市场上公开买卖有价证券,以此来调节市场货币量的政策行为。公开市场业务是最为重要的货币政策工具,是货币供应变动的主要根源。央行的公开购买行为,会扩大基础货币,增加货币供应;央行的公开市场出售行为,会缩小基础货币,减少货币供应。由于这一货币政策工具对金融市场上货币供应量的影响最为直接,因此公开市场业务是中央银行经常采用的货币政策工具。

(4) 利率。在我国,中央银行还经常使用利率这个政策工具来调节市场上的货币供应量及货币流通量。一方面,降低商业银行存贷款利率,可以减少微观经济主体的投资成本,尤其是大中型国有企业的投资成本,改善其经营环境。另一方面,降低存贷款利率,还会增加即期消费,刺激投资,使生产和就业增加;反之,提高存贷款利率,可增加微观经济主体的投资成本,减少即期消费,鼓励储蓄,减少投资,从而给过热的经济降温。

2. 货币政策的运作及对股票价格的影响

从总体上来说,宽松型货币政策将使得证券市场价格上扬;紧缩型货币政策将使证券市场价格下跌。

当市场物价上涨、需求过度、经济过度繁荣、秩序混乱、社会总需求大于总供给时,中央银行就会采取紧缩型货币政策,以减少需求、降低货币供应量、提高利率、加强信贷控制。当货币供应量减少时,证券市场的资金供应减少,价格的回落又使人们对购买证券保值的欲望降低,从而使证券市场价格呈回落趋势。而当中央银行提高利率时,证券投资的机会成本就会提高,同时上市公司的运营成本也会提高,业绩便会下降,从而使证券市场价格下跌。

如果市场产品销售不畅,经济运转困难,资金短缺,设备闲置,社会总需求小于总供给,中央银行则会采取宽松型货币政策,增加货币供应量,增加总需求,降低利率,放松信贷控制。宽松型货币政策主要从以下几个方面对证券市场产生影响:首先,降低利率水平直接影响企业的融资成本和资金流向,增加股票需求,推动股价上升。其次,当货币供应量增加时,证券市场资金吞吐量增大,市场资金相对比较活跃,证券价格波动性较大,而且一般呈整体上升趋势。但是与此同时,货币资本创造能力增强,如果不加以规范,很可能出现金融泡沫,实质上造成货币贬值。随着我国证券市场的不断规范和完善,广大投资者对证券市场的信心逐步增强,尤其是开放式证券投资基金数量增多和规模扩大,使广大中小投资者的投资渠道更加便利,同时又将吸引大量的资金间接入市。

于是政府就面临着一个两难的选择。宽松型货币政策可能会在短期内降低利率,刺激投资并增加消费的需求,但这些也许会导致高的价格水平,从而引起通货膨胀。刺激经济与通货膨胀之间的权衡是争论货币政策正确性的内涵所在。政府实施货币政策,西方国家主要采用法定存款准备金率、再贴现及公开市场操作等手段,我国则主要采用中央银行对商业银行的贷款限额(1998年取消)、法定存款准备金率、利率、再贴现、公开市场操作等手段。

(1) 松的货币政策对股市的影响。

① 存款准备金率、再贷款利率、再贴现率下调对股市的影响。存款准备金率、再贷款利率、再贴现率下调,会从以下几个方面对股票价格产生影响。

改善上市公司融资环境。存款准备金率、再贷款利率、再贴现率下调,增加了商业银行的资金头寸,使商业银行可贷资金充裕,并为上市公司提供良好的融资环境。一方面,有利于上市公司获得更多的贷款,从而进行资产重组,摆脱经营困境,增加营业利润,且为股价盘升奠定坚实的基础;另一方面,上市公司拥有多个融资渠道,就会减轻对股民的配股压力,使二级市场资金更为宽裕,也有利于股价震荡上行。

取消贷款限额控制,放松对商业银行的信贷管制,意味着微观经济主体从商业银行获得贷款的机会增多,企业发展了,居民收入就会提高,对股票投资需求就会相应加大,从而刺激消费、带动需求,并拉动经济增长,为股票价格上涨提供了长期利好。

② 降低利率对股市的影响。在货币政策工具中,利率的调整对股价的影响最直接、力度最大。

降低利率,则投资于股票的机会成本降低,从而会直接吸引储蓄资金流入股市,导致对股票需求增加,刺激股价长期走好。

降低利率,则企业借款成本降低、利润增加,股价自然上涨。同时利率降低,则股票理论价格提高,市场平均市盈率提高,为股价上涨从理论上提供依据。

(2) 紧的货币政策对股市的影响。紧的货币政策对股市的影响与松的货币政策对股市的影响正好相反,其从总体上抑制股价上涨。

三、收入政策对证券市场的影响

1. 收入政策概述

政策工具不仅意味着货币和财政政策的"细划分、小配套",还需要"总配套"。"总配套"就是指要在货币、财政政策之外,考虑计划手段、收入政策和对外政策的大配套。这里所说的计划手段主要是指年度计划,其中又涉及金融与财政、投资等政策的协调问题,在这里不详细论述。而在宏观调控政策中,容易忽视或低估收入政策的作用。

收入政策是指国家为实现宏观调控总目标和总任务在分配方面制定的原则和方针,它具体是指为影响或控制价格、货币工资和其他收入的增长率而采取的财政金融措施以外的政府行为。与财政、货币政策相比,收入政策具有更高一层次的调节功能,它规定着财政政策和货币政策的作用方向和作用力度,而收入政策最终也要通过财政政策和货币政策来实现。收入政策目标包括收入总量目标和收入结构目标。收入总量目标重视近期的宏观经济总量平衡,着重处理积累和消费、人们近期生活水平改善和国家长远经济发展的关系以及失业和通货膨胀的问题。收入结构目标则着眼于处理各种收入的比例,以解决公共消费和私人消费、收入差距等问题。

收入政策之重要,在于它有助于实现总供求的基本平衡。当人们利用货币政策促进经济增长而又担心通货膨胀时,从紧的收入政策就是一个好帮手。例如,当从紧的货币财政政策已使经济发展速度大幅度下降,市场规模缩小,接近经济疲软时,再实施从紧的货币政策已经不现实,但不实施紧缩型货币政策又担心通货膨胀,此时,就要以较宽松的货币政策与紧缩型收入政策相配合,这样既可以促进经济增长,又可以控制成本性的通胀压力。

2. 收入政策对证券市场的影响

收入政策的关键是要用种种办法使收入增长不超过生产率的增长,通过改变消费预期,带动消费增长。它一直被视为扩大内需的一项重要措施。当国家实行积极的收入政策时,居民的收入水平提高,一来会刺激消费和投资,促进经济发展;二来将导致储蓄增加,而金融机构会把一部分储蓄投资于金融市场中,间接增加证券市场的资金来源。二者同时增加证券市场的需求,促进证券市场规模的壮大和价格水平的逐步提高;反之亦然。

1999年以来我国在全国范围内连续3次提高机关事业单位职工基本工资标准,实施年终一次性奖金制度和艰苦边远地区津贴制度,职工人均月工资水平由1998年的400元提高到2001年的823元,增幅高达105.8%;2002年居民收入特别是城镇居民收入增长很快。但是收入增加并未带动消费需求增长,而是储蓄存款的大幅增加。2001年居民储蓄开始了新一轮的高速增长,当年城乡居民储蓄存款增长14.7%,比上年的7.9%高出6.8%;进入2002年居民储蓄再次提速,到2002年年末,国内城乡居民储蓄余额达到87 000亿元。

另外,收入政策对居民和企业的消费意识产生影响。随着经济的发展,居民的金融投资意识逐步增强,越来越多的人改变了储蓄的观念,转而购买债券或进行股票投资。同时,随着现代企业制度的建立,企业的积累功能将大大增强。企业积累除用于自我发展外,部分积累较多的企业分别用于银行存款、购买债券、参与实业、合作投资、股权投资和股票投资、期货投资等。这些都会推动证券市场的发展。

四、股市政策对股价的影响分析

我国的股票市场只有 10 余年的历史,作为一个新兴市场,非理性的投资行为时有发生,因此游戏规则也需逐步完善。在这 10 余年中,根据证券市场发展的实际需要,国家对股市采取了多种调控措施,相继颁布了 250 余条法规或规章。每次法律、法规、行政政策或法令的出台,都不同程度的引起了股票价格的波动。其中,沪、深两市几次大的股价波动,都直接或间接地与股市政策有关。

五、产业政策对股市的影响

1. 产业政策的制定

任何一个国家在制定产业政策时必须考虑以下几点。

(1)产业政策的制定必须符合产业结构演变的趋势。世界产业结构演变呈现以下两种趋势:一是第一、第二、第三产业在国民经济总产值中所占比重的演变,由第一产业为主过渡到第二产业为主,再过渡到第三产业为主。二是从资源结构演变过程来看,产业结构已从劳动密集型阶段发展到资金密集型阶段并向技术密集型转变。因此,产业政策的制定,必须符合上述产业结构演变的趋势。

(2)产业政策的制定必须符合国情。制定产业政策,调整产业结构可以借鉴别国经验,但不可全部照搬。必须从国情出发,扬长避短,发挥自己的优势。

(3)产业政策的制定必须顺应世界经济发展的要求,有利于参与国际分工。世界经济一体化是当今世界经济发展的潮流。产业政策在立足国情的同时,还必须顺应世界经济发展潮流,瞄准国际市场,积极参与国际分工,大力发展外向型产业,带动其他经济部门的发展。

2. 产业政策的实施对股价的影响

国家在实施产业政策时,对需要重点支持的产业,往往配合财政政策和货币政策给予重点扶持。受国家产业政策倾斜的产业,将会有长足的进步,这些企业会具有长久的生命力,其股票价格将会走长期上升通道。国家限制发展的产业则相反,在长时期内其股价上涨会遇到巨大阻力。具体来讲,财政政策对股价的影响主要有以下几方面。

在税收上,受产业政策重点保护的企业,对其所纳税款进行减免。如国家对重点支持的高新技术产业,从被确定为高新技术产业时起,两年内免征所得税。

在资金供应上,放宽对这些产业的筹资限制。如在《关于股票发行工作若干问题的规定》中,明确要重点支持农业、能源、交通、通信、重要原材料等基础产业和高新技术产业通过发行股票筹集资金,从严控制一般加工工业和商业流通性企业,暂不考虑金融、房地产业等行业通过发行股票筹资。对于已上市企业,属于受产业政策扶持的企业,在进行配股筹资时,放宽配股条件。

在财政上,对产业政策重点支持的产业,加大对其财政支持的力度。如 1998 年政府发行的 1000 亿元特别国债,其中 2/3 的资金投放到国家重点支持的基础设施的投资上。

3. 中国加入 WTO 对产业政策及股票价格的影响

中国加入 WTO 后,对产业结构调整提出更高的要求,对受产业政策保护的一些产业的冲击较大。

(1) 受产业政策进口配额保护的农业产出将会下降。加入 WTO 后,中国将放宽对国外进口小麦、肉食和柑橘等的动植物检疫规则,到 2004 年 1 月前将农产品平均关税降至 17%,中国农业受到前所未有的冲击,其中以劳动密集型为主的种植业和畜牧业所受冲击最大,在一段时期内从事这些产业的上市公司的股票价格将会受到抑制。

(2) 资本密集型产业产出有较大的下降。资本密集型产业加入 WTO 后,随着关税的大幅度减低,在价格性能比上和国外同类产品相比处于劣势,这些产业将承受关税降低国外产品涌入国门的巨大压力,生产经营面临巨大挑战,在一段时期内其股票价格的上涨也会受到影响。

(3) 纺织、服装业等传统产业将面临新的生机。加入 WTO 后,国外对我国纺织品的贸易壁垒将取消,随着关税的大幅度调低,我国纺织品的出口比例在现有基础上将会大幅度增加,这些产业的上市公司将出现新的转机,其股票价格也会上涨。

第四节　其他宏观因素的影响

在现代社会中,经济与许多因素息息相关,除宏观运行状况和政府政策外,社会心理、政治、法律等的变动对经济发展也有不容忽视的影响。因此,证券价格不可能按照纯粹的理论价格而呈线性变动。所以,投资者在作宏观分析时,必须对这些因素进行考察,才能提高预测的准确性。

一、国际金融环境

经济全球一体化使各国经济紧密的联系在一起,一个或几个国家的经济变动将对其他国家的经济产生不同程度的影响。1997 年的亚洲金融危机便证实了这一点。国际金融市场包括货币市场、证券市场、外汇市场、黄金市场和期权期货市场,它们影响企业的出口、竞争者之间的价格竞争和企业的海外投资收益,而这些因素都会对证券投资者的抉择产生影响。我国是以外销国内产品为导向的国家,人们的经济活动与外国对产品的需求强度有很大联系。当外国对国内产品的需求增加时,外销旺盛,国内经济活动得到提升,国内外销企业和厂商的盈利增加,它们将会带动整个国民经济的发展。所以,当外销产品的前景看好时,外销产品占相当比例的企业和厂商的股票价格会有上涨空间。因此,在作证券分析时,外销前景的好坏应仔细分析。

国际金融环境的改变还会通过国家的宏观政策影响证券市场。当国际金融市场动荡时,国家出口增幅下降,外商直接投资下降,本国经济增长率和失业率上升,上市公司业绩恶化,投资者信心不足,证券价格下跌,这迫使国家采取宏观调控以稳定本国经济,同时增加对证券市场的监管力度,降低证券市场风险,从而使其得到稳健发展。从我国目前的市场结构看,国际金融动荡对 A 股市场影响较小,而对以境外投资者为投资主体的 B 股影响较大,且 A 股市场和 B 股市场几乎是完全分离的。境外投资者对原有投资组合、投资方向以及套现资金的改变都将影响 B 股市场。

同时,国外战争、经济危机、政治动乱、能源危机等都有可能冲击国内的经济活动,而对证券投资产生影响。例如,在 2001 年,世界经济形势严峻,全球经济发展速度明显下降,不少国家或地区陷入了衰退。新加坡由于美国 IT 产品市场的不景气而陷入困境。我国台湾地区也由于类似原因而陷入了 20 世纪 50 年代以来的第一次衰退,马来西亚、泰国和韩国等国家也已经或正在进入衰退。此外,拉丁美洲国家的经济状况也十分令人担忧。阿根廷随时可能发生金融危机,巴西等国的经济也遇到严重困难。而截至 2001 年第 3 季度,尽管我国国际收支状况良好,但出口增幅已明显趋缓,投资和社会消费品零售总额的增速降低,失业率上升,股市低迷。

二、政治因素

所谓政治因素,是指国内外的政治形势、政治活动、政局变化、国家机构和领导人的更迭、执政党的更换、国家政治经济政策与法律的公布或改变、国家或地区的战争和军事行为等。这一因素对证券市场的影响是全面的、整体的和敏感性的。在这里我们把它分成 3 个方面进行分析。

1. 政权

政权的转移、领袖的更替、政府的业绩及社会的安定等,均会对证券市场产生影响。政权的变动通常使国家经济政策和管理措施发生改变,从而影响上市公司的外部经济环境、经营方向、经营成本、盈利以及分配等,进而影响证券价格。

当一国政坛发生某些重大的政治事件时,证券市场会受到很大影响,如美国总统大选对股市就具有明显的影响,据统计,自 1872 年以后的 28 次大选中,选举前一年中股市上扬的有 19 次,下跌的有 9 次,年平均获利达 6.6%;选举当年的股市有 20 次上扬、有 8 次下跌,年平均获利 4.7%左右;选后一年中 14 次上扬,14 次下跌,年均获利仅为 2%左右,低于正常年份,选举后第二年上扬 15 次,下跌 13 次,年获利竟跌至负 6.2%。在美国历史上,当民主党上台时股市多上扬;而当共和党当选时,股市多下跌。

而当一国发生出乎人们的预料之外的政治事件时,证券市场同样会发生剧烈的震荡。在大多数情况下,这种震荡往往先跌后涨。如历史上发生的斯大林去世和里根被刺事件都一度发生股市的恐慌性抛盘和证券价格的暴跌,但随后迅速回升。我国改革开放的总设计师邓小平同志去世的当天,我国股市的开盘指数几乎跌停(当时的涨跌停盘限制均为10%),但迅速反弹并一路向上攀升。这种情况表明,投资者常因重大事件而形成对政治经济走势的悲观预期,但这种预期心理往往会在瞬间发生逆向,因而使得证券市场由暴跌转为暴涨。

2. 战争

战争一旦爆发,证券市场走势的不确定性将增加。它对证券市场及证券价格的影响,有长期性的,也有短期性的;有好的方面,也有坏的方面;有广泛性的,也有单一项目的,这要视战争性质而定。在短期内,战争主要通过影响投资者的信心,改变证券市场的行情,带来大量的不确定性。在长期内,战争将主要通过战后基本面的变化,影响证券市场的表现。

参与战争的各个国家都会受到诸多影响。如战争促使军需工业兴起,凡与军需工业相关的公司股票当然要上涨。战争中断了某一地区的海空或陆运,提高了原料或成品输送的运费,因而商品涨价,影响购买力,公司业绩萎缩,与此相关的公司股票必然会跌价。其他由于战争所引起的许多状况都是足以使证券市场产生波动的因素。

此外,当战争爆发时,其他国家的经济同样会受到牵连。例如,发生在中东地区的两伊战争、以色列和阿拉伯国家的战争、英阿的马岛战争以及近年发生的科索沃战争及中国内地和中国台湾之间的紧张局面,都会引起相关国家或地区股市的下挫。

首先,证券市场受国际政治经济形势影响越来越大。例如,在很长一段时间内,我国的证券市场开放程度相对较低,因而其受国际政治经济形势重大发展的直接影响相对较小。但是,在加入世界贸易组织后,我国经济和证券市场对外开放的程度不断提高,国际政治经济形势的重大发展,其对我国证券市场的影响也越来越大。近几年来,我国股票市场上石油化工行业类股票价格的不断上涨,就是对海湾地区局势紧张和国际石油价格不断上涨的反应。

其次,战争导致国际利率的变化将对一国经济产生影响。世界经济尤其美国经济的增长加速、美元汇率的相对稳定,无疑会给全球的对外贸易和利用外商直接投资的高速发展创造有利环境,从而推动国家经济增长和上市公司业绩的提高,不过随着世界经济增长的加快,国际利率可能会出现上升趋势,其对国债市场可产生消极的影响。

最后,从长期看,石油价格的波动对世界经济的影响也将越来越大。

值得一提的是,当战争结束后,如果其他的一些政治局势问题不能得到顺利解决反而开始紧张(如朝鲜半岛问题和叙利亚问题),则世界可能会面临新的不确定性因素。这些不确定性因素一方面会阻碍世界经济的快速增长;另一方面也会影响到经济的发展和证券市场的走势。

3. 法律制度

这里的法律制度指的是一国的法律特别是证券市场的法律规范状况。一般说来,法律不健全的股市多具投机性,股市涨跌无规律,人为操纵、不正当交易较多,股市变化有时与经济变动关系不大。而法律及监督机制健全的股市一般较稳定,其重大涨落一般与经济政治变动有关联。

目前,我国证券市场的建设还处于起步阶段,关于证券市场的法律大的方面只有两部,其一是公司法,其二是证券法,二者都是相当不完备的。而且一些新政策法规的出台或修改都可能对股市发生不同程度的影响,如证券投资基金法和新会计法的出台。

三、社会心理因素

社会公众特点即投资者的心理变化对股票市场有很大的影响。社会心理因素对股票价格变动的影响主要表现如下：如果投资者对某种股票的市场行情过分悲观,其就会不顾上市公司的盈利状况而大量抛售手中的股票,致使股票价格下跌。有时,投资者对股市行情吃不透、看不准,股价就会进入盘整期。

在股票交易市场中,很多投资者存在一种盲目跟风心理。这种盲目跟风心理,被称为"羊群心理"。"羊群心理"往往存在于小户、个人持股者身上。他们的最大心理特点就是求利心切、怕吃亏。这种心理状态往往被一些机构投资者或大投机者利用,从而引起股价上涨或下跌的剧烈波动。

投资者的心理状态是多种因素作用的结果。对于具有不同心理素质的投资者来说,在同样的外部因素的影响下,其心理状态是不一样的。一个成功的股票投资者,除了要求有足够的实践经验和丰富的股票市场知识外,还必须具有良好的心理素质、稳定的心理机能和抵抗外部干扰的能力。

四、文化因素

文化一般泛指社会行为的习俗、风尚、价值观和道德观念等,在相同文化的社会里,人们有相同的价值观和信念,风俗习惯相同且对行为有认同的规范。著名学者何斯德认为,一国的文化模式的主要特征可以从以下方面加以反映：崇尚个人主义还是集体主义；权力距离的大小；对不明朗因素反应的强弱,阳刚还是阴柔。文化因素对证券市场的影响是多维的、间接的和不易改变的。

首先,一国的文化在很大程度上决定着人们的储蓄和投资心理,影响证券市场的资金流入流出格局,从而影响证券市场价格。如西方资本主义国家的股票投资历史是在债券投资下衍生而来的,而我国股票市场的债券观念淡漠,所以在我国的证券投资历史中没有债券思维基础,现实生活的投机行为严重。虽然近年来以基金为代表的机构投资者大力倡导价值投资,但是由于没有历史的文化基础,所以广大投资者的观念转换较慢,市场投资行为经常出现偏差。其次,证券交易双方的素质高低也决定着证券市场波动程度的大小。就股市而言,上市公司的质量和信息披露问题都反映了其诚信程度,当其提供虚假信息,掩饰自己真实的经营状况,给股民造成一种假象并影响股票走势时,一旦出现问题,将对股市产生巨大的冲击。而证券投资者的素质也对证券市场有着直接影响：如果投资者的心理素质较好,文化素质较高,投资时较为理性,那么证券市场就相对稳定；反之亦然。

五、灾害因素

灾害可分为自然灾害与人为灾害,但无论是哪一种,都会像战争一样,造成巨大的直接经济损失,上市公司的生产经营受到影响,收益将大幅度下降。同时,为降低和弥补灾害的损失,国家和企业的支出难免会超出预算。一旦灾害发生,证券市场价格的下挫往往与灾害的严重程度和持续时间同步。一般说来,灾害引发的证券市场动荡只影响受灾国或地区的证券市场,而不会波及全部。有时受灾国或地区的重建工作能够刺激其他国家或地区的需求,非受灾国或地区的生产经营规模会扩大,收益也相应增加,推动证券市场价格攀升。随后,受灾国和地区的上市公司也会因为进入灾后重建阶段而收益增加,尤其是与生产生活恢复密切相关的建筑材料,药品行业等上市公司的股票会率先受到投资者的追捧,这类公司的股价会有明显的上升。

六、股市流言

在任何一个国家,股市都是各种谣言的温床,尤其是在我国这样一个股市不太规范的国家,股市更是屡受谣言困扰。

本 章 小 结

证券投资作为金融活动的重要组成部分,不仅受国民经济的单个因素影响,还受到宏观经济的制约。它强调从全球经济入手,分析国内的宏观经济环境,了解国家整体经济条件。宏观经济分析主要要求从经济周期、经济运行指标以及宏观经济政策和其他宏观因素等方面进行全方位的分析。

宏观经济周期主要分为 4 个阶段:复苏、繁荣、衰退、萧条。经济运行指标主要有国内生产总值、失业率、通货膨胀、通货紧缩、国际收支状况、货币供应量、利率、汇率、税收等。宏观经济政策主要有财政政策和货币政策。不同类型的政策对证券市场的影响各不相同。

其他宏观经济因素主要有国际金融环境、政治因素、社会心理因素、灾害因素以及股市流言等。

关 键 术 语

经济周期　经济运行指标　国内生产总值　失业率　通货膨胀　通货紧缩　国际收支状况　货币供应量　利率　汇率　税收　经济政策　货币政策　财政政策　国际金融环境

本 章 案 例

墨西哥的金融危机

1995 年,墨西哥爆发了金融危机。当金融危机爆发时,由于比索迅速下滑至交易区间的下限,因此萨利纳斯政府不得不采取一系列冒险措施,如发行短期债券"Tesobons",将价值 30 亿元的债券与美元汇率挂钩。这种债券销售容易,但到期兑现困难,除非比索贬值的压力得到缓解。但发行"Tesobons",使墨西哥赢得必要时间,萨利纳斯政府把希望寄托在墨西哥股票市场攀升、全球原油价格上涨的基础上。

由于短期债券"Tesobons"的数额庞大,且又与美元相联系,因此墨西哥危机对世界经济产生很大影响。墨西哥政府实施有限制性的比索贬值,但不能阻止国内金融资本外流。按照"华盛顿共识"经济改革模式,克林顿政府原先预测墨西哥大选后资本流动会恢复正常。但美国人想象的结果并没有出现,美国财政部副部长萨默斯表示,不应该再允许墨西哥从美国借款来支持已经高估的比索。墨西哥政府只有 50 亿美元的外汇储备,但是需要兑现 230 亿美元的"Tesobons"债券。墨西哥政府面对的困境是,如果为了将外国资本留在国内而将利率提得很高,投资和就业就会受到破坏,流入国内的外国投资将大大减少。如果为了偿还债务而大肆发行钞票,那么由此引发的恶性通货膨胀将会产生同样的恶果。如果不按照协定偿还外债,那么依靠美国资金支持墨西哥经济改革的希望将完全破灭。

为了缓和金融危机,墨西哥政府不断地向投资者提出展期偿还短期债务要求,同时寻求一种弥补性措施,减少联邦政府开支,增加消费税,中央银行紧缩贷款并提高利率,通过适度比索贬值来抑制进口,增加出口。虽然在适度贬值的同时辅之以紧缩政策会带来经济的衰退,但与墨西哥政府缺乏资金偿还短期债务的状况相比,这种衰退时间较短,而且影响要小得多。几年来,墨西哥政府为了吸引国外资金,将比索汇率上升到超出其价值的水平,因此一旦发生金融危机,投资者"突然间夺门而逃,抛售墨西哥各种形式的资产。危机期间,大约有 250 亿美元流出墨西哥",致使比索"崩溃性贬值,在短短几个惊慌的星期内,墨西哥的购买能力损失了一半"。

当比索贬值的消息在墨西哥精英阶层引发巨大恐慌时,许多有钱的墨西哥人迅速从股票和债券市场取出现金。他们趁比索贬值大肆抛售比索,以谋取期货市场的短期效应,从而使问题进一步加重。政府为 18 家国内主要银行提供紧急援助,但仍有 8 家银行倒闭。因此,墨西哥政府不得不出售黄金储备来平衡比索贬值,以避免经济危机引发墨西哥大选的政治风波。

由于进入墨西哥的外国投资只有很少一部分是促进生产的直接投资,绝大多数是追逐高回报的证券投资,而其中很大部分是游移不定的短期有价证券,因此一旦金融利率发生变化,这种具有很大投机性和流动性的"燕子资金"就会闻风而动,纷纷抽走,致使墨西哥迅速陷入金融危机之中。随着资本逃逸不断持续,塞迪勒新政府实施比索贬值政策,但仍然无法偿还到期的短期债务"Tesobons"。债券持有者要求以美元偿还,但金融危机使他们的希望完全落空。墨西哥国内金融精英们和美欧等国投资者一样,迅速从债券市场撤出,墨西哥股票不断下跌,3个月内股票市场下跌48%。股票市场出现前所未有的萧条,墨西哥经历了有史以来最严重的金融危机。

复习思考题

1. 宏观经济分析的意义是什么?
2. 宏观经济分析有哪些基本方法?
3. 宏观经济运行对证券市场影响的途径是什么?
4. 试述通货变动对证券市场的影响。
5. 宏观经济政策变动对证券市场的影响体现在哪些方面?

第九章 行业分析

学习目的

通过本章的学习,了解行业的划分、行业分析的意义以及影响行业发展的主要因素,系统把握行业分析的内容,熟练掌握行业选择的方法,并了解定性和定量的分析方法在行业分析中的应用。

在分析宏观经济状况后,投资者已经掌握了国家的宏观经济环境和条件,但是要作出正确的投资决策,这还远远不够。行业的景气状况在相当程度上决定了有关企业当前的获利能力和未来的增长潜力。选择一个恰当的行业是投资决策的重要内容之一,也是投资盈利的先决条件之一。因此,对投资对象加以抉择就要进行行业分析,它是介于宏观经济分析与公司分析之间的中观层次分析,包括传统意义上的行业分析和板块分析两个方面。

第一节 行业分析概述

一、行业的定义

行业是介于宏观经济和微观经济之间的重要经济范畴,指的是从事国民经济中同性质的生产或其他经济社会活动的经营单位和个体等构成的组织结构体系的各类经济活动的特点划分。从定义中可以看出,行业是根据人类经济活动的技术特点,即反映生产力三要素(劳动者、劳动对象、劳动资料)的不同排列组合。严格来说,这跟学习产业经济学时对产业的定义是有一定区别的。按照产业经济学的定义,产业是指具有某种同类属性的相互作用的经济活动的集合或系统。产业划分的着眼点是生产力布局的宏观领域,而行业划分的着眼点是生产力的技术特点。例如铁匠、木工、律师、医生4个行业,按它们在生产力发展总链条中所发挥的不同作用分类就会发现,铁匠与木工同属加工制造业,律师与医生都属于服务业。加工制造业与服务业又分别归入第二产业和第三产业。

二、行业的分类

行业分类是指对构成国民经济的各类不同性质的生产经营活动,按一定的标准进行分解和组合,划分成不同层次的行业部门。行业分类是研究国民经济结构的前提,是行业分析的基础。目前,我国行业分类并不统一,政府管理部门、交易所、证券公司基于不同的考虑,都有不同的行业分类。证券业为反映证券市场的活动变化,将上市公司划分为不同行业,分别计算其股价指数、成交额、平均市盈率等有关指标,供投资者参考。

(一)常用分类

1. 按照行业与经济周期的相关性进行划分

从行业的发展特点入手,可以将行业划分为成长型、周期型、稳定型3类,它是基于不同行业在整体经济周期中的不同特点所做的一种划分:成长型行业的运动状态与经济活动总周期及其振幅无关,不受经济周期变动的影响,经常呈现出增长形态;周期型行业的运动状态直接与经济周期相关,当经济处于上升时期时,这些行业会紧随其扩张,而当经济衰退时,这些行业也相应跌落;稳定型行业产品需求相对稳定,并不受经济周期的影响。无论处于经济发展的哪个阶段,这种行业的收入都没有明显的变化或呈小幅度增长。

2. 按照行业要素的集中程度进行划分

行业可分为资本密集型(例如钢铁、石化等投资品)、资源密集型(如有色金属、港口、有线电视等垄断性行业)、技术密集型(高科技行业等)、劳动力密集型(制造业、纺织业等)。资源密集型产业对自然资源的依赖度很高;资本密集型产业的生产过程中需要用大量的资金购买生产资料;劳动密集型产业在生产过程中大量地使用劳动力,特别是大量廉价劳动力;而技术密集型产业就是其生产主要依靠技术的投入,技术在产品成本中占的比重大。宏观调控影响最大的是资本密集型行业,因为其首先控制的就是资本的获取通道。从更高的角度看,证券业本身就是资本密集型行业,证券市场本身就会受到宏观调控的打压,整体水平下移。

3. 按照行业对经济周期的敏感性进行划分

行业的发展随着经济周期的循环而波动,但不同行业对经济周期的敏感性是不同的。某些行业与国民经济景气状况的关系较为密切,被称为周期敏感型行业。一般而言,在经济状况恶化时,首先受影响的将是建筑业、建材业、旅游业、娱乐业、房地产业等;然后延及高档食品业、高档服装业、百货业;公用事业类公司如公交、水利、电话通信业等受到的冲击最小。在摆脱经济衰退而进入生机勃勃的发展阶段初期时,最先上扬的股票往往是地产业、建筑业、汽车业、化工业等。对于投资经济周期敏感型行业的股票,最为关键的是把握时机,及时发现经济萧条或复苏的早期迹象。

(二)国民经济行业的分类

为适应社会主义市场经济的发展,正确反映国民经济的内部结构和发展状况,国家统计局于 1984 年按照产品的统一性对行业进行分类,制定了《国民经济行业分类与代码》,并在 1994 年对它进行修订。这个分类标准被广泛地应用于统计、计划、财务核算、工商、税务管理等各个领域。但是,近几年来我国涌现了许多新兴行业,如信息技术、商务经济、知识产权等,旧的标准已不能明确规定这些活动的行业类别。于是,在 1999 年国家统计局对《国民经济行业分类与代码》再次进行修订。其修订工作立足于我国国情,同时考虑与国际标准兼容,充实了第三产业的新兴活动,并于 2002 年全部完成。《国民经济行业分类》国家标准(GB/T 4754—2002)基本上反映了我国目前结构状况,成为各领域对行业进行分类的基础,见表 9-1。

表 9-1　国民经济行业分类与代码(GB/T 4754—2002)

代码	行 业 名 称	代码	行 业 名 称
A	农、林、牧、渔业	K	房地产业
B	采矿业	L	租赁和商务服务业
C	制造业	M	科学研究、技术服务和地质勘查业
D	电力燃气及水的生产和供应业	N	水利、环境和公共设施管理业
E	建筑业	O	居民服务和其他服务业
F	交通运输、仓储和邮政业	P	教育
G	信息传输、计算机服务和软件业	Q	卫生、社会保障和社会福利业
H	批发和零售业	R	文化、体育和娱乐业
I	住宿和餐饮业	S	公共管理和社会组织
J	金融业	T	国际组织

(三) 证券市场中的行业分类

在证券市场中,各类金融服务机构或证券交易所为了使信息更完整、信息发布更便捷,常常按照指数分类法对行业进行划分,包括道琼斯指数的分类法、上证指数的分类法、深圳证券交易所的分类法、标准·普尔分类法等。

(1) 道琼斯指数的分类法。道琼斯指数的分类法是在 19 世纪末为选取在纽约证券交易所上市的有代表性的股票而对各公司进行的分类,它是证券指数统计中最常用的分类法之一。道琼斯指数的分类法将大多数股票分为 3 类,即工业、运输业和公用事业,然后选取有代表性的股票。

(2) 上海证券交易所为编制沪市成分指数,将在上海上市的全部上市公司分为 5 类,即工业、商业、房地产业、公用事业和综合类,并据此分别计算和公布各分类股价指数。

(3) 深圳证券交易所将在深圳上市的全部上市公司分为 6 类,即工业、商业、金融业、房地产业、公用事业和综合类,同时分别计算和公布各分类股价指数。

(4) 我国上市公司的分类方法。上海与深圳交易所为编制股价指数而进行的行业分类显然是不完全的,随着新公司的不断上市以及老上市公司业务活动的变化,这两种分类方法已经不能涵盖全部的上市公司。为提高证券市场的规范化水平,中国证监会在总结沪深两个交易所分类经验的基础上,以我国国民经济的行业分类为主要依据,于 1994 年

4 月制定了《中国上市公司分类指引》并予以试行。《指引》将上市公司共分成 13 个门类，90 个大类和 288 个中类(见表 9-2)。

表 9-2　中国上市公司行业分类与代码

代码	行 业 名 称	代码	行 业 名 称	代码	行 业 名 称
A	农、林、牧、渔业	F	交通运输、仓储业	K	社会服务业
B	采掘业	G	信息技术业	L	传播文化业
C	制造业	H	批发和零售贸易	M	综合类
D	电力	I	金融、保险业		
E	建筑业	J	房地产业		

三、行业分析的意义

首先，行业经济是宏观经济的组成部分，宏观经济是行业经济活动的总和。行业分析主要界定行业本身所处的发展阶段及其在国民经济中的地位，同时对不同的行业进行横向比较，为最终确定投资对象提供准确的行业背景。在证券市场中，行业分析的目的是挖掘最具投资潜力的行业，进而选取出最具投资价值的上市公司。

其次，行业研究是对上市公司进行分析的前提，也是连接宏观经济分析和上市公司分析的桥梁，是基本分析的重要环节。宏观经济分析只能让投资者了解宏观经济环境，把握市场的总体趋势，不能提供有关行业的具体信息，对投资者只有指导作用而不具操作性。公司分析则是投资者在选定某个行业后的更进一步尝试。

再次，行业有自己特定的生命周期，处在生命周期不同发展阶段的行业，其投资价值也不一样；而在国民经济中具有不同地位的行业，其投资价值也不一样。例如，在宏观经济运行态势良好、速度增长、效益提高的情况下，有些部门的增长与国民生产总值、国内生产总值增长同步，有些部门则高于或低于国民生产总值、国内生产总值的增长。一般在投资决策过程中，投资者应选择成长型行业和在行业生命周期中处于成长期和稳定期的行业。

总之，行业分析的意义在于揭示企业发展所处的成长阶段及其市场空间。进行周密细致的行业分析是内部管理规范的证券公司和基金管理公司的长期工作。根据不同行业建立全面的、可操作性强的企业选择标准和评估体系具有重要意义。

四、行业分析的分类

当前，在许多报纸、杂志、网站等公共传媒上，出现了多种形式的行业综述、评论以及行业现状的分析预测等，但是我国证券市场中的行业分析仍不够系统，多属于专项报告、预测性报告，或者企业的宣传性材料，可信度不高。国内投资者对标准、规范、完备的行业分析尚缺乏认识和探索。现阶段，国内的行业分析主要包括以下几种。

1. 总体报告

这种报告包含了行业的多方面情况，篇幅最大，要求也最严格，既要做到范围广、信息量大,又必须有深度,能够提出有实际参考价值的方法和建议,因此撰写难度最大。与收集宏观经济信息的途径类似,这类报告的信息主要从广播电视、报刊、文献、网络等大众媒介以及各类年鉴、手册、名录等高质量工具书中获取。

2. 专项报告

它是指有关技术、生产规模、公司内部管理、产品、市场以及客户等方面的专项研究报告。这种报告一般应用于公司、企业的内部,作为日常经营决断和长期战略规划的参考。其信息一般从产品分析或客户分析中获取。

3. 预测报告

它是指对行业未来一段时间的发展前景进行预测。各类科研机构、信息情报机构和高等院校的专家学者对各自所属的行业有长时期的跟踪,具有深入了解和深刻的认识,他们的意见具有重要借鉴意义。

4. 跟踪报告/动态报告

这类报告对行业近一段时期内的动态进行跟踪,包括行业内企业的最新动态、技术进展状况、主要厂家或垄断者的经营状况、市场新进入者、市场退出者、市场价格动态、消费动态、上游供应、下游销售以及国内国际法律法规等诸方面环境的影响。严格而言,这类体裁不属于行业分析报告,而应归于行业最新消息跟踪报道,以提供信息参考。参加各类展览会、交易会等有助于获取这方面信息。

5. 宣传材料

这类材料通常是特定的行业企业为达到推广自身品牌、树立良好形象、寻求合作伙伴和战略投资者、建立联盟等目的而撰写的,其宣传性、广告性的比重很大。

第二节　行业的生命周期分析

一、经济周期与行业分析

在国民经济中,行业的兴衰通常与国民经济总体运动的周期变动有明显的关联性,当各行业变动时,往往呈现出明显的、可测的增长或衰退的格局。根据行业发展状况与经济周期变化的关联程度,把行业分为成长型行业、防御型行业和周期性行业。掌握了经济周期与行业的关系,投资者可以根据各行业在不同经济周期的不同表现,有选择地进行投资。一般说来,当经济处于上升、繁荣阶段时,投资者可投资于周期型行业,以获取丰厚的利润;当经济处于衰退阶段时,投资者可选择投资防御型行业,以获得稳定的收益,并减少风险。

1. 成长型行业

成长型行业的运动状态与经济活动总水平的周期和振幅无关。它们主要依靠技术进步、新产品的推出及优质服务使其经常呈现增长态势,不论经济是否进入衰退时期,成长型行业都能保持相当的发展速度,收入增长的速率与经济周期的变动不会出现同步影响,因此其预期盈利增长率明显高于其他行业的平均利润水平。但是,由于成长型行业与经济周期无关,它们的股票价格不会随经济周期的变化而变化,使得投资者很难把握投资时机。当然,不同国家或地区在不同的时期内,成长型行业的内容也可能不同。例如,美国20世纪90年代的高速成长型行业包括生物基因工程、计算机、网络工程等;而我国现阶段的成长型行业主要包括生物制药、移动通信、计算机、网络工程IT产业及航空业等。

2. 防御型行业

这类行业的产品需求相对稳定,受经济周期变化的影响小,不论经济周期处于什么阶段,它们一般都能保持匀速的发展态势。例如食品业、公用事业中的供水、供气及供电等行业。因此,对防御型行业的投资属于收入投资,而非资本利得投资。

3. 周期型行业

周期型行业的运动状态直接与经济周期相关,行业业绩随经济周期的变化而呈现出周期性变化。它可以分为以下两种类型。一种是与经济周期同方向变动的行业,当经济处于上升时期,这些行业会随之扩张战果;而当经济衰退时,这些行业也相应衰落。另外一种是与经济周期反方向变动的行业,例如金矿开采业、宝石开采业。当经济步入衰退期时,投资者为了使他们的资产得到保值增值,黄金、宝石等炫耀性商品的市场有效需求可能增加,因而这类行业的经营业绩呈现出与经济周期反方向变动的状况。

二、行业的生命周期分析

行业的兴衰通常呈现出此起彼伏的特点,行业的发展一般都要经历从萌芽到成长到繁荣再到衰退的演变过程,这就是行业生命周期的发展过程(见图9-1)。行业生命周期不同阶段的特征代表了不同的风险水平与盈利水平,了解行业生命周期,投资者可以更准确地把握产品和行业的发展趋势,从而有助于选择合适的投资对象和投资时机。

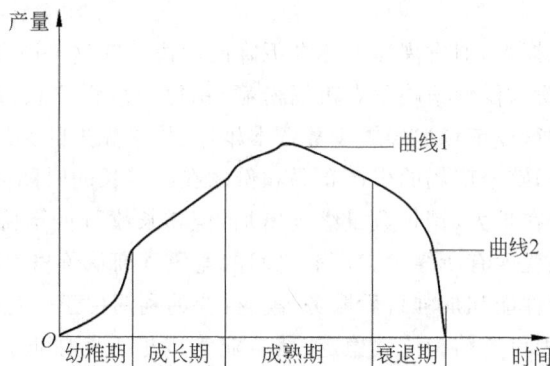

图 9-1　行业生命周期图示

(一)行业的生命周期阶段

1. 初创阶段

它又被称为幼稚期。此时,行业刚刚诞生或创立不久,进入者的数目较少,一般仅限于对行业进行开拓的企业。一方面,由于技术不成熟,行业的产品品种单一,质量较低且不稳定,同时行业因刚创立而需要投入较高的研发费用,故使得成本居高不下;另一方面,作为新行业,产品被大众了解还需要一个过程,致使产品市场需求狭小,销售收入较低,所以行业的利润微薄,甚至亏损。较高的产品成本和价格与狭小的市场需求之间的矛盾使得创业公司面临很大的市场风险,创业公司还可能因财务困难而引发破产风险。例如,20 世纪 90 年代的个人电脑和生物工程技术。

由于投资者对处于创业阶段的行业缺乏信心,且对行业前景还无法形成良好的预期,因此股票价格不会上升,基本处于风险高、收益低的状态。人们往往很难预测哪些企业会最终成为行业的领导者。在幼稚期的后期,随着行业生产技术的成熟、生产成本的降低以及市场需求的扩大,新行业便逐渐由高风险、低收益的幼稚期进入高风险、高收益的成长期。它们中的一部分会脱颖而出,而其他的企业将被淘汰。因此,对这类行业进行投资具有相当大的风险。

2. 成长阶段

这是行业开始进入稳定发展的阶段。这个阶段表现出竞争加剧、价格下降、利润上升的特点。此时,新产品得到社会的认可,销售量急剧上升,市场前景看好。那些资本技术实力雄厚、经营管理水平较高的企业,通过有效提高劳动生产率、降低成本、扩大生产规模、加强新产品的开发和市场推广等手段,逐渐扩大其产品的市场占有率,兼并或淘汰竞争力不强的企业,成为市场中的领导者。企业开始扩大盈利,利润水平逐渐提高。新产品可能带来的巨大利润将吸引众多企业投入研究,更多产品投入市场,行业的产品结构因此发生变化,单一的、低质高价的产品逐渐被系列化、价廉物美的产品取代,企业之间的竞争日益激烈。在这一阶段内,投资者往往可以得到相当丰厚的回报。但是,风险仍然存在,只是与初创期相比较,风险已经大大减少。在同类企业中,选择管理水平高、较早进入该行业以及拥有资源优势的企业,回报会更丰厚。

3. 成熟阶段

这是行业发展规模大,但发展速度逐渐下降的阶段。在这一阶段内,行业内的竞争变得更为激烈,企业纷纷以低价策略争夺市场份额,销售量缓慢增长,新的企业难以进入该行业。进入成熟期的行业市场已经被少数资本雄厚、技术先进的大厂商控制,各厂商分别占有自己的市场份额,整个市场的生产布局和份额在相当长的时间内处于稳定状态,这一阶段对产品的需求仍在扩大,销售数量继续增加,但增长率开始下降,生产和价格都比较稳定,竞争很激烈,但程度有所缓和。厂商之间的竞争逐渐从价格手段转向各种非价格手段,如提高质量、改善性能和加强售后服务等。行业的利润由于一定程度的垄断达到了较高的水平,而风险却因市场结构比较稳定、新企业难以进入而较低。在这一阶段内,收益增长虽然不及发展期,但风险却更小,不喜欢冒险的投资者可以选择此类行业进行投资。当然,如果一个企业能在成熟期经营得当,不断开拓新市场并进行技术创新,那么它就可能获得新的增长,成为迅速发展的企业。

在成熟阶段,行业的发展一般低于国民经济的发展速度;而在宏观经济衰退时,成熟型企业还可能遭受较大损失。但是,由于技术创新,因而某些行业或许实际上会有所增长。因此,这一阶段的证券市场价格表现为价格处于较高的位置,市场的整体内在价值小于市场价格,投资者对市场的预期明显不如成长期的良好预期。当大部分行业的利润处于稳定或下降阶段时,其股票的价格由原来的设点逐渐走低,直至行业进入衰退期。

4. 衰退阶段

在经过一个较长的成熟期后,行业进入衰退期。在这个时期,由于新兴行业逐渐兴起,新产品和替代品开始现出现,原行业的市场需求减少,产品的销售量开始下降,不少企业因利润降低而逐步向其他有利可图的行业转移,还有不少企业出现因亏损而面临停业或破产的可能,从而使整个行业萎缩,当正常利润无法维护现有投资或折旧后,整个行业便解体了。若投资于此类行业,则需要密切注意证券市价的变动,调整相应的投资组合。

(二) 判断行业生命周期阶段的指标

一般可以从以下几方面来判断某个行业所处的实际生命周期阶段。

(1) 行业规模。随着行业兴衰起伏,行业的市场容量有一个"小—大—小"的过程。行业的资产总规模也要历"小—大—萎缩"的过程。

(2) 产出增长率。产出增长率在成长期较高,在成熟期后降低,经验数据一般以 15% 为界。到了衰退期,行业处于低速运行状态,有时甚至呈负增长状态。

(3) 利润率水平。利润率水平是行业兴衰程度的一个综合反映,一般都有"低—高—稳定—低—严重亏损"的过程。

(4) 技术进步和技术成熟度。随着行业兴衰起伏,行业的创新能力有一个强增长到逐步衰减的过程。技术成熟度有一个"低—高—老化"的过程。

(5) 开工率。长时期的开工充足反映了行业处在成长或成熟期间的景气状态。衰退期一般伴随着开工不足。

(6) 资本进退。行业生命周期中的每个阶段都会有企业的进退发生。在成熟期前,进入的企业数量及资本量大于相应的退出量;而进入成熟期,进入的企业数量及资本量与相应的退出量有一个均衡的过程;在衰退期,则退出超过进入,行业规模逐渐萎缩,转产、倒闭时有发生。

第三节　行业结构分析

行业结构分析主要涉及行业的资本结构、市场结构等内容。一般说来,它主要是行业进入障碍和行业内竞争程度的分析。行业内的竞争根植于行业内的经济结构,并超出了现行竞争者的行为范围,行业结构是影响行业竞争规则和企业竞争战略的关键因素。

一、行业的基本经济特性分析

行业基本经济变量是刻画行业主要经济特性的指标,对其进行分析可以认识和了解一个行业的整体情况。表 9-3 中列出了行业主要经济变量的内容及其表现形式。

表 9-3   行业主要经济变量的内容及其表现形式

主要经济变量	表现形式
市场规模	主要产品年需求(或销售)总量的绝对值
市场增长率	每年市场需求总量－上年市场需求总量 上年市场需求总量
生命周期阶段	幼稚期、成长期、成熟期、衰退期
竞争范围	全球性、全国性、地方性
竞争者数量及规模	绝对值或比较分析的相对值,可分为大、中、小 3 类
消费者数量及规模	绝对值或比较分析的相对值,可分为大、中、小 3 类
产品与技术更新速度	比较分析的相对值,可分为高、一般、低 3 类
产品差异化程度	比较分析的相对值,可分为高、一般、低 3 类
规模经济程度	比较分析的相对值,可分为高、一般、低 3 类
学习曲线强度	比较分析的相对值,可分为高、一般、低 3 类
进入/退出障碍	比较分析的相对值,可分为高、一般、低 3 类

除了上述几种经济变量外,还有其他一些变量同样体现了行业的经济特性,如竞争角逐的范围、渠道、库存、供需弹性、产业生产能力及生产能力利用率、垂直整合程度、行业盈利水平等。通过对这些变量的分析,可以大概了解一个行业的整体情况。在进行分析时,不同行业可能会有其独特的经济变量,此时应根据实际情况添加到分析变量中。另外,这些经济变量在不同行业中的表现形式也可能不同,在实际分析时应根据实际灵活确定,作出相应调整。

二、行业的市场结构分析

行业的市场结构常常受行业中企业数量、产品性质、价格制定等多种因素的影响。行业结构不同,行业的市场,即市场的竞争或垄断程度也不同。

(一)行业的市场结构特征

行业市场结构的基本特征可以总结为集中度、规模经济(和行业规模相比显著的规模)以及产品差异。产品差异和行业集中度影响行业内现存企业之间的价格和利润率的竞争;规模经济、产品差异决定了进入壁垒的高低,并因此决定维持较高的价格和利润率而不引入新的外部竞争的范围。

1. 集中度比率

它是指行业中最大 n 家厂商的产出占行业总支出的比例,即集中度比率 CR^n。有关行业集中度与盈利能力之间关系的实证研究最早是由贝恩做出的,贝恩选择了 42 个美国的四位数行业(四有科目的细分行业),计算了每个行业中的八厂商集中度比率(CR^8)。他发现,CR^8 大于 70% 的部门,其税后利润占股东权益的比例平均为 11.8%;高于集中度较低的行业的平均水平7.5%。行业集中度是盈利能力的重要决定因素。

2. 产品差异和规模经济

产品差异与进入壁垒有关,显著的规模经济既与较高的行业集中度相联系,又与表现为沉没成本的较大的进入壁垒相联系。

3. 进入壁垒

尽管行业集中是获得较高的盈利能力的必要条件,但并不是充分条件。如果进入壁垒较少甚至没有的话,则新进入者的竞争将使超额利润消失。因此,盈利能力将依赖于那引起影响行业进入的市场结构因素。进入壁垒主要有以下3类。

(1)现有销售者由于专利技术或对资源的优先权而获得的绝对成本优势。

(2)现有的产品差异包括专利以及引导顾客建立对现有产品的偏好。

(3)现有规模经济包括绝对规模和与行业规模相比的相对规模。

进入壁垒是收益的主要决定因素,进入壁垒越高,利润率越高,尽管高的进入壁垒大体与高的集中度相关,但有些集中度高而进入壁垒适度或较低的行业,其利润率明显偏低。

(二)行业的市场结构类型

根据该行业中企业数量的多少、进入限制程度和产品差别,行业基本上可以分为4种市场结构:完全竞争、垄断竞争、寡头垄断、完全垄断。

1. 完全竞争

完全竞争的特点是市场上有大量的买者和卖者,相对于整个市场的总需求量和总供给量而言,每个消费者或每个厂商对市场的价格没有任何的控制力量。市场上每一个厂商提供的商品都是同质的,相互之间没有本质的差别。所有的资源具有完全的流动性,资源可以在各厂商之间和各行业之间完全自由流动,不存在任何障碍,这样使得这个行业不会存在超额利润。另外,市场上的每个卖者和买者都掌握与自己的经济决策有关的一切信息。这类行业的利润主要取决于市场供需关系。由于受市场条件和其他客观环境的影响较大,这类行业的企业经营业绩波动较大,利润往往很不稳定,因此证券价格容易受到影响,投资风险比较大。

2. 垄断竞争

在垄断竞争市场中,有许多厂商生产和销售有差别的同种产品。在这里,产品差别不仅指同一种产品在质量、构造、外观、销售服务等方面的差别,还包括商标、广告方面的差别和以消费者的想象为基础的虚构的差别。由于行业里企业数量非常多,产品替代性较强,故单个企业无法控制产品的价格。由于产品的差异会对产品的价格产生一定的影响,但非常有限,因此产品的价格和利润主要还是由市场供求关系决定。

3. 寡头垄断

在这样的行业中,少数几家厂商控制整个市场的产品的生产和销售。它们的产品可以是完全相同的,也可以是有差别的。由于在寡头市场上,每个厂商的产量都会在全行业的总产量中占一个较大的份额,从而每个厂商的产量和价格的变动都会对其他竞争对手以至整个行业的产量和价格产生举足轻重的影响。这类行业基本上是资本密集型或技术密集型的,所以进入壁垒也比较高,从而使他们也可以获得超额利润。

4. 完全垄断

整个行业中只有唯一的一个厂商,该厂商生产和销售的商品没有任何相近的替代品,其他任何厂商进入该行业都极为困难或不可能。这类行业主要是公用事业,例如自来水公司、煤气公司等。由于没有任何其他竞争因素,故垄断厂商可以控制和操纵市场价格。对于这样的行业,政府一般对其价格的决定和提高有所控制。

完全竞争行业和完全垄断行业是两种极端的情况,在现实经济生活中,通常存在的是垄断竞争行业和寡头行业。很多行业的产品都有替代品,当一种商品的价格过高时,消费者会转向价格较低的商品。一般来说,对于竞争程度较高的行业,商品价格和企业利润受供求关系影响较大,投资风险也较大;对于垄断程度高的行业,商品价格和企业利润受到的影响较小,投资风险也较小。

三、行业的竞争结构分析

行业竞争分析比较注重行业内公司的获利能力,因此盈利的增长比销售增长更能刺激投资收益率的提高。美国哈佛商学院教授迈克尔·波特认为,一个行业内激烈竞争的局面源于其内在的竞争结构,而行业盈利的增长潜力取决于行业的竞争激烈程度。

迈克尔·波特将进入威胁、替代威胁、买方砍价能力、供应方砍价能力和现有竞争对手的竞争强度作为分析行业竞争结构的 5 种要素,提出了分析行业竞争结构的经典模型——行业基本竞争力模型(见图 9-2)。

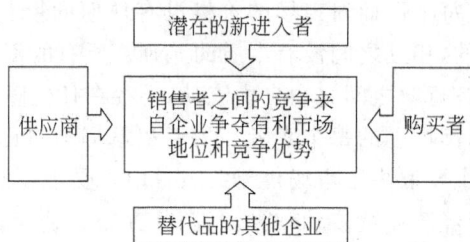

图 9-2　迈克尔·波特的行业基本竞争力模型

5 种力量模型将大量不同的因素汇集在一个简便的模型中,以此分析一个行业的基本竞争态势。5 种力量模型确定了竞争的 5 种主要来源,即供应商和购买者的议价能力、潜在进入者的威胁、替代品的威胁以及来自目前在同一行业的公司间的竞争。一种可行战略的提出首先应该包括确认并评价这 5 种力量,不同力量的特性和重要性因行业和公司的不同而变化,这种分析方法赋予了行业结构更深入、更广泛的含义,增进了人们对行业竞争结构的认识。他认为,一个行业的竞争大大超出了现有竞争者的范围,买方、供方、替代品、潜在进入者均为该行业的竞争对手,这 5 种要素的影响决定了行业竞争的强度和企业的利润率。同时,它们也会对行业的经营行为和投资行为产生影响,决定整个行业的盈利水平。企业面对着不断变化的市场,只有提高自身的能力,才能适应这种变化。迈克尔·波特提出的行业竞争的 5 种作用力是对"结构—行为—绩效分析"模式的深化和扩展,如图 9-2 所示。

1. 供应商的议价能力

供方主要通过提高其投入要素价格与降低单位价值质量的能力,来影响行业中现有企业的盈利能力与产品竞争力。供方力量的强弱主要取决于他们所提供给买主的是什么投入要素,当供方所提供的投入要素其价值构成了买主产品总成本的较大比例、对买主产品生产过程非常重要,或者严重影响买主产品的质量时,供方对于买主的潜在讨价还价力量就大大增强。一般来说,满足如下条件的供方集团会具有比较强大的讨价还价力量:供方行业为一些具有比较稳固市场地位而不受市场激烈竞争困扰的企业所控制,其产品的买主很多,以至于每一单个买主都不可能成为供方的重要客户;供方各企业的产品各具有一定特色,以至于买主难以转换或转换成本太高,或者很难找到可与供方企业产品相竞争的替代品;供方能够方便地实行前向联合或一体化,而买主难以进行后向联合或一体化。

2. 购买者的议价能力

购买者主要通过其压价与要求提供较高的产品或服务质量的能力,来影响行业中现有企业的盈利能力。一般来说,满足如下条件的购买者可能具有较强的讨价还价力量:购买者的总数较少,而每个购买者的购买量较大,占了卖方销售量的很大比例;卖方行业由大量相对来说规模较小的企业所组成;购买者所购买的基本上是一种标准化产品,同时向多个卖主购买产品在经济上也完全可行;购买者有能力实现后向一体化,而卖主不可能前向一体化。

3. 新进入者的威胁(Threat of New Entrants)

新进入者在给行业带来新生产能力、新资源的同时,将希望在已被现有企业瓜分完毕的市场中赢得一席之地,这就有可能会与现有企业发生原材料与市场份额的竞争,最终导致行业中现有企业盈利水平降低,严重的话还有可能危及这些企业的生存。竞争性进入威胁的严重程度取决于两方面的因素,这就是进入新领域的障碍大小与预期现有企业对于进入者的反应情况。

进入障碍主要包括规模经济、产品差异、资本需要、转换成本、销售渠道开拓、政府行为与政策(如国家综合平衡统一建设的石化企业)、不受规模支配的成本劣势(如商业秘密、产供销关系、学习与经验曲线效应等)、自然资源(如冶金业对矿产的拥有)、地理环境(如造船厂只能建在海滨城市)等方面,其中有些障碍是很难借助复制或仿造的方式来突破的。预期现有企业对进入者的反应情况,主要是采取报复行动的可能性大小,取决于有关厂商的财力情况、报复记录、固定资产规模、行业增长速度等。总之,新企业进入一个行业的可能性大小,取决于进入者主观估计进入所能带来的潜在利益、所需花费的代价与所要承担的风险这三者的相对大小情况。

4. 替代品的威胁

两个处于同行业或不同行业中的企业,可能会由于所生产的产品是互为替代品,从而在它们之间产生相互竞争行为,这种源于替代品的竞争会以各种形式影响行业中现有企业的竞争战略。第一,现有企业产品售价以及获利潜力的提高,将由于存在着能被用户方便接受的替代品而受到限制;第二,由于替代品生产者的侵入,使得现有企业必须提高产品质量,或者通过降低成本来降低售价,或者使其产品具有特色,否则其销量与利润增长的目标就有可能受挫;第三,源自替代品生产者的竞争强度,受产品买主转换成本高低的影响。总之,替代品价格越低、质量越好、用户转换成本越低,其所能产生的竞争压力就越强;而这种来自替代品生产者的竞争压力的强度,可以具体通过考察替代品销售增长率、替代品厂家生产能力与盈利扩张情况来加以描述。

5. 同业竞争者的竞争程度

对于大部分行业中的企业,相互之间的利益都是紧密联系在一起的,作为企业整体战略一部分的各企业竞争战略,其目标都在于使得自己的企业获得相对于竞争对手的优势,所以在实施中就必然会产生冲突与对抗现象,这些冲突与对抗就构成了现有企业之间的竞争。现有企业之间的竞争常常表现在价格、广告、产品介绍、售后服务等方面,其竞争强度与许多因素有关。

一般来说,出现下述情况将意味着行业中现有企业之间竞争的加剧:行业进入障碍较低,势均力敌竞争对手较多,竞争参与者范围广泛;市场趋于成熟,产品需求增长缓慢;竞争者企图采用降价等手段促销;竞争者提供几乎相同的产品或服务,用户转换成本很低;一个战略行动如果取得成功,其收入相当可观;行业外部实力强大的公司在接收了行业中实力薄弱企业后,发起进攻性行动,结果使得刚被接收的企业成为市场的主要竞争者;退出障碍较高,即退出竞争要比继续参与竞争代价更高。在这里,退出障碍主要受经济、战略、感情以及社会政治关系等方面考虑的影响,具体包括资产的专用性、退出的固定费用、战略上的相互牵制、情绪上的难以接受、政府和社会的各种限制等。

行业中的每一个企业或多或少都必须应付以上各种力量构成的威胁,而且企业必须面对行业中的每一个竞争者的举动。除非认为正面交锋有必要而且有益处,例如要求得到很大的市场份额,否则企业可以通过设置进入壁垒,包括差异化和转换成本来保护自己。当一个企业确定了其优势和劣势时(参见 SWOT 分析),企业必须进行定位,以便因势利导,而不是被预料到的环境因素变化所损害,如产品生命周期、行业增长速度等,然后保护自己并做好准备,以有效地对其他企业的举动做出反应。

根据上面对于 5 种竞争力量的讨论,企业可以采取尽可能地将自身的经营与竞争力量隔绝开来、努力从自身利益需要出发影响行业竞争规则、先占领有利的市场地位再发起进攻性竞争行动等手段来对付这 5 种竞争力量,以增强自己的市场地位与竞争实力。

四、影响行业兴衰的其他因素

一个行业的兴衰会受到诸多因素的影响,主要有技术进步、产业政策、社会习惯的改变以及经济全球化。

1. 技术进步

技术进步在行业的发展过程中起着非常重要的作用,一项新技术的应用就有可能诞生一个新兴的行业,同时也会使一个行业进入衰退期,甚至消亡。例如,电灯的发明大大削弱了对煤油灯的需求；激光排版技术的诞生使传统的铅字排版技术消亡了。

世界经济的发展表明，在农业经济时代科技贡献率只占 10%，在工业经济后期占 40%，到了当今信息经济时代要占 80% 以上。科学技术的发展推动了经济发展和社会进步，带来生产方式、营销方式和管理方式的深刻变化，也必然导致新兴行业的兴起和落后行业的消亡。

2. 产业政策

从经济发展的历史来看，无论是奉行经济自由主义还是强调政府干预的国家，都对经济有着不同程度的干预。日本就是通过强有力的产业政策才使其经济在战后飞速发展。干预的行业主要有以下几个：自然垄断行业，主要包括电力、供水、排污、邮电等；关系到经济发展全局和国家安全的行业，主要包括金融业、高科技、传媒、教育事业、国防事业等；一般竞争性行业，政府的作用主要是反垄断、维护自由和公平竞争。

政府对行业的干预主要是通过补贴、税收、关税、信贷、价格等经济手段来实现的，除此之外，还包括规划指导、额度限制、市场准入、企业规模限制、环保标准限制、直接行政干预。

政府对于行业的管理和调控主要是通过产业政策来实现的。产业政策是国家干预或参与经济的一种形式，是有关产业发展的政策目标、政策措施的总和。一般认为，产业政策可以包括产业结构政策、产业组织政策、产业技术政策和产业布局政策等。

3. 社会习惯的改变

随着人们生活水平和受教育的提高，消费心理、消费习惯、文明程度、社会责任感会逐渐改变，从而某些商品的需求变化并进一步影响行业的兴衰。例如，大众环保意识的提高推动了环保产业的迅速发展，也令造纸业、化工业这些污染大户面临严峻的考验。在温饱问题解决后，人们更注意生活质量的提高。例如，绿色食品备受青睐，对健康投资从注重保健品转向健身器材，在物质生活丰富后注重智力投资和丰富的精神生活。

在社会习惯的变迁过程中，国际文化交流起着重要的作用。例如，我国传统上以勤俭为持家原则，但在国际交往过程中逐渐接受了超前消费的观念，相信这一转变将会对许多行业的发展产生深远的影响。除此之外，人类对经济利益的追求以及由此展开的激烈竞争也是一个重要影响因素。从某种意义上讲，它是经济发展和行业不断升级的内在动因。

4. 经济全球化

随着高新技术行业逐渐成为发达国家的主导产业，传统的密集型行业甚至是低端技术的资本密集型行业将加快向发展中国家转移，使得原本在发达国家进衰退期的行业得以存活下来，甚至还能得到进一步的发展。选择性发展将是未来各国形成优势产业的重要途径。因为一个国家受到技术水平、资源潜力的限制，所以不可能在所有领域都取得领先优势。产业全球化导致的国际竞争和国际投资因素将会影响行业结构发生很大变化。例如近年来美国汽车工业受到日本、西欧甚至韩国汽车的挑战，这将会影响到美国汽车行业生命周期的发展。

第四节　行 业 选 择

一、行业选择的目标

在研究了行业分析所需的基本因素后,必须根据经济形势的变化和市场的反应不断作出调整,才能作出正确的投资决策。由于内外部环境的变化速度加快,投资热点也不断转换,而投资者大都期望以最小的投资风险获得最大的投资回报,因此他们必须科学预测各行业的发展前景,选择潜力大、前景好的股票进行投资。在行业选择时,通常要考虑以下几种因素。

(1) 行业景气度的变动是股市形成牛市与熊市周期性转换的最基本原因,行业景气与股价的关联度,是在投资者进行战略性投资和盈利模式选择时最重要考量因素之一,并且在实际生活中,二者之间的关系是非线性的,把握它们之间的规律较为困难。

(2) 在实际投资决策过程中,由于投资资金的来源不同,可使用的时间长短及投资人的风险偏好也不同,所以要仔细研究目标行业所处的行业生命周期及行业特征,以作出合乎自己情况的选择。

(3) 行业吸引力是进行行业比较、选择的价值标准,所以也称为行业价值。它主要是在行业特征分析和主要机会、威胁分析的基础上,找出关键性的行业因素,通过定性、定量的分析,确定其吸引力的大小。行业的吸引力分析可以告诉一个行业是否有激烈的竞争压力以及为什么会存在,它将说明该行业是否会有利可图,行业的获利能力为什么会很快降低。这种分析会帮助投资者清醒地认识到行业面临的压力及其可能采取的措施,从而预测它们对股票市场的影响,作出相应的投资决策。

(4) 对于选择行业,最重要的一点还在于如何正确预测所观察行业的未来业绩。通常使用以下两种方法进行衡量:一是将行业的增长情况与国民经济的增长速度进行比较,从中找出成长型行业;二是利用行业历年的销售业绩、盈利能力等历史资料分析过去的增长情况,并预测未来的发展趋势。

除了上述几种考虑因素外,投资者在选择行业时还需要考虑其他相关因素,如政策取向,资源垄断性,产品的替代性等,它们将影响到投资者的选择。

二、行业选择的方法

1. 行业景气分析

2003 年以来股市结构出现了以行业景气为导向的特征,这是经济发展到一定阶段的必然现象。由于我国成长型和成熟型的支柱行业得到前所未有的发展机遇,上市公司的行业结构趋向合理,以行业价值为基础的"自上而下"的资产配置方法逐步被市场认可,因此行业投资也成了价值投资的代名词。

景气是对经济发展状况的一种综合性描述,用以说明经济的活跃程度。所谓景气,是指总体经济呈上升发展趋势,此时市场繁荣且经济总量增长速度加快。经济不景气则是指总体经济呈下滑的发展趋势,绝大部分经济活动处于收缩或半收缩状态,此时市场疲软、经济增长速度停滞或迟缓、许多企业破产倒闭、失业人数增加等。

景气与经济周期一样,不断地循环重复,它也是经济波动的一种形态。人们一般把经济波动分为长期趋势、景气循环、季节波动、不规则或随机波动。景气循环就是总体经济活动围绕其长期趋势不断从繁荣滑向萧条,又从萧条走向繁荣的一种周而复始的运动过程。美国著名经济学院韦斯利·米切尔在他的著作《景气循环衡量》中这样说道:"景气循环是建立在总量经济活动基础上的一种经济波动形态,这种总量经济是由无数企业的活动组成。这一循环包括这样一个过程:许多经济活动在同一时期同时膨胀,然后几乎同时进入衰退期,经济出现萎缩,随后又一起进入下一个膨胀阶段。这种变化周而复始,但并不形成周期。这种循环的时间长度多到 10 年或 20 年不等。同样特征的振幅不能够再分解更小的循环。"

景气状况可以通过一系列的指标来描述,它们被称为景气指数。景气指数又被称为景气度,它是对所反映的经济现象的一种量化描述,通过景气指数的上升和下降的动态变化,反映和预测经济的发展状态。其最大的特点是具有信息超前性和预测功能,可靠性较强。在众多景气指数中,最重要的是合成指数,它是以各项指标及其波动幅度为权数进行加权的综合指数。景气指数分析主要利用月度或季度经济统计序列数据,分析和判断经济发展处于周期性波动的哪个阶段:是扩张阶段还是收缩阶段,是峰点、谷点还是景气转折点;找出景气状态发生的原因;预测未来经济走向和下一个峰点或谷点出现的时期,验证和评价政策实施的效果等。在景气指数分析中,一般将 100 作为景气指数的临界值,当景气指数大于 100 时,表明经济状况趋于上升或改善,处于景气状态;当景气指数小于 100 时,表明经济状况趋于下降或恶化,处于经济不景气状态。

对行业进行景气指数分析,可以初步了解行业的运行状况,在较长的经济周期中确定行业目前所处的阶段,而利润的同比增长反映行业近期经营状况的波动。一般情况下,如果行业的运行态势沿着当前的趋势继续发展,则利润同比变化就会和行业景气状况成同方向变动。相反,如果行业运行态势出现暂时波动或运行到行业周期的拐点,则利润同比变化一般会出现与行业景气指数运行趋势相背离的现象。因此,通过比较分析行业景气状况和利润同比增长,特别是分析出现背离的行业以及对行业景气所处的空间、景气值的波动、景气趋势的评估,可以为投资者提供许多投资先机,防范投资风险。

2. 行业吸引力分析

行业吸引力是指行业因其具有的经济性等原因,对企业生产参与其中竞争的吸引能力。行业吸引力的大小既是决定行业竞争激烈程度的主要因素之一,也是决定企业经营战略导向的主要因素之一。一般情况下,行业的吸引力越大,竞争的激烈程度也越高,企业的经营战略导向也越积极。

行业吸引力的评估因素主要包括行业市场容量、发展前景、竞争强度、平均利润、进入/退出壁垒、整合程度、行业顾客量等。一般来说,企业要进入的行业大部分在这些指标上都表现得较为突出,显示出较大的吸引力。行业吸引力的主要分析因素及其影响如表 9-4 所示。

表 9-4 行业吸引力的主要影响因素及其作用

主要因素	对行业吸引力的影响
行业增长潜力	潜力越大,吸引力越强
行业发展主要驱动力	企业拥有的越多,吸引力越强
竞争者进入/退出障碍	障碍越小,吸引力越强
行业市场需求	需求越大,吸引力越强
行业竞争力情况	5 种竞争力越弱,吸引力越强
行业风险与不确定程度	风险和不确定性越低,吸引力越强
行业总体利润水平	利润水平越高,吸引力越强
行业的特殊影响因素	—

由于每个行业都有其自身的特点,因此在分析行业吸引力时,要根据具体情况,权衡各因素的权重比例,调整影响吸引力的主要因素。

衡量行业吸引力一般由定量分析完成,首先选出一套行业吸引力度量标准;接着,对每一标准设立权数,权数总和为 1.0;最后,按照每一条行业吸引力标准进行评估(评估 1~5 或者 1~10 的评估尺度),将每个因素的评估值与该因素的权数相乘后加总,得到享受加权的吸引力评估值。表 9-5 是某行业的吸引力评价表,该行业的加权吸引力评估值为 1.583。

表 9-5 行业吸引力评价表

主要影响因素	权重	评分	加权数
行业市场需求	0.05	3	0.15
行业总体利润水平	0.15	1.5	0.225
行业生产规模	0.15	2.3	0.345
行业竞争力情况	0.1	2.0	0.20
政策的影响	0.1	−1.5	−0.15
市场需求	0.12	3.0	0.36
进入/退出障碍	0.1	1.15	0.115
行业市场容量	0.05	1.2	0.06
行业顾客量	0.1	1.5	0.15
社会限制	0.08	−1.6	0.128
总　　计	1.0	—	1.583

计算行业吸引力加权数有两个困难,一是为行业吸引力度量标准设置合适的权数;另一个是获得充足可靠的资料对每一因素作出准确、客观的评估。没有正确的数据,评估结果将偏离现实。因此,它的有效性取决于管理人员是否做了足够的调查、做出了可靠的判断。但是无论怎样,行业吸引力的评估仍是一种可靠的方法,它告诉人们某些有价值的信息。因此,在投资者选择行业时,多了一种衡量工具。

3. 生命周期及行业特征

在投资决策中,应选择成长型行业和在行业生命周期中处于成长期和稳定期的行业。

成长型行业的特点是增长速度快于整个国民经济的增长率,投资者可享受快速增长带来的较高的投资回报,但投资风险较大。此外,投资者也不应排斥增长速度与国民经济同步的行业,这些行业发展比较稳定,投资回报虽不及成长型行业,但投资风险相应也小。例如,计算机行业正以较快的速度增长,但其面临的相应的竞争风险也在不断增长,投资者需通过收益与风险的对比分析来决定是否投资。

在对处于生命周期不同阶段的行业选择上,投资者应选择处于成长期和稳定期的行业,这些行业有较大的发展潜力,基础逐渐稳定,盈利逐年增加,股息红利相应提高,有望得到丰厚而稳定的收益。一般来说,投资者应避免选择初创期和衰退期的行业,因为这些行业的发展前景难以预料,投资风险太大。例如,医疗服务行业正处于成长阶段,竞争风险相对较小,收益也相应较大,而采矿业已进入衰退期,该行业的投资收益就较少。

本 章 小 结

行业分析的意义在于揭示企业发展所处的成长阶段及其市场空间。根据不同行业建立全面的、可操作性强的企业选择标准和评估体系具有重要意义。行业的分类主要有按照行业与经济周期的相关性进行划分、按照行业要素的集中程度进行划分以及按照行业对经济周期的敏感性进行划分 3 种。行业分析主要研究行业的竞争结构、行业的市场结构、行业的生命周期以及经济周期与行业的关系。影响行业兴衰还有其他比较重要的因素,如技术进步、产业政策和社会习惯的改变等。行业选择主要应关注行业景气度和行业吸引力以及行业的生命周期特征。

关 键 术 语

行业分析 行业类型 行业选择 生命周期 竞争结构 市场结构 景气 吸引力 竞争力模型

本 章 案 例

36PE 入农林牧渔:平均回报 13 倍

在一个人人都想赚快钱的年代,如果总是做大家都在做的事,你可能就得不到什么好收益。相反,去挖掘偏门,或许会有意想不到的惊喜。

就像农林牧渔行业,平静的表面下其实掩藏着许多涟漪。

截至 2012 年 4 月,共有 36 家 PE(私募股权投资)投资了该行业的 14 家上市公司,相比较 62 家 PE 投资 34 家医药生物企业的热火朝天,农林牧渔确实一直不是 PE 们心中的热门首选。但是,根据 PE 们在农林牧渔业的平均投资金额,这个数字已经达到了2596.718 万元,要知道号称高门槛的医药生物平均投资量也只有 2455.757 万元,但农林牧渔的均值整整比其高出了 100 多万元。

据统计,36 家 PE 里有 10 家的投资规模超过了 3000 万元,这个概率比起医药生物

25.8％的3000万元覆盖率还要高。

　　而且，从最新账面浮盈来看，PE们在农林牧渔业平均获得了13.2倍数的收益，13家超过10倍。虽然医药生物的回报倍数均值高达30多倍，但考虑到他们有匹1215.71倍的超级黑马，如果除去这家重新计算，则医药生物的均值11.37倍还是落后于农林渔业。

　　有理由相信，真要继续探究这个行业，则还会有更多的惊喜。

　　在农林牧渔行业，PE的投资规模主要分为4个等级：3000万元以上的超大主力军、2000万～3000万元的中间力量、1000万～2000万元的中小型队伍以及1000万元以下的小部队。这些规模在数量分布上比较平均，分别为10、9、10、11家。

　　肯出高价的PE，就一定是奔着高额的回报去的。但是，在投资3000万元以上的10家PE中，只有3家的回报数超过了10倍，他们分别是鼎晖投资、广州海灏投资、中盈长江国际投资，其中第一个与第三个的回报倍数也只有10.64与11.88，低于13.2的行业均值。

　　如果把目光集中到2000万～3000万元的中间力量，就会发现有非常大的惊喜。这个梯队的9家PE，居然有5家的回报倍数站上了10倍回报数的线上，而且基本都超过了15倍。虽然没出现过百倍的收益，但这些投资处于均值2596.718万元附近的中间力量，还是大大拉升了整个行业的回报水准。

　　除了上述这两类中上游大军外，下游的PE在农林牧渔业的投资也带给了我们欣喜。在11家规模小于1000万元的投资PE中，金安亚洲投资、深圳市同创伟业、毅美投资、智基创投，其回报倍数都冲破了15倍，实现了小投资高收益。

复习思考题

1. 什么是行业？行业分析的意义是什么？
2. 行业有哪几种市场结构？各自有什么特点？
3. 按经济周期划分，行业分为哪几种类型？
4. 行业的生命周期可以分为哪几个阶段？
5. 影响行业发展的主要因素是什么？
6. 行业分析具体包括哪些方法？

第十章 公司分析

学习目的

通过本章的学习,了解公司基本素质分析、公司经营管理能力分析的内容,学会运用财务报表进行公司财务分析,掌握财务比率分析的作用以及各个财务指标的内容和计算方法。

宏观经济因素以及行业分析,主要是从宏观及中观方面分析影响证券价格变动的因素,但对投资者来说,最终要进行投资决策,还必须进行公司分析。公司分析又称企业分析,实际上是确认某一上市公司在本行业中的相对地位,主要利用公司历年资料对其资本结构、财务状况、经营管理水平、盈利能力、竞争实力等进行具体细致的分析,同时还要将该公司的状况与其他同类型公司进行比较、与本行业平均水平进行比较、与本公司历史状况进行比较,只有这样才能对公司作出较为客观的内在价值评价。公司分析可以分为基本素质分析、财务分析和其他重要因素分析 3 部分。

第一节 公司基本素质分析

理性投资者在决定投资于某公司股票之前必然要有一个系统的收集资料、分析资料、进行价值判断的过程。通过对投资对象的背景资料、业务资料、财务资料、技术水平的分析,从整体上把握企业的基本素质,确定公司的合理价位,并与市场价位相比较进行投资。

一、公司竞争地位分析

公司在本行业中的竞争地位是公司基本素质分析的首要内容。市场经济的规律是优胜劣汰,若在本行业中无竞争优势的企业,则注定要随着时间的推移逐渐萎缩及至消亡。只有具备了一定竞争优势,并通过技术水平和管理水平的不断提升来保持这种优势,形成公司的核心竞争力,才能实现公司的持续快速发展,这样的公司才具有较高的内在价值。企业的竞争优势基本可以归纳为两种:低成本和差异性。一个企业所具有的优势或劣势,最终取决于企业在多大程度上能够对低成本和差异性有所作为。

1. 产品的竞争能力分析

(1) 成本优势。成本优势是指公司的产品依靠低成本获得高于同行业其他企业的盈利能力。在很多行业中,成本优势是决定竞争优势的关键因素。企业一般通过规模经济、专有技术、优惠的原材料和低廉的劳动力实现成本优势。由资本的集中程度而决定的规模效益是决定公司生产成本的基本因素,当企业达到一定规模的资本投入或生产能力时,根据规模经济的理论,企业的生产成本和管理将有效降低。公司技术水平的评价可分为对技术硬件部分的评价和对软件部分的评价两类,技术硬件部分主要针对机械设备、单机或成套设备;软件部分主要针对生产工艺技术、工业产权、专利设备制造技术和经营管理技术、生产能力和生产规模、企业扩大再生产的能力等。另外,企业如拥有较多的技术人员,就有可能生产出质优价廉、适销对路的产品。原材料和劳动力成本则取决于公司的原料来源以及公司的生产企业所处的地区。取得了成本优势,企业在激烈的竞争中便处于优势地位,在竞争对手失去利润时仍有利可图,亏本的可能较小;同时,也使其他想利用价格竞争的企业有所顾忌,抑制了价格竞争。

(2) 技术优势。企业的技术优势是指企业拥有的比同行业其他竞争对手更强的技术实力及研究与开发新产品的能力。这种能力主要体现在生产的技术水平和产品的技术含量上。在现代经济中,企业新产品的研究与开发能力是决定企业成败的关键,因此企业一般都确定了占销售额一定比例的研究开发费用,这一比例的高低往往能决定企业的新产品开发能力。产品的创新包括研制出新的核心技术,开发出新一代产品;研究出新的工艺,降低现有的生产成本;根据细分市场进行产品细分。技术创新,不仅包括产品技术创新,还包括人才创新,因为技术资源本身就包括人才资源。现在大多数上市公司越来越重视人才的引进,在激烈的市场竞争中,谁先抢占智力资本的制高点,谁就具有决胜的把握。技术创新的主体是高智能、高创造力的高级创新人才,实施创新人才战略,是上市公司竞争制度的务本之举。具有技术优势的上市公司往往具有更大的发展潜力。

(3) 质量优势。质量优势是指公司的产品以优于其他同类产品的质量赢得市场,从而取得竞争优势。由于公司的技术能力及管理等诸多因素存在差别,不同公司间相同产品的质量是有差别的。消费者在进行购买选择时,虽然有很多因素会影响他们的购买倾向,但是产品的质量始终是一个重要因素。质量是产品信誉的保证,质量好的产品会给消费者带来信任感。严格管理、不断提高公司产品的质量,是提升公司产品竞争力的行之有效的方法。具有产品质量优势的上市公司往往在该行业占据领先地位。

2. 产品的市场占有率

公司的产品市场占有率在公司的产品竞争力中占有重要地位,通常从以下两个方面进行分析。其一,公司产品销售市场的地域分布情况,从这一角度可将公司的销售市场划分为地区型、全国型和世界范围型。从销售市场地域的分布能大致地估计一个公司的经营能力和实力。其二,公司产品在同类产品市场上的占有率。市场占有率是对公司的实力和经营能力的较精确的估计,它是指一个公司的产品销售量占该类产品整个市场销售总量的比例。市场占有率越高,表示公司的经营能力和竞争力越强,公司的销售和利润水平越好、越稳定。不断地开拓进取,挖掘现有市场潜力,进军新的市场,是公司扩大市场占有份额和提高市场占有率的主要手段。

3. 品牌战略

品牌是一个商品名称和商标的总称,用来辨别一个卖者或卖者集团的货物或劳务,以便同竞争者的产品相区别。一个品牌不仅是一种产品的标志,而且是产品质量、性能、满足消费者效用的可靠程度的综合体现。品牌竞争是产品竞争的深化和延伸。当产业发展进入成熟阶段,产业竞争充分展开时,品牌就成为体现产品及企业竞争力的一个越来越重要的因素。品牌具有产品所不具有的开拓市场的多种功能:一是创造市场的功能;二是联合市场的功能;三是巩固市场的功能。以品牌为开路先锋,为作战利器,不断攻破市场壁垒,从而实现迅猛发展的目标,是国内外很多知名大企业行之有效的措施。效益好的上市公司,大多都有自己的品牌和名牌战略。品牌战略不仅能提升产品的竞争力,而且能够利用品牌进行收购兼并。

4. 资本与规模效益

有些行业,如汽车、钢铁、造船是资本密集型产业,这些产业往往是以"高投入、大产出"为基本特征的行业。由资本的集中程度而决定的规模效益是决定公司收益、前景的基本因素。投资者在进行长期投资时,一般不会选择那些身处资本密集型行业,但又无法形成规模效益的企业。

二、公司经营管理能力分析

公司的经营效率和管理能力直接影响公司的盈利和长期发展,是投资者在选择投资对象时必须要考虑的因素之一。规范的公司法人治理结构以及经理层、从业人员的素质和创新能力是公司保持较高经营管理能力的保证,经营效率是公司经营能力的直接体现,而人力资源管理、内部控制机制、生产运作管理等是公司管理能力的体现。这些因素对公司盈利水平的提高以及持续、快速的发展起着重要的作用,是投资者在进行投资决策时必须考虑的条件之一。

1. 公司管理人员素质及能力分析

所谓素质,是指一个人的品质、性格、学识、能力、体质等方面特性的总和。在现代企业里,管理人员不仅担负着对企业生产经营活动进行计划、组织、指挥、控制等管理职能,而且从不同角度和方面负责或参与对各类非管理人员的选择、使用与培训工作。因此,管理人员的素质是决定企业能否取得成功的一个重要因素。一般而言,企业管理人员应该具备如下素质。

(1)从事管理工作的愿望。企业管理是组织、引导和影响他人为实现组织目标而努力奋斗的专业性工作,管理者胜任这一工作的前提条件是必须具有从事管理工作的意愿。只有那些具有影响他人的强烈愿望,并能从管理工作中获得乐趣、得到满足的人,才可能成为一个有效的管理者;反之,倘若没有对他人施加影响的愿望,这个人就不会花费时间和精力去探索管理活动的规律和方法,亦缺乏做好管理工作的动力,因而难以成为一个优秀的管理者。

（2）专业技术能力。管理人员应当具备处理专门业务技术问题的能力，包括掌握必要的专业知识、能够从事专业问题的分析研究、能够熟练运用专业工具和方法等。这是由于企业的各项管理工作，不论是综合性管理或职能管理，都有其特定的技术要求，如计划管理要求管理者掌握制订计划的基本方法和了解各项经济指标的内在联系，且能够综合分析企业的经营状况和预测未来的发展趋势，并善于运用有关计算工具和预测方法。

（3）良好的道德品质修养。管理人员能否有效影响和激发他人的工作动力，不仅取决于企业组织赋予管理者的职权大小，还在很大程度上取决于管理者个人的影响力。而构成影响力的主要因素是管理者的道德品质修养，包括思想品德、工作作风、生活作风、性格气质等方面。管理者只有具备能对他人起到楷模作用的道德品质修养，才能赢得被管理者的尊敬和信赖，建立起威信，从而提高管理工作的效果。

（4）人际关系协调能力。这是从事管理工作必须具备的基本能力。在企业组织中，为了充分发挥协作劳动的集体力量，适应企业内外联系的要求，管理人员应成为有效的协调者，协调工作群体内部各个成员之间以及部门之间的关系，鼓励职工与群体发挥合作精神，创造和谐融洽的组织气氛；同时，要善于处理与企业有直接或间接关系的各种社会集团及个人的关系，妥善化解矛盾，避免冲突和纠纷，最大限度地争取社会各界公众的理解、信任、合作与支持，为企业的发展创造良好的外部环境。

（5）综合能力。在现代市场经济条件下，企业作为不断与外部环境进行信息、物质与人才转换的开放系统，生产经营过程具有明显的动态性质，即需要随时根据市场环境的变化作出反应和调整。与这一状况相适应，管理工作经常要面对大量的新情况、新问题。为此，管理人员必须具备较强的解决问题的能力，要能够敏锐地发现问题之所在，并迅速提出解决问题的各种措施和途径，讲求方式方法和处理技巧，使问题得到及时、妥善的解决。

2. 公司的管理风格和经营理念分析

管理风格是指企业在管理过程中所一贯坚持的原则、目标等方面的总称。经营理念是企业发展一贯坚持的一种核心思想，是公司员工坚守的基本信条，也是企业制订战略目标及实施战术的前提条件和基本依据。一般而言，公司的管理风格和经营理念有稳健型和创新型两种。稳健型公司的特点是在管理风格和经营理念上奉行稳健原则，一般不会轻易改变业已形成的管理和经营模式。这类公司的发展一般较为平稳，大起大落的情况较少，但是由于不太愿意从事风险较高的经营活动，公司较难获得超额利润，跳跃式增长的可能性较小，而且有时由于过于稳健，可能会丧失大发展的良机。创新型公司的特点是在管理风格和经营理念上以创新为核心，公司在经营活动中的开拓能力较强。创新型的管理风格是此类公司获得持续竞争力的关键。创新型企业依靠自己的开拓创造，有可能在行业中率先崛起，获得超常规的发展，但创新并不意味着企业的发展一定能够获得成功，有时实行一些冒进式的发展战略也有可能迅速导致企业失败。分析公司的管理风格，可能跳过现有的财务指标来预测公司是否具有可持续发展的能力；而分析公司的经营理念，则可据以判断公司管理层制订何种发展战略。

3. 公司业务人员素质和创新能力分析

公司业务人员的素质也会对公司的发展起到很重要的作用。作为公司的员工，公司业务人员应该具有如下的素质：熟悉自己从事的业务、具备必要的专业技术能力、对企业的忠诚度、对本职工作的责任感、具有团队合作精神等。具有以上这些基本素质的公司业务人员，才有可能做好自己的本职工作，才有可能贯彻落实公司的各项管理措施以及完成公司的各项经营业务，才有可能把自身的发展和企业的发展紧密地联系在一起。当今国际经济竞争的核心是知识创新、技术创新和高技术产业化，不少高科技公司依靠提高产品和技术服务的市场竞争力，加快新产品开发，以实现公司业绩持续增长。因此，公司业务人员的素质，包括进取意识和业务技能也是公司发展不可或缺的要素。对员工的素质进行分析，可以判断该公司发展的持久力和创新能力。

三、公司成长性分析

公司的价值不仅仅取决于公司的盈利能力，还取决于公司的成长性。"买公司的股票就是买企业的未来"说的就是这个道理。公司的成长性分析包括公司经营战略分析、公司规模变动特征分析以及扩张潜力分析。

1. 公司经营战略分析

战略指的是在竞争中取胜的筹划与谋划，其核心思想在于谋求相对优势。作为企业，其命运取决于与竞争对手较量的结果。经营战略是企业面对激烈的变化与严峻挑战的环境，为求得长期生存和不断发展而进行的总体谋划，它是企业战略思想的集中体现，是企业经营范围的科学规定，同时又是制订规划的基础。

企业经营战略的意义在于：可以了解企业内部优劣，剖析企业外部环境，帮助企业迎接未来的挑战，为企业提供未来明确的目标和方向，并使企业每个成员明白企业的目标。没有明确战略目标的企业，就像在暴风雨中航行的船，在和风暴作斗争中很可能会失去航向，就算有幸没在风浪中沉没，也有碰上暗礁沉没的潜在危险。经营战略是在服从和保证实现企业使命的前提下，在充分利用环境中存在的各种机会和创造新机会的基础上，确定企业同环境的关系，规定企业从事的经营范围、成长方向和竞争对策，合理调整企业结构和分配企业的资源。经营战略具有全局性、长远性和纲领性，它从宏观上规定了企业的成长方向、成长速度及其实现方式。由于经营战略直接牵涉到企业未来的发展方向，其决策对象是复杂的，所以常常面对突发性和难以预料的问题，因此对公司经营战略的评价比较困难，难以标准化。但投资者可以从经营战略是否清晰、稳健、科学，主营业务是否突出等角度进行判断。

2. 规模变动特征及扩张潜力分析

新古典经济学的企业成长论就是企业规模调整理论，企业成长的动力在于对规模经济（以及范围经济）的追求。企业成长就是企业调整产量达到最优规模水平的过程，或者说是从非最优规模走向最优规模的过程。由于企业生产规模的扩大会引起长期平均成本的降低，因此会给企业带来比小规模时更大的经济效益。当然，随着生产规模的进一步扩大，企业可能会受到技术水平的制约，不仅不能获得规模经济，还很有可能导致规模不经济的发生，即在一定的技术条件下，企业不可能无限制地扩张。企业的规模不经济说明，企业规模并非越大越好，因此要想充分享受企业的规模经济，又抑制不经济因素的出现，获得最大限度的利润,企业必须有一个适度的规模。

公司规模变动及扩张潜力一般与其所处的行业发展阶段、市场结构、经营战略密切相关,它是从微观方面具体考察公司的成长性的。可从以下几方面进行分析。

(1) 分析公司的规模扩张是由供给推动还是由市场需求拉动所致、是通过公司的产品创造市场需求还是生产产品去满足市场需求、是依靠技术进步还是依靠其他生产要素等,以此找出企业发展的内在规律。

(2) 纵向比较公司历年的销售、利润、资产规模等数据,把握公司的发展趋势,是加速发展、稳步扩张,还是停滞不前。

(3) 公司销售、利润、资产规模等数据及其增长率与行业平均水平及主要竞争对手的数据进行比较,了解其行业地位的变化。

(4) 分析预测公司主要产品的市场前景及公司未来的市场份额。对公司的投资项目进行分析,并预计其销售和利润水平。

(5) 分析公司的财务状况以及公司的投资和筹资潜力。

四、公司基本分析在上市公司调研中的实际运用

走访和调查上市公司是证券投资分析中一项不可或缺的工作。一般说来,投资风险来自不确定性,当人们对投资对象越了解,就越能降低不确定性,从而降低投资风险。上市公司调研是围绕上市公司内部条件和外部环境来综合分析上市公司的优势或劣势、面临的挑战与发展机遇、发展的可行性与现实需要等。基本面分析是上市公司调研的重要一环,主要从以下几个方面进行分析。

1. 分析公司所属产业

分析公司所属产业包括分析产业的发展历史沿革与发展前景、影响产业增长和盈利能力的关键因素、产业进入的壁垒、来自产业内的竞争、政府的支持和管制、上下游产业的市场前景和供需状况、国民经济波动对产业的影响等。只有了解清楚公司所在行业的基本状况后,投资者才能做到知己知彼、百战不殆。

2. 分析公司的背景和历史沿革

分析公司的背景和历史沿革包括分析公司的性质、集团及其关联企业、公司的规模、股本结构和主要投资者、公司中长期发展战略和发展方向的历史沿革、公司的主要产品和利润的主要来源、公司的主要优劣势等。只有了解了上市公司的基本情况,投资者才能以最小的风险获得最大的收益。

3. 分析公司的经营管理

分析公司的经营管理包括分析公司高层管理人员的素质及其简历、组织结构与管理体制、员工技术层次和培训费用、工资奖励制度、保留核心员工的方法、生产能力和生产效率、原材料构成及其供应、与主要供货商的关系等。

4. 分析公司的市场营销

分析公司的市场营销包括分析公司主要产品的市场需求弹性、产品销售的季节性和周期波动、主要客户组成及与主要客户的关系、产品覆盖的地区与市场占有率、销售成本

与费用控制、顾客满意度和购买力、主要竞争对手的市场占有率等。

5. 分析公司的研究与开发

分析公司的研究与开发包括分析公司研究与开发的重点项目、研究设施与研究人员的比例、研究开发费用支出占销售收入的比例、新产品开发频率与市场需求分析、新产品的生产规模与投资需求等。

6. 分析公司的融资与投资

分析公司的融资与投资包括分析公司目前的资金缺口、融资前后的资本结构及其所有权形式、融资资金的主要用途、投资项目和投资收益、公司的投资结构与方式以及投资项目的可行性等。

以上几点并非上市公司基本分析的全部内容,在具体的调研过程中,研究人员会遇到很多特殊的问题,这需要灵活多变、把握分寸。只有这样,才能对上市公司有更全面的认识和了解,分析也更切合实际。

第二节　公司财务分析

财务分析是证券投资分析的主要内容,财务分析的对象是上市公司定期公布的财务报表。财务报表能综合反映企业在一定会计期间内资金流转、财务状况和盈利水平,是企业向外部传递经营信息的主要手段。投资者通过财务报表中账面会计数据间的相互关系、在一定时期内的变动趋势和量值进行分析,以判断公司的财务状况和经营状况是否良好,并以此预测公司的未来发展并作出投资决策。公司财务分析的基本工具有两种:比率分析与现金流量分析。比率分析的重点在于评价公司财务报表中各会计科目之间的关系;现金流量分析则使证券分析人员能够正确估测公司资产的流动性,并了解经理层如何管理企业经营、投资和筹资活动产生的现金流。

一、公司的主要财务报表

上市公司必须遵守财务公开的原则,定期公开自己的财务状况,提供有关财务资料,以便于投资者查询。在上市公司公布的财务资料中,主要是一些财务报表。在这些财务报表中,最为重要的是资产负债表、利润表和现金流量表。

1. 资产负债表

资产负债表是反映企业在某一特定日期财务状况的会计报表,它表明企业在某一特定日期所拥有或控制的经济资源、所承担的现有义务和所有者对净资产的要求权。根据"资产＝负债＋所有者权益"的会计基本平衡原则以及一定的分类标准和排列顺序,资产负债表分为资产和负债及所有者权益两方。

资产方(左方)反映了该公司总资产和各类资产的构成,主要有流动资产、长期投资、固定资产、无形资产及其他资产,一般按其变现能力顺序排列。流动资产是现金和其他变现能力很强的资产,主要有现金和银行存款、期限很短的有价证券、应收账款以及原材料、在产品、库存品的存货。长期投资包括公司拥有的其他公司的股票、债券等有价证券以及其他长期投资。固定资产是指单位价值高、使用期限长、可供企业在生产经营中反复使用、具有物质实体的资产,如土地、厂房、机器设备、交通运输工具等。无形资产是指公司拥有的专利权、版权、商标权和其他类似资产。

负债及所有者权益方(右方)反映公司的借贷资本和自有资本,主要有流动负债、长期负债和股东权益。流动负债是指短期内应清偿的债务,包括应付账款、应付票据、短期借款和未交税金等。长期负债包括长期借款、应付长期票据和公司发行的长期债务等长期债务。股东权益又称净值,是股东应享有的权益,包括普通股股东和优先股股东投资的股本、资本公积金、利润公积金。根据会计平衡公式可知,股东权益就是公司的资产总额减去负债总额,其代表了属于全体股东的资产价值。资产、负债和股东权益的关系用公式表示如下。

$$资产=负债+股东权益$$

2. 利润表

利润表是反映公司在某一时期内(通常是一年、6个月、3个月)的生产成果和经营业绩的报表,它揭示了公司在某一期间内所形成的收入、发生的费用以及成本的流量情况。它通过列示公司的营业收入、成本及各项费用支出情况来全面反映企业的经营业绩,它是投资者分析投入企业的资本是否完整、判断企业盈利能力大小或经营效益好坏的主要依据。

我国一般采用多步式利润表格式。利润表主要反映以下几方面的内容:①构成主营业务利润的各项要素。其计算公式为主营业务利润=主营业务收入-主营业务成本-主营业务税金及附加。②构成营业利润的各项要素。其计算公式为营业利润=主营业务利润+其他业务利润-营业费用-管理费用-财务费用。③构成利润总额(或亏损总额)的各项要素。其计算公式为利润总额=营业利润+投资收益+补贴收入+营业外收入-营业外支出。④构成净利润(或净亏损)的各项要素。其计算公式为净利润=利润总额-所得税。

3. 现金流量表

现金流量表是反映公司在一定会计期间内经营活动、投资活动和筹资活动产生的现金流入与现金流出情况的报表。现金流量是指公司现金和现金等价物的流入和流出。现金流量表以收付实现制为基础,已真实反映公司当期实现收入的现金、实际支出的现金、现金流入流出相抵后的净额,并以此为基础分析损益表中本期净利润与现金流量的差异,从而正确评价公司的经营成果。

现金流量表主要分为经营活动、投资活动和筹集活动产生的现金流量3个部分。①通过分析经营活动产生的现金流量,可以了解企业在不动用企业外部融资的情况下,凭借经营活动产生的现金流是否足以偿还负债、支付股利和对外投资。经营活动产生的现金流量可以通过间接法和直接法计算得出。②通过分析投资活动产生的现金流量,可以了解为获得未来收益和现金流量而导致的资源转出程度,以及以前资源转出带来的现金流入的信息。现金流量表中的投资活动比通常所指的短期投资和长期投资的范围要广。

③通过分析筹资活动的现金流量,可以帮助投资者和债权人预计企业未来现金流量的要求权,以及获得前期现金流入而付出的代价。

总之,财务分析的功能主要表现在以下几个方面:①通过分析资产负债表,可以了解公司的财务状况,对公司的偿债能力、资本结构以及流动资金充足性等作出判断。②通过分析利润表,可以了解公司的盈利能力、盈利状况、经营效率,对公司在行业中的竞争地位、持续快速发展能力做出判断。③通过分析现金流量表,可以了解公司获得现金和现金等价物的能力,并据此判断公司的收益质量,预测企业未来的发展前景。

二、财务报表的分析方法

财务报表分析的目的是为有关各方提供可以用来作出决策的信息。投资者、债权人,包括公司的经理通过阅读财务报表可以获得大量的第一手财务数据资料,但仅仅简单地浏览这些数据还不够,还必须用一定的方法分析各种会计数据之间存在的相互关系,才能全面反映公司的经营业绩和财务状况。因此,在实际进行分析时,应根据分析对象的特征以及资料的来源情况分别采用不同的技术方法。

1. 对比分析法

对比分析法是一种将同一经济指标在不同时期与不同空间的数值进行对比并分析差异的方法。在对比时既可以用实际与计划进行对比,也可以用当期与上期进行对比,还可以在同行业之间进行对比分析。但在对比分析过程中,必须注意各指标之间的可比性,即计算口径、计算基础、计算的时间等保持一致。对比分析根据分析的特殊性可以分为以下3种形式:

(1)绝对数比较。它是利用绝对数进行对比,从而寻找差异的一种方法。

(2)相对数比较。它是利用增长百分比或完成百分比指标来进行分析。

(3)比率分析。比率分析是研究某一总体中各组成部分占总体的比率,找出关键的比率数据,以便掌握事物的特点进行深入研究。同时,也可以通过其构成的变化来研究事务发展的变化趋势。它主要是一种财务报表分析方法,此方法将在下一部分中详细介绍。

2. 因素分析法

一个财务指标往往受多种因素的影响,它们对该指标的影响程度各不相同。只有将这一综合性的指标分解成各个构成因素,才能从数量上把握每一个要素的影响程度。利用该方法,一方面,可以全面分析各个因素对某一财务指标的影响;另一方面,也可以单独寻求某一因素对该经济指标的影响。

3. 趋势分析法

趋势分析法是一种将两个或两个以上连续期的财务指标或比率进行对比,以便计算出它们增减变动的方向、数额、幅度的方法。采用这种方法可以从公司的财务状况和经营成果发展变化中寻求其变动的原因、性质,并由此预测公司未来的发展趋势。在财务分析中,趋势分析一般有以下两种分析的方式。

(1)绝对数趋势分析。通过编制连续数期的会计报表,并将有关数字并行排列,比较相同指标的数据变动幅度,以此来说明公司财务状况和经营成果的发展变化。一般来说,可以编制比较资产负债表、比较利润表以及比较现金流量表。

（2）相对数趋势分析。会计报表中有许多重要的比率指标，如各种周转率指标、偿债能力指标、投资报酬率指标以及资产负债率、资本负债比率等，可采用两种趋势分析方法，即连续比较上述有关指标在不同时期的变化趋势和将上述指标与某一固定基期同一指标数据进行对比，前者称为环比动态比率，后者称为定基动态比率，它们的计算公式分别为

$$环比动态比率 = \frac{分析期指标}{分析期的前一期指标} \times 100\%$$

$$定基动态比率 = \frac{分析期指标}{固定基期指标} \times 100\%$$

当采用环比动态指标分析时，可以看出该指标的连续变动趋势。这种方法直截了当，并可以将这一变化趋势在坐标图中绘出变动曲线，寻求变动规律，以利于总结经验，尽量避免受不利因素的影响。在采用定基动态指标分析时，可以将分析期与基期进行直接对比，以便寻找挖掘潜力的途径和方法，并保证在现有基础上不断提高有关指标的有效性。

三、财务比率分析

财务比率分析是财务报表分析的重要工具，它是指对某公司一个财务年度内的财务报表各项目之间进行比较，计算比率，从而判断年度内偿债能力、资产管理效率、经营效率、盈利能力等情况。比率分析涉及企业管理的各个方面，比率指标也较多，大致可以分为以下几大类：变现能力分析、运营效率比率分析、负债比率分析、盈利能力分析、投资收益分析、现金流量分析等。

（一）变现能力分析

任何企业要想维持正常的经营活动，手中必须持有足够的现金和银行存款以支付各种到期的费用和债务，公司的变现能力分析反映了公司的资金周转能力和偿付债务的能力，它取决于可以在近期内转变为现金的流动资产的多少。衡量公司的变现能力的指标主要有流动比率和速动比率。

1. 流动比率

流动比率是指全部流动资产对全部流动负债的比率，即

$$流动比率 = \frac{流动资产}{流动负债}$$

企业的流动资产主要包括库存现金、银行存款以及能在一年内变现的短期资产，如应收账款、应收票据、预付款、短期有价证券、其他有价证券等，流动负债则是指预期在一年之内到期并必须偿付的各种短期债务，如应付账款、应付税金、一年内到期的长期负债、应付工资等。流动比率可以反映公司的短期偿债能力。流动资产越多，短期债务越少，则短期偿债能力越强。若流动比率过低，则说明公司的短期偿债能力较差，营运资金（流动资产－流动负债＝营运资金）不足，短期财务状况不佳，而过高的流动比率则表明公司的管理可能过于保守，而放弃了某些获利机会。一般认为，生产企业合理的最低流动比率是2，而公用事业的流动比率则可能较低，这是因为该类企业的账单大都是按月支付，其应收

账款周转速度比工业企业快得多。实际上,由于各公司的经营能力和筹措短期资金的能力不同,因此其对流动比率的要求也不相同。

2. 速动比率

速动比率又称酸性比率,它是指公司速动资产与流动负债的比率,即

$$速动比率 = \frac{流动资产 - 存货}{流动负债} = \frac{速动资产}{流动负债}$$

所谓速动资产,是指可以立即用来偿付流动负债的资产,即流动资产减去存货。速动资产没有将存货包括在内,因为公司存货包括原材料、在产品和产成品,它们并非都能立即变成现金。它是一个比流动比率更严格的用以衡量企业资金流动性状况的指标,它可以更确切地反映企业快速偿付短期债务的能力。

一般来说,正常的速动比率为1,这表明公司不需要动用存货就可以偿付流动负债,且表明公司有较强的偿债能力。若速动比率过低,则说明公司在资金使用和安排上不够合理,随时会面临无力清偿短期债务的风险,因此应立即采取措施调整资产结构,并想方设法筹措到足够资金以备不测。若速动比率过高,则表明低收益资产为数过多,或是应收账款中坏账较多,进而将影响公司的盈利能力。

3. 影响变现能力的其他因素

上述变现能力指标,都是从财务报表资料中取得的。还有一些财务报表资料中没有反映出的因素,也会影响企业的短期偿债能力。可以增强企业变现能力的因素有可动用的银行贷款指标、准备很快变现的长期资产、偿债能力的声誉等。会减弱企业变现能力的因素有未作记录的或有负债、担保责任引起的负债等。

(二) 运营效率比率分析

企业利用各项资产以形成产出或销售的效率称为运营效率,又称为资产管理比率。通过该比率分析可以衡量企业是否实现了资源的优化配置,从而发现企业提高产出和销售的潜在能力。该比率分析可以与资产负债表和利润表有机结合起来,计算并分析企业的资产利用情况和周转速度,以揭示企业在配置各种经济资源过程中的效率情况。

1. 存货周转率和存货周转天数

在流动资产中,存货所占的比重较大。存货的流动性将直接影响企业的流动比率。存货的流动性,一般用存货的周转速度指标来反映,即存货周转率和存货周转天数。

$$存货周转率 = \frac{销售成本}{平均存货}$$

$$存货周转天数 = \frac{360\ 天}{存货周转率} = \frac{360\ 天}{销售成本/平均存货}$$

公式中的"销售成本"数据来自利润表,"平均存货"数据则来自资产负债表中的"存货"年初数与期末数的平均数。

存货周转率是衡量和评价企业购入存货、投入生产、销售收回等各环节管理状况的综合性指标。一般来说,存货周转速度越快,存货的占用水平越低,流动性越强,则存货转变为现金或应收账款的速度越快。存货周转天数(存货周转率)指标的好坏反映存货管理水平,它不仅影响企业的短期偿债能力,也是整个企业管理的重要组成部分。通过该指标分

析,可以从不同角度和环节上找出存货管理中的问题,使存货管理在保证生产经营连续性的同时,尽可能少占用经营资金,从而提高资金的使用效率。

2. 应收账款周转天数

应收账款和存货一样,在流动资产中占有重要的地位,它不仅能反映企业的短期偿债能力,也能反映企业管理在应收账款方面的效率。应收账款周转率是指年度内应收账款转为现金的平均次数,它说明应收账款流动的速度。

$$应收账款周转率 = \frac{销售收入}{平均应收账款}$$

$$应收账款周转天数 = \frac{360\ 天}{平均应收账款周转率} = \frac{平均应收账款 \times 360}{销售收入}$$

公式中的"销售收入"来自利润表,它是指扣除折扣和折让后的销售净额(后面的计算除非特别指明,"销售收入"一词均指销售净额)。"平均应收账款"则是指资产负债表中应收账款余额年初数与期末数的平均数。

一般来说,应收账款周转率越高,平均收账期越短,则说明应收账款的回收越快;否则,企业的营运资金会过多地滞留在应收账款上,将影响正常的资金周转。影响其正确计算的因素有季节性经营、大量使用分期付款结算方式、大量的销售使用现金结算、年末销售大幅度增加或下降等。

3. 流动资产周转率

流动资产周转率是指销售收入与全部流动资产的平均余额的比值。其计算公式为

$$流动资产周转率 = \frac{销售收入}{平均流动资产}$$

公式中的"平均流动资产"是指资产负债表中"流动资产"年初数与期末数的平均数。

流动资产周转率反映的是流动资产的周转速度,周转速度快,会相对节约流动资产,等于相对扩大资产投入,从而增强企业盈利能力;而较慢的周转速度,需要补充流动资产参与周转,会形成资金浪费,因此降低企业盈利能力。

4. 总资产周转率

总资产周转率,又称投资周转率,它是指销售收入与平均资产总额的比值,如果企业的资产总额中包含无形资产,则应作相应扣除,即以销售收入与平均有形资产总额相除。

$$总资产周转率 = \frac{销售收入}{平均资产总额}$$

公式中的"平均资产总额"是指资产负债表中"资产总计"的年初数与期末数的平均数。

这一比率说明企业投资的每一元钱在一年之内可产生多少销售额,它从总体上反映了企业利用资产创造收入的效率。该比率越高,则表明企业投资发挥的效率越大,企业利润率也越高;反之,则说明资产利用程度低,投资效益差。但是总资产周转率在不同行业之间几乎没有可比性,资本密集程度越高的行业总资产周转率越低。

(三) 负债比率分析

负债比率是指债务和资产、净资产的关系。它反映企业偿付到期长期债务的能力。

长期负债是公司的主要债务,在公司全部债务总额中占有相当大的比重。由于负债的利息要优先于所有者的利润分配,因此它会直接影响到投资人的利益,所以不管是公司的投资者还是债权人都非常关注公司长期偿债能力的大小。企业长期偿债能力的大小不仅取决于负债在资产总额中所占的比重,而且还取决于公司的盈利状况。此外,还必须与公司的盈利状况相结合。主要有以下几个指标。

1. 资产负债率

资产负债率是指负债总额除以资产总额的百分比,也就是指负债总额与资产总额的比例关系。该比率既可反映总资产中有多大比率是通过借债筹集的,也可衡量公司在清算时保护债权人利益的程度。

$$资产负债率 = \frac{负债总额}{资产总额} \times 100\%$$

公式中的"负债总额"不仅包括长期负债,还包括短期负债。这是因为,流动负债作为一个整体,公司都是长期占用的,因此可以视为公司的长期性资本来源的一部分,否则该指标就无法体现公司真实的负债情况。"资产总额"则是扣除累计折旧后的净额。对于资产负债率的分析,不同的投资者有不同的角度。债权人最关心的是贷给公司款项的安全程度,也就是能否按期收回本息。如果股东提供的资本与公司资产相比只占较小的比率,则公司的风险将主要由债权人承担,这对债权人来说是不利的。因此,从债权人角度看,该比率越低越好,比率越低,风险就越小,偿债能力就越强。而公司股东所关心的是全部资产盈利率是否超过借入款项的利率。在公司全部资产盈利率高于因借款而支付的利息率时,股东所得到的利润就会加大;反之,则对股东不利。一般来说,公司应当对资产负债率确定一个合理的"度"。既不能太高,过高会加大企业的财务风险;也不能太低,过低会使公司丧失投资机会。因此,保持一个合理的负债规模就显得尤为重要。

2. 权益负债比率

权益负债比率是指负债总额与股东权益总额之间的比率,也称为债务股权比率。其计算公式如下。

$$权益负债比率 = \frac{负债总额}{股东权益} \times 100\%$$

该比率既可以反映由债权人提供和由投资者提供的资金来源的相对关系以及企业财务结构的强弱,也可衡量债权人资本受到投资者资本保障的程度以及企业清算时对债权人利益的保护程度。从债权人角度来说,该比率越高,风险就越大;而从投资者角度看,只要全部资产盈利率高于借贷利率,则该比率越高越好。但总体来看,该比率高,是高风险、高报酬的财务结构;该比率低,是低风险、低报酬的财务结构。

3. 有形资产净值债务率

有形资产净值债务率是指企业负债总额与有形资产净值之比。有形资产净值是指股东权益减去无形资产净值,即股东具有所有权的有形资产的净值。其计算公式如下。

$$有形资产净值债务率 = \frac{负债总额}{股东权益 - 无形资产净值} \times 100\%$$

该比率实际上是负债与股东权益比率的延伸,是更为谨慎地反映公司清算时债权人投入资本受到股东权益保障的程度。公式中之所以扣除无形资产的价值,是因为专利权、商标权、非专利技术、商誉等无形资产不一定能用来偿债。从长期偿债能力来讲,该比率越低越好。

4. 已获利息倍数

已获利息倍数是指企业经营业务收益与利息费用的比率,用以衡量偿付借款利息的能力,因此也叫利息保障倍数。利用这一比率,可以测试债权人投入资本的风险。其计算公式如下。

$$已获利息倍数 = \frac{息税前利润}{利息费用}$$

公式中的"息税前利润"是指利润表中未扣除利息费用和所得税之前的利润。它可以用"利润总额加利息费用"来预测。"利息费用"是指本期发生的全部应付利息,不仅包括财务费用中的利息费用,还应包括计入固定资产成本的资本化利息。

已获利息倍数是用于衡量公司从各种渠道筹集的资金中获得的收益是所需支付利息的多少倍,只有已获利息倍数足够大,公司才能有足够的能力偿付利息;否则,相反。判断公司该指标是否合理,需要将该公司的这一指标与其他企业,特别是同行业平均水平进行比较,一般说来,企业的利息支付倍数至少要大于1,否则就难以偿付债务及利息。

与此同时,结合该指标,企业还可以测算长期负债与营运资金的比率,它是用企业的长期债务与营运资金相除计算的。一般情况下,长期债务不应超过营运资金。其计算公式如下。

$$长期债务与营运资金比率 = \frac{长期负债}{流动资产 - 流动负债}$$

5. 影响长期偿债能力的其他因素

除了上述指标用以评价和分析企业的长期偿债能力以外,还有一些因素可能影响到企业的长期偿债能力:①长期租赁,包括融资租赁和经营租赁;②担保责任;③或有项目。

(四) 盈利能力分析

盈利能力分析就是指企业赚取利润的能力。该分析主要反映企业资产利用的结果,即企业利用资产实现利润的状况,通过对盈利能力指标的长期趋势分析,可以判断公司的投资价值。为了正确反映企业的盈利能力,在分析时,应当排除证券买卖等非正常项目、已经或将要停止的营业项目、重大事故或法律更改等特别项目、会计准则和财务制度变更带来的累计影响等因素。

1. 资产报酬率

资产报酬率,又称资产净利率,它是指企业净利润与平均资产总额的百分比,它反映的是企业资产的营运效果,即企业运用资产获取利润的能力。其计算公式为

$$资产报酬率 = \frac{净利润}{平均资产总额} \times 100\%$$

该指标主要用于衡量企业利用资产获取利润的能力,该指标越高,说明资产利用效果越好;否则,说明企业资产营运效率低下,经营管理存在一定的问题。为了正确评价企业的该项指标,可以用该项指标与企业前期、计划、同行业平均水平和同行业先进水平进行

对比。

2. 销售净利率

销售净利率是指净利与销售收入的百分比。其计算公式为

$$销售净利率 = \frac{净利}{销售收入} \times 100\%$$

净利也称净利润,在我国会计制度中是指税后利润。该指标反映每一元销售收入带来的净利润是多少,它表示销售收入的收益水平。从销售净利率的指标关系来看,净利额与销售净利率成正比关系,而销售收入与销售净利率成反比关系。企业在增加销售收入的同时,必须相应获得更多的利润,才能使销售净利率保持不变或得到提高。通过对该指标分析,可以促使企业在扩大销售的同时,注意改进经营管理,从而提高盈利水平。

3. 销售毛利率

销售毛利率是指企业销售毛利与销售收入净额的比率关系。其计算公式为

$$销售毛利率 = \frac{销售收入 - 销售成本}{销售收入净额} \times 100\% = \frac{销售毛利}{销售收入净额} \times 100\%$$

该指标表示每 100 元销售收入扣除销售成本后,有多少钱可用于各项期间费用以及形成盈利。一般说来,毛利率越大,说明在销售收入中,销售成本所占的比重就越小,产品的获利能力就越高。如果企业的毛利率过低,公司就不能盈利或盈利太少。

4. 净资产收益率

净资产收益率是指净利润与年末净资产的百分比,也称作净值报酬率或权益报酬率。其计算公式为

$$净资产收益率 = \frac{净利润}{年末净资产} \times 100\%$$

年末净资产是指资产负债表中"股东权益合计"的期末数。一般来说,如果考察的企业不是股份制企业,该公式中的分母也可以使用"平均净资产"。该指标反映的是企业所有者权益的投资收益率,其具有很强的综合性,是考察我国上市公司经营业绩最重要的指标之一。如果上市公司的经营业绩达不到规定的指标要求,将无法进行证券市场的再融资,从而也就无法继续通过发行股票融资。

(五)投资收益分析

投资收益分析是指将公司财务报表中公告的数据与有关公司发行在外的股票数、股票市场价格等资料结合起来进行分析,计算出每股净收益、市盈率等与股东利益紧密相关的财务指标,以便帮助投资者对不同上市公司股票的优劣作出判断。

1. 每股净收益

每股净收益是指本年净收益与发行在外的年末普通股总数的比值。其计算公式一般为

$$每股净收益 = \frac{税后净收益 - 优先股股息}{发行在外的年末普通股股数} \times 100\%$$

上式主要适用于本年普通股数未发生变化的情况。在普通股发生增减变化时该公式的分母应使用按月计算的"加权平均发行在外的年末普通股总数"。

$$加权平均发行在外的年末普通股总数 = \sum \frac{发行在外的普通股股数 \times 发行在外的月份数}{12}$$

该指标是衡量上市公司盈利能力最重要的财务指标,它反映普通股的获利水平。在分析时,既可以进行公司间的比较,以评价该公司相对的盈利能力,也可以进行不同时期的比较,了解该公司盈利能力的变化趋势,还可以进行经营实施和盈利预测的比较,从而掌握该公司的管理能力。

2. 市盈率

市盈率是指每股市价与每股收益的比率,亦称本益比。其计算公式为

$$市盈率 = \frac{每股市价}{每股收益}$$

该指标是衡量股份制企业盈利能力的重要指标,它表明投资者愿意为一元公司净收益所支付的股票价格相当于净收益的倍数,它是分析股价与公司净收益之间相互关系的主要指标。它是投资者评估公司股票价值最常用的依据。显然,市盈率越高,则说明公司盈利能力相对较低或是股价偏高;反之,市盈率越低,则说明公司盈利能力较强或是股价相对偏低。因此,投资者一般都偏好市盈率低的股票。但该指标不能用于不同行业公司的比较,而且它受股价过低、投机炒作等因素的影响。

3. 股利发放率

股利发放率,又称股利支付率、派息率,它是指普通股每股股利与每股收益的百分比。其计算公式为

$$股利发放率 = \frac{每股股利}{每股收益} \times 100\%$$

该指标表明公司派发的普通股股利在其税后净收益中所占的比重,也是投资者非常关心的一个指标,它反映了公司的股利分配政策和支付股利的能力。一般来说,收入较为稳定的行业、处于稳定发展阶段的行业,往往有较高的股息率,而新兴行业、高成长性公司的股利发放率较低。

4. 股票获利率

股票获利率是指每股股利与股票市价的比率。其计算公式为

$$股票获利率 = \frac{普通股每股股利}{普通股每股市价} \times 100\%$$

股票持有人取得收益的来源有两个:①取得股利;②取得股价上涨的收益。只有股票持有人认为股价将上升,才会接受较低的股票获利率。如果预期股价不能上升,股票获利率就成了衡量股票投资价值的主要依据。

该指标主要用于上市公司的少数股权。在这种情况下,股东难以出售股票,也就没有能力影响股利分配政策。他们持有公司股票的主要目的在于获得稳定的股利收益。

5. 每股净资产

每股净资产,又称每股净值,它是指期末净资产与发行在外的年末普通股总数的比值。其计算公式为

$$每股净资产 = \frac{期末净资产}{发行在外的年末普通股股数}$$

该指标反映在外的每股普通股所代表的净资产成本,即账面权益,它是支撑股票市场价格的物质基础。该值越大,表明公司内部积累越雄厚,则抵御外来因素影响和打击的能力越强。每股净资产也是公司清算时股票的账面价值,通常被认为是股价下跌的最低值。但在投资分析时,只能有限度地使用该指标,因其是用历史成本计量的,所以其既不能反映净资产的变现价值,也不能反映净资产的产出能力。

6. 净资产倍率

净资产倍率,又称市净率,它是指每股市价与每股净资产的比值。其计算公式为

$$净资产倍率 = \frac{每股市价}{每股净资产}$$

该指标是将每股股价与每股净资产相比,表明股价以每股净值的若干倍在流通转让,并用于评价股价相对于每股净资产是否被高估。净资产倍率越小,说明股票的投资价值越高,则股价的支撑越有保证;反之,则投资价值越低。该指标同样是投资者判断某股票投资价值的重要指标。

(六) 现金流量分析

上述财务比率分析的数据均来自资产负债表和利润表。实际上,对公司现金流量进行分析也是十分重要的。财政部 1998 年颁布的《企业会计准则——现金流量表》规定,从 1999 年中报开始,上市公司需编制现金流量表以代替以前建立在营运资金基础上的财务状况变动表。投资者可以通过对现金流量表并结合资产负债表、利润表的分析,进一步剖析企业的内在价值。

1. 流动性分析

在此流动性是指将资产迅速转变为现金的能力。一般来说,真正能用于偿还债务的是现金流量。通过现金流量和债务的比较可以更好地反映企业偿还债务的能力。

(1) 现金到期债务比。该比率表示经营现金净流量与本期到期的债务之比。

$$现金到期债务比 = \frac{经营现金净流量}{本期到期的债务}$$

公式中"经营现金净流量"是指现金流量表中的"经营活动产生的现金流量净额"。本期到期的债务是指本期到期的长期债务和本期应付的应付票据。

(2) 现金流动负债比。该比率表示经营现金净流量与流动负债之比。

$$现金流动负债比 = \frac{经营现金净流量}{流动负债}$$

(3) 现金债务总额比。该比率表示经营现金净流量与债务总额之比。

$$现金债务总额比 = \frac{经营现金净流量}{债务总额}$$

上述比率越高,表明企业承担债务的能力越强。

2. 获取现金能力分析

获取现金的能力是指经营现金净流入和投入资源的比值。投入资源可以是销售收入、总资产、营运资金、净资产或普通股数等。

(1) 销售现金比率。该比率是指经营现金净流量与销售收入之比,它反映每一元销

售得到的净现金,其数值越大越好。

$$销售现金比率=\frac{经营现金净流量}{销售收入}$$

(2) 每股营业现金净流量。该比率是指经营现金净流量与普通股股数之比。它反映的是企业最大的分派股利能力,超过此限度,就要借款分红。

$$每股营业现金净流量=\frac{经营现金净流量}{普通股股数}$$

(3) 全部资产现金回收率。该比率是指经营现金净流量与资产总额之比,它反映企业资产产生现金的能力。

$$全部资产现金回收率=\frac{经营现金净流量}{资产总额}$$

3. 财务弹性分析

财务弹性是指企业适应经济环境变化和利用投资机会的能力,该能力来源于现金流量和支付现金需要的比较。现金流量超过需要,其适应性就强。支付要求可以是投资需求或承诺支付。

(1) 现金满足投资比率。该比率越大,说明资金自给率越高。当达到 1 时,说明企业可以用经营活动获取的现金满足扩充所需资金;若小于 1,则说明企业是靠外部融资来补充。

$$现金满足投资比率=\frac{近5年经营活动现金净流量}{近5年资本支出、存货增加、现金股利之和}$$

(2) 现金股利保障倍数。该比率越大,说明支付现金股利的能力越强。

$$现金股利保障倍数=\frac{每股营业现金净流量}{每股现金股利}$$

4. 收益质量分析

收益质量分析主要是分析会计收益与现金流量的比率关系。评价收益质量的财务比率即是营运指数。

$$营运指数=\frac{经营现金净流量}{经营所得现金}$$

$$经营所得现金=净利润-非经营收益+非付现费用$$

关于收益质量的信息,列示在现金流量表的补充资料中。非经营收益包括固定资产折旧、无形资产摊销、长期待摊费用摊销等项目;非付现费用包括固定资产报废损失、财务费用、投资收益、存货减少等项目。

如果该指数小于 1,则说明收益质量不够好。应收账款增加和应付款减少使收现数减少,从而影响到企业的收益质量。

四、财务分析中应注意的问题

在对公司进行财务分析时,由于受到财务信息不完备性、财务报表中非货币信息的匮乏、历史数据的局限性和会计方法局限性等原因的影响,财务分析的结论不一定能正确反映企业财务状况的全貌及其真实情况。因此,在对公司进行财务分析时,除了对上述财务比率进行分析外,为了保证财务分析结果的可靠性和准确性,还必须注意以下问题。

1. 财务报表数据的准确性、真实性与可靠性

财务报表是按会计准则编制的,它们合乎规范,但不一定反映公司的客观实际。例如,报表数据未按通货膨胀或物价水平调整;非流动性资产的余额,是按历史成本减折旧或摊销计算的,并不代表现行成本或变现价值;有许多项目,如科研开发支出和广告支出,从理论上讲是资本支出,但发生时已经列入了当期费用;有些科目是估计的,如无形资产摊销和开办费摊销,但这些估计未必正确;发生了非常的或偶然的事项,如财产盘盈或坏账损失,可能会扭曲本期的净收益或其不反映盈利的正常水平。

2. 根据经济环境和经营条件进行适当的调整

公司的经济环境和经营条件发生变化后,原有的财务数据与新情况下的财务数据不再具有可比性,因为财务数据反映的基础发生了变化。例如,某公司由以批发销售为主转为以零售为主的经营方式,其应收账款数额会大幅下降,应收账款周转率加快,但这并不意味着公司应收账款的管理发生了突破性的变化。因此,在进行财务分析时,必须预测公司经营环境可能发生的变化,对财务分析结果进行调整。

3. 公司增资行为对财务结构的影响

公司的增资行为一般会改变负债和所有者权益在企业资本总额中的相对比重,因此企业的资产负债率和权益负债比率会相应受到影响。主要包括:①股票发行增资对财务结构的影响。无论配股增资还是增发新股都会降低公司资产负债率和权益负债率,减少债权人承担的风险,而股东所承担的风险将增加;②债券发行对财务结构的影响。发行债券后,公司的负债总额增加,同时总资产也增加,资产负债率提高。此外,发行不同期限的债券,也将影响到公司的负债结构;③其他增资行为对财务结构的影响。如果公司向银行等金融机构以及向其他单位借款,则形成了公司的负债,公司的权益负债比率和资产负债率将提高。

4. 阅读会计报表附注

会计报表中所规定的内容具有一定的固定性和规定性,只能提供定量的会计信息。会计报表附注是会计报表的补充,主要对会计报表不能包括的内容,或者披露不详尽的内容作进一步解释说明。只有通过详尽阅读会计报表附注,才能更深地理解和使用会计信息。会计报表附注包括基本会计假设、会计政策和会计估计的说明、重要的会计政策和会计估计变更的说明、或有事项的说明、资产负债表日后事项说明、会计报表重要项目的说明等。

5. 对财务报表进一步进行细化分析

财务报表的数据只是粗略的数字,它并不反映这些数字具体的细分,要真正得到客观恰当的结论,还必须对财务报表的数据进行进一步的细化分析。例如,两个公司的财务数据完全相同,其中一个的应收账款账龄均为一年以内的;而另一个公司的应收账款有50%以上为两年以上,显然后者的应收账款管理水平较差,发生坏账的可能性更大,其流动比率的可信度低于前者。因此,要准确把握公司财务状况,还要透过现象看本质,对数据背后反映的情况进行具体现实的分析。

第三节　其他重要因素分析

公司分析除了对公司的基本素质分析和财务分析外,为了保证对公司作出较为客观的、全面的内在价值评价,还必须对影响公司分析的其他一些重要因素进行分析,如公司的募集资金投资项目、资产重组、关联交易、会计和税收政策的变化对公司的影响等。这些因素对投资者进行正确投资决策具有重大的影响。下面将在本节中对其进行分析。

一、投资项目

投资者在进行股票投资决策时,一个非常重要的决策变量就是上市公司未来的业绩增长情况。从根本上来看,企业的价值取决于其资产在运营过程中给所有投资者带来的收益,因此,企业投资项目的选择就与上市公司的发展有着极为密切的关系,从而投资项目的分析也就成为投资者进行公司分析的一个重要内容。分析公司的投资项目,可以考虑以下几点。

1. 投资项目与公司目前产品的关联度

它体现了公司采用的是何种经营战略,是进一步扩大生产规模,降低生产成本,还是进行技术创新,提高产品竞争能力;是延长产品线,向上游或下游延伸,还是进行产业转移,逐步从现有的处于衰退期的产业中退出,进入新的行业。同时,应分析这种经营战略与公司的市场地位是否吻合,具备何种资源优势,能否实现预期的经营目标。

2. 分析投资项目的市场竞争力

如果投资项目是新产品,则必须进一步分析该产品的市场前景、行业发展状况以及行业在未来的竞争能力、技术水平、竞争状况等,并从技术含量、进入壁垒、预期收益等方面分析投资项目的市场竞争优势,以判断该企业进入该行业的优势及其是否具备某种核心竞争力,从而取得满意的市场份额和理想的经营业绩。

3. 分析投资项目的建设期和回收期的现金流

特别是投资项目的后续资金(包括正式投产后增加的)、营运资金、市场推广资金等的来源问题、对上市公司财务状况的影响、公司进一步筹资的能力等。一般而言,这类分析普通投资者无法单独进行,只能仔细分析公司有关专家或中介机构提供的专业分析资料,也可参考公司的招股说明书、上市公告书等资料。

4. 对投资项目的定量分析

一般使用两类指标:一是贴现指标,即考虑了时间价值的指标,主要包括净现值、现值指数、内含报酬率等指标;另一类是非贴现指标,主要包括投资回收期、会计收益率等指标,进而估算项目的盈利能力,对公司今后几年净利润、每股收益、净资产收益率等财务指标的影响。

5. 对投资项目的风险进行定性和定量分析

定性分析主要是市场分析,而定量分析可以用风险调整贴现法和肯定当量法对投资收益指标进行调整。这些风险主要包括经营风险、行业风险、市场风险、技术风险、财务风险、管理风险、政策风险以及公司对风险的应对措施等。

如果具备条件,投资者可以跟踪了解上市公司投资项目的进展情况。有些公司会变更募集资金投向,原因是定项目时本来就是应付了事,而不是真上项目;也可能为了募资"圈钱",当资金到位后,投资项目的使命就结束,将大量的资金闲置或改作其他投资项目,这样的上市公司的经营业绩必然不会太理想。当然,也不排除有的公司变更募集资金投资项目是出于善意,或发现新的事业机会。

二、资产重组

资本市场上的资产重组包含了不相同但又相互关联的三大类行为——公司扩张、公司调整、公司所有权和控制权转移。在具体的重组实践中,这三类不同的重组行为基于不同的重组目的组合成不同的重组方式,不同的重组方式对上市公司的影响不同。

(一)资产重组的方式

从资本市场的运作实践来看,公司(不仅包含上市公司,也包含各种非上市公司)资本运营战略的方式可以分为以下 3 种类型。

1. 扩张型资产重组

扩张型资产重组通常是指以扩大公司经营规模和资产规模为目的的重组行为。此类重组行为包括购买房地产、债权、业务部门、生产线、商标等有形或无形的资产,收购方不承担与该部分资产有关联的债务和义务;收购公司通常是指获取目标公司全部股权,使其成为全资子公司,或者获取大部分股权处于绝对控股或相对控股地位的重组行为。通过收购,公司可以获得目标公司拥有的某些专有权利,如专营权、经营特许权等,从而能更快获得由公司特有的组织资本而产生的核心能力;收购股份一般是指不获取目标公司控制权的股权收购行为,只处于参股地位;合资或联营组建子公司,通过该方式,可以将公司与其他具有互补技能和能源的合作伙伴联系起来,获得共同的竞争优势;公司合并,即两家以上的公司结合成一家公司,原有公司的资产、负债、权利和义务由新设或存续的公司承担。

2. 调整型资产重组

调整型资产重组包括以下几种:①不改变控制权的股权置换,其主要目的是实现公司控股股东与战略伙伴之间的交叉持股,以建立利益关联;②股权—资产置换,公司的原有股东以出让部分股权为代价使公司获得其他公司或股东的优质资产,它是一种以股权方式收购资产的行为;③不改变公司资产规模的资产置换;④缩小公司规模的资产出售,即公司将其拥有的某些子公司、部门、产品生产线、固定资产等出售给其他经济主体;⑤公司分立,即公司将其资产与负债转移给新设立的公司,新公司的股票按比例分配给母公司股东,从而在法律上和组织上将部分业务从母公司中分离出去,形成一个与母公司有着相同股东的新公司;⑥资产配负债剥离,即将公司资产负债表中的资产配上等额的负债,一并剥离出公司母体,划给接受方。

3. 控股权变更型公司重组

公司的所有权与控制权变更是公司重组的最高形式。常见的控制权转移方式有以下几种:①国有股的无偿划拨,这是我国证券市场常见的一种方式,其目的在于调整和理顺国有资本的运营体系或利用优势企业的管理经验来重振处于困境的上市公司;②股权协议转让,即股权的转让与受让双方不通过交易所系统集合竞价的方式进行买卖,而是通过面对面的谈判方式,在交易所外进行交易;③公司股权托管和公司托管,即公司股东将其持有的股权以契约的形式,在一定条件和期限内委托给其他法人或自然人,由其代为行使对公司的表决权;④股份回购,即公司或是用现金,或是以债权换股权,或是优先股换普通股的方式购回其流通在外的股票;⑤表决权信托与委托书收购,前者是许多分散的股东集合在一起设定信托,将自己拥有的表决权集中于受托人,使受托人可以通过集中股权来实现对公司的控制,后者则是中小股东通过征集其他股东的委托书来召集临时股东大会,并达到改组公司董事会以控制公司的目的;⑥交叉控股,即指母、子公司之间互相持有绝对控股权或相对控股权,使母、子公司之间可以互相控制运作。

(二) 资产重组对公司的影响

从总体来看,资产重组可以促进资源的优化配置,有利于产业结构的调整,增强公司的市场竞争力,从而使一批上市公司由小变大,由弱变强。但是从我国上市公司资产重组的实践来看,有个案表明公司在资产重组后,其经营业绩并没有得到持续、显著的改善。此外,不同类型的重组对公司业绩和经营的影响也是不一样的。

1. 扩张型资产重组对公司的影响

对于扩张型资产重组而言,通过收购、兼并,对外进行股权投资,公司可以拓展产品市场份额或进入其他经营领域。但这种重组方式的特点之一就是其效果受被收购兼并方的生产和经营现状的影响较大,磨合期较长,因而见效可能放慢。有关统计资料显示,上市公司在实施收购兼并后,主营业务收入的增长幅度要小于净利润的增长幅度,每股收益和净资产收益率仍是负增长,这说明,虽然重组后公司的规模扩大了,主营业务收入和净利润有一定程度的增长,但其盈利能力并没有同步提高。从长远来看,这类重组往往能使公司在行业利润下降的情况下,通过扩大市场规模和生产规模,降低成本,巩固或增强其市场竞争力。

2. 调整型资产重组对公司的影响

对于该类重组而言,分析资产重组对公司业绩和经营的影响,首先需鉴别报表性重组和实质性重组。如果是实质性的资产重组,即被并购公司 50% 以上的资产与并购企业的资产进行置换,或双方资产合并,公司的控制权、管理层和主营业务范围发生了根本性的改变,接受的资产又都是优质资产,则公司的业绩就会提高;如果是报表性的资产重组,则不进行大规模的资产置换或合并的重组,公司的综合实力没有得到实质性的提高,重组的长期效益不明显,但短期内能增加重组公司的报表效益。

3. 控制权变更型资产重组对公司的影响

由于多方面的原因,我国证券市场存在着上市公司资产质量较差、股权结构和公司治理结构不合理等客观状况,因此,着眼于改善上市公司经营业绩、调整股权结构和治理结构的调整型公司重组和控股权变更型重组,是我国证券市场最常见的资产重组类型。如果控制权变更后进行了恰当的经营重组,则会对公司的经营和业绩产生好的影响;如果控制权变更后没有采取相应的措施改善经营,则重组对公司的经营和业绩就没有什么影响。

三、关联交易

所谓关联交易,是指公司与其关联方之间发生的交换资产、提供商品或劳务的交易行为。《企业会计准则——关联方关系及其交易的披露》第 4 条对关联方进行了界定,在企业财务和经营决策中,属于下列情况之一的,就视为关联方:一是一方有能力直接或间接控制、共同控制另一方或对另一方施加重大影响;二是两方或多方同受一方控制。所谓"控制",是指有权决定一个企业的财务和经营政策,并能从该企业的经营活动中获取利益,包括直接控制和间接控制两种类型。

1. 关联交易的方式

我国上市公司的关联交易具有形式繁多、关系错综复杂、市场透明度较低的特点。按照交易的性质划分,关联交易可划分为经营往来中的关联交易和资产重组中的关联交易。前者符合一般意义上的关联交易概念,而后者则具有明显的中国特色,是在目前现实法律、法规环境下使用频率较高的形式。经营活动中的关联交易主要包括关联购销、费用负担的转嫁、资产租赁、资金占用、信用担保、研究和开发经费的转移、许可协议、关键管理人员的报酬等;资产重组中的关联交易主要有资产转让和置换、托管经营、承包经营、合作投资、相互持股等。

2. 关联交易对公司的影响

从理论上说,关联交易属于中性交易,它既不属于单纯的市场行为,也不属于内幕交易的范畴,其主要作用是降低企业的交易成本,促进生产经营渠道的畅通,提供扩张所需优质资产,有利于实现利润最大化。但在实际操作过程中,关联交易有它的非经济特性,与市场竞争、公开竞价的方式不同,其价格可由关联双方协商决定,特别是在我国评估和审计等中介机构尚不健全的情况下,关联交易就容易成为企业调节利润、避税和一些部门及个人获利的途径,因此往往会侵害中小股东的利益。

从我国上市公司的实际操作情况看,关联交易往往成为上市公司快速调节利润的手段。例如,当上市公司业绩不理想时,其母公司就会调低上市公司应交纳的费用标准,或者承担上市公司的相应费用,或上市公司以高于市场价格水平的租金水平将资产租赁给母公司使用,也有可能由上市公司低价收购某公司的优质资产,或者上市公司把大量商品或资产出售给关联方,实际上是卖方不交货、买方不付款、卖方增加应收账款等。关联交易同样也可以给上市公司带来风险。例如,上市公司为关联企业提供信用担保,上市公司将借款给母公司,母公司占用上市公司应收款等。

资产重组中的关联交易,其对公司经营和业绩的影响需要结合重组目的、重组所处的阶段、重组方的实力、重组后的整合作具体分析。如果上市公司重组目的带有短期化的倾向,如是为了短期业绩的改观、配股融资能力的增强等,企业经营现状的改变将是非实质性的。再者,重组后能否带来预期收益还要看后期整合的结果。从总体上看,带有关联性质的资产重组,由于透明度低,更需要进行长时期的、仔细的跟踪分析。

因此,为了防止某些上市公司利用显失公允的关联交易操纵利润,2001 年 12 月,财政部颁布了《关联方之间出售资产等有关会计处理问题暂行规定》,对于没有确凿证据表明交易价格是公允的,应按该规定进行处理;对现实公允的交易价格部分,一律不得确认为当期利润。在分析关联交易对上市公司业绩和经营的影响时,要注意交易价格的公平性、关联交易资产的质量及该资产占公司资产的比重、关联交易利润的持久性、关联交易的信息披露是否规范、关联交易可能给上市公司带来的隐患等。

四、会计和税收政策的变化

会计政策是指企业在会计核算时所遵循的具体原则以及企业所采纳的具体会计处理方法。当会计制度发生变更,或者企业根据实际情况认为需要变更会计政策时,企业可以变更会计政策。企业会计政策发生变更将影响公司年末的资产负债表和利润表。如果采用追溯调整法进行会计处理,则会计政策的变更将影响公司年初以前年度的利润、净资产、未分配利润等数据。2000 年,财政部颁布了《企业会计准则》,按照相关规定,股份公司除了计提坏账准备、短期投资跌价准备、存货跌价准备和长期投资减值准备 4 项减值准备以外,还要计提固定资产减值准备、在建工程减值准备、无形资产减值准备和委托贷款减值准备,并要求对计提的 4 项准备采用追溯调整法来处理。企业采用这一新的会计政策后,上市公司 2000 年度及以前年度的报表都受到了一定的影响。

税收政策的变更也会对上市公司的业绩产生一定的影响。例如,1999 年国务院发布了《关于纠正地方自定税收先征后返政策的通知》,要求各地区自行制定的税收先征后返政策从 2000 年 1 月 1 日起一律停止执行,结果一些公司原来按 15% 的所得税率缴税,要恢复为按 33% 的税率缴税,等于减少了 18% 的收益。又如,增值税的出口退税,其出口退税是指销售时免征增值税,同时将购进时支付的增值税进项税额退给企业,这就意味着产品是以不含税的价格进入国际市场的,因而从价格上提高了企业在国际市场上的竞争能力,使企业出口业务扩大,销售收入增加,经营业绩提高。

本 章 小 结

公司分析主要对公司在行业中的竞争地位、公司产品、公司经营管理能力、公司成长性以及公司的财务状况进行分析。通过财务分析,将公司的偿债能力、资本结构、经营状况、盈利水平和投资价值以比较直观的数据指标加以表现,帮助投资者比较、选择具体的投资对象。

关 键 术 语

竞争地位　市场占有率　品牌效应　规模效应　偿债能力　营运能力　盈利能力
投资项目　资产重组　关联交易　会计政策及税收政策的变化

本 章 案 例

刘元生的长期投资策略

股神巴菲特的老师,哥伦比亚大学的本杰明·格雷厄姆在其代表作《证券分析》中提出价值投资的理念。简单地说,价值投资就是在一家公司的市场价格相对于它的内在价值大打折扣时买入其股份。本案例的主人公很好地诠释了价值投资。他通过各方对拟投资的公司进行了分析,然后买入被低估的股票,持有19年后,当初所投入的资金增加了410多倍。

万科最大的个人股东刘元生持股19年,400万元变为16.73亿元(以2007年4月30日收盘价计算),股票价值增长410多倍。刘元生创造了中国股市的一个巨大神话,其投资业绩甚至超过了巴菲特。当然,这并不是说刘元生比巴菲特还要高明,刘元生的案例只是为了说明,随着中国资本市场的不断完善,通过价值投资,在我们的市场上也能产生堪与美国股市媲美的惊人投资业绩。

从公司因素分析的角度看,刘元生很好地坚持四项基本原则价值投资的理念。

首先,他了解万科公司的领导团队。据《提问万科》一书,刘元生是香港商人,比万科董事长王石稍长。早在王石创建万科前,他们就已经是商业合作伙伴,并结下了深厚的友谊。刘元生了解王石的能力,所以1988年12月末万科正式向社会发行股票,一家本来承诺投资的外商打了退堂鼓,刘元生闻讯立即认购360万股,就是这笔投资(再加上以后的增持),19年后为他带来了16.73亿元。

其次,他知道万科的产品具有非常优秀的盈利能力。中国房地产行业历来都是以暴利著称,房地产公司资本密集度高,万科上市后具有雄厚的资本实力,刘元生当然有理由相信其会成为房地产行业的领头羊。

最后,认准自己眼中的明星股,坚持持有19年。历史资料显示,1992年刘元生持有万科股票370.76万股,以后随着万科送股配股,加上刘元生通过二级市场增持,他拥有的万科股票逐年增加。1993年为530.29万股,1995年为767万股,2004年为3767.94万股,2006年为5827.63万股,2007年为5831.58万股。他持有的股票数量,不仅远远超过万科董事长王石的41.86万股、总经理郁亮的11.674万股,而且超过了深圳市投资管理公司、万科企业工会委员会、中国平安保险各自的持有量。目前,他的持股比例为1.34%,是最大的个人股东,在所有股东中持有量排第三。

刘元生给浮躁的股民上了一课,他的价值投资理念很好地阐释了投资和交易的区别。他经过冷静缜密的分析,认准优秀的股票进行长期投资,持有了19年,而我们中的大多数人通常是不加以科学分析、道听途说、随波逐流,也正是由于不加以科学分析,很多人不得不根据所谓"消息"经常地变换手中的股票,不停地交易,最后,给股票经纪商做了不少贡献,自己反而一无所获。

复习思考题

1. 试述公司基本素质分析包括哪几个方面。

2. 公司经营管理能力分析应包括哪几个方面?

3. 通过财务比率分析可以了解公司哪些方面的能力? 这些报表所表现的是公司哪些方面的状况?

4. 其他重要分析包括哪些主要内容?

第十一章 证券投资技术图形分析

学习目的

通过本章的学习,了解技术图形分析的种类,学会运用 K 线图形分析、切线分析、形态分析等图形分析法,分析股价变动趋势。

股份图形是将股票价格记录和绘制在特定图表上,通过对图表上走势的分析来预测股票价格的变动趋势,从而决定买卖行为的一种技术分析方法。以股价走势图为基础,根据图形的变化,又可引申出 K 线图形分析、趋势分析、形态分析等。

第一节　K 线图形分析

一、K 线的含义与画法

1. K 线的含义

K 线,又称蜡烛线或阴阳线,是目前普遍使用的图形,K 线图记录了证券在一个交易时间段内的价格变动情况,表现了交易过程中买卖双方的实力对比,可用于判断买卖双方的强弱程度,并作为进场交易的参考。它在实际中得到广泛应用,受到了证券市场、外汇市场以及期货市场投资者的喜爱。

2. K 线的画法

K 线是一条柱状的线条,由影线和实体组成。影线在实体上方的部分叫上影线,下方的部分叫下影线。实体表示一日的开盘价和收盘价,上影线的上端点表示一日的最高价,下影线的下端顶点表示一日的最低价。根据开盘价和收盘价的关系,K 线又分为阳线和阴线,也可以称它们为红线和黑线。当收盘价高于开盘价时,为阳线;当收盘价低于开盘价时,为阴线(见图 11-1)。

日开盘价是指每个交易日的第一笔成交价格,日收盘价是指每个交易日的最后成交价格,日最高价和日最低价是每个交易日成交股票的最高成交价格和最低成交价格。在这 4 个价格中,收盘价是最重要的。

一条 K 线记录的是某一天股票的价格变动情况。将每天的 K 线按时间顺序排列在一起就是日 K 线图。当然,还可以画周 K 线和月 K 线。其画法与日 K 线几乎完全一样,区别只在 4 个价格时间参数的选择上。例如,周 K 线是一周之内的最高价、最低价、开盘价和收盘价。

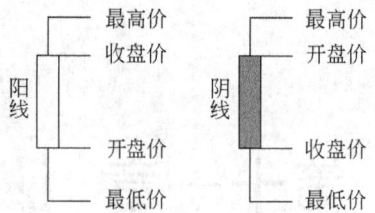

图 11-1　K 线图

二、K 线的种类

根据最高价、最低价、开盘价和收盘价相对位置的不同,形成了不同形状的 K 线。主要有以下的一些分类。

(1) 光头阳线和光头阴线。这是没有上影线的 K 线。当收盘价或开盘价正好与最高价相等时,就会出现这种 K 线。

(2) 光脚阳线和光脚阴线。这是没有下影线的 K 线。当开盘价或收盘价正好与最低价相等时,就会出现这种 K 线。

(3) 光头光脚阳线和光头光脚阴线。这是没有上下影线的 K 线。当开盘价或收盘价分别于最高价和最低价中的一个相等时,就会出现这种 K 线。

(4) 十字形。当收盘价与开盘价相同时,就会出现这种 K 线,它的特点是没有实体。

(5) T 字形和倒 T 字形。当收盘价和开盘价和最高价 3 价相等时,就会出现 T 字形 K 线图;当收盘价、开盘价和最低价 3 价相等时,就会出现倒 T 字形 K 线图。它们没有实体,也没有上影线或者下影线。

(6) 一字形。当收盘价、开盘价、最高价、最低价 4 价相等时,就会出现这种 K 线图。同十字形和 T 字形 K 线一样,一字形 K 线同样没有没有实体(见图 11-2)。

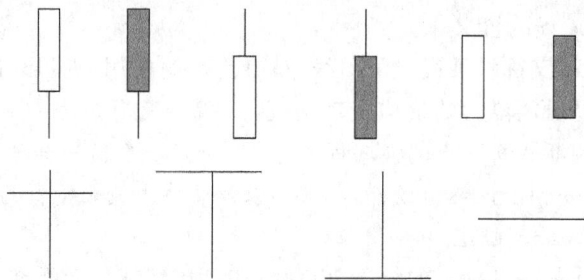

图 11-2　K 线的基本形状

K 线所包含的信息是极为丰富的。仅以单根 K 线而言,一般上影线和阴线的实体表示股份的下压力量,下影线和阳线的实体则表示股价的上升力量;上影线和阴线实体比较长就说明股价的下跌动量比较大,下影线和阳线实体较长则说明股价的上升动力比较强。如果将多根 K 线按不同规则组合在一起,又会形成不同的 K 线组合,这样的 K 线形态所包含的信息就更丰富。例如,在涨势中出现乌云盖顶 K 线组合,说明股价可能见顶回落,则投资者应尽早离场;在跌势中出现曙光初现 K 线组合,说一明股份可能见底回升,则投资者应不失时机地逢低建仓。各种 K 线形态正是以它所包含的信息,不断地向人们发出买进和卖出的信号,为投资者看清大势、正确地买卖股票提供了很大的帮助,从而使它成为投资者手中极为实用的操盘工具。

三、K 线的应用

(一)单根 K 线的研判

1. 光头光脚阳线和光头光脚阴线

光头光脚阳线说明买方气势强盛。实体越长,说明买方力量越强。如果出现在高价位区,而实体又比较短,则说明买方力量开始削弱。如果实体比较长,则要看这个股市的走势。其既可能表示人气旺盛,股价还得上扬,也有可能表示股价已近天价。

如果在盘整中出现比较长的阳线,则说明股价将向上突破盘整。光头光脚阴线说明卖方气势强盛。如果出现在高价位区,而实体又比较短,则说明买方消退,卖方开始积聚力量。如果实体比较长,而次日为低开盘,大势极有可能反转下跌,为卖出信号。如果较长实体出现在盘整局面中,一般来说表示股价将向下突破盘整局面。

2. 光头阳线和光头阴线

光头阳线是先跌后涨型,表示开盘后股价曾一度遭到卖方打击,下跌至最低价后受到有力支撑,股价逐渐转强回升,最终以当天最高价收盘,买方获得决定性胜利。可依实体和下阴线的长短判断买卖双方的力量对比,实体越长,买方越强,下影线越强,显得卖方有潜在的实力。如果光头阴线是下跌抵抗型,则表明卖方力量强大,开高走低,但在低价位遇到买方抵抗,股价在收盘价前回升。买卖双方力量对比要看实体与影子长短,实体越长,表示卖方力量强大;下影线越长,则表明买方抵抗力量越强。如果下跌趋势中出现下影线越长、实体较短的光头阴线,再加上有成交量配合,则很可能是股价反转的信号。

3. 光脚阳线和光脚阴线

光脚阳线是上升抵抗型,带有上影线表明买方曾将股价推置较高价位。但高档遭卖方打压,使股价上升势头受到抑制,买方不得不退至次高价位收盘。买卖双方力量强弱对比要看实体上影线的长短。实体部分是买方坚守的阵地,实体越长,说明买方势力越强大;影子部分是双方争夺的地盘,上影线越长,说明卖方打压力量越大。如果在股价上升趋势中出现上影线很长的阳线,则很可能是股价反转下跌的信号。光脚阴线是先涨后跌型的,表示开盘后买方曾将股价推置最高价,但卖方力量非常强大,将股价压到最低价收盘,卖方已获决定性胜利。同样,要按实体和上影线的长短分析买卖双方的力量对比,实体越长,卖方力量越强,上影线越强,越能显示买方的潜在实力。

4. 上下影线的阳线和阴线

对于上下影线的阳线来说,是买方在此轮争斗中获得小胜,实体越长或长于上下影线,表明买方力量仍较强,影线长于实体,表明卖方潜力较大,买方已受挫。而对于上下影线的阴线来说,是卖方在此轮争夺中获得小胜。实体长于下影线,表明卖方力量强,影线长于实体,特别是下影线长于实体,表明买方潜力较大,卖方已受挫。

5. 十字形

十字形的出现,表明买卖双方几乎势均力敌、不分上下。如果十字形的上下影线相等,则阳十字形代表多方力量稍强,而阴十字形代表空方气势略胜。如果十字形上下影线不等,则上影线长于下影线,表示空方力量较强;下影线长于上影线,则表示多方力量较强。十字形常常隐含着大势变盘的意义,在行情底部出现下影线很长的十字形,说明多方已取得转折性胜利,只要次日开盘后股价能站稳在十字形之上,一般说会有一段较大的涨幅,在行情顶部出现上影线很长的十字形,说明空方已取得转折性胜利,只要次日开盘后股价低于十字形,大多会有一段不小的跌幅。"⊥"、"⊤"、"一"是十字形的变形线。

(二)多根 K 线的研判

在图 11-3 中,将 K 线区域划分为 5 个部分,从区域 5 到区域 1 反映出多空双方力量对比和转化过程,即空方优势减弱,多方优势加强,多方争夺的区域越是抬高,表明盘势越是倾向于多方,就越有利于股价上涨。

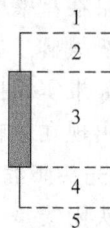

图 11-3   K 线的"五区"

K 线组合有很多种,这里只选择几种特定组合形态来研判其市场意义。

反迫线表明,在昨日收出一条阴线后,今日开盘一开始空头优势就一度尽显而使得股价低开低走,但不久就受到多头的强力反攻,并最终是全天收盘在昨日阴线最低价附近,形成一条光头小阳线。如果该小阳线的收盘价在昨天收盘价之上,则又称反迫线为迫入线;如果该小阳线的收盘价等于昨日最低价,则又称该反迫线为迫切线。这种双 K 线组合表明在低档处多头承接积极,乃行情反弹的先兆,尤其是出现在持续下跌多日之时,但若下一个交易日行情继续看跌,则会使行情继续看空(见图 11-4)。

包容线表明,今日 K 线最低价比昨日 K 线最低价更低,而最高价较昨日 K 线最高价更高,这样今日 K 线就将昨日 K 线完全包容起来,是市场发出股价涨跌的趋势将会完全改变的信号(见图 11-5)。

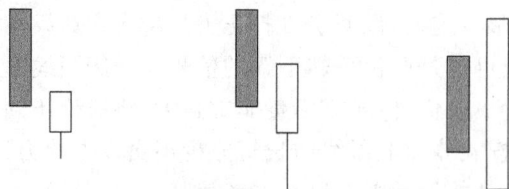

图 11-4   反迫线

图 11-5   包容线

停迷线表明,昨日股价大涨而收出大阳线,今日却在高档出现小阳线或小阴线,从而使股价走势暂时处于停迷状态,因而这种双 K 线组合也称星线。停迷线反映多方做多意愿减弱,行情因拉高不足而渐趋衰竭。尤其是在相对高档出现时,这种组合更是暗示主力出货的迹象,如果下一个交易日股价没有出现大幅跳空高开情形,则基本上可以确认空头行情已经开始(见图 11-6)。

上面介绍了两根 K 线组合的研判,下面介绍 3 根 K 线组合的研判。显然,3 根 K 线的组合方式比起两根 K 线而言更为复杂、更加多样。对于 3 根 K 线组合的研判,仍然是根据最后一条 K 线相对前面两根 K 线的位置来研判和比较多空双方的大小。

上升三连阳表明股价连续 3 天上涨,反映出多方力量逐渐增强,尤其是在低档区时具有强烈的多头市场特征。如果 3 根 K 线都是中阳线或是大阳线,则表明多方优势明显,多头士气"如日中天",但由于涨幅大,第 4 天多考虑离场或不介入,暂持短线观望态度,当然中线应该看涨(见图 11-7)。

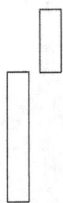

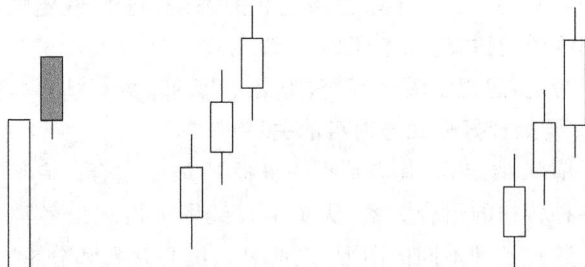

图 11-6　停迷线　　　　　　　　　　图 11-7　上升三连阳

反攻失败式的典型形态是连续两条阳线(或阴线)之后出现一条小阴线(或小阳线)被第二条 K 线怀抱(见图 11-8)。其中,左图表示多方力量占优势仍然控制局面,空方反击"火力"较弱而告败,多头行情大多继续,右图则表明多头反攻力量比较有限,在空头猛烈抛压下宣告失败,下跌趋势仍然将继续。

所谓夹击式,是指两条阳线(或阴线)中间夹着一条阴线(或阳线)的 3 条 K 线组合方式,也就是两阳夹一阴式和两阴夹一阳式(见图 11-9)。

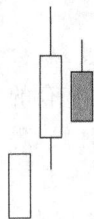

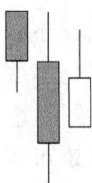

图 11-8　反攻失败式　　　　　　　　图 11-9　夹击式

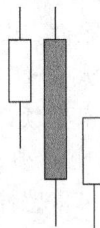

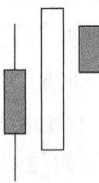

在两阳夹一阴的夹击式中,若阴线实体较长而两条阳线实体较短并呈现出走低之势,则表明多方力量遭遇重大损伤,行情将以空头市场为主;若 3 条 K 线呈现逐渐走高之势,则表明多头依然控制局面,空头反击乏力,后市将继续看涨。

(三) 应用 K 线时应当注意的问题

K 线定式完全来源于股市实践,而又经过了理论提升,是被规律化了的 K 线组合。上述所归纳的各种 K 线形态定式,其发出信号的可靠程度一般是不同的,也就是说,其指导价值不一样。对于投资者来说,怎么看待和运用 K 线定式,主要应处理好 3 个关系。

1. 要处理好一般与个别的关系

K线定式是对无数个K线组合的理论总结,它虽然来源于具体的实战范例,但又已经经过了理论的升华,被规律化、抽象化了。因此,从哲学的角度来看,它只具备"一般(共性)",即"某些"K线组合的共同特征,而不具备"个别(个性)",即特定的"某个"K线组合的特征。这样,在实际操作过程中,就要特别注意防止出现以下的偏差。一是采取虚无主义的态度,将K线定式完全看做是纸上谈兵,是没有任何实际意义的东西。这种观点过分强调事物的个性,以K线组合的多变性来否定K线定式的规律性,显然是不符合股票市场的实际的。二是采取教条主义的态度,将K线定式视为万灵圣药,试图在股市实战中按图索骥,机械地照搬照抄K线定式。这种人过于强调事物的共性,忽视了千变万化的实际情况,忽视了瞬息万变、纷繁复杂的市场行情,同样也是有失偏颇的。

2. 要处理好形式与内容的关系

所谓K线定式,其实是指一根根K线的组合。它们分别包含了几根到几十根K线,形成各种各样的组合关系,从而在K线图上展现出各种不同的图形,这就是K线定式的形式。通过各种不同的图形,人们可以细心观察和分析多空双方力量消长的变化情况,大致判定股价的运行趋势。这些隐藏在其形式下面的技术含义,就是K线定式的内容。K线定式的形式与内容是相辅相成、互为依靠的。形式是内容的载体,内容是形式所要表现的实质。如果说K线的组合方式是"形",趋势就是"神",而K线定式则是"形"、"神"兼备,运用K线定式时也就要形神兼顾,千万不能将两者割裂开来。更确切地说,在实际应用K线定式的时候,不但要注意其图形,更应该重视其技术含义,其重"势"而轻"式"。如果一味地生搬硬套,则很有可能在涨势如虹的情况下提早下车,坐失唾手可得的可观利润;也可能会在应该下车的时候拖拖拉拉,以致被失控的马车带下万丈深渊,从而遭受重大损失。

3. 要处理好理论与实践的关系

"纸上得来终觉浅",书本上的东西,如果没有亲自实践或者亲身经历过,总会有一种"隔靴搔痒"的感觉,就如同学习游泳一样,若是不亲自下水去练习,即使把所有的游泳理论都钻研得非常透彻,把所有的技术要领都背诵得烂熟,临到真正下水的时候,恐怕也会呛上一肚子水的。对待K线定式,也必须正确处理好理论与实践的关系,千万不能生吞活剥、生搬硬套。股票投资是一件极富感性之事,股票市场则是人们展示自己的欲望、恐惧、犹豫、悔恨等种种情感的大舞台,K线的绘制与研判更是富于东方的思辨技巧。在K线的判读过程中,经验与直觉占有相当重要的成分,而这两者都只有通过较长时间的实战才能逐渐地获得并积累下来。因此,要在实践中不断地摸索、不断地总结,对K线定式逐步做到融会贯通,以提高自己的实战水平,从而获取更为丰厚的投资收益。

另外,组合形态只是总结经验的产物。在实际市场中,完全满足所介绍的K线组合形态的情况是不多见的。因此,不能一成不变地照搬组合形态。当K线组合图形与基本分析完全对立时,当国际国内政治经济形势发生根本性变化时,放弃K线分析结果,服从基本分析结论。无论是一根K线还是两根、3根以至更多根K线,都是对多空双方争斗作出一个描述,由它们的组合得到的结论都是相对的,而不是绝对的。对股票投资者而言,结论只是起一种建议作用。

第二节　切线分析

证券价格的变动趋势并不是杂乱无章、毫无规律可循的,而是有一定趋势的。趋势是技术研究的最核心问题,技术分析的全部目的就是搞清市场价格变动的趋势。所以"顺势而为"是证券市场中的一条投资准则。如何在变幻莫测的市场中识别大势,是每一个投资者遇到的重大课题。这里从切线法的角度,给出一些判断趋势的方法。

一、支撑线与压力线

1. 支撑线与压力线的定义

支撑线又称抵抗线,它是指当股价下跌到某个价位附近时,会出现买方增加、卖方减少的情况,从而使股价停止下跌,甚至有可能回升。支撑线起阻止股价继续下跌的作用。这个起着阻止股价继续下跌的价位就是支撑线所在的位置。压力线又称为阻止线,它是指当股价上涨到某价位附近时,会出现卖方增加、买方减少的情况,股价会停止上涨,甚至回落。压力线起阻止股价继续上升的作用。这个起着阻止股价继续上升的价位就是压力线所在的位置(见图 11-10)。

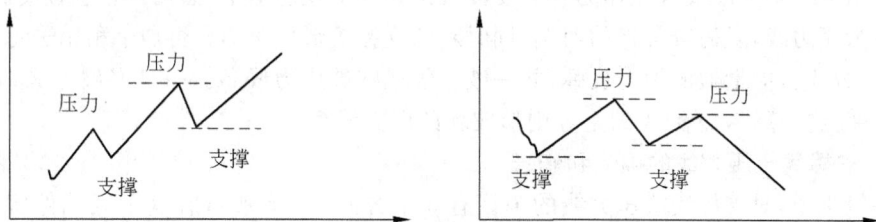

图 11-10　支撑线和压力线

价格趋势由多空双方力量的对比所决定。从其定义可知,支撑线和压力线在本质上都反映了双方的相对力量变化。支撑线和压力线的突破对于趋势的变化能够起到信号作用。在实践中判断突破时,通常会设定一个有效的突破价格范围,而不仅仅是参考单独的一个突破价位。

2. 支撑线和压力线的作用

支撑线和压力线会阻滞或暂时阻止股价像一个方向继续运动。而股价的变动是有趋势的,要维持这种趋势、保持原来的变动方向,就必须冲破阻止其继续向前的障碍。例如,要维持下跌行情,就必须突破支撑线的阻力和干扰,创造出新的低点;要维持上升行情,就必须突破上升的压力线的阻力和干扰,创造出新的高点。由此可见,支撑线和压力线迟早会被再次突破,它们不足以长久地阻止股价保持原来的波动方向,只不过是使之暂时停顿而已。

同时,支撑线和压力线又有彻底阻止股价按原方向变动的可能。当一个趋势终结时,它不可能创出新的低价或高价,这样支撑线和压力线就显得异常重要。

在上升趋势中,如果下一次未创新高,即未突破压力线,这个上升趋势的支撑线,就是产生一个趋势有变得很强烈的警示。通常这意味着新一轮上升趋势已近结束,下一步的走向是下跌。

同样,在下降趋势中,如果下一次未创新低,即未突破支撑线,这个下降趋势就已经处于很关键的位置,如果下一步股价向上突破了这个下降趋势的压力线,这就发出了这个下降趋势将要结束的强烈信号,股价的下一步将是上升的趋势,如图 11-11 所示。

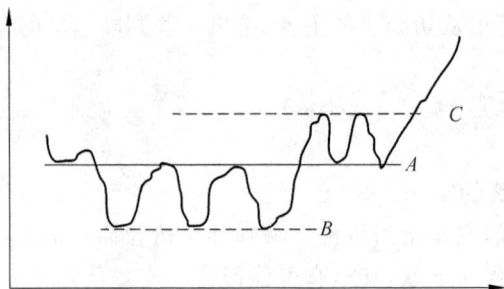

图 11-11   支撑线和压力线的相互转化

由于支撑线和压力线在价格上升和下降趋势的作用是不同的,因此同一条线在不同时期和不同市场行情中可能会充当不同角色。通常情况是,它们一旦被突破,则立即转换角色。图 11-11 中 A 线首先作为一只支撑线出现在下跌趋势中,然而一旦它被突破,则立即转变为压力线,阻碍着价格的回调,同时新的支撑线形成于 B。再加个稍稍进行了调整之后,多方积蓄能量似的加个反弹,并一鼓作气地突破压力线 A。一旦突破完成,则 A 立即又转变为支撑线,而在 A 的上方则形成新的压力线 C。

3. 支撑线与压力线的确认和修正

一般来说,对支撑线或压力线的确认有 3 个方面:一是股价在这个区域停留时间长短;二是股价在这个区域伴随成交量的大小;三是这个支撑区域或压力区域发生的时间距离当前这个时期的远近。显然,股价停留的时间越长,伴随的成交量越大,离现在越近,则这个支撑或者压力区域就越可以确认,且对当前的影响就越大。

上述 3 个方面是确认一条支撑线或压力线的重要识别手段。有时,由于股价的变动,会发现原来确认的支撑线或压力线可能不是真正具有支撑或压力的作用,如不完全符合上面所述的 3 个条件。这时,就有一个对支撑线和压力进行调整的问题,这就是对支撑线和压力线进行调整、修正。

对支撑线和压力线的修正过程其实是对现有各个支撑线和压力线的重要性和新的支撑线和压力线的确认。每条支撑线和压力线在人们心目中的地位是不同的,股价到了这个区域,投资者应清楚,它有可能被突破;而到了另一个区域,它就不容易被突破,但原来的支撑线可能变成下一次反向运动的压力线。这为进行买入卖出提供了一些依据,不至于仅凭直觉进行买卖决策。

二、趋势线与轨道线

1. 趋势线的内涵

趋势线就是反映价格趋势方向的技术线,由它可以明确看出股价的趋势。在上升趋势中,将价格走势的底部连接成一条直线就可以得到上升趋势线。而在下降趋势中,将价格走势的顶部连接成一条直线则可以得到下降趋势线,根据趋势线走过时间的长短,可以将趋势线分为长期趋势线、中期趋势线和短期趋势线 3 种。

上升趋势线起支撑作用,是支撑线的一种;下降趋势线起压力作用,是压力线的一种。

2. 趋势线的确认

正如上面定义所描述的,要想画出一条趋势线很容易,但是这并不能说明这条趋势线就是有效的。而趋势线是否有效,关系到能否对股市今后的走势有个准确的预测,进而影响到投资决策。因此,保证所画的趋势线有效变得非常重要。

要得到一条真正起作用的趋势线,需要经过多方面的验证才能最后确认,不符合条件的要坚决删除。首先,确实有趋势存在。也就是说,在上升趋势中,必须确认出两个依次上升的低点;而且这两个低点必须有决定意义,一般来说,应是两个反转低点,即下跌至某一个低点开始回升,在下跌没有跌破前一低点又开始回升。在下降趋势中,必须确认两个依次下降的高点,而且这两个高点也必须是有决定意义,一般来说,应是两个反转高点,即上升至某一高点后开始下跌,回升未达前一高点又开始回跌。其次,画出直线后,还应该得到第三个点的验证才能确认这条趋势线是有效的。一般来说,所画出的直线被触及的次数越多,其作为趋势线的有效性越能得到确认,用它进行预测越准确有效。此外,这条直线延续的时间越长,就越具有有效性(见图 11-12)。

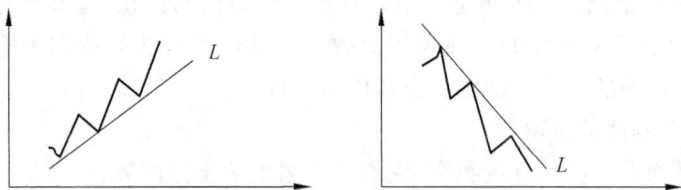

图 11-12　趋势线

3. 趋势线的作用

一般来说,趋势线有两种作用。第一,对价格今后的变动具有约束作用,使价格总保持在这条趋势线的上方或下方。实际上,就是起支撑和压力的作用。第二,当趋势线被突破后,就说明股价下一步的走势将要反转。越重要、越有效的趋势线被突破,其转势的信号越强烈。被突破的趋势线原来所起的支撑和压力作用,现在将相互交换角色。

4. 轨道线

轨道线又称通道线或管道线,是基于趋势线的一种方法。在已经得到了趋势线后,通过第一个峰和谷可以作出这条趋势线的平行线,这条平行线就是轨道线,如图 11-13所示。

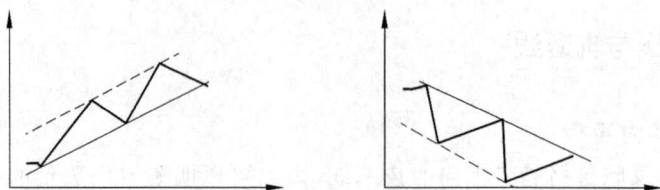

图 11-13 轨道线

两条平行线组成的一个轨道，就是常说的上升和下降轨道。轨道的作用是限制股价的变动范围，让它不能变得太离谱。一个轨道一旦得到确认，那么价格将在这个通道里变动。

对上面或下面的直线的突破将意味着行情有一个大的变化。

轨道线也有一个被确认的问题。一般而言，轨道线被触及的次数越多，延续的时间越长。与突破趋势线不同，对轨道线的突破并不是趋势反向的开始，而是趋势加速的开始，即原来的趋势线的斜率将会增加，趋势线的方向将会更加陡峭，如图 11-13 所示。

轨道线的另外一个作用是提出轨道转向的警报。如果在一次波动中未触及轨道线，离得很远就开始掉头，这往往是趋势将要改变的信号。这说明市场已经没有力量继续维持在原有的上升或下降的趋势了。

轨道线和趋势线是相互合作的一对。很显然，先有趋势线，后有轨道线，趋势线比轨道线重要得多。趋势线可以独立存在，而轨道线则不能。

三、黄金分割线

黄金分割线是依据 0.618 黄金分割率原理计算得出的点位，这些点位在证券价格上升和下跌过程中表现出较强的支撑和压力效能。其计算方法是依据上升或下跌幅度的 0.618 及其黄金比率的倍率来确定支撑和压力点位。

1. 画黄金分割线的步骤

（1）记住下面是一些特殊的数字，它们是有名的黄金分割数。

0.191　0.382　0.618　0.809　1.191　1.382　1.618　1.809　2.000　2.382
2.618　4.236

在这些数字中，0.382、0.618、1.382、1.618、2.618 和 4.236 最为重要，股价极容易在由这几个数产生的黄金分割线处产生挂挡和压力。需要说明的是，4.236 倍差不多是中国股票市场的"极限"，90%的股票的上升幅度都是在 4.236 倍之内。从这个意义上讲，与国外股票市场相比，我国股票市场波动的范围其实是比较小的，用黄金分割线的成功率比较高。如果处在活跃程度很大的市场，使用这个方法容易出现错误。

（2）找到一个点，以便画出黄金分割线。这个点是上升行情的结束、调头向下的最高点，或者是下降行情的结束、调头向上的最低点。当然，这里的高点和低点都是指一定范围的、局部的。只要能够确认一直趋势（无论是上升还是下降）已经结束或暂时结束，则这个趋势的转折点就可以作为黄金分割的点，这个点一经确定，就可画出黄金分割线了。

（3）画出黄金分割线的位置。在上升（下降）行情开始调头向下（上）时，人们极为关心这次下降（上涨）将在什么位置获得支撑（压力）。黄金分割提供的是如下几个价位，它们是由这次上涨（下降）的顶点（底部）价位分别乘以上面所列特殊数字中的几个，作为可能获得支撑（压力）的参考价位。当算出这些价位后，可以之作为参考数据，再结合实际股价变动情况决定买卖的时机。

可见，黄金分割线所提供的买入和卖出位置是多样的。在实际中，究竟应该在哪个位置开始行动，是一个令使用者头疼的问题。这就需要结合其他因素，单纯依靠黄金分割线并不知道应该在哪一条线采取行动。此时，进行主观上的判断在所难免，甚至还有一些运气的成分。

2. 黄金分割线的适用条件

从适用条件来看，黄金分割线所针对的是经过了长时间上升或下降趋势的波动现象，对于价格在某个方向波动的早期，单点黄金分割线是没有用处的。使用单点黄金分割线的时候，一定是"涨疯了"和"跌惨了"的时候。

黄金分割线原理的精髓就在于它提供的反压点：0.191、0.382、0.618、0.809、1 等。必须注意的是，当股价上涨幅度超过一倍时，它的反压点也随之变为：1.191、1.382、1.618、1.809、2 等，依此类推。

黄金分割定律除了用于分析个别股的价位变动完成点之外，也用于分析大势走向的价位变动完成点，而且近年来使用的趋势越来越倾向于用黄金分割定律来分析大势。因为股市分析家在长期操作现实中发现，黄金分割定律用在大势研判上时有效性高于用在个别股研判。这里的原因主要是个别股的股价变动原因多为一些具体因素，常常一些偶然、特殊的因素就能极大地影响个别股的股价，特别是在庄家介入时，个别股的股价变动更是无规律可循，在这种情况下，要用刻板的公式完全抓住股价的高峰与低谷，可能性自然小。相比之下，大势的影响因素就较有规律可循，运用黄金分割来研判准确性也就较高。

总之，黄金分割定律主要用于大势分析，确定价位变动的高低点：0.382 与 0.618 是最重要的两个反压点，当上涨或下跌幅度接近或超过这两个数值时，行情常会出现反转。

四、百分比线

百分比线考虑问题的出发点是人们的心理因素和一些整数位的分界点。

1. 百分比线的画法

下面以上升过程中的回落为例说明百分比线的画法。对于下降中的反弹，也可以进行类似的计算。

当股价持续上涨到一定程度时，其肯定会遇到压力，当遇到压力后，就要向下回撤。因此，回撤的位置很重要。黄金分割线提供了各个价位，百分比线也提供了几个价位。

以这次上涨开始的最低点和开始向下的回撤的最高点两者之间的差，分别乘以上几个特殊的百分比数，就可以得到未来支撑点可能出现的位置。

设低点是 10 元,高点是 22 元。这些百分比数一共有 10 个,它们如下。

1/8　1/4　3/8　1/2　5/8　3/4　7/8　1　1/3　2/3

按上面所述方法,将得到如下 10 个价位。

① (1/8)×(22-10)+10=11.5。

② (1/4)×(22-10)+10=13。

③ (3/8)×(22-10)+10=14.5。

④ (1/2)×(22-10)+10=16。

⑤ (5/8)×(22-10)+10=17.5。

⑥ (3/4)×(22-10)+10=19。

⑦ (7/8)×(22-10)+10=20.5。

⑧ 　1×(22-10)+10=22。

⑨ (1/3)×(22-10)+10=14。

⑩ (2/3)×(22-10)+10=18。

这里的百分比线中,以 1/2、1/3、2/3 3 条线最为重要。在很大程度上,1/2、1/3、2/3 是人们的一种心理倾向。如果没有回撤到 1/3 以下,就好像没有回撤够似的;如果已经回撤到 2/3,人们自然会认为已经回撤够了,因为传统的定胜负的方法就是三打两胜;1/2 是常说的二分法。

上面所列的 10 个特殊的数字都可以用百分比表示,之所以用上面的分数表示,是为了突出整数的习惯。

1/8=12.5%、1/4=25%、3/8=37.5%、1/2=50%、5/8=62.5%、3/4=75%、7/8=87.5%、1=100%、1/3=33.3%、2/3=66.67%,可以看出,这 10 个数字中有些很接近,如 1/3 和 3/8、2/3 和 5/8,在应用时,以 1/3 和 2/3 为主。

对于下降行情中的向上反弹,百分比线同样适用,其方法与上升情况完全相同。

2. 百分比线的适用条件和对象

百分比线所针对的是趋势中途出现的反向运动,属于技术分析中计算开始回落和开始反弹的位置的方法。回落是指在上升了一段时间后的下降过程,反弹是指在下降了一段时间后的上升过程。

在使用百分比线之前,必须假设当前的市场波动是原来趋势的回落或反弹,而不是趋势的反转。如果趋势发生了反转,使用百分比线将使投资者在不合适的位置采取行动而带来灾难。

3. 百分比线的原理

百分比线考虑问题的出发点是多空双方力量对比的转化,以及人们在心理上对整数的分界点的重视。

以上升为例。在价格上升的初始阶段,价格的上升将促使更多的多方力量加入,价格上升了才引起重视,这是大众投资者天生固有的对股票的认识。但当价格上升到了能够为相当一部分人提供利润的时候,价格的上升将吸引更多的持有者卖出,而使得空方的力量逐渐加大,从而引起价格的回落。同样,当价格从高处开始下降,下降到已经不能为相当一部分人提供利润的时候,此时下降的空方力量将减弱,上升的多方力量将再加强。百分比线所寻求的就是多空双方力量强弱转化所发生的位置。在实际情况中,多空双方力量对比转化位置是多样的,百分比线依赖人们心理上对整数位置的重视,设计了很多条未来可能成为多空力量转化的位置,从而使用者可以根据具体情况作出选择。

五、切线理论应用应注意的问题

切线为人们提供了很多价格移动可能存在转折的位置,这些支撑线和压力线对行情判断有很重要的作用。但是,在实际应用会遇到下面的问题。

1. 支撑压力位是否会被突破

支撑线和压力线有突破和不突破两种可能性,在实际应用中会出现令人困惑的现象。以上升过程中的回落为例,当得到了某个支撑线后,在这个支撑线上人们能够做些什么事情呢? 这就是个令人烦恼的问题,因为人们将面对是否会被突破的问题。如果支撑住了,就应该开始买入;如果向下突破,就不应该买入,甚至要"逃命"。这个问题总结起来就是支撑压力是否会被突破。

在实际中,如果价格真的到了人们事先计算的支撑位置,即使有下降突破的可能,有时也是可以买入的。因为可以认为下面的下降空间已经不多了,冒一点风险也是值得的。如果继续等待而价格飞涨,将失去机会。这样做也是没有办法的事情,因为没有人能很准确地找到最低点和最高点,只能去试探,在试探的过程中找到最后的高点和低点。其实,最高点和最低点不是事先确定的,需要根据当时具体的多空双方力量的对比,在实际中,只能确定大概的位置。

2. 支撑压力位的真突破和假突破

这个问题是上一个问题的另一种说法,是在判断是否会突破时一定要遇到的问题。虽然有一些方法可以进行真假突破的判断,但效果都不能令人满意,因为市场是"强大"的,人们不可能战胜它,有时,往往要等到价格已经离开了很远的时候才能够肯定突破成功或真突破,而此时对投资行为的指导意义已经不大了。

3. 得到支撑线和压力线的多样性

用各种方法得到的直线都提供了支撑和压力可能出现的位置,在实际投资行为中,究竟应该相信其中的哪一条呢? 这其实又成了上面的第一个问题,即哪一条是不会被突破的。当然,通过大量的实际观察和统计,可以得到一些有关的结论。例如,每种支撑压力线更适用的环境,支撑压力线被突破的概率问题,有些位置不容易被突破,有些位置被突破的可能性大。但是这些结论的可靠性是比较差的。

第三节 技术形态分析

无论是国内股市还是国外股市,也无论是什么股票,只要交易时间一长,就会在其走势图上形成各种不同的图形,有的像一座山,有的像一座岛,有的像一面旗子……开始人们对这些图形并不在意,后来人们发现,一旦股指或股价形成某种固定图形后,其往生的走势几乎如出一辙。譬如说,股价走成"山"字形后,就一路下跌,10 只股票中 9 只是如此,因此,人们只要看到"山"字形图形,就会争先恐后地卖出股票,逃之不及者都会被这座"山"压住。

技术图形并不神秘,它的变化是有规律的。只要掌握了这一规律,它就会成为人们手中很有用的投资武器。根据技术图形的变化规律,可将它们大致分为两类:一类为转势形态。出现这种图形后,股价运行方向就会改变,由原来的上升趋势转为下跌趋势,或由原来的下跌趋势转为上升趋势。其中,属于底转势形态的图形有头肩底、双底、圆底、潜伏底、V 形、底部三角形、向下竭尽缺口、底部岛形反转等。属于顶部转势形态的图形有头肩顶、双顶、圆顶、倒置 V 形、向上竭尽缺口、顶部岛形反转等。另一类为整理形态。出现这种图形后,股价会寻求向上或向下突破,这中间又分为 3 种情况:第一种经过整理,突破方向以向上居多,图形有上升三角形、上升旗形、下降楔形。第二种经过整理,突破方向以下居多,这类图形有下降三角形、下降旗形、上升楔形、扩散三角形。第三种在整理过程中,显示多空双方处于一种势均力敌的状态,很难说是向上突破可能性居多,还是向下突破可能性居多,一切都要根据当时盘面变化来决定,这类图形有收敛三角形、矩形。总之,当投资者对各技术图形的变化规律都认识、掌握后,判断大势、买卖股票就会挥洒自如了。技术形态分析方法正是通过研究股价所走过的轨迹,告诉人们一些多空双方力量的对比结果,进而指导投资活动。

在股票市场中,可流通股票数量是空方作空的力量,市场中的资金数量是多方作多的力量。在某一时间内资金和股票的数量是一定的,决定双方力量大小的是股票价格,随着股票价格上涨,流通股票市值增大,存量资金减少,即空方力量增大,多方力量减少;随着股票价格下跌,流通股票市值减少,存量资金增加,即空方力量减少,多方力量增大。如果一方力量的增加是决定性的,股票价格趋势将出现反转;如果一方是暂时获得优势,多空双方将出现拉锯。前一种价格走势被人们称为反转突破形态,后一种价格走势被人们称为持续整理形态。但不管哪一种形态,多空双方都在寻找平衡。

一、反转突破形态

反转突破形态描述了趋势方向的反转,它是投资分析中应该重点关注的变化形态。反转变化形态主要有头肩顶(底)、双重顶(顶)、三重顶(底)、圆弧顶(底)以及扩展形态等多种形态。

1. 头肩顶和头肩底

头肩形态是实际股价形态中出现最多的一种形态,也是最著名和最可靠的反转突破形态。头肩形形成的时间较长,少则 3～5 个月,长则数年之久。显然,形态越大,对市场的影响就越大。如图 11-14 所示,在上升的过程中,形成了 3 个局部高点,这 3 个高点就是头肩顶中的"一头"和"两肩"。其中,中间比较高的 C 点是一头,两边比较低的 A、E 是两肩。在实际运用中,两肩不一定是完全一样高,但肯定都低于"一头"。

在股价的上升过程中,伴随着成交量的大增,由于部分投资者获利回吐,导致股价下

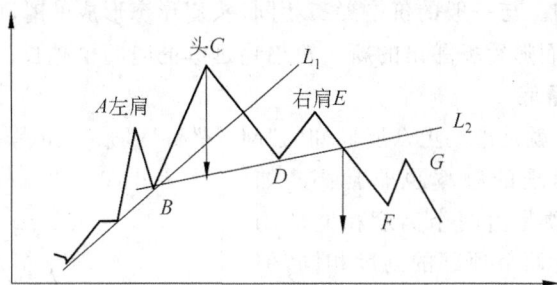

图 11-14　头肩顶

跌,形成了左肩。这次回档在 B 点得到了支撑。然后,股价继续上升,并且突破了左肩位置,创出了新高。由于过高的股价使得投资者产生了恐惧心理,竞相抛售,股价会跌到前一低点附近,且伴随比较大的成交量,这时头部完成。在 D 点获得支撑的股价继续上升,由于相对比较低的成交量,涨势不再凶猛,价位到达头部顶点之前即告回落,形成右肩。至此,头肩顶的形态形成了。连接图 11-14 中两个 B、D 两点,这条线就是极为重要的颈线。在头肩顶形态中,它就是支撑线,起支撑作用。

如果股价最后在颈线水平回升,而且回升的幅度高于头部,或者股价跌破颈线后又回升到颈线上方,那么这个头肩顶就是虚假的。至此,和大部分突破一样,这里颈线被突破也有一个被认可的问题。头肩顶形态中的目标跌幅为头部峰位到颈线的垂直距离。当颈线被突破之后,由颈线上被突破点向下延伸一个目标跌幅所产生的价位为目标价位,即新的支撑点。只有价格继续向下,突破了目标价位,才能够确认头肩顶形态的有效突破。

头肩底是头肩顶的相反形态,是一个可靠的买进时机。这一形态的构成和分析方法,除了在成交量方面与头肩顶有所区别外,其余与头肩顶类似,只是方向相反而已,如图 11-15 所示,上升改为下降,高点改成低点,支撑改为压力。

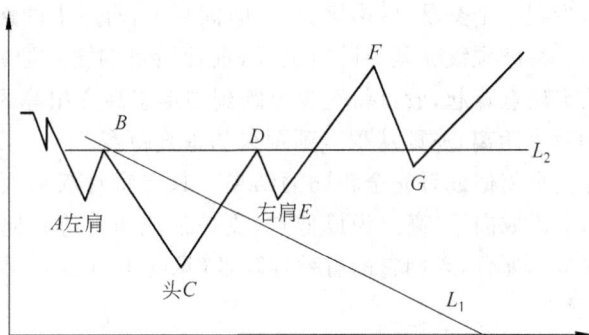

图 11-15　头肩底

值得注意的是,头肩顶形态与头肩底形态在成交量配合方面的最大区别如下:当头肩顶形态完成后,向下突破颈线时,成交量不一定放大;而当头肩底形态向上突破颈线时,若没有较大的成交量出现,则可靠性将大为降低,甚至可能出现假的头肩底形态。

头肩形态可以延续不同的时间跨度,从几分钟到几年,甚至更长。同道氏理论和波浪理论所揭示的原理相同,不同周期的头肩形态之间可能存在嵌套关系,从而使得头肩形态呈现更为复杂的结构。与一般的价格形态相同,头肩形态形成的时间跨度越长,市场所积蓄的力量也越大,从而随后酝酿出的新一轮趋势延续的时间也越长。

2. 双重顶和双重底

双重顶和双重底就是市场上众所周知的"M 头"和"W 底",也是一种较为重要的反转形态,它在实际中出现的频率也非常高。如图 11-16 所示,双重顶是由两个高度相同的局部高点组成。理论上两个顶部的高度相同,但在现实中并不是这么严格要求。不论两个顶部的相对高度如何,双重顶一旦被突破,其技术含义是相同的。

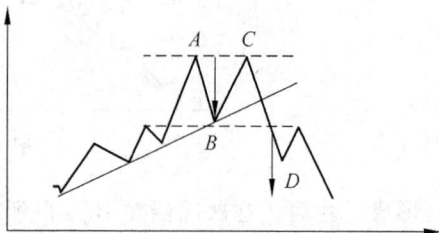

图 11-16　双重顶

以双重顶为例,当股价上升到第一个峰顶 A 时,遇到大量的获利回吐,使得股价在此遇到压力、受阻回档。在 B 点处获得了支撑,成交量随着股价的下跌而萎缩。股价再度上升到第一峰附近 C 点,成交量再度增加,但已不及第一峰。上升遇到阻力,接着股价掉头向下,这就形成了 A 和 C 两个顶的形状。

"M 头"形成以后,有两种可能的情形:第一是未突破 B 点的支撑位置,股价在 A、B 和 C 点形成的范围内上下波动,演变成以后要介绍的矩形。第二是突破 B 点的支撑位置继续向下,这种情况才是双重顶反转突破形态。前一种情况只能说是一个潜在的双重顶反转突破形态。

连接两峰 A 和 C 画一条水平线,通过两峰之间的低点 B 画一条 AC 平行的线,这就是颈线,"M 头"形成以后,如果股价没有突破颈线,而是在两条平行线之间运动,那么则是下面将介绍的持续整理状态。如果突破了,才是双重顶反转突破形态的真正出现。双重顶形态应重点掌握以下要点:①两个顶点高度应大致相同,以不超过 3% 为限;②形态形成时间可长可短,少则一个交易日,多则数年,时间越长,对后市的影响越大;③突破颈线是形态成立的标志,突破颈线就是突破轨道线,前面所讲的突破原则在这里仍然适用;④当突破颈线后,从突破点算起,股价将至少要跌到与形态高度相等的距离。形态高度就是从 A 或 C 到 B 的垂直距离,亦即从顶点到颈线的垂直距离。

对于双重底,有完全相似或者完全相同的结果。只要将对双重顶的介绍反过来叙述就可以了。例如,向上说成向下、高点说成低点、支撑说成压力等。但当双重底的颈线突破时,必须有大成交量的配合,否则它的有效性降低(见图 11-17)。

3. 三重顶和三重底

三重顶(底)形态是双重顶(底)的扩展形势,也就是头肩顶(底)的变形,有 3 个一样高或一样低的顶和底组成(见图 11-18)。完成形态所需时间较长,常出现在长期或中期的反转过程中。

三重顶的三个顶峰之间时间跨度不一定要相等,3 个顶点的股价水平也不一定要完全相同,但 3 个顶峰成交量有逐渐减少的趋势,当第三个顶峰成交量非常小时就出现了下跌的征兆。重要的是当股价跌破颈线,即跌破两个谷底的支撑价位时,三重顶形态才算完成。预计股价跌破后的最小跌幅为从顶部最高价至颈线的距离。

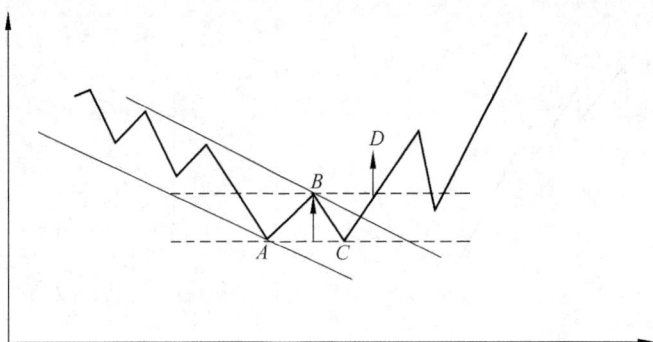

图 11-17 双重底

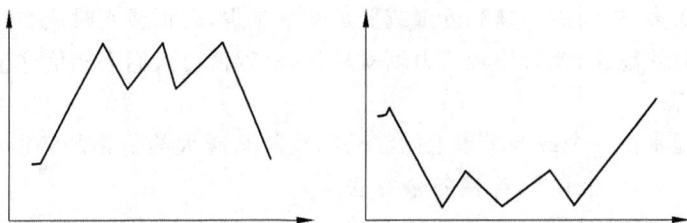

图 11-18 三重顶和三重底

三重底是三重顶的相反形态,当它的第三底部完成,股价向上突破颈线,并有成交量增加相互配合,突破的有效性才能被确认。

4. 圆弧顶和圆弧底

将股价在一段时间的高点用曲线连起来,每一个局部的高点都被考虑到,就有可能得到一条类似于圆弧的弧线,盖在股价之上。将每个局部的低点连在一起也能得到一条弧线,托在股价之下。圆弧形在实际中出现的机会较少,但是一旦出现则是绝好的机会,它的反转深度和高度是不可测的。这一点跟前面的几种形态有一定区别。

圆弧底的形态是股价缓慢地下跌,成交量也逐渐萎缩。由于价格调整得过于平缓,投资者对价格的走势逐渐失去了兴趣,使得价格的动能也逐渐减弱。当价格到达碟形底的底部时,成交量也达到了最低点。然后,随着价格的温和上涨,吸引了投资者再度进入市场进行交易。使得成交量逐渐放大。圆弧顶则是在股价走势的顶部走出一个圆弧形态,股价随之下跌反转(见图 11-19)。

圆弧形的顶部和底部的地位都差不多,没有明显的主次区分。这种形态的形成在很大程度上是一些机构大户炒作的结果。这些人手里有足够的股票,如果一下抛出太多,股价下落太快,手里的货不可能全出手,只能一点一点地往外抛,形成众多的来回拉锯,直到手中股票接近抛完时,才会大幅度打压,一举使股价下到很深的位置。如果这些人手里持有足够的资金,如果一下买得太多,股价上得太快,不利于今后的买入,要慢慢地买。直到股价一点一点地来往拉锯,往上接近圆弧边缘时,才会用少量的资金一举往上拉升到很高的高度。

在圆弧形中成交量显得非常重要。无论是圆弧顶还是圆弧底,在它们的形成过程中,

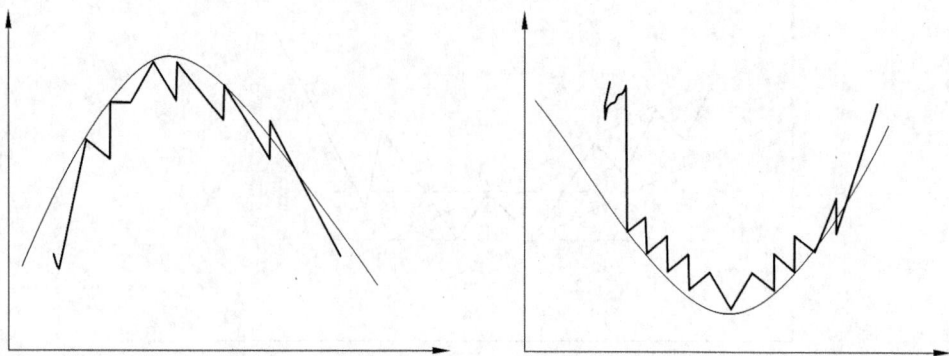

图 11-19   圆弧顶和圆弧底

成交量都是两头多、中间少。越靠近顶或低成交量越少,在顶或底时成交量达到最少。圆
弧形成所花的时间越长,今后反转的力度就越强,就越值得人们去相信这个圆弧形。

5. 扩展形态

扩展形态通常由 3 个或 3 个以上的波动幅度越来越大的价格趋势所构成,如果连接
各个峰位构成一条压力线,而连接各个谷底
构造一条支持线,那么这两条趋势线之间的
距离将逐渐扩大,从而呈现出一个喇叭形的
逐渐扩散的形态。因此,扩展形也被形象地
称为喇叭形(见图 11-20)。

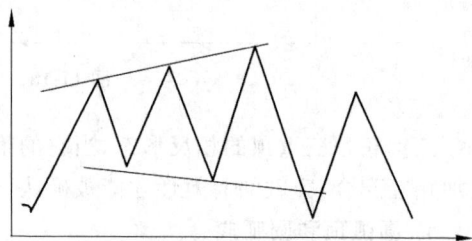

图 11-20   扩展形态

一个标准的扩展形应该有 3 个高点、两
个低点,如图 11-20 所示。扩展形大多出现
在顶部,是一种较可靠的看跌形态。扩展
形态的形成往往是由于投资者的冲动情绪造成的。这是一个缺乏理性的市场,投资者
受到市场过热的投机气氛或市场传闻的感染,很容易追涨杀跌。这种冲动而杂乱无章
的行市,使得股价不正常地大起大落。形成巨幅振荡的行情,继而在振荡中完成形态
的反转。

股价在扩展形之后的下调过程中,肯定会遇到反扑,而且反扑的力度会相当大,这是
扩展形的特殊性。但是,只要反扑高度不超过下跌高度的一半,股价下跌的势头还是应该
继续的。扩展形源于投资者的非理性,因而在投资意愿不强、气氛低沉的市道中,不可能
形成该形态。

二、持续整理形态

与反转突破形态不同,持续整理形态描述的是在股价向一个方向经过一段时间的
快速运行后,不再继续原趋势,而在一定区域内上下窄幅波动,等待时机成熟后再继续
前进。这种运行所留下的轨迹称为整理形态。三角形、矩形、旗形、楔形是著名的整理
形态。

（一）三角形态

三角形分为 3 种：对称三角形、上升三角形和下降三角形，第一种有时也称正三角形，后两种全称直角三角形。以下分别对这 3 种形态进行介绍。

1. 对称三角形

对称三角形情况大多是发生在一个大趋势进行的途中，它表示原有的趋势暂时处于修整阶段，之后还要随着原趋势的方向继续行动。由此可见，见到对称三角形，股价今后最有可能的走向是沿原有的趋势方向运动（见图 11-21）。

在整理形态内，股价变动幅度逐渐减少，最高价逐渐降低，最低价渐次提高。在图 11-21 中就表现为上面的直线向下倾斜，下面的直线向上倾斜。在这里，上面的直线起到压力的作用，下面的直线起到支撑作用。同时，成交量也相应萎缩，形成一对称三角形形态。

股价形态并不改变原来的股价变动方向。如果原来是上升趋势，股价于三角形底部 1/2~3/4 处以长阳线与大成交量配合突破是有效突破。如果原来是下降趋势，股价于三角形 1/2~3/4 处以长阴线向下突破，突破后不久成交量放大为有效突破，表明股价还将继续下跌。如果股价盘整至超过三角形 3/4 处尚未突破，三角形盘整形态基本失效，表示股价还将继续盘整。

对称三角形被突破后，也有测算功能。如图 11-22 所示，从 C 点向上带箭头直线的高度，是未来股价至少要达到的高度。箭头直线长度与 AB 连线长度相等。AB 连线的长度称为对称三角形的高度。从突破点算起，股价至少要运动到与形态高度相等的距离。

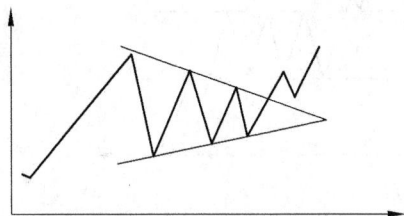

图 11-21　对称三角形　　　　　图 11-22　三角形的测算功能

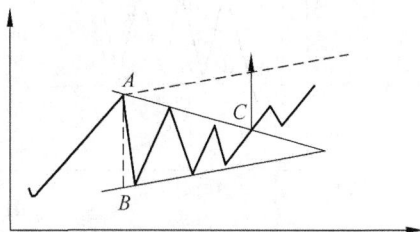

2. 直角三角形

在前面已经叙述过，直角三角形可分为上升三角形和下降三角形，它们都是对称三角形的变形。只不过上升三角形的上方阻力线并非向下倾斜的，而是一条水平线，而下降三角形的下方支撑线并非向上倾斜的，也是一条水平线（见图 11-23）。

上面的直线起压力作用，下面的直线起支撑作用。在对称三角形中，压力和支撑都是逐渐加强的。一方是越压越低，另一方是越撑越高，看不出谁强谁弱，在上升三角形中就不同了，压力是水平的，始终都是一样的，没有变化，而支撑都是越撑越高。由此可见，上升三角形比对称三角形有更强烈的上升意识，多方比空方更为积极。通常以三角形的向上突破作为这个持续过程终止的标志。

同样，上升三角形的突破顶部的阻力线时，必须有大成交量的配合，否则为假突破。

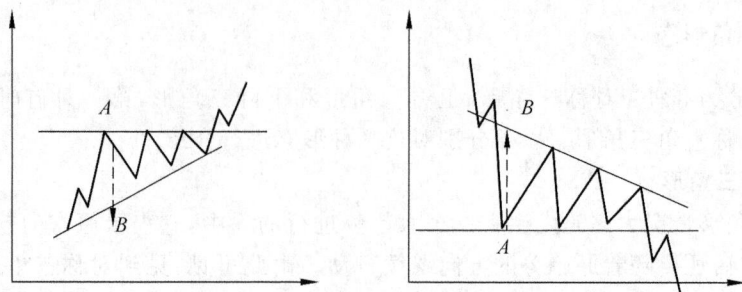

图 11-23　上升和下降三角形

突破后的升幅量度方法与对称三角形相同。

下降三角形与上升三角形正好相反，是看跌的形态。基本内容与上升三角形一样，只是方向相反。另外，下降三角形突破时不需要大的成交量的配合。

（二）矩形

矩形也是一种整理形态，它是一个过渡阶段，价格经过一段矩形调整后，会继续原来的趋势。在矩形形态的初期，多空双方全力投入，互相支撑着己方的心理价位。空方在股价上涨到某个价位就抛出，多方在股价下跌到某个价位就买入。而随着阻力线和支撑线的逐渐形成，价格趋于横向运动，双方的热情逐渐减退，成交量减少，市场趋于平淡（见图 11-24）。

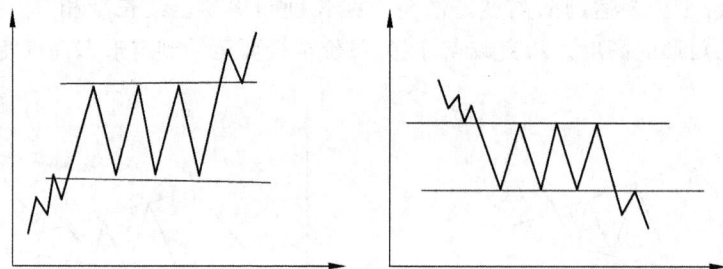

图 11-24　矩形

如果原有的趋势是上升，那么经过一段矩形整理后，会继续原有的趋势，多方会占优并采取主动，使股价向上突破矩形的上界。如果原有是下降趋势，则空方会采取行动，突破矩形的下界，图 11-24 是矩形的简单图示。

从图 11-24 中可以看出，矩形在形成过程中极可能演变成三重顶（底）形态，这是应该注意的问题。正是由于矩形有这种出错的可能性，在面对矩形和三重顶（底）进行操作时，一定要等到突破之后才能采取行动，因为这两个形态今后的走势方向完全相反。一个是反转突破形态，要改变原有的趋势；一个是持续整理形态，要维持原来的趋势。

矩形的突破也有一个确认的问题。当股价向上突破时，必须有大成交量的配合才可确认，而向下突破则不必有成交量增加；当矩形突破后，其涨跌幅度通常等于矩形本身高度，这是矩形形态的测算功能。与别的大部分形态不同，矩形为人们提供了短线炒作的机会。如果在矩形形成的早期能够预计到股价将按矩形进行调整，那么在矩形的支持线附近买入,在矩形的压力线附近卖出,收益是相当可观的。

(三) 旗形

旗形是一个趋势的中途修整过程,修整之后,还要保持原来的趋势方向。并且旗形的方向与原来的趋势方向相反。例如,如果原来的趋势方向是上升,则这种形态的方向就是下降(见图 11-25)。

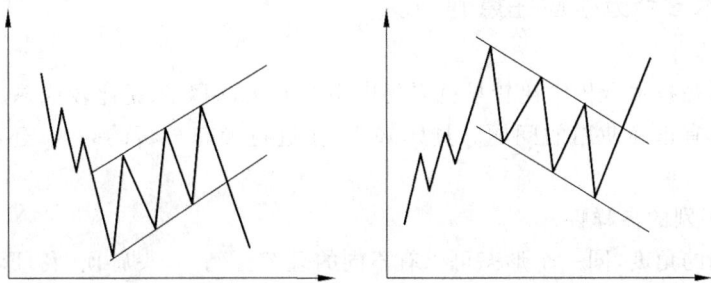

图 11-25 旗形

旗形大多发生在市场极度活跃、股价运动几乎直线上升或下降的情况下。在市场急速而又大幅的波动中,股价经过一连串紧密的短期波动后,形成一个稍微与原来趋势呈相反方向倾斜的长方形,这就是旗形走势。

旗形的上下两条平行线起着压力和支撑的作用,这一点有些像轨道线。这两条平行线的某一条被突破是旗形完成的标志。旗形被突破后,股价将至少要走到形态高度的距离。

应用旗形时有几点要注意:①放开出现之前,应有一个旗杆,这是由于价格做直线运动形成的;②旗形持续的时间不能太长,时间一长,它保持原来趋势的能力将下降;③当旗形形成之前和被突破之后,成交量都很大。在旗形的形成过程中,成交量从左向右逐渐减少。

(四) 楔形

楔形也是上升或下降趋势中的一次调整,调整结束后,楔形会继续按照原来的趋势方向运动,楔形形态的方向同当前趋势的方向是相反的,出现在上升趋势中的楔形略微向下倾斜,反应了上升趋势的短暂调整,而出现在下降趋势中的楔形则略微向上倾斜,则代表着下降趋势的短暂调整。楔形是股价经过依次上涨或下跌后产生的技术性反弹(见图 11-26)。

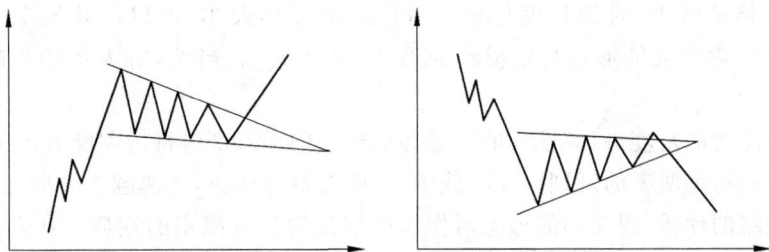

图 11-26 楔形

　　三角形形态的两条趋势线一上一下,方向相反,而楔形形态的两条趋势线则具有相同的方向。在楔形的形成过程中,成交量逐渐萎缩,而在楔形形成之前和突破之后,成交量一般都比较大。

　　同旗形和三角形一样,楔形形成后保持原有的趋势方向,趋势的途中会遇到这种形态。与旗形的另一个区别是楔形形成所花的时间要长一些。

三、技术形态分析应注意的问题

　　形态分析是技术分析中比较早就得到应用的方法,相对来说比较成熟。尽管如此,在实际应用中也有正确使用的问题。具体来说,在进行形态分析的时候,还必须注意以下几点。

　　1. 形态识别的多样性

　　站在不同的角度,同一个形态可以有不同的理解。例如,头肩顶(底)形态是被公认的顶部和底部的反转形态,但是,如果从更大的范围和更长的时间来看,它有可能仅仅是一个更大的波动过程中的中间持续形态。在实际的投资行为中,对这样的形态究竟应该怎样去判断呢? 这个问题其实是对变动趋势"层次"的判断问题。因此,在分析时应该使用尽可能宽的时间区间,因为时间区间宽的形态所包含的信息更多。

　　2. 形态突破真假的判断

　　在进行实际操作的时候,形态理论要等到形态已经完全明确后才进行。形态的明朗必然涉及支撑压力线的突破问题,这个问题在支撑压力理论中已经提到了,这里不再重复。

　　3. 形态信号"慢半拍",获利不充分

　　在进行实际操作的时候,形态理论要等到已经完全明确后才进行,得到的利益往往不充分,从某种意义上讲,有损失机会之嫌。在我国更是如此,因为我国证券市场趋势的持续性比较差,时间短,幅度小。如果等到突破后才行动,有时"错误"是不可限量的。甚至可以说,此时利用形态分析已经失去了意义。

　　4. 形态规模的大小会影响预测结果

　　形态的规模是指价格波动所留下的轨迹在时间和空间上的覆盖区域。形态规模大,表明在形态完成的过程中,价格的上下波动所覆盖的区域大,在技术图形上所表现出来的就是价格的起伏大,从开始到结束所经过的时间跨度大。相反,小规模的形态所覆盖的价格区域小,时间长度也短。对形态的规模大小,可以用几何学中"相似"的概念来解释。规模大的形态是规模小的形态的"放大"。当然,对大小的判断将涉及主观的因素。

　　从实际应用的角度讲,规模大的形态和规模小的形态都对行情判断有作用,不能用简单的一句话说清楚两者的区别。在实践中,一些投资者认为,规模越大的形态所作出的结论越具有战略的性质,规模小的形态所作出的结论越具有战术的性质。从形态的度量功能看,规模大的形态高度越大,对今后预测的深度就必然大。因此,他们认为在实际中应尽量使用规模大的形态,因为形态规模越大,其结果越具有稳定性和持续性,越不容易被改变。总之,在把握技术分析工具的共性时,还是要对不同情况的市场现实进行具体分析。就技术分析而言,并不存在教条式的所谓"操作定式",一切理论的价值都是由实践来检验的。

本 章 小 结

技术图形分析是证券投资者普遍使用的分析方法。

K线是根据K线形态判断证券价格趋势的一种技术分析方法。K线理论的精髓就在于K线的形态可以反映多空力量的消长变化状况。

切线理论是从价格轨迹形态判断趋势的,价格趋势的形态可分为两个大的类型,即持续整理形态和反转突破形态。

形态分析是技术分析中应用较早的方法,相对较成熟,但在分析的时候应注意形态识别的多样性,要突破真假的判断,另外要明白形态规模的大小会影响预测结果。

关 键 术 语

K线　切线　支撑线　压力线　趋势线　轨道线　黄金分割线　百分比线　双重顶　双重底　三重顶　三重底　三角形　矩形　旗形　楔形

复 习 思 考 题

1. K线的阴阳如何区分?
2. K线组合的准确性与组合中所包含的K线数目是否有关?
3. 简述轨道线、趋势线和黄金分割线的画法,它们如何预测行情?
4. 支撑线和压力线分别起什么作用?
5. 速度线和百分比线的主要思想是什么?
6. 旗形和楔形的区别是什么?

第十二章 证券投资技术指标分析

学习目的

通过本章的学习,了解技术指标的含义及其运用法则,掌握主要技术指标的计算方法和分析技巧,学会运用有关指标进行具体的证券投资分析。

从世界范围来看,技术指标的流行大约是 20 世纪 70 年代后期在计算机广泛使用之后。目前,全世界各种各样的技术指标有千种以上,每个指标都有自己的追随者,并在实际运用中取得一定的效果。这里只介绍一些目前在市场上流行的主要技术指标。

技术图形分析能够以最直观和生动的形式向投资者提供趋势反转或整理的信号,是技术分析中不可或缺的一种分析工具。但是仅仅凭借直观的观察是不能够准确地判断和预测价格变动趋势的。技术分析者还需要更为精确和量化的工具来辅助技术图形,这一工具就是技术指标。技术指标是指运用事先确定的方法对价格和成交量等股票市场的原始数据进行处理,并结合技术图形对市场行为进行分析,进而预测市场变动趋势的一种重要的技术分析方法。

第一节　技术指标概述

一、技术指标的定义

技术指标是市场人士挂在口边的一个名词,要知道技术指标人们首先要知道技术指标法。所谓技术指标法,是指按事先规定好的固定的方法对原始数据进行处理,将处理之后的结果制成图表,并用制成的图表对股市进行行情研判。经过技术指标法处理出来的数据就是技术指标。

二、技术指标产生的方法

从大的方面看,产生技术指标的方法有两大类,即数学模型法和叙述法。

数学模型法有明确的计算技术指标的数学公式,只要给出了原始数据,按照公式和简单的说明,就可以比较方便地计算出技术指标值,一般是用计算机来完成计算的过程,这一类是技术指标中极为广泛的一类,著名的 KDJ 指标、RSI 相对强弱指标等都属于这一类。

叙述法没有明确的数学公式,只有处理数据的文字叙述。本章只介绍第一类指标。

三、技术指标的运用法则

技术指标的运用法则主要包括以下 6 个方面。

(1) 指标的背离。指标的背离是指技术指标曲线的走向与价格曲线的走向不一致。实际中的背离有两种表现形式,即顶背离和底背离。技术指标与价格背离表明价格的波动没有得到技术指标的支持。技术指标的背离是使用技术指标最为重要的一点。

(2) 指标的交叉。指标的交叉是指技术指标图形中的两条曲线发生了相交现象。在实际中,有两种类型的指标交叉,即人们常说的黄金交叉和死亡交叉,表明多空双方力量的对比发生了改变。

(3) 指标的极端值。技术指标的极端值是指技术指标的取值极其大或极其小,技术术语上将这种情况称为技术指标进入"超买区和超卖区",它说明市场的某个方面已经达到极端的地步,应该引起注意。

(4) 指标的形态。技术指标的形态是指技术指标曲线出现了形态理论中所介绍的有关形态。在实际中,主要是双重顶(底)和头肩形。

(5) 指标的转折。技术指标的转折是指技术指标的图形发生了掉头,这种掉头通常发生在高位或低位。

(6) 指标的盲点。技术指标的盲点是指技术指标无能为力的时候,也就是说,技术指标既不能发出买入的信号,也不能发出卖出的信号。

四、技术指标的本质

每一个技术指标都是从一个特定的方面对股市进行观察,并由特定的数学公式产生的特定技术指标,它总是反映股市特定方面的深层内涵,而这些内涵仅仅通过原始数据是很难看出来的。

另外,投资者在投资实践中会对市场有一些看法,有些基本思想可能只停留在定性的程度,而没有进行定量分析。技术指标则可以进行定量分析,从而使得具体操作时的精确度大大提高。

第二节　市场趋势指标

趋势指当前的走势方向。判断趋势的方法是股价通道或者均线。股市中有个趋势理论,认为趋势一旦形成就将延续,但在近来的实践中,发展趋势理论也有需要修改的地方。对中国股市而言,在一年一度的中级行情中,趋势理论表现是很好的,但当一个中级趋势走完之后,股市表现为趋势一旦形成即刻完结。

一、移动平均线

移动平均线(Moving Average,MA)是指用统计分析的方法,将一定时期内的证券价格(指数)加以平均,并把不同时间的平均值连接起来,形成一根MA,用以观察证券价格变动趋势的一种技术指标。

移动平均线(MA)是目前股票市场上最富灵活性、使用范围最广泛,也是构造方法最简便易行的技术指标分析方法。并且由于它具有客观而精确的趋势信号,所以它构成了绝大部分自动顺应趋势系统运作的基础。

1. MA的计算

MA的数值一般是以收盘价来进行统计的。"平均"是指某一段时期的收盘价的算术平均数;"移动"是指在计算中始终只采用最近一定天数的收盘价数据,并随着交易日的更迭,逐日向前推移。

MA的基本思路是消除偶然因素的影响,坚定地追踪股票价格的趋势,直到这个趋势发生根本性的变化为止。

根据计算方法的不同,常用的移动平均线可以分为3种:简单算术移动平均线、加权移动平均线和指数移动平均线。下面进行简单介绍。

简单算术移动平均线是将一定时期内的股票收盘价或收盘指数加总后除以该期天数,以后随着时间推移,每天加上当日股价,减去最早一天的股价,除以天数即可得到一系列简单算术移动平均线。这一方法的优点是计算方便,缺点是没有考虑各交易日价格对今后股价的影响。

加权移动平均线是考虑到在移动平均数的周期内最近一日收盘价对未来价格波动影响最大,因而赋予其较大的权数加以计算的方法。

平滑移动指数计算方法是先计算第一日的简单算术移动平均数,再以平滑公式计算以后的移动平均数。

平滑移动平均数可减少计算工作量,方法比较简便,其计算结果开始时与简单算术移动平均数略有差异,但时间稍长,差异会逐渐缩小。

根据计算期的长短,MA又可分为短期、中期、长期移动平均数。通常以5日、10日线观察证券市场的短期走势,称为短期平均移动线;以30日、60日线观察中期走势,称为中期移动平均线;以13周、26周线观察长期趋势,称为长期移动平均线。

2. MA的特征

虽然各种移动平均线的绘制方法有所不同,但是它们的计算方法是存在本质上的共同点的,即它们具有相同的特征。移动平均线的主要特征如下。

(1)趋势性。MA能够表示股价的趋势方向,并延续这个趋势,不会轻易放弃。如果从价格K线图上能找出某种趋势的话,则MA线能够沿着这种趋势延伸。

(2)时滞性。MA不轻易往上往下,只有股价涨势真正明朗了,MA才会向上延伸;当股价开始回落时,MA仍是向上的,只有等到股价跌势显著时,MA才下行。

（3）稳定性。移动平均线比原始价格具有更强的稳定性。因为 MA 是股价几天变动的平均值,因此要想较大地改变移动平均的数值,当天的股价必须有很大的变化。通常越短期的 MA,平滑的效果越差,稳定性越小;而越长期的 MA,平滑效果越好,稳定性越强,波动的幅度、速度也较小,但经常跟实际价格的差距较大。

（4）助涨助跌性。当移动平均线被有效突破时,意味着原来移动平均线趋势已经失效,从而引起投资者的信心发生变化,进而涨或跌的势头更长一点时间才会止住,进而产生了助涨助跌的效果。

（5）支撑压力性。由于 MA 也代表了该时间周期内成交筹码的平均价格,故当股价从平均线下方向上突破时,平均线也开始向后上方移动,可以将其看作多头支撑线。当股价回跌到平均线附近时,由于盈利的筹码减少,会产生惜售的现象,从而产生支撑力量。虽然短期平均线向上移动速度较快,中长期平均线向上移动速度较慢,但它们都可表示一定期间内平均成本增加。卖方力量若稍强于买方,股价回跌至平均线附近,便是买进时机,这是平均线的支撑功效。而当股价从平均线上方向下突破时,平均线开始向右下方移动,为了避免套牢,投资者就会在反弹到移动平均线附近出货,这时移动平均线称为压力线。

3. MA 的应用法则

在移动平均线的应用上,最常见的是葛兰威尔的"移动平均线八大买卖法则"。这八大法则主要用于 200 日线的实际分析中(见图 12-1)。

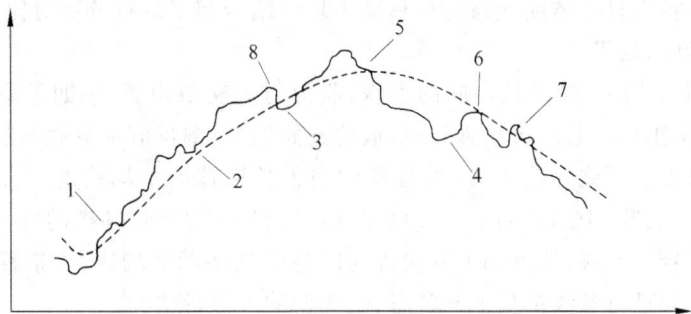

图 12-1　葛兰威尔移动平均线八大法则

（1）当移动平均线从下降转为盘局或上升,股价从移动平均线的下方向上移动并突破平均线时(如图 12-1 中的 1),是买入信号。这是因为,移动平均线止跌转平,表示股价将转为上升趋势,而此时股价再突破平均线而向上延升,则表示当天股价已经突破卖方压力,买方已处于相对优势地位。

（2）当股价连续上升走在平均线之上或是远离平均线又突破下跌,但未突破平均线又再度上升时,是买入信号(如图 12-1 中的 2)。因为在这种情况下,往往是表示投资者获利回吐,但由于承接力较强,股价在短期内经过重整后,又会强劲上升,因而是买进时机。

（3）股价一时跌破平均线,但又立刻回升到平均线以上,此时平均线仍然持续上升,是买入信号(如图 12-1 中的 3)。这是因为移动平均线移动较为缓慢,当移动平均线持续上升时,股价急速下跌并跌入平均线之下,在多数情况下,这种下跌只是一种假象,几天后,股价又会回升到移动平均线之上,故也是一种买进时机。

(4)当股价突然暴跌,跌破并远离平均线时,如果这时股价开始回升,然后再趋向平均线,则是买入信号(如图 12-1 中的 4)。因为在这种情况下,往往是股价过低,极有可能反弹至移动平均线附近。

(5)当平均线由上升开始转向走平或逐渐下跌,股价从平均线上方向下跌破平均线时,是重要的卖出信号(如图 12-1 中的 5)。

(6)股价在平均线以下移动,然后向平均线回升,为突破平均线又立即反转下跌,是卖出信号(如图中 12-1 中的 6)。

(7)当股价向上突破平均线后又立即跌回平均线以下时,若此时平均线仍然继续下跌,则是卖出信号(如图中 12-1 中的 7)。

(8)股价急速上升突破平均线并远离平均线,上涨幅度相当客观,随时可能反转回跌,是卖出信号(如图中 12-1 中的 8)。

其中,(1)~(4)4 点是移动平均线的买入时机,(5)~(8)4 点则为移动平均线的卖出时机。

4. MA 的组合应用

以上 8 条法则是根据单一的移动平均线来判断股价变动的走向和决定买卖的时机的。其中,短期线容易受股价变动影响,反应比较灵敏,买进或卖出的信号显示得也较为频繁;中、长期线反应较为迟钝,但却能说明股价运动的基本趋势。因此,有些投资者在分析股市行情时,将每日行情曲线与各种移动平均线结合起来进行分析对比,在把握买卖时点上收到了较好的效果。

(1)在空头市场上,经过长时间的下跌,股价与短期平均线、中期平均线和长期平均线从下到上依次排列。若股价出现转机,股价开始回升,则反应最灵敏的是短期移动平均线,最先跟着股价从下跌转为上升,并且移动到了长期移动平均线的上方,是买入信号。随着股价的继续上升,中期移动平均线也穿越长期移动平均线,穿破的这一点称为黄金交叉点,是买入信号。此时,从下到上依次排列的是长期移动平均线、中期移动平均线和短期移动平均线,并且每条线都呈上升状态,是典型的上涨行情。

(2)经过长时间的上涨,这个时候各条线涨势趋缓,股市开始进入从多头市场转为空头市场。首先是短期移动平均线从最高点开始下降,并开始跌破中期移动平均线,接着又跌破长期平均线,是卖出信号。紧接着中期移动平均线也跌破长期移动平均线,这一跌破的点称为死亡交叉点,意味着上涨行情的结束,是卖出信号(见图 12-2)。

移动平均线也有一些不足的地方,特别是在盘整阶段或趋势形成后中途修正阶段以及局部反弹或回落阶段,移动平均线极易发出错误的信号。另外,移动平均线只是作为支撑线和压力线,站在某线之上,当然有利于上涨,但并不是说就是一定会涨,支撑线也有被击穿的时候。

二、MACD

MACD(平滑异同移动平均线)是利用快速移动平均线和慢速移动平均线,在一段上

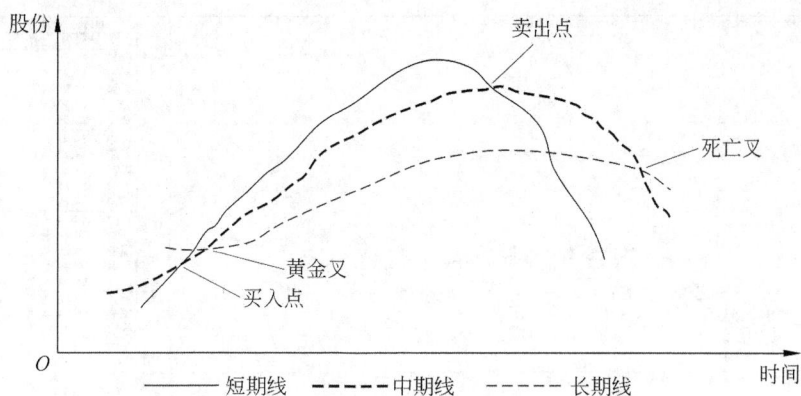

图 12-2　不同期限移动平均线的相交情况

涨或下跌行情中两线之间的差距拉大,而在涨势或跌势趋缓时两线又相互接近或交叉的特征,通过双重平滑运算后研究买卖时机的方法。

1. MACD 的计算

MACD 由正负差(DIF)和异同平均数(DEA)两部分组成。其中,DIF 是核心,DEA 是辅助。DIF 是快速平滑移动平均线与慢速平滑移动平均线的差。快速平滑移动平均线采用的是短期时间参数,慢速线采用的是长期时间参数。常以 12 日 EMA 为快速移动平均线,以 26 日 EMA 为慢速移动平均线,在计算时一般加最近一日的权重,然后再求 DIF 的 9 日平滑移动平均线,即 MACD。

$$EMA(12)=前一日\ EMA(12)\times 11/13+今日收盘指数\times 2/13$$
$$EMA(26)=前一日\ EMA(26)\times 25/27+今日收盘指数\times 2/27$$
$$DIF=EMA(12)-EMA(26)$$
$$DEA=2\times DIF/10+8\times DEA/10$$

在上涨行情中,12 日 EMA 在 26 日 EMA 线之上,这个时候的正离差值会越来越大;反之,离差值可能变负,其绝对值也越来越大。而当行情开始回转时,正或负离差值将会缩小。MACD 正是利用正负离差值与离差值的 9 日平均线的交叉信号作为买卖行为的依据(见图 12-3)。

2. MACD 的应用

MACD 的运用主要体现在如下几个方面。

(1) 如果 DIF 和 DEA 都为正值或在 0 轴线之上,则行情为多头市场。其中,当 DIF 向上突破 DEA 时,是买进信号;当 DIF 向下跌破 DEA 时,仅能视为回档,可以暂时卖出获利。

(2) 如果 DIF 和 DEA 都是负值或在 0 轴线之下,则行情为空头市场。其中,当 DIF 向上突破 DEA 时,仅能视为反弹,可以暂时补仓;当 DIF 向下突破 DEA 时,是卖出信号。

(3) DEA 与价格曲线的背离是重要的价格趋势信号。当 DEA 显示市场处于超买状态时,DEA 逐渐转弱,而此时价格仍然在创造新高,这被称为顶背离,是卖出信号;当

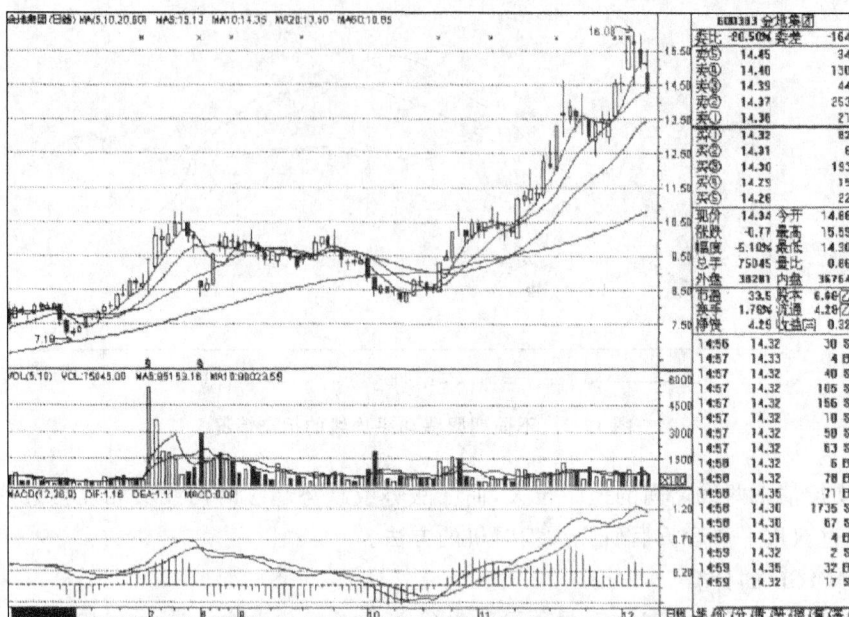

图 12-3　*MACD* 的应用

DEA 显示市场处于超卖状态时，DEA 开始走强，而此时价格的下降趋势还没有结束，这被称为底背离，是买入信号。

3. *MACD* **的优缺点**

（1） *MACD* 的优点是除掉了移动平均线产生的频繁买入与卖出信号，避免一部分假信号的出现。

（2） *MACD* 的缺点如下。

由于 *MACD* 是一项中、长线指标，买进点、卖出点和最低价、最高价之间的价差较大。因而，当行情忽上忽下幅度太小或盘整时，按照信号进场后可能随即又要出场，买卖之间可能已经没有利润，也许还要赔点价差或手续费。

当一两天内涨跌幅度特别大时，*MACD* 来不及反应。因为 *MACD* 的移动相当缓和，与行情的移动相比有一定的时间差，所以一旦行情迅速而大幅度地涨跌，*MACD* 不会立即产生信号，因而无法发生作用。

4. **弥补方法**

（1） 当行情牌盘整或者波动幅度太小时，应避免采用 *MACD* 交易。

（2） 投资者可根据个人的爱好和需要，将日线图转变为小时或者周期更短的图形。这样，一来可以缩小买卖价和反转价的价差；二来可以在发生突发性大行情时，做出较灵敏的反应。

（3） 修改 *MACD* 的参数。例如，*DEA* 及 *DIF* 的参数分别为 12、26、9，将其改为 6、13、5 可以调整 *MACD* 的信号速度（注意：不论放大或缩小参数，都应尽量用原始参数的倍数）。

第三节　市场动量指标

动量指标是专门研究股份波动的中短期技术分析工具。在证券市场上有类似于物理学上的恒速原理的现象：如果股价的上涨（下跌）趋势在继续，则股份的上涨（下跌）速度会大体保持一致。动量指标以分析股价波动的速度为目的，研究股价在波动过程中各种加速、减速，惯性作用以及股价由静到动或由动转静的现象。

一、RSI

相对强弱指标（RSI）由美国人威尔德于 1978 年首先提出，最初是在期货市场使用。RSI 以一特定时期内股价的变动情况推测价格未来的变动方向，并根据股价涨跌幅度显示市场的强弱。它是目前世界上最流行、运用最广的技术分析工具之一。

1. RSI 的计算

RSI 通常采用某一天时间（n 天）内收盘价或收盘指数的结果作为计算对象，得到包括当天在内的连续 $n+1$ 天的收盘价，每一天的收盘价减去前一天的收盘价，可得到 n 个数字。这 n 个数字中有正有负。假设 $a=n$ 个数字中正数之和，则 $b=n$ 个数字中负数之和 $\times(-1)$。

$$RSI(n) = \frac{a}{a+b} \times 100\%$$

式中：a 为 n 日中股价向上波动的大小；B 为 n 日中股价向下波动的大小；$a+b$ 为股价总的波动大小。

RSI 实际上是表示股价向上波动的幅度占总波动的百分比。如果比例大就是强势，否则就是弱势。RSI 中的天数一般取 10、14 日为单位，5、12、24 日等也比较普遍。

2. RSI 的应用

（1）RSI 的取值为 0～100，并且从 0～100 市场逐渐走强。以 50 为分界线，此时买卖双方势均力敌，供求平衡。当 RSI 在 50 以上时，涨势强于跌势，若指标上升到 80 以上，则表示已出现超买现象，暗示股价可能会反转下跌，是卖出信号。当 RSI 在 50 以下时，说明已经进入弱势市场。如果下跌到 20 以下，则表明出现超卖现象，暗示股价可能会在近期触底反弹，是买入信号。当然这里的 80 和 20 也是一个相对的数字，也可能为 85、70 和 30、15，这个具体的选取跟 RSI 的参数和选择的股票有关。

（2）可以运用多条 RSI 曲线进行分析。根据参数大小的不同，将参数小的 RSI 称为短期的，将参数大的 RSI 称为长期的。当短期 RSI 大于长期 RSI 时，属于多头市场；当短期 RSI 小于长期 RSI 时，则属于空头市场。

（3）当 RSI 在较高的位置形成头肩顶、M 头等形状时，是强烈的卖出信号；而当 RSI 在较低的位置形成头肩底、W 底等形状时，则是强烈的买入信号。还可以用切线画出支撑线和阻力线以判断股价未来走向。

（4）可以将 RSI 与股价或股价指数结合起来判断行情。当日 K 线图的走势不断创新高，而 RSI 未能同时创新高甚至出现走低的情形时，表明出现了背离信号，则称之为顶背离，是比较强烈的卖出信号。而当日 K 线图的走势不断创新低，RSI 未能出现同时创新低甚至出现走高的情形时，表明出现了背离信号，则称之为底背离，是比较强烈的买入信号（见图 12-4）。

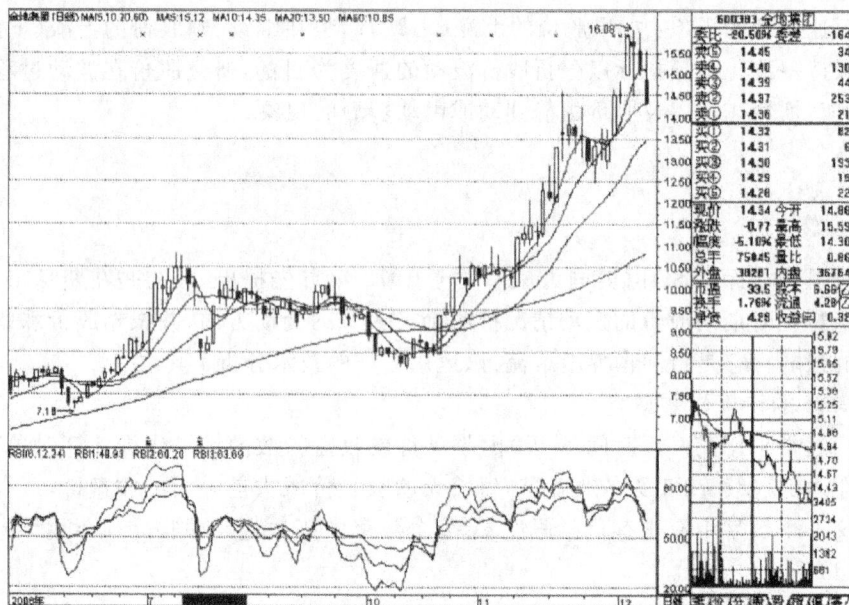

图 12-4　RSI 的应用

3. RSI 的优点

（1）RSI 属于领先指标，可以率先洞察出行情的变化，较早地发现底部或顶部的出现以及趋势的突破。

（2）RSI 对于长、中、短线的分析和操作都可以用，是一项较为难得的多功能指标。

（3）容易判定行情的强弱势头，对制定投资策略有很大的帮助。

4. RSI 的缺点

（1）该项指标比较复杂和难以掌握，特别是在图形形态分析方面比较容易导致主观性的判断。

（2）由于在 80 以上或 20 以下容易发生钝化现象，因此超买之后经常发生继续超买或超卖之后还要超卖。这在久涨或久跌之后的行情中比较常见。

（3）走势背驰难以事前确认，而且走势背驰之后行情并未反转的现象也是有的。有时在一次背离或二次、3 次背离后行情才真正反转，难以确认。这在第三浪和 C 浪中常会出现，要特别注意。因此，在这个方面的研究，需要有心人不断地分析历史图表，以积累经验。针对上述缺点，可以采取一些补救措施：①当日线图上杂讯较多时，以采用周线图为宜；②不要仅仅根据 RSI 主观判断顶和底，要将它与 K 线图、成交量等指标综合起来进行分析；③在分析超买或超卖行情时，以使用较长周期（如 14 日等）的参数为宜；④由于

RSI 在日线图中,常常会遇到连续出现 3～4 个背驰信号的行情,因此在使用这项指标时,单纯依赖背驰信号来判断大市将会逆转,会非常危险。

二、WMS

WMS(威廉指标)是由 Larry Williams 于 1973 年首创的,该指标通过分析一段时间内股价高低价位和收盘价之间的关系,来度量股市的超买超卖状态,并以此作为短期投资信号的一种技术指标。

1. WMS 的计算

$$WMS(n) = \frac{H_n - C_t}{H_n - L_n} \times 100$$

式中:C_t 为当天的收盘价;H_n、L_n 为最近 n 日内(包括当天)出现的最高价和最低价;n 为选定的时间参数,一般为 14、28、56 日。

WMS 指标的含义是当天的收盘价在过去的一段时间里全部价格范围内所处的相对位置。如果 WMS 的值较小,则当天的价格处在相对较高的位置,要防止回落;如果 WMS 的值较大,则说明当天的价格处在相对较低的位置,要注意反弹;若 WMS 取值居中,在 50 左右,则价格上下的可能性都有(见图 12-5)。

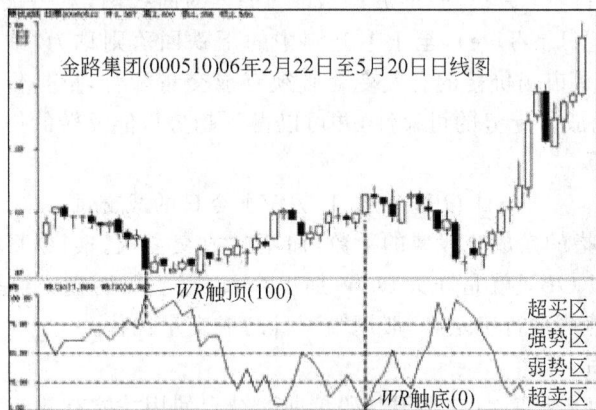

图 12-5　WMS 的应用

2. WMS 的应用

WMS 的应用可以从以下几个方面考虑。

(1) 当 WMS 高于 80 时,处于超卖状态,是买进信号;当 WMS 低于 20 时,处于超买信号,是卖出信号。这里的 80 和 20 只是一个经验数字。

(2) 当 WMS 由超卖区向上爬升时,表示行情趋势可能转向,在一般情况下,当 WMS 突破 50 的轴线时,市场由弱势转为强势,是买进的信号;当 WMS 从超买区向下跌破,跌破 50 轴线后,可确认强势转弱,是卖出信号。

(3) 若 WMS 连续几次触顶(底),局部形成双重或多重顶(底),则是卖出(买进)的信号。

注意:WMS 触顶(底)的具体次数,因对不同的个股而有所不同,也因行情处在不同的时期而有所不同。这一点需要读者根据不同的具体情况，自己去摸索。

3. 优缺点

（1）WMS 指标的优点

① 该指标能较早地发现行情的转向信号，对付突发性行情的反应很灵敏，使投资者能从容处之。

② 集超买超卖信号和买卖信号于一身，能让投资者明白，出现超卖信号不等于可以买进，它只是警告投资者不要盲目在此价值追卖而已；反之，发出超买信号也不等于可以卖出，它只是警告投资者不要盲目在此价值追买。

（2）WMS 指标的缺点

① 杂讯较多，投资者往往弄不清哪一个才是真正的买入信号或卖出信号。

② 超买之后再超买，超卖之后再超卖几乎是家常便饭，经常使投资者多不敢多，空也不敢空，左右为难。

三、OBV

OBV（能量潮指标）的英文全称是 On Balance Volume，它由美国的投资分析家 Joe Granville 所创。该指标通过统计成交量变动的趋势来推测股价趋势。OBV 以"N"字形为波动单位，并且由许许多多"N"形波构成了 OBV 的曲线图，对一浪高于一浪的"N"形波，称其为"上升潮"（Up Tide），至于上升潮中的下跌回落则称为"跌潮"（Down Field）。该指标的理论基础是市场价格的有效变动必须有成交量配合，量是价的先行指标。利用 OBV 可以验证当前股价走势的可靠性，并可以得到趋势可能反转的信号。

1. OBV 的计算

$$今日\ OBV = 昨日\ OBV \pm 今日的成交量$$

这里的成交量指的是成交股票的手数，而不是成交金额。当今日收盘价大于等于昨日收盘价，那么今日 OBV 就是昨天 OBV 加上今日成交量；否则，就是减去今日成交量。这里 OBV 的初始值可自行确定，一般用第一日的成交量代替。

2. OBV 的应用

（1）OBV 不能单独使用，它必须与股价曲线结合使用才能有效。

（2）当股价上升时，OBV 也相应地上升，则可确认当前的上升趋势。但当股价上升时，而 OBV 并未相应的上升，出现背离的现象，则对目前的上升趋势的认定程度要大打折扣。OBV 可以提前告诉人们趋势的后劲不足，有反转的可能。对于下降的情况，可以用同样的方法分析。

（3）形态理论和切线理论的内容也同样适用于 OBV 曲线。

（4）在股价进入盘整区后，OBV 曲线会率先显露出脱离盘整的信号，向上或向下突破，且成功率较大（见图 12-6）。

四、KDJ

KDJ 指标又称随机指标，它是由乔治·蓝恩博士（George Lane）最早提出的，是一种

图 12-6　*OBV* 的应用

相当新颖、实用的技术分析指标,它起先用于期货市场的分析,后被广泛用于股市的中短期趋势分析,它是期货和股票市场上最常用的技术分析工具之一,与 *RSI* 堪称"绝代双娇"。莱恩创立随机指标分析理论依据如下:当价格上涨的时候,收盘价格倾向于接近当日价格区间的上端;而在下降趋势中,收盘价格倾向于接近当日价格区间的下端。

(一) *KDJ* 指标的原理和计算方法

1. *KDJ* 指标的原理

KDJ 指标是根据统计学的原理,通过一个特定的周期(常为 9 日、9 周等)内出现过的最高价、最低价及最后一个计算周期的收盘价及这三者之间的比例关系,来计算最后一个计算周期的未成熟随机值 *RSV*,然后根据平滑移动平均线的方法来计算 *K* 值、*D* 值与 *J* 值,并绘成曲线图来观察股票走势。

KDJ 指标是以最高价、最低价及收盘价为基本数据进行计算,得出的 *K* 值、*D* 值和 *J* 值分别在指标的坐标上形成一个点,连接无数个这样的点位,就形成一个完整的、能反映价格波动趋势的 *KDJ* 指标。它是利用价格波动的真实波幅来反映价格走势的强弱和超买超卖现象,在价格尚未上升或下降之前发出买卖信号的一种技术工具。它在设计过程中主要是研究最高价、最低价和收盘价之间的关系,同时也融合了动量观念、强弱指标和移动平均线的一些优点,因此能够比较迅速、快捷、直观地研判行情。

KDJ 指标最早是以 *KD* 指标的形式出现,而 *KD* 指标是在威廉指标的基础上发展起来的。不过威廉指标只判断股票的超买超卖现象,而 *KDJ* 指标则融合了移动平均线速度上的观念,形成比较准确的买卖信号依据。在实践中,*K* 线与 *D* 线配合 *J* 线组成 *KDJ* 指标来使用。由于 *KDJ* 线本质上是一个随机波动的观念,故其对于掌握中短期行

情走势比较准确。

2. KDJ 指标的计算方法

KDJ 指标的计算比较复杂,首先要计算周期(n 日、n 周等)的 RSV 值,即未成熟随机指标值,然后再计算 K 值、D 值、J 值等。以日 KDJ 数值的计算为例,其计算公式为

$$n\text{日}RSV = \frac{C_n - L_n}{H_n - L_n} \times 100$$

式中:C_n 为第 n 日的收盘价;L_n 为 n 日的最低价;H_n 为 n 日内的最高价。RSV 的值始终在 $1 \sim 100$ 间波动。

其次,计算 K 值与 D 值。

$$\text{当日}K\text{值} = \frac{2}{3} \times \text{前一日}K\text{值} + \frac{1}{3} \times \text{当日}RSV$$

$$\text{当日}D\text{值} = \frac{2}{3} \times \text{前一日}D\text{值} + \frac{1}{3} \times \text{当日}K\text{值}$$

若无前一日 K 值与 D 值,则分别用 50 来代替。

以 9 日为周期的 KD 线为例。首先需计算出最近 9 日的 RSV 值,即未成熟随机值,其计算公式为

$$9\text{日}RSV = \frac{C_9 - L_9}{H_9 - L_9} \times 100$$

式中:C 为第 9 日的收盘价;L_9 为 9 日内的最低价;H_9 为 9 日内的最高价。

$$K\text{值} = \frac{2}{3} \times \text{前一日}K\text{值} + \frac{1}{3} \times \text{当日}RSV$$

$$D\text{值} = \frac{2}{3} \times \text{前一日}K\text{值} + \frac{1}{3} \times \text{当日}K\text{值}$$

若无前一日 K 值与 D 值,则分别用 50 代替。

$$J\text{值} = 3 \times \text{当日}K\text{值} - 2 \times \text{当日}D\text{值}$$

(二)应用要则

KDJ 指标反映比较敏感,是一种进行短中长期趋势波段分析研判的较佳技术指标,对做大资金大波段的人来说,当月 KDJ 值在低位时可逐步进场吸纳。主力平时运作时偏重周 KDJ 所处的位置,对中线波段的循环高低点作出研判,往往出现单边式日 KDJ 的钝化现象。日 KDJ 对股价变化方向反映极为敏感,是日常买卖进出的重要方法。对于做小波段的短线客来说,30 分钟和 60 分钟 KDJ 是重要的参考指标。对于即刻下单的投资者,5 分钟和 15 分钟 KDJ 可以提供最佳的进出时间。

KDJ 常用的默认值参数是 9,一般常用的 KDJ 参数有 5、9、19、36、45、73 等。就笔者的使用经验而言,短线可以将参数改为 5,不但反应更加敏捷、准确,而且可以降低钝化现象。实战中还应将不同的周期综合来分析,短中长趋势便会一目了然。如出现不同周期共振现象,则说明趋势的可靠度加大。KDJ 指标实战研判的要则主要有以下 4 点。

(1) K 线是快速确认线——数值在 90 以上的叫超买,数值在 10 以下的叫超卖。

D 线是慢速主干线——数值在 80 以上为超买,数值在 20 以下的叫超卖。

J 线为方向敏感线,当 J 值大于 100 时,特别是连续 5 天以上,股价至少会形成短期头部;反之,当 J 值小于 0 时,特别是连续数天以上,股价至少会形成短期底部。

（2）当 K 值由较小逐渐大于 D 值时，在图线上显示 K 线从下方上穿 D 线，由于显示目前趋势是向上的，所以在图形上 K 线向上突破 D 线时，即为买进的信号。

当实战时，若 K、D 线在 20 以下交叉向上，则此时短期买入的信号较为准确；当 K 值在 50 以下时，若由下往上接连两次上穿 D 值，并形成右底比左底高的"W 底"形态，则后市股价可能会有相当的涨幅。

（3）当 K 值由较大逐渐小于 D 值时，在图形上显示 K 线从上方下穿 D 线，由于显示目前趋势是向下的，所以在图形上 K 线向下突破 D 线时，即为卖出的信号。

当实战时，若 K、D 线在 80 以上交叉向下，则此时短期卖出的信号较为准确；当 K 值在 50 以上时，若由上往下接连两次下穿 D 值，并形成右头比左头低的"M 头"形态，则后市股价可能会有相当的跌幅。

（4）通过 KDJ 与股价背离的走势，判断股价顶底也是颇为实用的方法。

① 股价创新高，而 KD 值没有创新高，为顶背离，应卖出。

② 股价创新低，而 KD 值没有创新低，为顶背离，应买入。

③ 股价没有创新高，而 KD 值创新高，为顶背离，应卖出。

④ 股价没有创新低，而 KD 值创新低，为底背离，应买入。

需要注意的是，KDJ 顶底背离判定的方法，只能和前一波高低点时的 KD 值相比，而不能跳过去比较。

（三）应用经验

（1）在实际操作中，一些做短平快的短线客常用分钟指标来决定买卖时机，在 $T+0$ 时，常用 15 分钟和 30 分钟的 KDJ 指标；在 $T+1$ 时，多用 30 分钟和 60 分钟的 KDJ 来指导进出。几条经验规律总结如下。

① 如果 30 分钟 KDJ 在 20 以下盘整较长时间，且 60 分钟 KDJ 也是如此，则一旦 30 分钟 K 值上穿 D 值并越过 20，就可能引发一轮持续两天以上的反弹行情；若日线 KDJ 指标也在低位发生交叉，则可能是一轮中级行情。但需注意的是，当 K 值与 D 值交叉后，只有当 K 值大于 D 值 20% 以上时，这种交叉才有效。

② 如果 30 分钟 KDJ 在 80 以上向下掉头，且 K 值下穿 D 值并跌破 80，而 60 分钟 KDJ 才刚刚越过 20 不到 50，则说明行情会出现回档，30 分钟 KDJ 探底后可能继续向上。

③ 如果 30 分钟和 60 分钟 KDJ 均在 80 以上，盘整较长时间后 K 值同时向下死叉 D 值，则表明要开始至少两天的下跌调整行情。

④ 如果 30 分钟 KDJ 跌至 20 以下掉头向上，而 60 分钟 KDJ 还在 50 以上，则要观察 60 分钟 K 值是否会有效穿过 D 值（K 值大于 D 值 20%），若有效，则表明将开始一轮新的上攻；若无效，则表明仅是下跌过程中的反弹，反弹过后仍要继续下跌。

⑤ 如果 30 分钟 KDJ 在 50 之前止跌，而 60 分钟 KDJ 刚刚向上交叉，则说明行情可能会持续向上，而目前仅属于回档。

⑥ 30 分钟或 60 分钟 KDJ 出现背离现象，也可作为研判大市顶底的依据，详见前面日线背离的论述。

⑦ 在超强市场中，30 分钟 KDJ 可以达到 90 以上，而且在高位屡次发生无效交叉，此时重点看 60 分钟 KDJ。当 60 分钟 KDJ 出现向下交叉时，可能引发短线较深的回档。

⑧ 在暴跌过程中 30 分钟 KDJ 可以接近 0 值，而大势依然跌势不止，此时也应看 60 分钟 KDJ。当 60 分钟 KDJ 向上发生有效交叉时，会引发较强的反弹。

（2）当行情处在极强极弱单边市场中时，若日 KDJ 屡屡出现钝化，则应改用 $MACD$ 等中长指标；当股价短期波动剧烈时，若日 KDJ 反应滞后，则应改用 CCI、ROC 等指标，或是使用 $SLOWKD$ 慢速指标。

（3）KDJ 在周线中参数一般用 5，周 KDJ 指标对见底和见顶有明显的提示作用，据此波段操作可以免去许多辛劳，从而争取利润最大化。需提示的是，一般周 J 值在超卖区呈 V 形单底上升，这说明只是反弹行情，只有形成双底才为可靠的中级行情。但由于 J 值在超买区单顶也会有大幅下跌的可能性，所以应该提高警惕，此时应结合其他指标综合研判。当股市处在牛市时，J 值在超买区盘整一段时间后，股市仍会大幅上升。KDJ 指标在各类软件中的颜色是 K 线为白色，D 线为黄色，J 线为紫色（见图 12-7）。

图 12-7　KDJ 的应用

（四）KDJ 指标选股方法

在股票市场中要赚钱，首先要做好选股工作。怎样才能选好股？归纳起来有 6 个方面，即形态、均线、技术指标、成交量、热点及主力成本。可用周线 KDJ 与日线 KDJ 共同交叉选股法。

日线 KDJ 是一个敏感指标，由于其变化快、随机性强，因此经常发生虚假的买、卖信号,而使投资者根据其发出的买卖信号进行买卖时无所适从。运用周线 KDJ 与日线 KDJ 共同交叉选股法,就可以过滤掉虚假的买入信号,并找到高质量的成功买入信号。

周线 KDJ 与日线 KDJ 共同交叉选股法的买点选择有如下几种。

第一种买入法:打提前量买入法。

在实际操作中往往会碰到这样的问题:由于日线 KDJ 的变化速度比周线 KDJ 快,当周线 KDJ 交叉时,日线 KDJ 已提前交叉几天,股价也上升了一段,买入成本已抬高。激进型的投资者可打提前量买入,以降低成本。

打提前量买入法要满足的条件如下:①收周阳线,周线 K、J 两线勾头上行将要交叉(未交叉);②日线 KDJ 在这一周内发生交叉,交叉日收放量阳线(若日线 KDJ 交叉,当天成交量大于 5 日均量更好)。

第二种买入法:周线 KDJ 刚交叉,日线 KDJ 已交叉,则买入。

第三种买入法:周线 K、D 两线"将死不死",则买入。

此方法要满足的条件如下:①周 KDJ 交叉后,股价回档收周阳线,然后重新放量上行;②周线 K、D 两线将要死叉,但没有真正发生死叉,K 线重新张口上行。③日线 KDJ 交叉。用此方法买入股票,可捕捉到快速强劲上升的行情。

五、ASI

ASI(Accumulation Swing Index)即振动升降指标,它由韦尔达(Welles Wilder)所创。ASI 企图以开盘、最高、最低、收盘价构筑成一条幻想线,以便取代目前的走势,从而形成最能表现当前市况的真实市场线(Real Market)。韦尔达认为,当天的交易价格并不能代表当时真实的市况,真实的市况取决于当天的价格和前一天及次一天价格间的关系。他经过无数次的测试之后,决定了 ASI 计算公式中的因子,能代表市场的方向性。由于 ASI 比当时的市场价格更具真实性,因此其对于股价是否真正创新高或创新低点提供了相当精确的验证。ASI 精密的运算数值,更为股民提供了判断股价是否真实突破压力或支撑的依据。

ASI 和 OBV 同样维持"N"字形的波动,并且也以突破或跌破"N"形高、低点为观察 ASI 的主要方法。ASI 不仅提供辨认股价真实与否的功能,另外也具备了"停损"的作用,从而及时给投资者多一层的保护。

(一)ASI 指标的计算方法

(1) A＝当天最高价－前一天收盘价,B＝当天最低价－前一天收盘价,C＝当天最高价－前一天最低价,D＝前一天收盘价－前一天开盘价,其中 A、B、C、D 皆采用绝对值。

(2) E＝当天收盘价－前一天收盘价,F＝当天收盘价－当天开盘价,G＝前一天收盘价－前一天开盘价,其中 E、F、G 采用其±差值。

(3) $X＝E+1/2F+G$。

(4) 比较 A、B 两数值,选出其中最大值。

(5) 比较 A、B、C 3 数值:若 A 最大,则 $R＝A+1/2B+1/4D$;若 B 最大,则 $R＝B+$

$1/2A+1/4D$；若 C 最大，则 $R=C+1/4D$。

　　(6) $L=3$。

　　(7) $SI=50\times X/R\times K/L$。

　　(8) $ASI=$ 累计每日之 SI 值。

（二）运用法则

　　(1) ASI 走势和股价几乎是同步发展，当股价由下往上，欲穿过前一波的高点套牢区时，且在接近高点处尚未确定能否顺利穿越之际，如果 ASI 领先股价，且提早一步通过相对股价的前一波 ASI 高点，则次一日可以确定股价必能顺利突破高点套牢区。因此，股民可以通过把握 ASI 的领先作用，提前买入股票，从而轻松地坐上上涨的轿子。

　　(2) 当股价由上往下，欲穿越前一波低点的密集支撑区时，且在接近低点处尚未确定是否将因失去信心而跌破支撑之际，如果 ASI 领先股价，且提早一步跌破相对股价的前一波 ASI 低点，则次一日可以确定股价将随后跌破低点支撑区。因此，投资者可以早一步卖出股票，从而减少不必要的损失。

　　(3) 向上爬升的 ASI 一旦向下跌破其前一次显著的"N形"转折点，则可视为停损卖出的信号。

　　(4) 若股价走势一波比一波高，而 ASI 却未相对创新高点形成"牛背离"时，则应卖出。

　　(5) 若股价走势一波比一波低，而 ASI 却未相对创新低点形成"熊背离"时，则应买进。

　　图 12-8 中的股票在经历连续缓慢的涨势之后，ASI 曲线在 B 点向上突破前期显著的高点 A，先于股价向上突破前期较高压力区，发出买进信号，随后该股票进入了快速的上涨阶段。

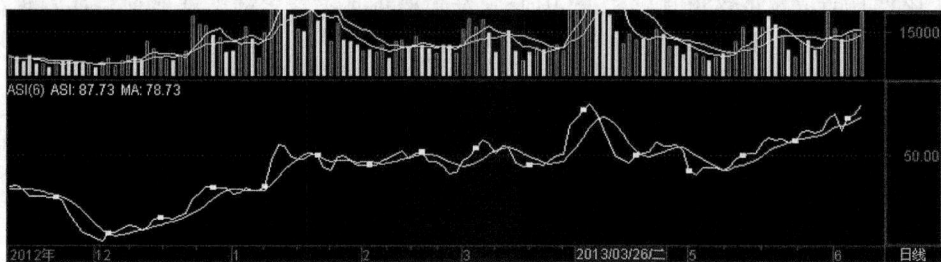

图 12-8　ASI 的应用

第四节　市场大盘指标

　　市场大盘指标主要对整个证券市场的多空状况进行描述，它只能用于研判证券市场整体形势，而不能运用于个股。一般来说，描述股市整体状况的指标是综合指数，如道琼斯指数、上证指数、深证指数等。

一、ADL

ADL 又称腾落指标,即上升下降曲线的意思。ADL 是以股票每天上涨或下跌的家数作为观察的对象,通过简单算数加减来比较每日上涨股票和下跌股票家数的累积情况,形成升跌曲线,并与综合指数相互对比,对大势的未来进行预测。

1. ADL 的计算

假设已经知道了上一个交易日的 ADL 的取值,则今天的 ADL 值为

$$今日\ ADL = 昨日\ ADL + N_A - N_D$$

式中:N_A 为当天所有股票中上涨的家数;N_D 为当天下跌的股票家数。

涨跌的判断标准是以今日收盘价与上一日收盘价相比较。ADL 的初始值可取为 0。

2. ADL 的应用

(1)当腾落指标与股价指数走势一致时,可进一步确认大势的趋势。ADL 与股价同步上升、创新高,则可以验证大势的上升。ADL 与股价同步下降、创新低,则可以验证大势的下降,短期内反转的可能性不大。

(2)当腾落指标与股价指数走势背离时,预示股市可能向相反方向变化。当股价指数持续数日上涨而腾落指数却连续数日下跌时,表示股票涨少跌多,向上攻击动量不足,这种不正常现象难以持久,通常是大势下跌的前兆。当股价指数持续数日下跌而腾落指数却连续数日上升,表示多数股票已止跌回稳,大势底部已近,通常是大势上升的前兆。

(3)当大盘进入较高位置,但 ADL 却一开始走平甚至下降时,这是大盘涨势将尽的警示信号;当大盘落到较低的位置,ADL 没有同步下降,而是开始走平甚至上升时,这暗示着跌势将近尾声,反弹一触即发。

(4)当 ADL 保持上升或下降趋势,大盘却在中途发生转折,但很快又恢复了所有的趋势并创出新高或新低时,这是相应买进或卖出的信号,说明了多头或者空头仍然控制了大局。

(5)ADL 用于对大盘运动方向作出预测,但对个股走势的分析却无能为力。传统的形态理论与切线理论照样可以用在 ADL 曲线上。据观察,ADL 在上升趋势中的使用效果要优越于在下降趋势中的效果(见图 12-9)。

二、ADR

ADR 被称为涨跌比指标,它是根据股票的上涨家数和下跌家数的比值,推断证券市场多空双方力量的对比。

1. ADR 的计算

$$ADR(n) = \frac{p_1}{p_2}$$

式中:p_1 为 n 日内股票上涨家数之和;p_2 为 n 日内股票下跌家数之和;n 为选择的

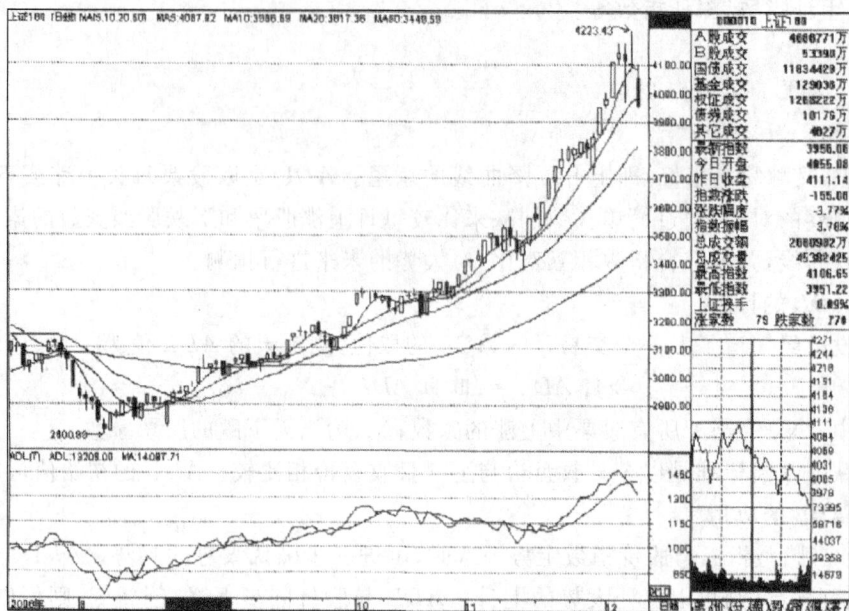

图 12-9　形态理论和切线理论的应用

天数。

采样天数可采用 10 日、14 日、24 日、26 周等。ADR 的图形以 1 为中心上下波动,波动幅度取决于参数的选择。参数选择的越小,ADR 波动的空间就越大,曲线的起伏就越剧烈;参数选择的越大,ADR 波动的幅度就越小,曲线上下起伏就越平稳。

2. ADR 的应用

(1) ADR 的值的变动区间应该是 0 以上的较大范围,且经常出现的区间应该是 0.5~1.5,在这个区间内的多空双方都处于平衡状态,而市场运动在相当长的时间里就是这种盘整走势。

当 ADR 处于常态范围中时,市场常常波澜不兴,买卖股票都缺少足够的理由,因而在这个阶段中,观望便是最好的策略。

(2) ADR 与大盘综合指数之间的关系是分析的重点。ADR 与综合指数同进同退,上升下跌都配合默契,说明市场短期反转的可能性不大。

(3) 当 ADR 从低向高超过 0.5,并在 0.5 上下来回波动多次时,就是下跌趋势进入尾声的预警信号;而 ADR 从高向低下降到 0.75 时,是短期反弹的信号。

(4) 当 ADR 在市场上涨刚开始时,其值会迅速放大,并且可能一下就接近 ADR 在常态状况下的上限,这说明买盘力量足够大,大盘综合指数将会被推上一个新台阶。那么,在这种情形下应当及时调整 ADR 的上下限区域。ADR 以 1 作为多空力量对比的平衡点,当时间参数越大时,ADR 的上下限越靠近 1;当时间参数越小时,ADR 的上下限离 1 越远。这说明 ADR 的数值也是围绕 1 来波动的,但是不能用惯常的方式衡量 ADR 离 1 的距离(见图 12-10)。

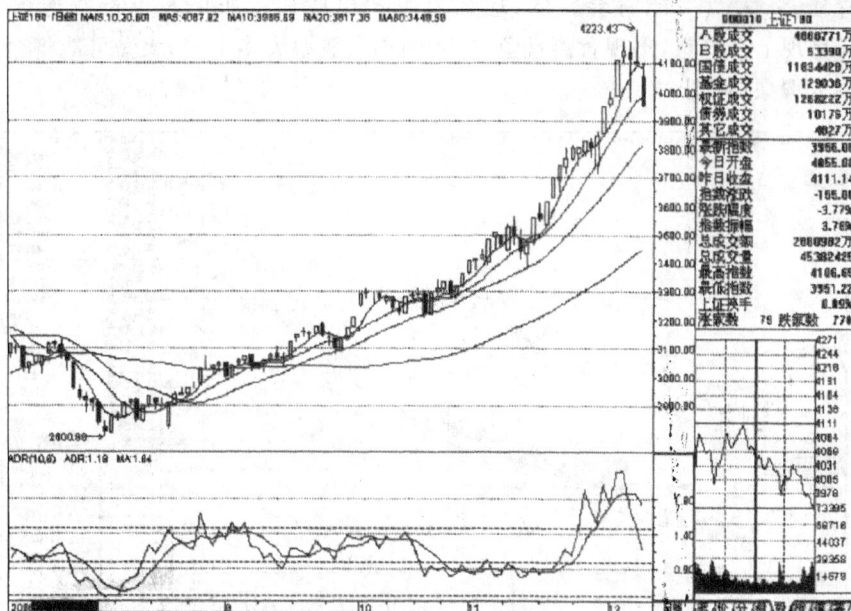

图 12-10 ADR 的应用

三、OBOS

OBOS 被称为超买超卖指标,它是通过计算一定时期内股票涨跌家数来测量市场买卖气势的强弱及趋势,并以此作为投资决策的参考依据。同样,OBOS 也是通过对大盘中股票的涨跌家数来分析大盘走向的。它统计的是大盘中上涨股票与下跌股票总数之间的差距。同前两种同类指标相比,OBOS 指标更显得更直观,且更能抓住问题的根本。

1. OBOS 的计算

OBOS＝N 日内股票上涨家数总和－N 日内股票下跌家数总和

式中:N 为 OBOS 的参数,一般选为 10。OBOS 的多空平衡位置是 0,当 OBOS 大于 0 时,多方占优势;当 OBOS 小于 0 时,空方占优势。

2. OBOS 的应用

(1) 一般来说,当 OBOS 大于 0 时,表明大盘处于多头市场,而且其值越大,大盘越是强势;当 OBOS 在 0 上下徘徊时,表明大盘处于盘整阶段;当 OBOS 小于 0 时,表明大盘处于空头市场,其值越小,大盘越是弱势。

(2) 如果 OBOS 与股价同步上升,且 OBOS 大于 0,则预示大盘将继续看涨,应采取买进策略。如果 OBOS 与股价同步下跌,且 OBOS 小于 0,则预示大盘将继续看跌,应采取卖出策略。

(3) 如果 OBOS 在高档形成"M 头",则为卖出信号;如果 OBOS 在低档形成"W 底",则为买进信号。

(4) 如果股价指数连续上涨,而 OBOS 却呈现下降趋势,出现背离现象,则表明小盘股票下降居多,大盘可能将会转弱,应当考虑卖出股票。如果股价指数连续下降,而 OBOS 却呈现上升趋势,出现背离现象,则表明小盘股票大多上涨,大盘可能将会转强,应当考虑买入股票(见图 12-11)。

图 12-11　*OBOS* 的应用

第五节　市场人气指标

人气是指投资者对证券市场的信心,它是维持市场上升的重要因素,从某种意义上讲,证券市场每次大的波动都直接建立在人气的旺盛和低迷的交换上。

一、*BIAS*

1. *BIAS* 的含义

BIAS 称为乖离率,简称 Y 值,它是由移动平均原理派生出来的一项技术指标,其功能是测算股价与移动平均线偏离程度,得出股价在剧烈波动时因偏离移动平均趋势而造成可能的回档或反弹,以及股价在正常波动范围内移动而形成继续原有趋势的可信度。

其基本原理如下:如果股价偏离移动平均线太远,不管是在移动平均线上方还是下方,都有向平均线回归的要求,从而是一个买进或卖出的时机。而到底距离多少才是买卖时机呢? 在强势多头市场中,市场买气旺盛,涨势与涨幅出人意料,价格距平均线上较远;反之,价格又在平均线下较远。对乖离率而言,它的主要功能正是对上述问题的补充分析。

2. *BIAS* 的计算

BIAS 的计算是以当日移动平均值为参照,计算出价格与移动平均值之间的差距,即乖离率程度,并以乖离率程度除以平均数值得到的百分比即为乖离率。其计算公式为

$$BIAS = \frac{C_t - MA}{MA} \times 100\%$$

式中:C_t 为 n 日中第 t 日的收盘价;MA 为 n 日的移动平均数;n 为 *BIAS* 的参数。

乖离率描述的是股价与移动平均线之间的距离,差距越大,回到移动平均线的可能性就越大,通过观察乖离率大小可以发现买入或卖出时机。

3. *BIAS* 的应用

(1)若当日股价指数在平均线以上,则乖离率为正;若当日股价指数在平均数以下,则乖离率为负;若当日股价指数与平均数相交,则乖离率为零。正乖离率增大到一定程度,会向零回跌;负乖离率增大到一定程度,也会向零回升。乖离率到多大是买进或卖出时机并没有统一法则,一般根据经验预设一个正数或负数,当超过这个正数时,就是卖出信号;当低于这个负数时,就是买入信号。

(2)在 *BIAS* 的曲线形状方面,形态理论和切线理论在 *BIAS* 上也可以适应,主要是顶背离和底背离的原理。

(3)可以就多条 *BIAS* 线结合起来考虑。当短期 *BIAS* 在高位下穿长期 *BIAS* 时,是卖出信号;在低位,当短期 *BIAS* 上穿长期 *BIAS* 时,是买入信号(见图 12-12)。

图 12-12　*BIAS* 的应用

二、PSY

PSY 被称为心理线,它是从投资者的买卖趋向心理方面,将一定时期内投资者看多

或看空的心理预期转化为数值,形成测度人气,用来研判股价未来走势的技术指标。

1. PSY 的计算

$$PSY = \frac{A}{N} \times 100$$

式中:N 为天数,是 PSY 的参数;A 为 N 天之中股价上涨的天数。

一般以 12 日或 24 日作为计算的参数。PSY 取值范围为 $0 \sim 100$,以 50 为中心,50 以上为多方市场,50 以下为空方市场。

2. PSY 的应用

(1) PSY 的值在 $25 \sim 75$ 属于正常变动范围,超过 75 即为超买,低于 25 即为超卖。当 PSY 值高于 90% 时是真正的超买,低于 10% 时是真正的超卖,是卖出和买入的时机。

(2) 由于一段上升行情展开前通常超卖的低点会出现两次,因此低点密集出现两次是买入信号;由于一段下跌行情展开前,超卖的高点也会出现两次,因此高点密集出现两次为卖出时机。

(3) PSY 的曲线如果在低位或高位出现大的"W 底"或"M 头",则为优势买入或卖出的行动信号。

(4) PSY 一般可同股价曲线配合使用,这时前面讲到的顶背离和底背离在 PSY 中也同样适用。

心理线有局限性,因为其是事后现象。而投资者的心理偏好是受诸多随机因素影响的,且随时调整、不可捉摸,因此在使用时应特别小心(见图 12-13)。

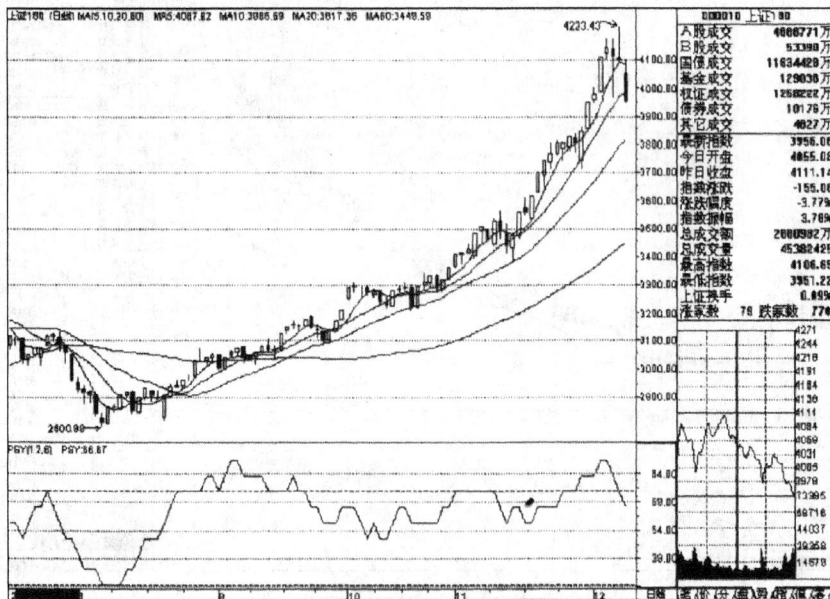

图 12-13　**PSY** 的应用

三、AR

AR 被称为人气指标,它反映了市场当前多空力量斗争的结果。顾名思义,市场人气旺盛,说明买盘活跃,股价当然会节节高升;反之,当人气低落时,交易稀疏冷清,买盘不济,而卖盘不计成本地争相出逃,股价就会下跌。那么,什么地方是人气旺盛与低落的平衡区域呢?

AR 认为,每个交易日的开盘价都可作为市场的均衡价值区。这与前面分析中以收盘价为依据的惯例有些不同。它的道理如下:经过一夜的交易总结和分析之后,股票投资者都在自己心目中选择了一个自己认可的交易价格,在第二天开盘时,交易双方便报出自己心目中认可的"合理价位",于是开盘价便这样产生了。由于目前中国沪深股市的开盘价是由集合竞价交易而产生的,避免了传统的以第一笔成交作为开盘价所带来的偶然性,因而 AR 选择了开盘价为多空均衡价值区,在我国股市中可信程度更高。

AR 的基本思路如下:当日交易的价格在这个均衡价格的上方,说明多方处于优势,属于多方的力量;反之,若价格在均衡价格的下方,则说明空方处于优势,属于空方的力量。以最高价到开盘价的距离描述多方的力量,以开盘价到最低价的距离描述空方的力量,这样,多空双方在当日的强弱就简单地被描述出来了。

1. AR 的计算

$$AR = \frac{\sum (H - O)}{\sum (O - L)} \times 100\%$$

式中:H 为交易当天的最高价;O 为当天的开盘价;L 为当天的最低价。

2. AR 的应用

(1) AR 的取值在以 100 为分界线区分多、空双方强度的。当 AR 在 100 附近时,说明多空双方谁也不占上风,双方处于基本均衡状态,如果扩大一下这个区间的范围,人们可以把 80~120 的范围都视作盘整区。

(2) 当 AR 值大于 120 时,说明市场多头力量明显占优势,可以考虑买进;当 AR 值低于 80 时,说明市场空头力量占优势,是卖出信号。

(3) 市场往往物极必反,当 AR 过分偏离平衡区时,显示市场可能出现了超买现象或超卖现象,预计市场有可能掉头向平衡区靠拢,在这种情况下,市场有可能会发生转折性的改变。在交易策略上,当 AR 值过分大时,可以考虑平仓;当 AR 值过分小时,说明市场可能见底了,则逢低买入是个不错的主意。至于这个过度大或者过度小的 AR 值为多少,应根据市场及个股的具体情况来确定。有的研究者认为,AR 值大于 150,可能是处于超买的状态,要考虑卖出;当 AR 过低时,例如,小于 60,可能是处于超卖的状态,此时要考虑买入。上面提到的临界数值都是一个经验数字,在应用 AR 指标时,应该根据不同的情况对这个数字进行适当修正。

(4) AR 的走势可能会与股价的走势发生背离,与其他技术指标相同,AR 所揭示的顶峰与谷底总是领先于股价曲线,可以就 AR 和股价曲线配合使用,当 AR 到达峰顶并回头,而股价还在上涨时,就出现了顶背离的现象,是卖出信号;当 AR 到达谷底并开始回头,而股价仍然在下跌时,这就是底背离的现象,是买入信号。

四、BR

BR(买卖意愿指标)与AR极为相似,它也是用来揭示当前情况下多空力量对比结果的技术指标。BR选择股票上一日的收盘价作为多空力量平衡点,更符合人们最看重收盘价的普遍心态,包含的市场交易信息也更多,克服了AR对收盘价不闻不问的做法。在实战中,能对AR的不足构成很好的补充,因而可以将它们配合起来使用。

1. BR 的计算

BR 的计算公式为

$$BR = \frac{P_1}{P_2} \times 100\%$$

式中:$P_1 = \sum(H - YC)$,即在 n 天内多方强度的总和;$P_2 = \sum(YC - L)$,即为 n 天内空方强度的总和;H 为今天的最高价;L 为今天的最低价;YC 为昨天的收盘价。

BR 显示的是某一段时间内多空双方的总强度的对比。BR 值越大,则多头的力量就越大;BR 值越小,则表示空头的力量就占据上风。多空双方的 BR 平衡值为 100(也可以用 100% 来表示),显示市场力量处于均势。

2. BR 的运用法则

(1) 当 BR 处于 100 附近的区域(人们也可以把这个区域定为 70～150)时,多空双方的力量是相对均衡的,多空力量可能表现为某一方稍占优势,但任何一方都无法击倒对方从而令市场发生根本性的突破。那么,在这个震荡区间里,短线高手们可以低进高抛赚短差,但个人认为宁可在场外观望。

(2) 当 BR 值大于 150 时,说明市场多头力量逐渐强大,空头处于节节败退之中,这是市场人气旺盛的表现,可以积极跟进;但当 BR 值到达极端的高值(如 300 以上)时,应注意市场随时有可能因超买而出现反转向下的情况。在这样的情形下,BR 值与股价走势会出现背离现象,也是出货的机会。

(3) 当 BR 值处于 70 以下时,说明市场空头力量已经占据主动,多头处于被动,市场表现为连绵不断的下跌。这个阶段只能止损卖出或观望;但当出现了极端的数值时(如 BR 小于 40 时),说明市场遭到过度打压,股价可能被严重地低估了,因而也是趁低入货的机会。若 BR 在低位时出现与股价趋势的背离,也可以看做是市场见底的有力证明。

(4) 可以将 BR 与 AR 结合起来进行分析。可以将 BR 的时间参数设大一些,AR 的时间参数设小一些。BR 由于采用上一交易日的收盘价,因而 BR 的波动性往往比 AR 还要大。若 AR 与 BR 都急剧上升,那么市场可能会很快见顶回落;若 BR 下穿 AR 且处于低位,则或许是逢低买进的信号;若 BR 急剧上升,但 AR 指标未能配合,则说明涨势能持久。

(5) BR 在极特殊的情况下会出现负值。但这种负值并不影响 BR 的分析效果,在分析时,人们可以将负值视作零值。

本 章 小 结

技术指标主要有四类指标体系,即市场趋势指标、市场动量指标、市场大盘指标和市场人气指标。

(1) 市场趋势指标主要有 MA、MACD 两种指标,这两类指标是目前股票市场上灵活性较强、使用范围最广的指标,它们在预测个股和大盘行情变动趋势的时候比较适用。

(2) 市场动量指标主要有 RSI、KDJ、WMS 和 OBV 等指标,这类指标主要根据股票每天价格和成交量的变化来分析和预测个股变化趋势的指标。

(3) 市场大盘指标主要有 ADL、ADR 和 OBOS 3 种指标,它们是用来分析股票市场大盘情况的技术指标。

(4) 市场人气指标主要有 BIAS、PSY、AR 和 BR 等几种指标,它们是用来分析市场人气多空力量对比的指标。

技术指标主要用于短期的、动态的分析,应注意将其与基本分析结合运用,多种技术指标应结合运用分析,并需要不断地总结实践经验,对技术指标进行修正。

关 键 术 语

技术指标　MA　MACD　RSI　WMS　OBV　KDJ　ASI　ADL　ADR
OBOS　BIAS　PSY　AR　BR

复习思考题

一、名词解释

价格形态　趋势线　趋势通道　K 线图　扩散形态　移动平均线　乖离率
MACD　相对强弱指标　人气指标

二、简答题

1. 怎样看待基本分析和技术分析?
2. 如何理解技术分析的 3 大假设?
3. 什么是 K 线? 如何通过 K 线进行市场行情的研判?
4. 什么是支撑线和压力线? 如何判断和分析支撑线和压力线?
5. 简述趋势线,轨道线的画法? 它们如何预测行情?
6. 反转突破形态有哪些? 如何确认突破的有效性?
7. 什么是股价移动平均线? 什么是葛兰威尔投资法则?
8. 常用的市场分析指标有哪些? 它们各自有什么意义?

第十三章 技术分析理论

学习目的

通过本章的学习,了解国内外主要的投资理论,并结合中国证券市场的实际加以理解和应用,同时应认识到国外投资理论在中国的适用性和局限性。

本章所介绍的是源自国外的发达资本主义国家的市场投资理论。这些理论在一定程度上揭示了股价运行的某些规律性特征,具有普遍的指导意义;但从另一个角度讲,由于我国的改革正在进行中,市场经济的发育还不够完善,因此即便是在国外市场上屡试不爽的理论,用之于我国也有许多方面不可盲从。更重要的是,一个成功的投资者一定是一个善于独立思考的人,学习他人的经验的目的归根结底是要形成自己的观点甚至是理论体系。

第一节 波 浪 理 论

艾略特波浪理论是最常用的趋势分析工具之一。群体心理是该理论的重要依据,清淡的交易市场难以发挥它的作用。

波浪理论是技术分析大师拉尔夫·纳尔逊·艾略特(R. N. Elliott)发明的一种分析工具,与其他追随趋势的技术方法不同,波浪理论可以在趋势确立之时预测趋势何时结束,是现存最好的一种预测工具。

美国证券分析家拉尔夫·纳尔逊·艾略特(R. N. Elliott)利用道琼斯工业指数平均(Dow Jones Industrial Average,DJIA)作为研究工具,发现不断变化的股价结构性形态反映了自然和谐之美。根据这一发现他提出了一套相关的市场分析理论,精练出市场的13种形态(Pattern)或波(Waves),在市场上这些形态重复出现,但是出现的时间间隔及幅度大小并不一定具有再现性。尔后,他又发现了这些呈结构性形态的图形可以连接起来形成同样形态的更大图形。这样,他提出了一系列权威性的演绎法则用来解释市场的行为,并特别强调波动原理的预测价值,这就是久负盛名的艾略特波段理论,又称波浪理论。

波浪理论是一种具有特殊价值的工具,具体表现在其普遍性及精确性上。

说它具普遍性,是指人们可在许多有关人类活动的领域中运用到它,且许多时候有令人难以置信的效果;说它具有精确性,是指在确认以及预测走势的变化上,其准确性令人叹为观止。这是其他分析方法所难望其项背的。当时,准确地说在美股见底之前的半个小时,艾略特就预言,在未来的几十年将会出现一个大多头市场。他的这项预言,与仍然弥漫着熊气的市场截然相反。其时,大部分人都不敢想象道琼斯工业平均指数会超越它在1929年所创下的最高点(386点)。但是,事实证明波浪理论是对的。

一、波浪理论的三要素

波浪理论具有 3 个重要的要素:①股市走势的形态;②浪与浪之间的比例;③完成某个形态需要的时间。按其重要性依次排列。

在 3 个要素之中,波浪的形态是最重要的,它是指波浪的形态和构造,是波浪理论赖以生存前提与基础;浪与浪之间的比例,需要通过测算各个波浪之间的相互关系来确定回撤点和价格目标;波浪形态完成的时间之间存在一定联系,但难题在于要准确预测波浪的形成时间是相当不容易的。

二、波浪理论的基本内容

推动浪和调整浪是价格波动两个最基本的形态。依据波浪理论,一个价格的波动周期,从"牛市"到"熊市"的完成,包括了 5 个上升浪和 3 个调整浪,总计 8 浪,如图 13-1 所示。

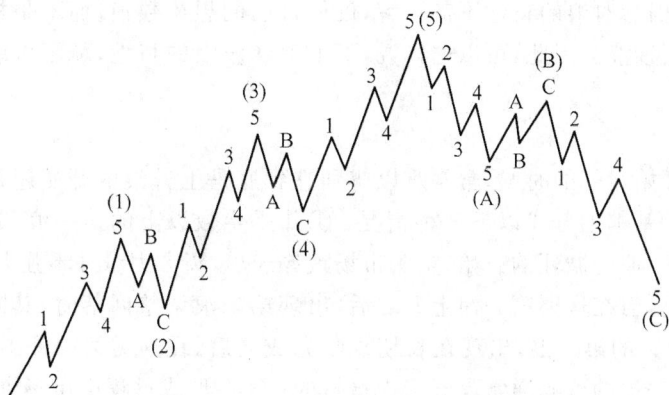

图 13-1　一个完整波浪的基本形态示意图

上升的波浪(图 13-1 中的(1)、(3)、(5)浪)称为"推动浪";下跌的波浪(图 13-1 中的(2)、(4)浪)称为"调整浪"。(2)浪是对(1)浪的调整,(4)浪则是对(3)浪的调整。同时(2)浪调整也是为(3)浪上升打基础的;(4)浪调整则为(5)浪上升做准备的。对整个循环来讲,(1)~(5)浪是一个"大推动浪";(A)、(B)、(C) 3 浪则是"大调整浪"。

"五浪"是指由(1)、(2)、(3)、(4)、(5) 5 个浪所组成的波浪。

"三浪"是指由(A)、(B)、(C) 3 浪组成的波浪。

这样,便构成一个完整的循环,接下去再开始另一个相似的循环,也是由上升五波浪,下降三波浪构成,以组成更大一级的上升五波浪和下跌三波浪。或者说,同级一两个波浪,如图 13-1 中的(1)、(2)可以分为次一级的 8 个波浪,而这 8 个波浪又可以分为更次一级的 34 个小波浪。波浪理论认为,任何一级的浪均可分为次一级的浪,反过来也构成上一级的浪,因此,可以说图 13-1 中表示的为两个波浪或 8 个波浪或 34 个小波浪,只不过特指某一级而已。

时间的长短不会改变波浪的形态,因为市场仍会依照其基本形态发展。波浪可以拉长,也可以缩短,但其基本形态永恒不变。

(一) 辨别三浪结构和五浪结构

在将波浪细分时,会遇到一个问题,这就是,应将一个较高级别的浪分成 5 个较小的浪,还是分成 3 个较小的浪呢?

这个问题需要将该高级别的浪所处趋势一并考虑在内,同时也需要考虑更高级别浪的趋势,然后才能确定这个高级别浪是细分成三浪或是五浪。要把握这个问题可记住这样一个规律:当该高级别浪的方向与更高级别浪的方向一致时,则该高级别浪可细分为五浪,如果该高级别浪的方向与更高级别浪的方向相反,则该高级别浪可细分为三浪。

(二) 各种波浪的基本特性

波浪特征是划分波浪的主要依据之一。正确的波浪划分是准确地判断未来行情的前提,只有熟知各波浪的特性,才可能会找出正确的数浪划分。有些初学者之所以数浪常常出错,主要就是因为对浪的特性不甚了解,仅凭自己的想象数浪,而不是根据各浪所表现出来的特性定义该浪。因此,可以这样说,不了解各波浪的特性,就不可能得出客观的数浪划分。

1. 第一浪

当第一浪开始运行的时候,常常难以辨别它到底是上升浪的开始还是下降趋势的一个小的反弹浪。基本上分成以下 3 种情况:①几乎半数以上的第一浪,是属于营造底部形态的一种,第一浪是循环的开始,空头市场跌势未尽,买方力量并不强大,加上空头继续存在卖压。因此,当在这类第一浪上升之后,出现第二浪调整回落时,其回档的幅度往往很深;②另外半数的第一浪,出现在长期盘整完成之后,在这类第一浪中,其行情上升幅度较大,一般第一浪的涨幅通常是五浪中最短的;③在形成过程中市场资金充裕,但经济仍处于不景气,成交量及市场宽度出现明显的增加。

第一浪一般出现在调整浪之后,其特有的风格决定了原有趋势将发生较大改变,新的上升循环周期呼之欲出。注意:若第一浪具有低级别的五浪结构,则说明它具有上升失去浪的特有形态。

2. 第二浪

第二浪是下跌浪,由于投资者误以为熊市尚未结束,因此其调整下跌的幅度相当大,几乎吃掉第一浪的升幅。当价格在此浪中跌至接近底部(第一浪起点)时,市场出现惜售心理,抛售压力逐渐衰竭,成交量也逐渐缩小,第二浪调整才会宣告结束,在此浪中经常出现图表中的转向形态,如头肩底、双底等。

3. 第三浪

第三浪往往是最大、最有爆发力(价格往往跳空)的上升浪,这段行情持续的时间与幅度经常是最长的,投资者信心恢复,成交量大幅上升,常出现传统图表中的突破信号,这段行情走势非常激烈,一些图形上的关卡,非常轻易地被穿破,尤其在突破第一浪的高点时,是最强烈的买进讯号。此外,由于第三浪涨势激烈,经常出现"延长浪"的现象。

第三浪既是买进的绝佳时机,也是争议性最小的一个阶段,市场人士从来没有如此高度一致的看法,即使是从基本面上看,肯定也是利好不断、凯歌声声。

4. 第四浪

在第三浪爆发性前进的后期,市场会出现较为变幻莫测的第四浪调整。第四浪具有如下几个特征:①一般会回调至第三浪长度的 0.382 倍处;②倾向于以复杂的形态面目出现;③第三浪调整经常在低一级的第四小浪范围内完成,也即是第三浪的第四小浪幅度内;④第四浪的底不可以低于第一浪的顶;⑤第四浪的构造通常与第二浪不同,如果第二浪以简单形态完成调整,则第四浪往往会以复杂形态完成;反之亦然,它们之间存在着一种"交替原则"。

第四浪是最为神秘莫测的一浪,它一般会调整到低一级四浪底,它与第二浪因交替原因而出现不同形态,三角形在第四浪中很常见,第四浪调整幅度过大往往会回到第三浪长度的 0.382 倍位置。

5. 第五浪

在股市中,第五浪的涨势通常小于第三浪,且经常出现失败的情况,广泛性和力度稍弱,但市场情绪相当乐观,常常可以听到某些分析师的"豪言壮语",人人赚钱。市场上原来的领头羊现在已退居二线。

第五浪还有以下几个特点:①第五浪通常可以再细分为 5 个小浪,由于上升力度逐渐减弱,中间会形成上升楔形的消耗性走势,因此在这个上升楔形中,第四小浪底可以与第一小浪顶重叠,这是唯一可以接受的第四浪底低于第一浪顶的情形;②由于市场情绪一片乐观,而市场内在的动力已经开始衰减,这样会出现各种技术指标与走势背离的情形,这通常是市场发生重大转折的早期信号;③第五浪以失败浪的面目出现时,经常无法穿越第三浪顶就扭头向下,这种快速的转势情形常常会令人猝不及防。

6. A 浪

A 浪是下跌的开始,但投资者大多认为上升行情尚未逆转,仅为一个暂时的回档现象。实际上,A 浪的下跌,在第五浪中通常已有警告信号,如成交量与价格走势背离或技术指标背离等,但由于此时市场仍较为乐观,A 浪有时出现平台调整。

7. B 浪

B 浪是对 A 浪的反弹,但是成交量不大。一般而言是多头的逃命线,但由于大多数投资者误以为是另一波段的涨势,因而 B 浪常形成"多头陷阱",许多投资者在此惨遭套牢。B 浪在技术上很少是强劲的,在 B 浪中活跃的股票数量有限,但绩优股却十分抗跌。

8. C浪

这是毁灭性的一浪。以前贯穿于A浪和B浪中所有的幻想都会逐一破灭,恐惧占领了整个市场。C浪是一段破坏力较强的下跌浪,跌势较为强劲、跌幅大、持续的时间较长久,而且易出现全面性下跌。它常常伴有向下的跳空缺口和巨幅阴线出现,是市场人士认为底部临近的美好愿望被市场巨大的下跌动能残酷地砸碎的一浪,是所有的利好消息都显得苍白无力的一浪,有时候还伴有天灾人祸或其他不利于经济形势发展的情况出现。C浪的暴跌行情只由三浪组成。

上述的波浪特性,只是建议性的,并不意味着必然如此。波浪特性有时会误导投资者,以至贻误战机。因此,在实际分析工作中,一定要以浪形为准。

(三)数浪划分原则

波浪理论虽然包含了大自然的奥妙,且难于精通。但在数浪中,若能牢牢把握住数浪划分原则,可以说就成功了一半。

数浪铁律如下。

(1)第三浪(推动浪)永远不可以是第一浪至第五浪中最短的一浪。通常第三浪是最具有爆发力、涨幅最大、时间最长的一浪。

(2)第四浪的最低点,不可以低于第一浪的最高点。

以上两条乃数浪中牢不可破之铁律,除了以上两条数浪铁律之外,下面两条数浪要领可以帮助读者进一步确认数浪划分。

(1)交替原则。如果第二浪以简单的形态完成调整,则第四浪多数会以繁复的形态发展,一般不会以相同的形态出现在第三浪和第四浪的调整中。

(2)第四浪以复杂形态出现的概率甚高,它通常会在次一级的四浪范围内完成。此要领虽非牢不可破,但由于在实战中出现概率高,可以协助数浪,故也有人称其为"数浪指引"。

(四)波浪之间的比例

波浪理论推测股市的升幅和跌幅采取黄金分割率和神秘数字去计算。一个上升浪可以是上一次高点的1.618,另一个高点又再乘以1.618,以此类推。

另外,下跌浪也是这样,一般常见的回吐幅度比率有0.236(0.382×0.618)、0.382、0.5、0.618等。

(五)波浪理论内容的几个基本的要点

(1)一个完整的循环包括8个波浪,五上三落。

(2)波浪既可以合并为高一级的浪,也可以再分割为低一级的小浪。

(3)跟随主流行走的波浪可以分割为低一级的5个小浪。

(4)一、三、五3个推浪中,第三浪不可以是最短的一个波浪。

(5)假如3个推动浪中的任何一个浪成为延伸浪,其余两个波浪的运行时间及幅度会趋一致。

（6）调整浪通常以 3 个浪的形态运行。

（7）黄金分割率奇异数字组合是波浪理论的数据基础。

（8）经常遇见的回吐比率为 0.382、0.5 及 0.618。

（9）第四浪的底不可以低于第一浪的顶。

（10）波浪理论包括 3 部分：形态、比率及时间，其重要性以排行先后为序。

（11）波浪理论主要反映群众心理。越多人参与的市场，其准确性越高。

三、波浪理论的缺陷

（1）波浪理论家对现象的看法并不统一。每一个波浪理论家，包括艾略特本人，很多时都会受一个问题的困扰，就是一个浪是否已经完成而开始了另外一个浪呢？有时甲看是第一浪，乙看是第二浪。差之毫厘，失之千里。看错的后果可能十分严重。一套不能确定的理论用在风险奇高的股票市场，运作错误足以使人损失惨重。

（2）怎样才算是一个完整的浪也无明确定义。在股票市场中，由于升跌次数绝大多数不按"五升三跌"这个机械模式出现。因此，波浪理论家却曲解说有些升跌不应该计算入浪里面。数浪（Wave Count）完全是随意主观。

（3）波浪理论有所谓伸展浪（Extension Waves），有时 5 个浪可以伸展成 9 个浪。但在什么时候或者在什么准则之下波浪可以伸展呢？艾略特却没有明言，使数浪这回事变成各自启发、自己去想。

（4）波浪理论的浪中有浪，可以无限伸延，亦即是升市时可以无限上升，都是在上升浪之中，一个巨型浪，一百几十年都可以。下跌浪也可以跌到无影无踪都仍然是在下跌浪。只要是升势未完就仍然是上升浪，跌势未完就仍然是下跌浪。这样的理论有什么作用？能否推测浪顶浪底的运行时间甚属可疑，等于纯粹猜测。

（5）艾略特的波浪理论是一套主观分析工具，毫无客观准则。市场运行却是受情绪影响而并非机械运行。波浪理论套用在变化万千的股市会十分危险，出错机会大于一切。

（6）波浪理论不能运用于个股的选择上。

第二节　其他理论

一、道氏理论

（一）道氏理论的原理

道氏理论，也称为道琼法，是 20 世纪初由美国的查尔斯·道和尼尔森首先阐明，然后由汉密尔顿加以发展，它是股市技术分析的先驱。之所以称为道琼法，是因为道氏分析法主要是利用人们最常见、最熟悉的道琼斯股票价格平均指数来观察股市状况。道氏理论是股票市场中最古老、最著名的技术分析方法之一。迄今，大多数广为使用的技术分析理论都起源于道氏理论，都是其各种形式的发扬光大。

道氏理论的基本原理认为,股票市场虽然变化多端,但总循着一些特定的趋势前进,这些趋势可以从市场上某些有代表性的股票的变动情况,预测出整个股票市场未来的动向。

(二) 道氏理论的基本要点

根据道氏理论,股票价格运动有 3 种趋势,其中最主要的是股票的基本趋势,即股价广泛或全面性上升或下降的变动情形。这种变动持续的时间通常为一年或一年以上,股价总升(降)的幅度超过 20%。对投资者来说,基本趋势持续上升就形成了多头市场,持续下降就形成了空头市场。

股价运动的第二种趋势称为股价的次级趋势。因为次级趋势经常与基本趋势的运动方向相反,并对其产生一定的牵制作用,因而也称为股价的修正趋势。这种趋势持续的时间从 3 周至数月不等,其股价上升或下降的幅度一般为股价基本趋势的 1/3 或 2/3。股价运动的第三种趋势称为短期趋势,它反映了股价在几天之内的变动情况。修正趋势通常由 3 个或 3 个以上的短期趋势所组成。

在 3 种趋势中,长期投资者最关心的是股价的基本趋势,其目的是想尽可能地在多头市场上买入股票,而在空头市场形成前及时地卖出股票。投机者则对股价的修正趋势比较感兴趣。他们的目的是想从中获取短期的利润。短期趋势的重要性较小,且易受人为操纵,因而不便作为趋势分析的对象。人们一般无法操纵股价的基本趋势和修正趋势,只有国家的财政部门才有可能进行有限的调节。

1. 基本趋势

它是指从大的角度来看股票价格的上涨和下跌的变动。其中,只要下一个上涨的水准超过前一个高点,而每一个次级的下跌其波底都较前一个下跌的波底高,那么,主要趋势是上升的。这被称为多头市场。

相反的,当每一个中级下跌将价位带至更低的水准,而接着的弹升不能将价位带至前面弹升的高点,则主要趋势是下跌的,这称之为空头市场。

通常(至少理论上以此作为讨论的对象)主要趋势是长期投资人在 3 种趋势中唯一考虑的目标,其做法是在多头市场中尽早买进股票,只要其可以确定多头市场已经开始发动了,一直持有到确定空头市场已经形成了。对于所有在整个大趋势中的次级下跌和短期变动,他们是不会去理会的。当然,对于那些作经常性交易的人来说,次级变动是非常重要的机会。

(1) 多头市场,也称之为主要上升趋势。它可以分为 3 个阶段。

第一个阶段是进货期。在这个阶段中,一些有远见的投资人觉察到虽然目前是处于不景气的阶段,但却即将有所转变。因此,买进那些没有信心、不顾血本抛售的股票,然后在卖出数量减少时逐渐地提高买进的价格。事实上,此时市场氛围通常是悲观的。一般的群众非常憎恨股票市场以至于完全离开了股票市场。此时,交易数量是适度的。但是在弹升时短期变动便开始增大了。

第二个阶段是十分稳定的上升和增多的交易量,此时企业景气的趋势上升和公司盈余的增加吸引了大众的注意。在这个阶段,使用技术性分析的交易通常能够获得最大的利润。

最后,第三个阶段出现了。此时,整个交易沸腾了。人们聚集在交易所,交易的结果经常出现在报纸的第一版,增资迅速在进行中,在这个阶段,朋友间常谈论的是"你看买什么好?",大家忘记了市场景气已经持续了很久,股价已经上升了很长一段时间,而目前正达到更恰当地说"真是卖出的好机会"的时候了。在这个阶段的最后部分,随着投机气氛的高涨,成交量持续地上升。"冷门股"交易逐渐频繁,没有投资价值的低价股的股价急速地上升。但是,却有越来越多的优良股票,投资人拒绝跟进。

(2)空头市场,也称为主要下跌趋势,也分为 3 个阶段。

第一阶段是"出货"期。它真正的形成是在前一个多头市场的最后一个阶段。在这个阶段,有远见的投资人觉察到企业的盈余到达了不正常的高点,而开始加快出货的步伐。此时,成交量仍然很高。虽然在弹升时有逐渐减少的倾向,此时大众仍热衷于交易,但是,开始感觉到预期的获利已逐渐地消逝。

第二个阶段是恐慌时期。想要买进的人开始退缩的,而想要卖出的人则急着要脱手。价格下跌的趋势突然加速到几乎是垂直的程度,此时成交量的比例差距达到最大。在恐慌时期结束以后,通常会有一段相当长的次级反弹或者横向的变动。

接着,第三阶段来临了。它是由那些缺乏信心者的卖出所构成的。在第三阶段的进行时,下跌趋势并没有加速。"没有投资价值的低价股"可能在第一或第二阶段就跌掉了前面多头市场所涨升的部分。业绩较为优良的股票持续下跌,因为这种股票的持有者是最后推动信心的。在过程上,空头市场最后阶段的下跌是集中于这些业绩优良的股票。空头市场在坏消息频传的情况下结束。最坏的情况已经被预期了,在股价上已经实现了。通常,在坏消息完全出尽之前,空头市场已经过去了。

2. 次级趋势

它是主要趋势运动方向相反的一种逆动行情,干扰了主要趋势。在多头市场里,它是中级的下跌或"调整"行情;在空头市场里,它是中级的上升或反弹行情。通常,在多头市场里,它会跌落主要趋势涨升部分的 1/3～2/3。调整行情可能是回落不少于 10 点,不多于 20 点。

然而,需要注意的是,1/3～2/3 的原则并非是一成不变的。它只是几率的简单说明,大部分的次级趋势的涨落幅度在这个范围里。它们之中的大部分停在非常接近半途的位置。回落原先主要涨幅的 50%:这种回落达不到 1/3 者很少,同时也有一些是将前面的涨幅几乎都跌掉了。

因此,这里有两项判断一个次级趋势的标准:任何和主要趋势相反方向的行情,通常情况下至少持续 3 个星期左右;回落主要趋势涨升的 1/3。然而,除了这个标准外,次级趋势通常是混淆不清的。它的确认、对它发展的正确评价及它的进行的全过程的断定,始终是理论描述中的一个难题。

3. 短期变动

它们是短暂的波动,很少超过 3 个星期,且通常少于 6 天。

它们本身尽管是没有什么意义,但是使得主要趋势的发展全过程赋予了神秘多变的色彩。通常,不管是次级趋势或两个次级趋势所夹的主要趋势部分都是由一连串的 3 个或更多可区分的短期变动所组成。由这些短期变化所得出的推论很容易导致错误的方向。在一个无论成熟与否的股市中,短期变动都是唯一可以被"操纵"的。而主要趋势和次要趋势却是无法被操纵的。

上述股票市场波动的3种趋势,与海浪的波动极其相似。在股票市场里,主要趋势就像海潮的每一次涨(落)的整个过程。其中,多头市场好比涨潮,一个接一个的海浪不断地涌来拍打海岸,直到最后到达标示的最高点,而后逐渐退去。逐渐退去的落潮可以和空头市场相比较。在涨潮期间,每个接下来的波浪其水位都比前一波涨升的多而退的却比前一波要少,进而使水位逐渐升高。在退潮期间,每个接下来的波浪比先前的更低,后一波者不能恢复前一波所达到的高度。涨潮(退潮)期的这些波浪就好比是次级趋势。同样,海水的表面被微波涟漪所覆盖,这和市场的短期变动相比较它们是不重要的日常变动。潮汐、波浪、涟漪代表着市场的主要趋势、次级趋势、短期变动。

(三)道氏理论的其他分析方法

1. 用两种指数来确定整体走势

著名的道琼斯混合指数是由 20 种铁路、30 种工业和 15 种公共事业 3 部分组成的。据历史的经验,其中工业和铁路两种分类指数数据有代表性。因此,在判断走势时,道氏理论更注重于分析铁路和工业两种指数的变动。其中,任何单纯一种指数所显示的变动都不能作为断定趋势上有效反转的信号。

2. 根据成交量判断趋势的变化

由于成交量会随着主要的趋势而变化。因此,根据成交量也可以对主要趋势作出一个判断。通常在多头市场,价位上升,成交量增加;价位下跌,成交量减少。在空头市场,当价格滑落时,成交量增加;在反弹时,成交量减少。

当然,这条规则有时也有例外。因此,正确的结论只根据几天的成交量是很难下的,只有在持续一段时间的整个交易的分析中才能够得出。在道氏理论中,为了判定市场的趋势,最终结论性信号只由价位的变动产生。成交量仅仅是在一些有疑问的情况下提供解释的参考。

3. 盘局可以代替中级趋势

一个盘局常出现于一种或两种指数中,持续了两个或 3 个星期,有时达数月之久,价位仅在约 5% 的距离中波动。这种形状显示买进和卖出两者的力量是平衡。当然,最后的情形之一是,在这个价位水准的供给完毕了,而那些想买进的人必须提高价位来诱使卖者出售。另一种情况是,本来想要以盘局价位水准出售的人发觉买进的气氛削弱了,结果他们必须削价来处理他们的股票。因此,价位往上突破盘局的上限是多头市场的征兆。相反,价位往下跌破盘局的下限是空头市场的征兆。一般来说,盘局的时间越久、价位越窄,它最后的突破越容易。

盘局常发展成重要的顶部和底部,分别代表着出货和进货的阶段。但是,它们更常出现在主要趋势时的休息和整理的阶段。在这种情形下,它们取代了正式上的次级波动。很可能一种指数正在形成盘局,而另一种却发展成典型的次级趋势。在往上或往下突破盘局后,有时在同方向继续停留一段较长的时间,这是不足为奇的。

4. 把收盘价放在首位

道氏理论并不注意一个交易日当中的最高价、最低价，而只注重收盘价。因为收盘价是时间匆促的人看财经版唯一阅读的数目，是对当天股价的最后评价，大部分人根据这个价位做买卖的委托。这是又一个经过时间考验的道氏理论规则。

这一规则在断定主要趋势的未来发展动向上的作用表现如下：假定在一个主要的上升趋势中，一个中级上升早上 11 点钟到达最高点，若在这时的道氏工业指数为 152.45，而收盘为 150.70，则未来的收盘必须超过 150.70，主要趋势才算是继续上升的。当天交易中高点的 152.45 并不算数，如果下一次的上升的当天高点达到 152.60，但收盘仍然低于 150.70，则主要的多头趋势仍然是不能确定的。

5. 在反转趋势出现之前主要趋势仍将发挥影响

当然，在反转信号出现前，提前改变对市场的态度，就好比赛跑时于发出信号前抢先跑出一样。这条规则也并意味着在趋势反转信号已经明朗化以后，一个人还应再迟延一下其行动，而是说在经验上，应等到已经确定了以后再行动较为有利，以避免在还没有成熟前买进（或卖出）。

当然，股价主要变动趋势是在经常变化着的。多头市场并不能永远持续下去，空头市场总有到达底的一天。当一个新的主要趋势第一次由两种指数确定后，如不管短期间的波动，趋势绝大部分会持续，但越往后这种趋势延续下去的可能性会越小。这条规则告诉人们，一个旧趋势的反转可能发生在新趋势被确认后的任何时间。因此，作为投资人，一旦作出委托后，必须随时注意市场。

6. 股市波动反映了一切市场行为

股市指数的收市价和波动情况反映了一切市场行为。在股票市场中，一些人可能觉得政治局势稳定，所以买股票，另外一些人可能觉得经济前景乐观，所以买股票，再另外一部分人以为利率将会调低，所以值得在市场吸纳股票，更有一些人有内幕消息，如大财团出现收购合并，所以要及早入货。但无论大家抱有什么态度，市价上升就反映了情绪，即使是不同的观点角度；相反，当大家有不同恐惧因素时，有人以为沽空会获利大，有人以为政局动荡而恐慌，有人恐怕大萧条来临，有人听到内幕消息如大股东要出货套现或者政客受到行刺等。

不论什么因素，股市指数的升跌变化都反映了群众心态。群众乐观，无论有理或无理、适中或过度，都会推动股价上升。群众悲观，亦不论盲目恐惧，有实质问题也好或者受其他人情绪影响而歇斯底里也好，都会反映在市场上的指数下挫。以其分析市场上千千万万人每一个投资人士的心态，做一些没有可能做到的事，投资人士应该分析反映整个市场心态的股市指数。股市指数代表了群众心态、市场行为的总和。指数反映了市场的实际是乐观一方面或是悲观情绪控制大局。

（四）道氏理论的缺陷

（1）道氏理论主要目标乃探讨股市的基本趋势（Primary Trend）。一旦基本趋势确立，道氏理论假设这种趋势会一路持续，直到趋势遇到外来因素破坏而改变为止。就像物理学里牛顿定律所说，所有物体移动时都会以直线发展，除非有额外因素力量加诸其上。

但有一点要注意的是,道氏理论只推断股市的大势所趋,却不能推断大趋势里面的升幅或者跌幅将会去到哪个程度。

(2) 道氏理论每次都要求两种指数互相确认,这样做已经慢了半拍,走失了最好的入货和出货机会。

(3) 道氏理论对选股没有帮助。

(4) 道氏理论注重长期趋势,对中期趋势,特别是在不知是牛还是熊的情况下,不能带给投资者明确启示。

二、江恩理论

(一) 江恩理论基本原理

它是以研究监测股市为主的理论体系。它是由 20 世纪最著名的投资大师威廉·江恩(Willian D. Gann)结合自己在股票和期货市场上的骄人成绩和宝贵经验提出的,是通过对数学、几何学、宗教、天文学的综合运用建立的独特分析方法和测市理论,包括江恩时间法则、江恩价格法则和江恩线等。

江恩理论认为,在股票、期货市场里也存在着宇宙中的自然规则,市场的价格运行趋势不是杂乱的,而是可通过数学方法预测的。它的实质就是在看似无序的市场中建立了严格的交易秩序,其可以用来发现何时价格会发生回调和将回调到什么价位。

(二) 江恩理论法则

江恩总结 45 年在华尔街投资买卖的经验,写成以下 12 条买卖规则。

1. 决定趋势

江恩认为,决定趋势是最为重要的一点,对于股票而言,其平均综合指数最为重要,其用以决定大市的趋势。此外,分类指数对于市场的趋势亦有相当启示性。所选择的股票,应以根据大市的趋势者为主。

在应用上,他建议使用三天图及九点平均波动图。三天图的意思是将市场的波动,以三天的活动为记录的基础。这三天包括周六及周日。三天图表的规则如下:当三天的最低水平下破,则表示市场会向下;当三天的最高水平上破,则表示市场会出现新高。

九点平均波动图的规则如下:若市场在下跌的市道中,且市场反弹低于 9 点,则表示反弹乏力。若超过 9 点,则表示市场可能转势;若在 10 点之上,则市势可能反弹至 20 点;若超过 20 点的反弹出现,市场则可能进一步反弹至 30～31 点,但市场很少反弹超过 30 点。对于上升的市道中,规则亦一样。

2. 在单底、双底或三底水平入市买入

当市场接近从前的底部、顶部或重要阻力水平时,可根据单底、双底或三底形式入市买卖。

不过投资者要特别留意,若市场出现第四个底或第四个顶时,便不是吸纳或沽空的时机,根据江恩的经验,市场四次到顶而上破或四次到底而下破的机会会十分大。

在入市买卖时,投资者要谨记设下止损盘,不知如何止损便不应入市。止损盘一般根据双顶、三顶幅度而设于这些顶部之上。

3. 根据市场波动的百分比买卖

顺应市势有两种入市方法：①若市况在高位回吐 50％，是一个买入点；②若市况在低位上升 50％，是一个卖出点。此外，一个市场顶部或底部的百分比水平，往往成为市场的重要支持或阻力位，有以下几个百分比水平值得特别留意。

(1) 3％～5％。

(2) 10％～12％。

(3) 20％～25％。

(4) 33％～37％。

(5) 45％～50％。

(6) 62％～67％。

(7) 72％～78％。

(8) 85％～87％。

其中，50％、100％以及 100％的倍数，皆为市场重要的支持或阻力水平。

4. 根据三星期上升或下跌买卖

(1) 当趋势向上时，若市价出现 3 周的调整，则是一个买入的时机。

(2) 当趋势向下时，若市价出现 3 周的反弹，则是一个卖出的时机。

(3) 当市场上升或下跌超过 30 天时，下一个留意市势见顶或见底的时间应为 42～49 天。

(4) 若市场反弹或调整超过 45～49 天时，下一个需要留意的时间应为 60～65 天。

5. 市场分段波动

在一个升市之中，市场通常会分为 3 段甚至 4 段上升的。在一个下跌趋势中，市场亦会分 3 段，甚至 4 段浪下跌的。

6. 根据五或七点上落买卖

(1) 若趋势是上升的，则当市场出现 5～7 点的调整时，可作趁低吸纳，通常情况下，市场调整不会超过 9～10 点。

(2) 若趋势是向下的，则当市场出现 5～7 点的反弹时，可趁高沽空。

(3) 在某些情况下，10～12 点的反弹或调整，亦是入市的机会。

(4) 当市场由顶部或底部反弹或调整 18～21 点水平时，投资者要小心市场可能出现短期市势逆转。

7. 成交量

江恩认为，利用成交量的记录以决定市场的走势，有以下几条规则。

(1) 大成交量经常伴着市场顶部出现。

(2) 当市场下跌、成交量逐渐缩减的时，市场底部随即出现。

(3) 成交量的分析必须配合市场的时间周期，否则收效减弱。

(4) 当市场到达重要支持阻力位，而成交量的表现配合见顶或见底的状态时，市势逆转的机会便会增加。

8. 时间因素

江恩认为,在一切决定市场趋势的因素之中,时间因素是最重要的一环。原因如下。

(1) 时间超越价位平衡

① 当市场在上升的趋势中时,若其调整的时间较之前的一次调整的时间为长,则表示这次市场下跌乃是转势。此外,若价位下跌的幅度较之前一次价位高升的幅度为大,则表示市场已经进入转势阶段。

② 当时间到达时,成交量将增加而推动价位升跌。

③ 在市场分3~4段浪上升或下跌时候,通常末段升浪无论价位及时间的幅度上都会较前几段浪短,这现象表示市场的时间循环已近尾声,转势随时出现。

(2) 转势时间

江恩特别列出,一年之中每月重要的转势时间如下。

① 1月7~10日及1月19~24日。

② 2月3~10日及2月20~25日。

③ 3月20~27日。

④ 4月7~12日及4月20~25日。

⑤ 5月3~10日及5月21~28日。

⑥ 6月10~15日及6月21~27日。

⑦ 7月7~10日及7月21~27日。

⑧ 8月5~8日及8月14~20日。

⑨ 9月3~10日及9月21~28日。

⑩ 10月7~14日及10月21~30日。

⑪ 11月5~10日及11月20~30日。

⑫ 12月3~10日及12月16~24日。

在上面所列出的日子中,相对于中国历法中的24个节气时间。从天文学角度,乃是以地球为中心来说,太阳行走相隔15°的时间。

(3) 市场趋势所运行的日数

除了留意一年里面,多个可能出现转势的时间外,留意一个市场趋势所运行的日数,也是非常重要的。由市场的重要底部或顶部起计算,以下是江恩认为有机会出现转势的日数。

① 7~12天。

② 18~21天。

③ 28~31天。

④ 42~49天。

⑤ 57~65天。

⑥ 85~92天。

⑦ 112~120天。

⑧ 150~157天。

⑨ 175~185天。

（4）周年纪念日

江恩认为，将市场数十年来的走势作一统计，研究市场重要的顶部及底部出现的月份，投资者便可以知道市场的顶部及底部会常在哪一个月出现。要留意的包括以下几个方面。

① 市场的重要顶部及底部周年纪念日。纪念日的意义如下：市场经过重要顶部或底部后的一年、两年，甚至 10 年，都是重要的时间周期。

② 重要消息的日子。当某些市场消息入市能引致市场大幅波动。此外，消息入市时的价位水平经常是市场的重要支持或阻力位水平。

9. 当出现高低底或新高时买入

（1）当市价开创新高时，表示市势向上，可以追市买入。

（2）当市价下破新底时，表示市势向下，可以追沽。

不过在应用上面的简单规则前，江恩认为必须特别留意时间的因素，且应特别要注意：①由从前顶部到底部的时间；②由从前底部到底部的时间；③由重要顶部到重要底部时间；④由重要底部到重要顶部的时间。

江恩在这里的规则，言下之意乃是指出，如果市场上创新高或新低，则表示趋势未完。若所预测者为顶部，则可从顶与顶之间的日数或底与顶之间的日数以配合分析；相反，若所预期者为底部，则可从底与底之间及顶与底之间的日数配合分析，若两者都到达第三的日数，则转势的机会便会大增。

除此之外，市场顶与顶及底与顶之间的时间比率，如 1 倍、1.5 倍、2 倍等，亦为计算市场下一个重要转势点的依据。

10. 决定大市趋势的转向

根据江恩对市场趋势的研究，一个趋势逆转之前，在图表形态上及时间周期上都是有迹可寻的。

在时间周期方面，江恩认为有以下几点值得特别留意。

（1）市场假期——市场的趋势逆转，通常会刚刚发生在假期的前后。

（2）周年纪念日——投资者要留意市场重要顶部及底部的 1、2、3、4 或 5 周年之后的日子，市场在这些日子经常会出现转势。

（3）趋势运行时间——由市场重要顶部或底部之后的 15、22、34、42、48 或 49 个月的时间，这些时间可能会出现市势逆转。

在价位形态方面，江恩则建议：①升市——当市场处于升市时，可参考江恩的九点图及三天图。若九点图或三天图下破对上一个低位，则表示市势逆转的第一个信号；②跌市——当市场处于跌市时，若九点图或三天图上破对上一个高位，则表示市势见底回升的机会十分大。

11. 最安全的买卖点

出入市的策略亦是极为重要的，江恩对于跟随趋势买卖，有以下的忠告。

（1）当市势向上的时候，追买的价位永远不是太高。

（2）当市势向下的时候，追沽的价位永远不是太低。

（3）在投资时，谨记使用止蚀盘以免招巨损。

（4）在顺势买卖，切忌逆势。

（5）在投资组合中，使用去弱留强的方法维持获利能力。

至于入市点如何决定，江恩的方法非常传统：在趋势确认后入市是最为安全的。在市势向上时，市价见底回升，出现第一个反弹，之后会有调整，当市价无力破底而转头向上，上破第一次反弹的高点的时候，便是最安全的买入点。在止蚀位方面，则可设于调整浪底之下。在市势向下时，市价见顶回落，出现第一次下跌，之后市价反弹，成为第二个较低的顶，当市价再下破第一次下跌的底部时，便是最安全的沽出点，止蚀位可设于第二个较低的顶部之上。

12. 快市时价位上升

市价上升或下跌的速度为界定不同市势的准则。江恩认为，若市场是快速的话，则市价平均每天上升或下跌一点，若市场平均以每天上升或下跌两点，则市场已超出正常的速度，市势不会会维持过久。这类的市场速度通常发生于升市中的短暂调整，或者是跌市中的短暂时间反弹。在应用上面要特别注意：江恩所指的每天上升或下跌一点，每天的意思是日历的天数，而非市场交易日，这点是江恩分析方法的特点。在图表上将每天上升或下跌 10 点连成直线，便成为江恩的 1×1 线，是界定市好淡的分水岭。若市场出现升市中的调整或跌市中的反弹，速度通常以每天 20 点运行，亦即 1×2 线。

江恩其中一个重要的观察是"短暂的时间调整价位"。江恩认为，当市场处于一个超买阶段，市场要进行调整，若调整幅度少的话，则调整所用的时间便会相对地长。相反而言，若市场调的幅度大的话，则所需要的时间便会相对较少。

（三）江恩的交易规则

为了在股票市场上取得成功，交易者必须有明确的规则，并遵照执行。下面的规则基于江恩个人的经验，它可以为投资者提供有益的帮助。

（1）资金的使用量。将你的资金分成 10 等份，永不在一次交易中使用超过 1/10 的资金。

（2）用止损点。永远在离你成交价的 3～5 点处设置止损点，以保护投资。

（3）永不过度交易。这会打破你的资金使用规则。

（4）永不让盈利变成损失。一旦你获得了 3 点或更多的利润，请立即使用止损点，这样你就不会有资本的损失。

（5）不要逆势而为。如果你根据趋势图无法确定趋势何去何从，就不要买卖。

（6）看不准行情的时候就退出，也不要在看不准行情的时候入市。

（7）做交易活跃的股票。避免介入那些运动缓慢、成交稀少的股票。

（8）平均分摊风险。如果可能的话，交易 4 只或 5 只股票，避免把所有的资金投到一只股票上。

（9）不要限制委托条件或固定买卖价格。用市价委托。

（10）若没有好的理由，就不要平仓。用止损点保护你的利润。

（11）累积盈余。如果你进行了一系列成功的交易，请把部分资金划入盈余账户，以备在紧急情况之下，或市场出现恐慌之时使用。

（12）永不为了获得一次分红而买进股票。

（13）永不平均分配损失。这是交易者最糟糕的错误之一。

（14）永不因为失去耐心而出市，也不要因为急不可耐而入市。

（15）避免盈小利而亏大钱。

（16）不要在进行交易的时候撤销你已经设置的止损点。

（17）避免出入市过于频繁。

（18）愿卖的同时也要愿买。让你的目的与趋势保持一致，并从中获利。

（19）永不因为股价低而买入或因为股价高而卖出。

（20）小心在错误的时候加码。等股票活跃并冲破阻力位后再加码买入；等股票跌破主力派发区域后再加码放空。

（21）挑选小盘股做多，挑选大盘股做空。

（22）永不对冲。如果你做多一只股票，而它开始下跌，就不要卖出另一只股票来补仓。你应当离场、认赔，并等待另一个机会。

（23）若没有好的理由，就不在市场中变换多空位置。在你进行交易时，必须有某种好的理由或依照某种明确的计划，然后不要在市场未出现明确的转势迹象前离场。

（24）避免在长期的成功或盈利后增加交易。

当你决定在进行一笔交易的时候，必须确信没有触犯这 24 条规则中的任何一条，这些规则对于你的成功来说至关重要。当你"割肉"时，请回顾这些规则，看看你违反了哪一条；然后不再重蹈覆辙。经验和调查会使你相信这些规则的价值，观察和学习将把你引向一种可以在股市获得成功的正确而实用的理论。

三、随机漫步理论

一切"图表走势派"的存在价值，都是基于一个假设，就是股票、外汇、黄金、债券等所有投资都会受到经济、政治、社会因素的影响，而这些因素会像历史一样不断重演。例如，经济如果由萧条复苏过来，物业价格、股市、黄金等会一路上涨。升完会有跌，但跌完又会再升得更高。只要投资人士能够预测哪些因素支配着价格，他们就可以预知未来趋势。对股票而言，图表趋势、成交量、价位等反映了投资人士的心态趋向。这种心态趋向构成原因，不论他们的收入有多少、年龄有多大，对消息了解、接受的程度以及信心等如何，全部都由股价和成交量反映出来，根据图表就可以预知未来股价趋势。不过，对这种说法，"随机漫步理论"却持相反意见。

随机漫步理论指出，股票市场内有上千上万的精明人士，并非全部都是愚昧的人。每一个人都懂得分析，而且资料流入市场全部都是公开的，所有人都可以知道，并无什么秘密可言。既然你知我知，股票现在的价格已经反映了供求关系。而这种价格应该距离股票的"内在价值"或者本身价值不会太远。所谓内在价值是由每股资产值、市盈率、派息率等基本因素来决定的。而这些因素亦非什么大秘密。每一个人打开报纸或杂志都可以找到这些资料，如果一只股票资产值 10 元，绝不会在市场变成值 100 元或 1 元。现时股票的市价已经代表了千万清醒投资人士的看法，构成了一个合理价钱。市价会围绕着内在价值而上下波动。这些波动却是随意而没有任何轨迹可寻的。

随机漫步理论认为,造成投资市场价格波动的原因主要有如下 5 个方面。

(1) 新的经济、政治、新闻消息都是随意的,并非固定地流入市场。

(2) 这些消息使基本分析人士重新估计股票的价值,而制定买卖方针,致使股票发生新的变化。

(3) 因为这些消息无迹可寻,是突然而来,事前并无人能够预先估计,股票走势预测这回事也就不能成立,图表派所说的只是一派胡言。

(4) 既然所有股价在市场上的价钱已经反映其基本价值,而且这个价值由买卖双方公平决定,因而它就不会再出现变动,除非突发消息如战争、收购、合并、加息或减息、石油战等利好或利淡消息出现时才会再次波动。但下一次的消息是利好或利淡大家都不知道,所以股票现时是没有记忆系统的。昨日升并不代表今日升,今日跌,明日可以亦升亦跌。每日与另一日之间的升跌并无关系。

(5) 既然股价是没有记忆系统的,因而,企图从股价波动中找出 一个原理,去"战胜"市场,跑赢大市的做法,肯定招致失败。因为股票价格完全没有方向、随机漫步、乱升乱跌。随机漫步理论对图表派来说无疑是一个正面大敌,若随机漫步理论成立,所有股票专家都再无立足之地。所以,不少学者已经开始研究这个理论的可信程度。其中,有 3 种论调,特别支持随机漫步理论。

① 曾经有人用美国标准普尔指数的股票做长期研究,发觉股票狂升或者暴跌,狂升四五倍或跌 99% 的,比例只是很少数。大部分的股票都是升跌 10%～30% 不等。在统计学上,有"正态分布"现象,即升跌幅越大的占比例越少。所以,股价并无单一趋势。买股票要看你是否幸运,买中上升的股票还是下跌的股票机会均等。

② 另外一次试验,有个美国参议员用飞镖去掷一份财经报纸,拣出 20 只股票作为投资组合,结果这个"乱来"的投资组合竟然不逊色于专家们建议的投资组合,甚至比某些专家的建议还要出色。

③ 亦有人研究"单位信托基金"的成绩。发觉今年成绩好的,明年可能表现得最差;一些往年令人失望的基金,今年却可能脱颖而出,高居升幅榜首。所以,无迹可寻,买基金也要看你的运气,投资技巧并不实际,因为股市并无记忆,大家都只是"估计"。总之,随机漫步理论否定一切图表分析的效用。

随机漫步理论认为,在股票市场中,买家和卖家都是智商均等,并无某一方特别愚昧。但这只是一个假设。在竞技场中,并非每次对手都是势均力敌的,如下棋、赛跑、拳击,技艺高者赢面就大。在股票市场是同样的道理,技艺高者赢面高于技艺低的人。

那么,怎样才可以增进自己的技艺呢? 有如下几种方法。

(1) 认真地收集资讯。股票市价既然受不同资讯支配,资讯越足,分析越透彻,在股票市场胜算肯定高于那些毫无分析、乱炒一通的人士。

(2) 采取相反意见,不人云亦云和随波逐流。人没有能力战胜市场,尤其是那些毫无远见、受恐惧与贪婪情绪支配的人,永远不可能在投资市场赚大钱。

(3) 努力不懈,提高对投资理论的认识,使自己在高风险的市场之中,技艺比对手高一筹,赢出的几率就会高于对方,降低失败的几率。这样,你就是一个成功的人士。

四、相反理论

"所有人都在沽售时,你就要买入,直至当所有人都在买入时,你就要沽出",这句话道出了相反理论的最基本精神。介乎基本分析和技术分析之间,相反理论提出了投资买卖决定全部基于群众的行为的观点。它指出,不论股市或期货市场,当所有人都看好时,就是牛市开始升顶;但人人都看淡时,熊市已经见底。只要你和群众意见相反的话,致富机会永远存在。相反理论并非暗示只要大部分人看好,人们就要看淡,或大众看淡时人们便要看好。相反理论会考虑这些看好看淡比例的"趋势",这是一个动态的理论。

相反理论并不是说大众一定是错的。群众通常都在主要趋势上看得对。大部分人看好,市场会因为这些看好情绪变成实质购买力上升,这个现象有可能维持很久。直至"所有人"看好情绪趋于一致时,他们都会看错。

相反理论从实际市场研究之中,发现赚大钱的人只占5%,其余95%都是输家。要做赢家只可以和群众思想路线相悖,切不可同流。

相反理论的论据就是在市场即将转势,由牛市转入熊市前一刻,每一个人都看好,都会觉得价位会再上升,无止境地升。当大家都有这个共识的时候,会尽量买入,长势消耗了买家的购买力,直至想买入的人都已经买入了,而后来资金却无以为继。牛市就会在所有人看好声中完结。相反,在熊市转入牛市时,都是市场一片淡风,所有看淡的人士都想沽货,直至他们全都沽了货,市场已经再无看淡的人采取行动,市场就会在所有人都沽清货时见到了谷底。在牛市最疯狂,但行将死亡之前,大众媒介如报纸、电视、杂志等反映了普通大众的意见,尽量宣传市场的看好情绪。当人人热情高涨时,就是市场暴跌的先兆。相反,大众媒介懒得去报道市场消息,市场已经没有人去理会,当报纸新闻全部都是坏消息时,就是市场黎明的前一刻,最沉寂最黑暗的时候,曙光就在前面。大众媒介永远都采取群众路线,所以和相反理论原则刚好违背。

相反理论提醒投资者注意以下几个方面。

(1)深思熟虑,不要被他人所影响,要自己去判断。

(2)要向传统智慧挑战,公众所想、所做未必是对的,即使投资专家所说的,也要用怀疑态度去看待处理。

(3)凡是事物的发展,并不一定像其表面表现出的一样。投资者要看得远、看得深刻,才能胜利。

(4)一定要控制个人情绪。周围环境的人的情绪会影响到你,因此你要加倍冷静。

(5)当事实摆在眼前,且和我们的希望不相符时,要勇于承认错误。因为我们都是普通人,普通人总不免会发生错误。只要肯认错、接受失败的现实、不自欺欺人,就能将自己从普通大众中提升为独到眼光和见解的人,使自己成为成功者。

五、裂口理论

如果某只股票大半年之内都在窄幅徘徊。沉闷之极,很少人有兴趣去理会,但突然一日开市后一路直升,以全日最高涨幅收市,而且成交额大增10倍,那么,会有什么原因促成这个现象呢？最大的可能性就是市场上有一些先知先觉、有内幕消息的人士,知道公司有一些特别利好消息,例如,有人提出收购这家公司,或者公司接到一大笔生意,盈利会大幅增加等。任何原因都可以构成投资人士对这只股票垂涎,而愿意出比前一段日子更高价去吸纳这只股票。股票突然之间一日狂升,这种现象叫作裂口。此时,股价不再和以前连续,而是出现了缺口。

裂口理论显示,凡是裂口上升或下跌,都分3个阶段。第一个阶段叫作突破性裂口,突然之间摆脱以往的走势就是突破的意义。当利好消息刺激投资人士入货意欲,这个单人往往不会立即中断,股价会向上攀升三四天至十多天,然后因为升势过急,要稍做停留,这个时候就到了第二个阶段——中间裂口。如果继续有利好消息的话,投资人士又会再度追逐这只股票,使股价重现裂口性上升,时间亦是三四天或者十多天,这个阶段叫作消耗性裂口,是最后上升的阶段。由低价升至高价,有些股票升幅可达三四倍,而且在很短时间就可以完成。

完成3个裂口阶段之后,价位的高低不能预先确定。可能获利回吐之后大幅回落,亦有可能牛皮盘整。

裂口既可以是上升型,也可以是下跌型。适当地把握裂口理论,可以获取巨利。这个理论最适合那些身在现场的投资人士,不论在股市、金市还是期货市场,一看到市势出现裂口即采取行动,便能快人一步、胜人一筹。

六、尾市理论——最佳短线理论

这是一个炒短线的极佳理论。在股票市场中,价格波动最大的时间就是临收市前的半小时左右。大户最喜欢在这段时间兴风作浪。有时全日都在上升,但到临近尾市的几十分钟却变成"跳水"。又有时全日都跌,到收市时候却戏剧性地以升市收场。尾市是一日交易之内最重要的时刻。尾市理论就是根据市场的规律去推测股市最短期的走势。

如果有一日临收市之前一段时间,突然间有好消息传入股市,譬如说减息或者收购,又或大公司利润大增、派高息又派红股,这些利好消息将会刺激购买意愿。但临到收市,买方全力买入也买不到多少,只有等到明早开市才可以再入市购买。

第二天一开市,昨天尾市意犹未尽的购买意愿,将会表现为一开市就上升,短线市场笼罩着利好消息和乐观气氛。所以,在很多时候,如果昨天尾市扫货收场,今朝一开市交易便出现高开和继续扫货现象。

相反,如果有一日尾市有一些坏消息,譬如某领导人逝世或者大公司要发股,又或者大公司突然要停牌清盘等,搞得人心惶惶。这时,人们个个争先恐后、你卖我也卖、互相践踏,但是时不与我,沽不出货的就要等到明日。

这些恐惧的心理会持续到第二天,早上一开市,十有八九都会是"低开"。大家唯恐手中股票会越跌越快,所以争着快人一步在比较高价沽出,以免在人踏之下,股价又跌去一大截。

今日尾市有消息,效应会起码延续到明日一早。这是一个十分合逻辑的推论,一些统计研究表明,这个理论准确性程度亦十分高,是一个炒极短线的可取理论,做多还是做空全基于消息是利好还是利淡,今日尾市采取行动,譬如在尾市好消息之下买入,明日在利好消息仍然发生效应之下,趁股市高开、立即平仓,获利可以不少。

当然,世事并非一成不变。尾市利好消息,使尾市狂升,如果收市之后证实是"流言",明日可能股市会面目全非,但只要持之以恒,长期运用尾市理论,赢面十分之大。不过千万不要太贪,如果昨天升时你入,今日高开,根据理论就立即获利回吐,不要希望升市不断涨升,因为到今日尾市又有可能有坏消息流入市场,用这个理论一定只做隔夜市,无论赚钱或亏本都要平仓了断。

本 章 小 结

本章介绍了波浪理论、道氏理论、江恩法则、随机漫步理论、裂口理论以及尾市理论这6种理论及其方法。这6种基本理论为投资者提供了预测行情走势深层次信息,但只是在某一方面来判断行情的变化,因此投资者,只能作为一种参考,而不能完全依赖此几种理论。

关 键 术 语

波浪理论　道氏理论　江恩理论　随机漫步理论　裂口　尾市理论

本 章 案 例

1. 根据图 13-2 提示,用波浪理论分析浪的变化。

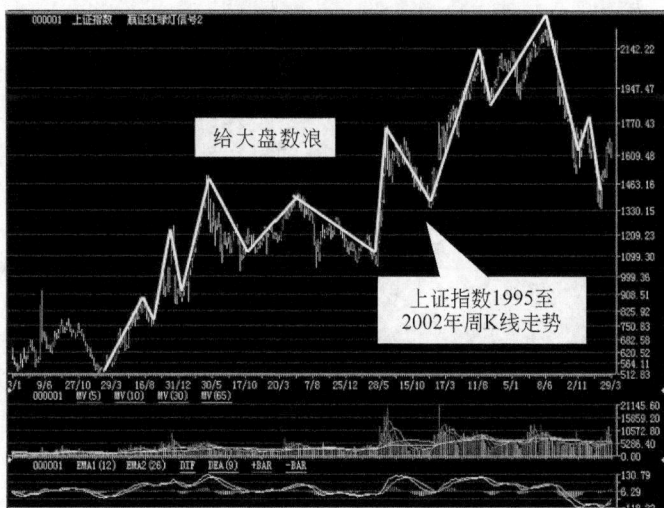

图 13-2　案例分析图

2. 根据图 13-1 提示,用波浪理论预测大盘的走势。

复习思考题

1. 道氏理论的基本原则是什么?
2. 道氏理论的基本趋势有哪几点?
3. 波浪理论的基本原则是什么?
4. 波浪理论的缺陷有哪些?
5. 江恩法则的基本原则是什么?

第十四章 证券投资组合管理

学习目的

通过本章的学习,了解投资组合中收益与风险的含义及其衡量方法,掌握风险管理的基本方法,熟悉风险资产组合的效率及边界的变化,了解投资者的无差异曲线及理性投资者的最优化投资组合选择的条件及标准。

不要把所有的鸡蛋放在同一个篮子里。

——詹姆斯·托宾

本章学习的是证券投资组合理论。证券投资过程主要由两部分组成:首先是证券与市场的分析,对可能选择的所有投资工具的风险及期望收益的特性进行评估,对证券投资收益与风险的衡量进行详细的讨论;其次是对资产进行最优的资产组合的构建,它涉及在可行的资产组合中选择最佳风险——收益机会。在介绍了衡量资产的收益与风险的度量方法的基础上,将主要讨论马柯维茨——均值方差理论及其模型的具体运行过程,从中可以了解马柯维茨模型的各个步骤。按照马柯维茨的观点,投资者需要找到一个最佳的证券组合,且这个组合能满足对风险和收益的权衡关系。

第一节 证券投资的收益与风险

证券投资的核心问题是收益和风险的权衡问题。从事证券投资的目的是为了获得投资收益,但获得收益的过程同时伴随着风险。由于投资收益是未来的,而且一般情况下事先难以确定,因此这种不确定性就是证券投资的风险。收益和风险好比是硬币的两面,一般而言,总是收益越高,风险越大;收益越低,风险越小。投资者遵循的一般原则如下:在两种风险相同的证券中选择其中收益较高的,或者说是在两种收益相同的证券中选择其中风险较小的证券。本节主要讨论单一证券投资的收益、风险及两者的关系。

一、证券投资的收益

证券投资收益是指证券投资者在某一段时间内投资某项证券带来的收入,它由持有期内的证券红利构成。收益率的计算公式为

$$R = \frac{I_t + P_t - P_0}{P_0} \times 100\% \tag{14-1}$$

式中:I 为在投资期间内的红利收入;P_0 为某证券的初始价格;P_t 为证券在 T 时刻的价格。

根据时间长短不同,收益率可以分为日收益率、月收益率、年收益率等。如果持有时间较短,没有红利发放,则收益率就表现为价格变化率。

$$R = \frac{P_t - P_0}{P_0} \times 100\% \tag{14-2}$$

接下来本书将通过证券收益的来源、影响因素以及收益率的计算问题来详细讨论债务和股票投资的收益。

(一)债券投资的收益

1. 债券投资收益的来源及影响因素

投资债券的目的是在到期收回本金的同时得到固定的利息。购买债券的投资者获得收益可以来自以下两个方面:一是发行者支付的定期利息,这是债券发行时决定的,一般情况下,债券利息收入不会改变,在购买债券前就可以得知;二是在债券期满或出售时获得的任何资本利得,当然也可以是资本损失(这将减少投资债券的收益),这部分指的是债券买入价与卖出价或偿还额之间的差额。当差额为正时,为资本获利;当差额为负数时,为资本损失。债券的任何收益率都应该是基于这两点来测度。

(1)债券的利息收益

债券持有者获得利息收益一般分为一次性获得利息和分期获得利息收益两大类。这两类又包括若干具体支付形式。一次性付息有以下 3 种形式。

① 以单利计息,到期还本时一次支付所有应付利息。这种方式被称为利随本清。单利计息债券计算方便、支付手续简便、受益水平明确,但受益水平相对于同等利率的复利债券较低。

② 以复利计算,将票面折算成限值发行,到期时票面额等于本息之和,故按票面额还本付息。用这种方式付息的债券通常被称为无息债券。运用这种复利计算的债券,投资者的实际收益要高于持有票面利率同水平的单利收益。

③ 以贴现方式计息,投资者按票面额和应收利息之差购买债券,到期按票面额收回本息。这种方式从形式上看与无息债券相似,都是投资者以低于债券票面额的价格买入债券,到期按票面额还本付息,但在计息上是有差别的。贴现债券的贴息是按票面额和贴现率计算的,而无息票债券的利率却是按投资者计算的。以贴现方式计复利息通常是为了解决期限为一年以内的债券无法计算复利而采取的方式。它和复利一样,能使投资者

得到高于同水平单利利率所表示的实际收益率,因此对投资者具有较大的吸引力。

分期付息债券又称为付息债券或息票债券,它是指在债券到期以内按约定的日期分次按票面支付利息,到期再偿还债券本金。分次付息一般按年付息、半年付息和按季付息3种方式。对于投资者来说,分次付息可获得利息再投资收益,或享有每年获得现金利息便于支配的流动性好处。

(2) 债券的资本损益

债券的资本损益是指买入价与卖出价的差额,当卖出价或偿还额大于买入价时,为资本收益;当卖出价或偿还额小于买入价时,为资本损失。投资者可以在债券到期时将持有的债券兑换或利用债券市场价格的变动低买高卖,从中取得资本利得,当然也可能遭受损失。

2. 影响债券收益率的因素

影响债券收益率的因素主要有债券的息票率、买卖价格和债券的还本期限 3 个因素,在这 3 个因素中,只要有一个因素发生了变化,债券的收益率也将随之发生变化。这一点在后面的有关债券收益率的计算上也可以看到。

(1) 债券的息票率

息票率在债券发行时已经确定,在到期日期一般不会改变。息票率一般来说是市场现行利率的水平。显然,在其他条件相同下,债券息票率越高,收益率也越高。一旦债券的票面利率被确定,在债券的有效期限内,无论市场发生什么变化,发行人都必须按确定的票面利率向债券持有者支付利息。

(2) 债券的价格

债券的价格可以分为发行价格和交易价格。发行价格是指发行商发行债券的初始价格,而交易价格是随着市场情况不断波动的价格。两者主要是受以下 3 个因素影响:一是因发行者信用品质的变化而引起的收益率的变化;二是在收益率未发生变化的情况下,随着债券逐渐接近到期日而发生的期限的变化;三是因类似债券的收益率的变化而引起的市场所要求的收益率的变化。

(3) 债券的还本期限

一般来说,债券的期限越长,其市场变动的可能性就越大,其价格的易变性也就越大。债券的期限不但影响息票率,进一步还影响收益率:①当债券价格与票面金额不一致时,期限越长,债券价格与面额差额对收益率的影响越小;②当债券是以复利计算时,期限越长,其收益率越高,因为复利计息实质上是考虑了债券利息收入再投资所得到的收益。

3. 债券收益率及其计算

为了精确衡量债券收益,一般使用债券收益率这个指标。债券收益率是指债券收益与其投入资本金的比率,通常用年率表示。债券收益不同于债券利息。债券利息仅指债券票面利率与债券面值的乘积。但由于人们在债券持有期内,还可以在债券市场进行买卖,赚取价差,因此债券收益除利息收入外,还包括买卖盈亏差价。计算收益率最合适方法就是使用内生到期收益率。内生到期收益率在投资学中被定为把未来的投资收益折算成现值使之成为初始投资额的贴现收益率。其基本原理是根据证券的未来收益和当前的市场价格来推算到期收益率。假设每期的利息收益都可以按照内在收益率进行再投资,

即假设市场利率不变,对于一年付息一次的债券来说,其计算公式为

$$P_0 = \frac{C}{(1+r)} + \frac{C}{(1+r)^2} + \cdots + \frac{C}{(1+r)^n} + \frac{V}{(1+r)^n} \qquad (14\text{-}3)$$

式中:p_0 为债券的市场现价;C 为债券的每年利息收入;r 为到期收益率;n 为到期年限;V 为票面价值。

由于这种计算方法非常烦琐,因此很少实际使用。在实际操作中,多采用近似法计算。近似法计算的结果虽然是近似值,但与内生到期收益率计算的结果相差不大,因此在实际中有广泛的应用。其计算公式为

$$Y = \frac{C + (V - P_0)/n}{(V + P_0)/2} \times 100\% \qquad (14\text{-}4)$$

式中:Y 为债券收益率;C 为债券年利息收入;V 为债券面值;P 为债券的市场现价;N 为到期年限。

进一步地,若将 V 改成为卖出债券的价格 P_{t+1};P_t 为购买债券的实际价格;C 为 $P_t \sim P_{t+1}$ 债券的年利息收入;n 为 $P_t \sim P_{t+1}$ 的时期数(以年计算),将式(14-4)作简单的变换,可得到债券持有期收益率的计算实用公式为

$$Y = \frac{C + (P_{t+1} - P_t)/n}{P_t} \times 100\% \qquad (14\text{-}5)$$

债券的收益率有票面收益率、直接收益率、持有期收益率、到期收益率和贴现债券收益率等,这些收益率分别反映了投资者在不同买卖价格和持有年限下的不同收益水平。

(1) 票面收益率

票面收益率又称名义收益率或票息率,它是指债券票面上的固定利率,即年利息收入与债券面额的比率。投资者如果按面额发行的债券持至期满,则所获得的投资收益率与票面收益率是一致的。其计算公式为

$$Y_n = \frac{C}{V} \times 100\% \qquad (14\text{-}6)$$

式中:Y_n 为名义收益率与票面收益率;C 为债券年利息收入;V 为债券面值。

票面收益率只适合于投资者按票面金额买入债券直至期满并按票面金额偿还本金这种情况,它没有反映债券发行价格与票面金额不一致的可能,也没有考虑投资者有中途卖出债券的可能。

(2) 直接收益率

直接收益率又称本期收益率或当前收益率,它是指债券的年利息收入与买入债券的实际价格的比率。由于债券的买入价格既可以是发行价格,也可以是流通市场的交易价格,因此它可能等于债券面额,也可能高于或低于债券面额。其计算公式为

$$Y_d = \frac{C}{P_0} \times 100\% \qquad (14\text{-}7)$$

式中:Y_d 为直接收益率;C 为债券年利息收入;P_0 为债券的市场现价。

直接收益率反映了投资者的投资成本带来的收益。直接收益率也有不足之处,它和票面收益率一样,不能全面反映投资者的实际收益,因为它忽略了资本损益,既没有计算投资者买入价格与持有债券期满按面额偿还本金之间的差额,也没有反映买入价格与到

期前出售或赎回价格之间的差额。

（3）持有期收益率

它指的是买入债券后持有一段时间，又在债券到期前将其出售而得到的收益率。它包括持有债券期间的利息收入和资本损益。其计算方法有以下两种。

息票债券持有期收益率的常用公式为

$$Y_h = \frac{C + (P_1 - P_0)/n}{P_0} \times 100\%\ \qquad (14-8)$$

式中：Y_h 为持有其收益率；C 为债券年利息收入；P_1 为债券卖出价；P_0 为债券的市场现价；n 为到期年限。

我国发行的债券多为到期一次还本付息债券，在中途出售的卖价中包含了持有期的利息收入，所以实际实用的计算公式为

$$Y_h = \frac{(P_1 - P_0)/n}{P_0} \times 100\%\ \qquad (14-9)$$

式中：Y_h 为持有其收益率；P_1 为债券卖出价；P_0 为债券买入价；n 为到期年限。

（4）到期收益率

到期收益率又称最终收益率，一般的债券到期都按面值偿还本金，所以随着到期日的临近，债券的市场价格会越来越接近面值。到期收益率同样包括了利息收入和资本损益。其计算方法有以下几种。

息票债券的计算公式为

$$Y_m = \frac{C + (V - P_0)/n}{P_0} \times 100\%\ \qquad (14-10)$$

式中：Y_m 为到期收益率；C 为债券年利息收入；V 为票面价值；P_0 为债券买入价；n 为到期年限。

一次还本付息债券到期收益率的计算公式为

$$Y_m = \frac{[V \times (1 + i \times n_1) - P_0]/n_2}{P_0} \times 100\%\ \qquad (14-11)$$

式中：Y_m 为到期收益率；V 为票面价值；P_0 为债券买入价；n_1 为有效年限（自发行至期满的年限）；n_2 为到期年限；i 为债券票面利率。

（5）贴现债券收益率

贴现债券又称贴水债券，它是指以低于面值发行，发行价与票面金额之差相当于预先支付的利息，当债券期满时，按面值偿付的债券。贴现债券一般用于短期债券的发行，如美国政府国库券。由于它的这种优点，现在也开始用于中期债券，但很少用于长期债券。

① 到期收益率。贴现债券的收益是指贴现额，即债券面额与发行价格之间的差额。由于贴现债券发行时只公布面额和贴现率，而并不公布发行价格，所以要计算贴现债券到期收益率必须先计算其发行价格。由于贴现率一般用年利率表示，因此为计算方便起见，习惯上贴现年利率以 360 天计算。此外，在计算发行价格时还要将年贴现率换算成债券实际期限的贴现率。贴现债券发行价格计算公式为

$$P_0 = V \times (1 - d_n)\ \qquad (14-12)$$

式中：V 为票面价值；P_0 为债券的发行价；d 为年贴现率；n 为债券有效期限。

当计算出发行价格后,便可计算出其到期收益率。贴现债券的期限一般不足一年,而债券收益率又都以年率表示,所以需要将按照不足一年的收益计算出的收益率换算成年收益率。为了便于与其他债券比较,年收益率以 365 天计算,而分母一般不在计算平均投入资本。贴现债券到期收益率的计算公式为

$$Y_m = \frac{V - P_0}{P_0} \times \frac{365}{n} \times 100\% \tag{14-13}$$

式中:Y_m 为到期收益率;V 为票面价值;P_0 为发行价格;n 为到期年限。

② 持有期收益率。贴现债券也可以不等到期满而中途出售,证券行情每天公布各种未到期贴现债券二级市场的折扣率。计算公式同上,d 为二级市场折扣率,n 为债券剩余天数。持有期收益率计算公式为

$$Y_h = \frac{P_1 - P_0}{P_0} \times \frac{365}{n} \times 100\% \tag{14-14}$$

式中:Y_h 为到期收益率;P_1 为债券卖出价;P_0 为发行价格;n 为到期年限。

(二)股票投资的收益

1. 股票的投资收益

股票的投资收益是指投资者从购入股票开始到出售股票为止这个持有期间的收入,这种收益由股息、资本损益以及资本增值收益组成。

(1)股息。股息指的是股票持有者依据股票从公司分取的盈利。通常,股份有限公司在会计年度结算后,将一部分净利润作为股息分给股东。其中,优先股股东按照规定的股息率优先取得固定股息,普通股股东则根据余下的利润分取股息。股东在取得固定股息后又从股份有限公司领取的收益,称之为红利。由此可见,红利是股东在公司按规定股息率分派后所取得的剩余利润。但在概念的使用上,人们对股息和红利并未予以严格的区分。

股息的来源是公司的税后利润。公司从营业收入中扣减各项成本和费用支出、应偿还债券、应交纳税金,余下的即为税后净利润,再按以下程序分配:从税后净利润中提取法定公积金、公益金后,剩余的部分先按固定股息率分配给优先股股东,再提取任意盈余公积金,然后再按普通股股数分配给普通股股东。可见,税后净利是公司分配股息的基础和最高限额,但因要做必要的公积金、公益金的扣除,所以公司实际分配的股息总是少于税后净利润的。

股息作为股东的投资收益,以股份为单位的货币金额表示,但股息的具体形式可以有多种。主要包括以下几种形式:①现金股息。它是指以货币形式支付的股息和红利,是最普通最基本的股息形式。②分派现金股息。它既可以满足股东预期的现金收益目的,又有助于提高股票的市场价格,从而吸引更多的投资者;③股票股息。它是指以股票的方式派发的股息,通常是由公司用新增发的股票或一部分库存的股票作为股息,代替现金分配给股东;④财产股息。它是指用现金以外的其他财产向股东分派股息,最常见的是公司持有其他公司或有关公司的股票、债券,也可以是实物;⑤负债股息。公司通过建立一种负债,用债券或应付票据作为股息分给股东,这些债券或应付票据既是公司支付的股

息,也可以满足股东获益的需要;⑥建业股息。其又称建设股息,它是指经营铁路、港口、水电、机场等业券的股份公司,其建设周期长,不可能在短时间内开展业券并获得盈利,为了筹集资金,在公司章程中明确规定并获得批准后,公司可以将一部分股本还给股东作为股息。

(2)资本损益。上市股票具有流动性,因此投资者既可以在股票交易市场上出售持有的股票收回投资,赚取利润,也可以利用股票价格的波动赚取差价收入。股票卖出价与买入价之间的差额就是资本损益,或称资本利得。当股票卖出价大于买入价时,为资本收益;当卖出价小于买入价时,为资本损失。由于上市公司的经营业绩是决定股票价格的重要因素,因此资本损益主要取决于股份公司的经营业绩和股票市场的价格变化,同时与投资者的投资心态、投资经验及投资技巧有很大的关系。

(3)资本增值收益。股票投资资本增值收益的形式是送股,但送股的资金不是来自当年可分配盈利而是公司提取的公积金,因此可称为公积金转增股本。公司提取的公积金有法定公积金和任意盈余公积金。法定公积金的来源有以下几种:一是股票溢价,即当股票发行时,超过股票面值的溢价部分要转入公司的法定公积金;二是依据公司法规定每年从税后净利润中按比例提存部分法定公积金;三是公司通过若干年经营以后资产重估增值部分;四是公司从外部取得的赠与资产,如从政府部门、国外部门、其他公司等得到的赠与资产。很多国家的公司法都规定,法定公积金既可以转化为资本,也可以用来弥补亏损,但不能作为红利分派。公司除依法提存法定公积金外,还可以从盈利中提取任意公积金以备今后不时之需。公司以法定公积金或任意公积金转为资本时,相应地发行新股并按老股东的持股数平等的摊配,这种做法与股票派息的做法相似。资本增值收益是选择优质公司股票后长期持有的长期投资者的主要投资目的。

2. 股票投资的收益率及其计算

股票和债券的主要不同之一是股票没有期限,而债券有偿还期限。因此,衡量股票投资收益水平的指标主要有股利收益率、持有期收益率和拆股后持有期收益率等。

(1)股利收益率。股利收益率又称获利率,它是指股份公司以现金形式派发股息与股票市场价格的比率。该收益率可用于计算已得的股利收益率,也可用来预测未来可能的股利收益率。如果投资者以某一市场价格买入股票,在持有股票期间得到公司派发的现金股息,可用本期每股股息与股票买入价计算,这种已得的股利收益率对长期持有股票的股东特别有意义。如果投资者打算投资某种股票,可用该股票上期实际派发的现金股息或基本期的现金股息与当前股票市场价格计算,可得出预计的股利收益率,该指标对作出决策有一定的帮助。其计算公式为

$$股利收益率 = \frac{D}{P_0} \times 100\% \tag{14-15}$$

式中:D 为现金股息;P_0 为股票买入价。

(2)持有期收益率。持有期收益率指的是投资者持有股票期间的股息收入与买卖价格差占股票买入价格的比率。由于股票没有到期日,因此投资者持有股票的时间短则几天,长则数年。持有期收益率就是反映投资者在一定的持有期内的全部股息收入和资本利得占投资本金的比率。持有期收益率是投资者最关心的指标,但如果要将它与债券收益率、银行利率等其他金融资产的收益率比较,需注意时间上的可比性,可将持有期收益

率转化为年率。其计算公式为

$$持有期收益率 = \frac{D + (P_1 - P_0)}{P_0} \times 100\%$$ （14-16）

式中：D 为现金股息；P_0 为股票买入价；P_1 为股票卖出价。

（3）拆股后持有期收益率。投资者在买入股票后，有时会发生该股份公司进行股票分割（即拆股）的情况，拆股会影响股票的市场价格和投资者持股数量，因此有必要在拆股后作相应调整，以计算拆股后的持有期收益率。其计算公式为

$$拆股后持有期收益率 = \frac{调整后资本利得或损失 + 调整后的现金股息}{调整后的购买价格} \times 100\%$$

（14-17）

二、证券投资的风险

证券投资是一种风险性投资。一般而言，风险是指对投资者预期收益的背离，或者说是证券收益的不确定性。证券投资的风险是指证券的预期收益变动的可能性及变动幅度。在证券投资活动中，投资者投入一定数量的本金，目的是希望能得到预期的若干收益。从时间上看，投入本金是当前行为，其数额是确定的，而取得收益是在未来的，在持有证券这段时间内，有很多因素可能使预期收益减少甚至使本金遭受损失。因此，证券投资的风险是普遍存在的。与证券投资相关的所有风险称为总风险。总风险可分为系统风险和非系统风险两大类。

（一）系统风险

系统风险是指由于某种全局性的共同因素引起的投资收益的可能变动，这种因素以同样的方式对所有证券的收益产生影响。系统风险包括政策风险、周期性波动风险、利率风险和购买力风险等。

1. 政策风险

政策风险是指政府有关证券市场的政策发生重大变化或是有重要的举措、法规出台，引起证券市场的波动，从而给投资者带来的风险。

政府对本国证券市场的发展通常有一定的规划政策，指导市场的发展并加强对市场的管理。政策应当在尊重证券市场发展规律的基础上，充分考虑证券市场在本国经济中的地位、与社会其他部门的联系、整体经济发展水平及政治形势等多方面因素而制定的。特别是我国的证券市场，还肩负着企业转制的改革重任，并要与经济改革的总体规划步调一致。政府关于证券市场的规划和政策应该是长期稳定的，政府运用法律手段、经济手段和必要的行政管理手段引导证券市场健康、有序地发展。但是，在某些特殊的情况下，政府也可能会改变发展证券市场的战略部署，出台一些扶持或抑制市场发展的政策，制定出新的法规或交易规则，从而改变市场原先的运行轨迹。特别是在证券市场发展的初期，由于对证券市场发展规律认识不足、法规体系不健全、管理手段不充分，因此更容易较多地使用政策手段来干预市场。由于证券市场政策是政府指导、管理证券市场的手段，一旦出

现政策风险,几乎所有的证券都会受到影响,因此属于系统风险。

2. 周期性波动风险

周期性波动风险是证券市场行情周期性变动而引起的风险。这种行情变动不是指证券价格的日常波动和中级波动,而是指证券行情长期趋势的改变。

证券行情的变动受到多重因素的影响,但决定性的因素是经济周期的变动。经济周期的变化决定了企业的景气和效益,并从根本上决定证券行情,特别是股票行情的变动趋势。在看涨市场中,随着经济回升,股票价格从低谷逐渐回升,交易量扩大,交易日渐活跃,股票价格持续上升并可维持一段较长的时间,待股票价格升至很高水平,资金大量涌入并进一步推动股价上升;当成交量不能进一步放大时,股票价格开始盘旋并下降,标志着看涨市场的结束。看跌市场是从经济繁荣的后期开始,伴随着经济衰退,股票价格也从高点开始一直呈下跌趋势并在达到某个低点时结束。实际上,在看涨市场中,股价并非直线上升,而是大涨而小跌,不断出现盘整和回档行情;在看跌市场中,股价也并非直线下降,而是小涨而大跌,不断出现反弹行情。但在这两个变动趋势中,一个重要的特征是在整个看涨行市中,几乎所有的股票都会上涨;在整个大跌行市中,几乎所有的股票价格都不可避免地有所下跌,只是跌涨程度不同而已。

3. 利率风险

利率风险是指市场利率变动引起证券投资收益变动的可能性。市场利率的变化会引起证券价格变动,并进一步影响证券收益的确定性。利率与证券价格呈反方向变化,即利率提高,证券价格下降;利率下降,证券价格上升。利率主要从两方面影响证券价格:一是改变资金流向。当市场利率提高时,会吸引一部分资金流向银行储蓄、商业票据等其他金融资产,减少对证券的需求,使证券价格下降;当市场利率下降时,会吸引一部分资金流回证券市场,增加对证券的需求,刺激证券价格上涨。二是影响公司的盈利。利率提高,公司融资成本上升,在其他条件不变的情况下,派发股息减少,引起股票价格下降;利率下降,融资成本下降,股息相应增加,股票价格上涨。

利率政策是中央银行的货币政策工具。当央行调整利率时,各种金融资产的利率和价格都会灵敏地作出反应。利率风险对不同证券的影响是不同的。

首先,利率风险是固定收益证券的主要风险,特别是债券的主要风险。债券面临的利率风险由价格变动风险和息票利率风险两方面组成。当市场利率提高时,以往发行又尚未到期的债券利率相对偏低,此时投资者若继续持有债券,在利息上要受损失;若将债券出售,又必须在价格上作出让步,在价格上要受损失。

其次,利率风险是政府债券的主要风险。对公司债券和企业债券来说,除了利率风险以外,重要的还有信用风险和财务风险。政府债券没有信用问题和偿债的财务困难,它面临的主要风险是利率风险和购买力风险。

最后,利率风险对长期债券的影响大于短期债券。债券的价格是将未来的利息收益和本金按市场利率折现,债券期限越长,未来收入的折扣率就越大,所以债券的价格变动风险随着期限的增大而增大。

普通股票和优先股票也会受到利率风险的影响。股票价格对利率变动是极其敏感的。其中,优先股因其股息率固定受到利率风险影响较大。具体的讲,对普通股来说,其股息和价格主要由公司经营状况和财务状况决定,而利率变动仅是影响公司经营和财务状况的部分因素,所以利率风险对普通股的影响不像债券和优先股那样没有回旋的余地。

4. 购买力风险

购买力风险又称通货膨胀风险,它是指由于通货膨胀、货币贬值给投资者带来实际收益水平下降的风险。在通货膨胀情况下,物价普遍上涨,社会经济运行秩序混乱,企业生产的外部条件恶化,购买力风险是难以回避的。但在有些通货膨胀的条件下,随着商品价格的上涨,证券价格也会上涨,投资者的货币收入有所增加,会使他们忽视通货膨胀的存在,并产生货币幻觉。其实,由于货币贬值,货币购买力水平下降,投资者实际收益不但没有增加,反而可能是减少了。一般来说,可通过计算实际收益来分析购买力风险。

$$实际收益率＝名义收益率－通过膨胀率$$

这里的名义收益率是指债券的票面利息或股票的股息率。可见,只有当名义收益率大于通货膨胀率时,投资者才有实际收益。

购买力风险对不同证券的影响是不同的。最容易受其损害的是固定收益证券,如优先股、债券。因为它们的名义收益率是固定的,因此当通货膨胀率升高时,其实际收益率明显下降,所以固定利息率和股息率的证券购买力风险较大。同样是债券,长期债券的购买力风险要比短期债券大。相比之下,浮动利率债券或保值贴补债券遇到通货膨胀时风险较小。

对普通股票来说,购买力风险相对较小。当发生通货膨胀时,由于公司产品价格上涨,因此股份公司的名义收益会增加。特别是当公司产品价格上涨幅度大于生产费用的涨幅时,公司净盈利增加,此时股息会增加,股票价格也随之上涨,普通股股东可得到较高的收益,且可部分减轻通货膨胀带来的损失。

此外,购买力风险在通货膨胀不同阶段对股票的影响也是不相同的。由于不同公司产品价格上涨幅度不同、上涨时间先后不同、对生产成本上升的消化能力不同、受国家有关政策控制不同等,因此会出现不同股票的购买力风险不尽相同的情况。一般来说,率先涨价的商品、上游商品、热销货、供不应求商品的购买力风险较大。在通货膨胀之初,企业消化生产费用上涨的能力较强,又能利用人们的货币幻觉提高产品价格,股票的购买力风险相对小些。当出现严重的通货膨胀时,各种商品价格轮番上涨,企业承受能力下降,盈利和股息难以增加,股票即使上涨也很难赶上物价上涨。此时,普通股也很难抵偿购买力下降的风险了。

(二) 非系统风险

非系统风险是指只对某个行业或个别公司的证券产生影响的风险,它通常是由某一特殊的因素引起,与整个证券市场的价格不存在系统、全面的联系,而只对个别或少数证券的收益产生影响。由于非系统风险可以抵消或回避,因此又称为可分散风险或可回避风险。非系统风险包括信用风险、经营风险和财务风险等。

1. 信用风险

信用风险又称违约风险,它是指证券发行人在证券到期时无法还本付息而使投资者遭受损失的风险。证券发行人如果不能支付债券利息、优先股股息或偿还本金,哪怕仅仅是延期支付,都会影响投资者的利益,使投资者失去再投资者和获利的机会。信用风险实际上揭示了当发行人在财务状况不佳时则出现违约和破产的可能,它主要受证券发行人的经营能力、盈利水平、事业稳定程度及规模大小等因素的影响。

债券、优先股、普通股都可能有信用风险,但其程度有所不同。信用风险是债券的主要风险,因为债券是需要按时还本付息的要约证券。政府债券的信用风险最小,一般认为中央政府债券几乎没有风险,其他债券的信用风险依次从低到高为地方政府债券、金融债券、公司债券等,但大金融机构或跨国公司债券的信用风险有时会低于某些政局不稳定国家的政府债券。投资于公司债券,首先要考虑的就是信用风险,这其中包括产品市场需求的改变、成本变动、融资条件变化等可能引起公司偿债能力削弱,特别是当公司资不抵债、面临破产时,债券的利息连同本金可能被勾销。在债券和优先股发行时,要进行信用评级,投资者回避信用风险的最好办法是参考证券信用评级的结果。信用级别越高的证券,则信用风险小;信用级别越低,则违约的可能性越大。

2. 经营风险

经营风险是指由公司的决策人员和管理人员在经营管理过程中出现失误而导致公司盈利水平变化,从而使投资者预期收益下降的可能。

经营风险来自内部因素和外部因素两个方面。企业内部的因素主要有如下方面:一是投资项目决策失误,没有对项目作准确的可行性分析,草率上马;二是不注意技术更新,使自己在行业的竞争力下降;三是不注意市场调查、不注意开发新产品,仅仅满足于目前的利润水平和经济效益;四是销售决策失误,过分依赖老客户,没有花大力气开拓新的市场,寻找新的销售渠道;五是公司的主要管理人员因循守旧、不思进取、对可能出现的重大事件没有采取必要的防范措施等。外部因素是公司以外的客观因素,如政府产业政策的调整、竞争对手的实力变化使公司处于劣势地位等,但经营风险主要还是来自公司内部的决策失误或管理不善。

公司的经营状况最终表现在盈利水平的变化和资产价值的变化上,经营风险主要通过盈利变化产生影响,对不同证券的影响程度也有所不同。经营风险是普通股票的主要风险,当公司盈利增加时,股息增加、股票价格上涨;当公司盈利减少时,股息减少、股价下降。经营风险对优先股的影响要小些,因为优先股的股息率是固定的。盈利水平的变化对债券价格的影响有限。公司债券的还本付息受法律保障,除非公司破产清理,一般情况下不受企业经营状况的影响,但公司盈利的变化同样可能使公司债券的价格呈同方向变动,因为盈利增加使公司债务偿还更有保障、信用提高,债券价格也会相应上升。

3. 财务风险

财务风险是指由公司财务结构不合理、融资不当导致投资者预期收益下降的风险。

负债经营是现代企业应有的经营策略,通过负债经营可以弥补自有资本的不足,还可以用借贷资金来实现盈利。股份公司在营运中所需要的资金一般都来自发行股票和债券两个方面,其中债务(包括银行贷款、发行企业债券、商业信用)的利息负担是一定的,如果公司资金总量中债务比重过大,或是公司的资金利用率低于利息率,就会使股东的可分配盈利减少、股息下降,使股票投资的财务风险增加。实际上,公司融资产生的财务杠杆作用犹如一把双刃剑,当融资产生的利润大于债息率时,给股东带来的是收益的增长;反之,则给股东带来的是收益的减少。

三、收益和风险的关系

收益和风险是证券投资的核心问题。投资者投资的目的是为了得到收益,与此同时又不可避免地面临着风险,证券投资的理论和实践都围绕着如何处理这两者的关系而展开。一般来说,风险较大的证券收益率也相对较高;反之,收益率较低的投资对象风险相对较小。但是对于每一个投资者而言并不一定是风险越大,收益就一定越高。因为以上分析的风险是客观存在的风险,尚未包括投资者的主观行为。如果投资者对证券投资没有正确的认识、盲目入市、操作不当,则只能得到高风险、低收益的结果。

证券投资的收益和风险同在,收益是风险的补偿,风险是收益的代价。大多数投资者要求较高的收益以对任何不确定性作出补偿。这种无风险收益率之上的收益率的增加就是风险溢价,它们之间的关系可以表示为

预期收益率＝无风险收益率＋风险补偿

这里,预期收益率是指投资者承受各种风险应得的补偿,无风险收益率是指把资金投向于某一没有任何风险的投资对象而能得到的利息率,这是投资的时间补偿。把这种收益率作为一种基本收益率,再考虑各种可能出现的风险,是投资者得到应有的补偿。在现实生活中,不可能存在没有任何风险的理想证券,但可以找到某种收益变动较小的证券来代替。在美国,一般将联邦政府发行的短期国库券当作无风险证券,且把该利率当作无风险利率。这是因为美国短期国库券由政府发行,政府的还本付息有可靠的保障,因此没有信用风险。政府债券没有财务风险和经营风险,同时短期国库券以 91 天期为代表,只要在这期间没有严重的通货膨胀,联邦储蓄银行没有调整利率,也几乎没有购买力风险和利率风险。短期国库券的利率很低,其利息可以视为投资者牺牲目前消费、让渡货币使用权的补偿。在无风险利率的基础上,可以发现以下几点。

首先,同一种类型的债券,长期债券利率比短期债券高,这是对利率风险的补偿。例如,同是政府债券,它们都没有信用风险和财务风险,但长期债券的利率要高于短期债券,这是因为短期债券没有利率风险,而长期债券却可能受到利率变动的影响,两者之间利率的差额就是对利率风险的补偿。

其次,不同债券的利率水平不同,这是对信用风险的补偿。通常,在期限相同的情况下,政府债券的利率最低,地方政府稍高,其他依次是金融债券和企业债券。在企业债券中,信用级别较高的债券的利率较低,信用级别较低的债券利率较高,这是因为它们的信用风险不同。

再次,在通货膨胀严重的情况下,会发行浮动利率债券。我国政府就曾对 3 年以上国债进行保值贴补,这就是对购买力风险的补偿。

最后,股票的收益率一般高于债券。这是因为股票面临的经营风险、财务风险和信用风险比债券大得多,因此必须给投资者相应的补偿。在同一市场上,许多面值相近的股票也有迥然不同的价格,这是因为不同股票的经营风险、财务风险各不相同,信用风险也有差别,投资者以出价和要价来评价不同股票的风险,调节不同股票的实际收益,使风险大

的股票市场价格相对较低,风险小的股票市场价格相对较高。

当然,风险与收益的关系并非如此简单。证券投资除以上几种主要风险以外,还有其他次要风险,引起风险的因素以及风险的大小程度也在不断变化中。由于影响证券投资收益的因素很多,所以这种收益率对风险的替代只能粗略地、近似地反映两者之间的关系,更进一步说,只有加上证券价格的变化才能更好地反映两者的动态替代关系。

第二节　证券投资收益与风险的衡量

金融资产的收益是在未来支付的,这就产生了不确定性——风险。投资者不仅希望能够取得尽可能高的收益率,而且希望收益能尽可能确定。由于各种金融资产有不同的收益和风险的特征,高收益的资产往往有高风险,这就使投资者在选择资产时必须在风险与收益之间权衡。上一节讨论的证券投资收益的计算是在期末价格确定的情况下得出的。下面将通过概率分布引入预期收益的概念从单一证券投资与组合证券投资两方面进一步分析证券投资收益与风险的衡量。

在不确定情况下,问题要复杂得多,证券的价格时刻在波动,未来的价格不可能准确的知道,人们要想对未来一定期限内的收益率作出准确地判断是绝对不可能的。

一、单一证券投资与风险的衡量

在数学上,将类似收益率以不同可能性取得各种可能值的变量称为随机变量,将随机变量取各种可能值及其对应的概率列出则称为一个随机变量的分布。如表 14-1 给出用随机变量表示收益率的一个随机分布。

表 14-1　用随机变量表示收益率的一个随机分布

收益率(r_i)	r_1	r_2	⋯	r_n
概率(p_i)	p_1	p_2	⋯	p_n

上面已经讨论了某一证券未来收益的概率分布,但是要评估证券的未来收益还需要找到能代表各种不同收益水平的平均指标,这一点从加权平均意义上得以实现,在数学上就是所谓的期望收益率。其计算公式为

$$E(r) = \sum_{i=1}^{n} r_i \times p_i \tag{14-18}$$

式中:$E(r)$ 为预期收益率;p_i 为预期收益率发生的概率;r_i 为各种可能的收益率;i 为各种可能收益水平的序列号;n 为观察数,也就是可能的收益水平的个数,并且满足 $\sum_{i=1}^{n} p_i = 1$。

式(14-18)反映了人们对未来收益水平的总体预期。可以肯定,未来的实际收益率是一系列收益组成数列的平均数,可能的收益率水平与平均数都可能有个离差。可能的收

益率越分散,它们与预期收益率的偏差就越大,因而风险的大小由未来可能收益率与预期收益率的偏差程度来反映。在数学上,这种偏差程度由收益率的方差或标准差来度量。其计算公式为

$$\sigma^2(r) = \sum_{i=1}^{n} p_i [r_i - E(r)]^2 \tag{14-19}$$

$$\sigma(r) = \sqrt{\sum_{i=1}^{n} p_i [r_i - E(r)]^2} \tag{14-20}$$

但对于实际问题,一个证券投资的收益率的概率分布很难准确得知,因此无法对影响收益率的各种复杂因素以及影响程度作出合理的定量化判断。一般认为收益率的分布并不随时间推移而发生变化,即分布函数的形状不随时间而变化,因而反映收益率变化的统计规律的两个重要的数字特征——期望收益率和方差也不随时间而变化。在实际应用中,人们都是从收益率的历史数据中得到估计值,即用样本均值和方差来代替期望收益率和风险的度量。假设时间区间从时刻 $t=1 \sim n$ 的实际收益率 $r_t (t=1,2,\cdots,n)$ 是由收益率的时间序列所构成的一段样本,则样本均值和样本方差分别为

$$\bar{r} = \frac{1}{n} \sum_{t=1}^{n} r_t \tag{14-21}$$

$$\sigma^2 = \frac{1}{n-1} \sum_{t=1}^{n} (r_t - \bar{r})^2 \tag{14-22}$$

二、组合证券投资收益与风险的衡量

投资组合(Portfolio)的收益和风险都来自组合中所包含的资产,同样可以用预期收益率与方差来衡量。证券组合的预期收益率取决于组合中每一种证券的预期收益率和投资比例。也就是说,证券组合的预期收益率是构成该组合的各种证券预期收益率的加权平均,若以组合中各资产 i 占组合资产总额的比例 ω_i 为权数,则证券投资组合的收益率和预期收益率的计算公式为

$$r_{p,t} = \sum_{i=1}^{n} r_i, \omega_{i,t} \tag{14-23}$$

$$E(r_p) = \sum_{i=1}^{n} E(r_i) \omega_i \tag{14-24}$$

式中: $r_{p,t}$ 为组合在第 t 期的收益率; $E(r_p)$ 为组合的预期收益率; n 为组合中包含资产的个数; $\sum_{i=1}^{n} \omega_i = 1$。

这里以两种证券为例——证券 A 和 B,某个投资者将一笔资金以 w_a 的比例投资于证券 A,以 w_b 的比例投资于证券 B,且 $w_a + w_b = 1$,如果到期时,证券 A 的收益率为 r_a,证券 B 的收益率为 r_b,那么该证券组合的收益率为

$$r_p = \omega_a \times r_a + \omega_b \times r_b \tag{14-25}$$

注意:证券组合中的权数可以为负,例如 $w_a < 0$,由 $w_a + w_b = 1$,可知 $w_b > 0$,表示该

组合投资者卖空了证券 A,并将所有的资金连同自有资金买入证券 B。

在前面的讨论中可知,度量某一资产的风险是以该项资产的预期收益率的方差和标准差作为衡量标准。根据统计学的基本知识可知,当用方差和标准差衡量投资组合的风险时,风险的大小不仅与组合中的资产有关的风险有关,还受到这些资产收益率之间相关性的影响。这里,先介绍两个重要概念:协方差(Covariance)和相关系数(Correlation Coefficient)。

协方差是指两个随机变量相互关系,相对它们各自平均值同时变动程度的一种统计指标,即它测度两个随机变量。在实际应用中,要精确地知道两种资产的真实的联合分布是相当困难的,甚至说是不可能的,因此只需要对协方差直接作出估计即可。如果假设两种资产的关联性保持一定,那么通过对历史数据的观察可以对协方差作出估计,则资产 i 和资产 j 在 n 期内收益率变动的样本协方差为

$$Cov_{i,j} = \frac{1}{n-1} \sum_{i=1}^{n} (r_{i,t} - \overline{r_i})(r_{j,t} - \overline{r_j}) \tag{14-26}$$

类似地,预期收益率的协方差计算公式为

$$Cov_{i,j} = \sum_{i=1}^{n} [r_{i,t} - E(r_i)][r_{j,t} - E(r_j)] p_i \tag{14-27}$$

当协方差为正值时,表明证券的回报率倾向于同一方向变动。例如,一个证券高于预期收益率的情形很可能伴随着另一个证券的高于预期收益率的情形。而一个负的协方差则表明证券与另一个证券相背变动的倾向。例如,一种证券的高于预期收益率的情形很可能伴随着另一个证券的低于预期收益率的情形。协方差反映的是两个资产的收益率变动是否同向,一个相对小的或者零值的协方差则表明两种证券之间只有很小的互动关系或没有任何互动关系。

因为协方差大小要受到两个序列,即证券组合中相异证券的方差影响,因此可以考虑通过将两个序列的变动性都考虑进去,从而使得协方差这种衡量方法"标准化"。这种标准化了的协方差称为相关系数,用来测量两种资产收益率的变化趋势。其计算公式为

$$\rho_{i,j} = \frac{Cov_{i,j}}{\sigma_i \sigma_j} \tag{14-28}$$

式中:σ_i 和 σ_j 分别为资产 i 和资产 j 的标准差。

由统计学可知,$\rho_{i,j}$ 总是介于 $-1 \sim +1$,即有 $-1 \leqslant \rho_{i,j} \leqslant +1$。当 $\rho_{i,j}$ 为正时,表示两者正相关,加剧了投资组合收益率的波动性;反之,表示负相关,降低了投资组合收益率的波动性;$\rho_{i,j}$ 越接近 1,表示两者的相关程度越强;当 $\rho_{i,j}=1$ 时,资产 i 和资产 j 的收益率变动完全一致,称为完全正相关;当 $\rho_{i,j}=-1$ 时,资产 i 和资产 j 收益率变动完全相反,称为完全负相关;当 $\rho_{i,j}=0$ 时,表示资产 i 和 j 收益率变动完全不相关。

根据前面风险的定义可知,一个投资组合的风险就是资产组合的实际收益和预期收益离差的数学期望的平方,即投资组合 p 的收益率的方差。其计算公式为

$$\sigma_p^2 = \sum_{i=1}^{n} \sum_{j=1}^{n} \omega_i \omega_j \sigma_{ij} = \omega^T Q \omega \tag{14-29}$$

$$Q = \begin{bmatrix} \sigma_{11} & \sigma_{12} & \cdots & \sigma_{1n} \\ \sigma_{21} & \sigma_{22} & \cdots & \sigma_{2n} \\ \cdots & \cdots & \cdots & \cdots \\ \sigma_{n1} & \sigma_{n2} & \cdots & \sigma_{nn} \end{bmatrix} \qquad (14\text{-}30)$$

式中：σ_p 为投资组合 p 的收益率的方差；ω 为各投资证券占总资产的权重；Q 为协方差矩阵。

将公式整理可以得到由 n 种证券组成的证券组合方差公式。

$$\sigma_p^2 = \sum_{i=1}^{n} \omega_i^2 \sigma_i^2 + 2 \sum_{1 \leqslant i < j \leqslant n} \omega_i \omega_j Cov_{i,j} \qquad (14\text{-}31)$$

由式(14-26)、式(14-31)又可表示为

$$\sigma_p^2 = \sum_{i=1}^{n} \omega_i^2 \sigma_i^2 + 2 \sum_{1 \leqslant i < j \leqslant n} \omega_i \omega_j \rho_{ij} \sigma_i \sigma_j \qquad (14\text{-}32)$$

式中：σ_i 和 σ_j 分别为资产 i 和资产 j 的标准差；ω_i 和 ω_j 分别为投资 i 和 j 在证券组合中的比重。

由式(14-29)可知，在 n 种证券在组合中，存在 $(n^2-n)/2$ 项不重复的协方差。

进一步地，可以用前述随机变量的两个数字特征——期望收益率和标准差（或方差）来描述任何一种证券或任何一种证券投资组合。下面以包括两种证券组合为例。设以证券 A 和证券 B 组成的证据按组合 P，分别以 ω_a 的比例投资于证券 A，以 ω_b 的比例投资于证券 B，且 $\omega_a + \omega_b = 1$，则满足 ω_a 的参数方程如下。

$$E(r_p) = \omega_a r_a + (1 - \omega_a) r_b \qquad (14\text{-}33)$$

$$\sigma_p^2 = \omega_a^2 \sigma_a^2 + (1 - \omega_a)^2 \sigma_b^2 + 1\omega_a(1 - \omega_a)\rho_{ab}\sigma_a\sigma_b \qquad (14\text{-}34)$$

只要给定证券 A 和 B 的期望收益率和方差，就可以得出随着投资组合权重的变化所决定的连接 A 点和 B 点的连续曲线，这条曲线被称为证券 A 和 B 的配置线。如果证券 A 和 B 分别是风险证券和无风险证券。这里，无风险证券可以理解为银行的储蓄或政府证券，它的特点是能获得确定的收益率 r_b，且 $\sigma_b = 0$，$Cov_{a,b} = 0$（即无风险资产的回报率与风险资产的回报率之间的协方差也是零），则资产配置线的确定方程可以简化为

$$\begin{cases} E(r_p) = \omega_a r_a + (1 - \omega_a) r_b \\ \sigma_p = \omega_a \sigma_a \end{cases} \qquad (14\text{-}35)$$

通过作图可以发现，这是一条由点 $(r_b, 0)$ 引出的经过点 (r_b, σ_a) 的一条向右上方倾斜的射线，如图 14-1 所示。

若投资组合落在 BA 线段上的某一点，则说明投资者同时投入风险证券 A 和无风险证券 B；若投资组合落在 BA 线段的延长线上的某一点，则说明投资者卖出无风险证券 B 来筹集资金投资于风险证券 A。还可以看到，借入的资金越多，这个组合在直线上的位置就越靠外，投资者的风险和期望收益率也随之增大。

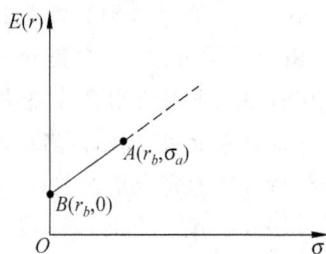

图 14-1　加入无风险资产的结合线

第三节　投资组合最优化的标准

投资组合理论研究的核心就是投资者如何通过选择资产来使其投资组合达到最优的收益——风险，这里的最优就是以投资者效用最大化为标准的。1952 年，哈里·马柯维茨(Harry Markowitz)发表了《证券组合选择》，其被认为是投资组合理论的开山之作。马柯维茨在他的论文中提出，投资者购建投资组合的过程实际上就是不确定条件下权衡收益与风险的过程。高收益往往伴随着高风险。为了解决收益和风险这一矛盾，马柯维茨提出以理性投资者及其基本行为特征为前提，建立有效资产边界，用均值来衡量收益，用方差来衡量风险，通过建立均值——方差(Mean-Variance；MV)模型，从而确定最小方差资产组合，权衡收益、风险，进而进行投资决策。在以下的两节中将主要讨论建立在该理论基础上的资产组合的最优化标准及选择问题。

按照马柯维茨的思想，投资者的选择应该实现两个相互制约的目标——预期收益率最大化和收益率不确定性(风险)的最小化之间的某种平衡。投资者需要找到一个最佳的证券组合，且满足投资者对于风险和收益的平衡关系。为此，需要了解可行集、有效集以及投资者无差异曲线的概念。

一、投资组合的可行集、有效集

1. 可行集

根据前面的知识可知，只要给定市场上任意两种资产或投资组合的风险收益以及相关系数，就可以在 r_p—σ_p 坐标系中确定一个点，每个证券组合对应于 r_p—σ_p 中的一个点，金融市场中的 n 种证券可以形成无穷多个组合，由 n 种证券中任意 k 种证券所形成的所有预期收益率和方差的组合就是可行集(Feasible Set)，如图 14-2 中的阴影部分表示的部分。特别地，当包括两种证券的组合的可行集是条曲线，且证券组合的权数大于或等于 3 种时，可行集对应的区域就是二维的。投资者利用金融市场上的资产所构成的所有可能投资组合的风险收益都可以集中找到对应的点。这一伞形集合的左边界 ABC 实际上就是市场上所有可能曲线的包络线。

2. 有限集

可行集中有无穷多个集合，但是投资者并没有必要对所有这些集合都进行评价。在马柯维茨理论中，假设所有的投资者都是风险厌恶而偏好收益的。对于同样的风险水平，他们将会选择能提供最大预期收益率的组合；对于同样的预期收益路，他们将会选择风险最小的组合。根据这两个条件，由图 14-2 我们可以得出如下结论。

(1) 对于每一风险水平，提供最大的风险收益率(图 14-2 中曲线 BCD)。

(2) 对于每一预期收益率水平，提供最小风险(图 14-2 中曲线 ABC)。

满足这两个条件的组合被称为有效组合(Efficient Portfolio)，而在以预期收益率为纵坐标、标准差为横坐标表示的坐标系中将所有有效组合对应的收益——风险的点连接起来的轨迹称为有效集（Efficient Set）或有效边界（Efficient Frontier），如图 14-3 中曲线 BC 所示。

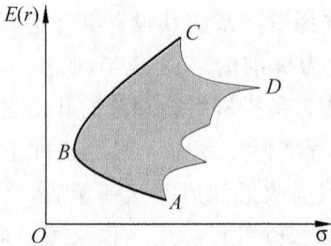

图 14-2　均值—方差模型中的可行集　　　图 14-3　均值—方差模型中的有效集

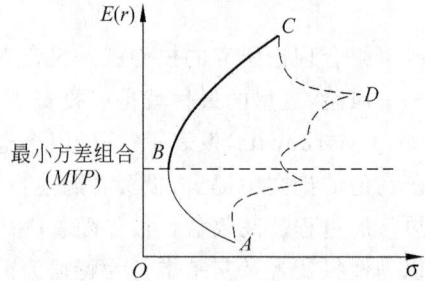

曲线 BC 正好就是曲线 BCD 和曲线 ABC 的交集，该曲线上各点同时满足在各种风险水平下，提供预期最大收益和在各种预期收益下能提供最小风险这两个条件，它描绘了投资组合的风险与收益的最优配置。有效集曲线的形状具有如下特点。

（1）有效集是一条向上方倾斜的曲线，它反映了"高收益、高风险"的原则。

（2）有效集是一条向左凸的曲线。有效集上的任意两点所代表的两个组合再组合起来得到的新的点（代表一个新的组合）一定落在原来两个点的连线的左侧，这是因为新的组合能进一步起到分散风险的作用，所以曲线是向左凸的。

（3）有效集曲线上不可能有凹陷的地方。

这里，仅仅直观地从图中作出定性的分析，事实上，收益与风险的权衡是求解二次方差的过程。所有可能的点 (r_p, σ_p)、平面上可行区域，对于给定的 r_p，应使组合的方差最小。求解下列二次方差。

$$\text{Min}\sigma^2 = \sum_{i=1}^{n}\sum_{j=1}^{n}\omega_i\omega_j\sigma_{ij}$$

$$s.t. \sum_{i=1}^{n}\omega_iE(r) = E(r); \quad \sum_{i=1}^{n}\omega_i = 1$$

(14-36)

二、投资者的风险态度与效用

在不同的系统性风险中，投资者之所以选择不同的投资组合，是因为他们对风险的厌恶程度和对收益的偏好程度是不同的。对一个特定的投资者而言，任意给定一个证券组合，根据他对期望收益率和风险的偏好态度，按照期望收益率对风险补偿的要求，可以得到一系列满意程度相同的（无差异）证券组合。

在马柯维茨投资组合理论中，遵循的是"理性的投资都是风险厌恶的"这一假设，在下面的期望收益率与标准差曲线图 14-4 中，第二象限的资产组合是最受欢迎的，因此在这个区域的资产组合相比较 O 点组合而言，提高了期望收益率的，同时降低了收益率的方差，同理，在第四象限的资产组合是最不受欢迎的。

那么,在第一象限和第三象限的情况又是如何呢？与资产组合 O 相比,这些资产组合完全是取决于投资者的风险厌恶程度。从 O 点开始,效用随着标准差的增加而减少,这就必须以期望收益率的增加作为补偿。因此,图 14-4 中 P 点与 O 点的资产组合对于投资者来说具有相同的吸引力,高风险期望收益率与低风险期望收益率的资产组合对于投资者是等效用的,在均值——标准差图中,这些等效用资产组合点由一条曲线连接起来,称作无差异曲线或等效用曲线。

同一条无差异曲线上的组合满意程度相同;无差异曲线位置越高,则该曲线上的组合的满意程度越高。且无差异曲线的陡峭程度反映了投资者对风险的厌恶程度,在图 14-5 中, I_1、I_2、I_3 分别表示投资者 1、2、3 的投资无差异曲线,在同一预期收益率 r_0 的条件下,对应了不同程度风险厌恶投资者的标准差水平 σ_1、σ_2、σ_3,且 $\sigma_1 < \sigma_2 < \sigma_3$,在同等收益条件下,无差异曲线 I_3 所代表的投资者 3 愿意承担的风险最大,投资者 2 其次,投资者 1 愿意承担的风险最小。由此,无差异曲线越平坦,该投资者愿意承担的风险越大;反之,曲线越陡峭,该投资者愿意承担的风险越小。同时,无差异曲线还满足下列特征。

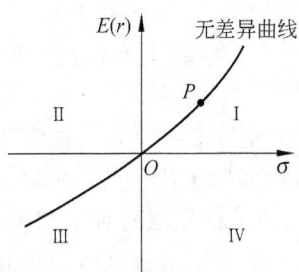

图 14-4　投资者的无差异曲线　　图 14-5　不同厌恶程度的投资者无差异曲线

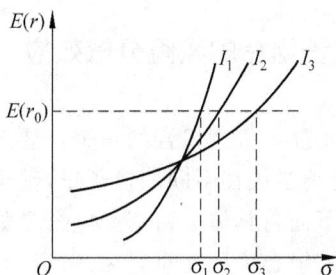

(1) 无差异曲线向右上方倾斜。曲线的波动方向一定是从左下方向右上方,按照投资者满足性和风险厌恶的特征,若要投资者选择风险更大的证券,则必须要有相应较高的预期收益率作为对风险的补偿,从而导致无差异曲线具有正斜率。

(2) 无差异曲线是下凸的。随着曲线向右移动,曲线将越来越陡,而不是越来越平坦。这表明所增加的风险越大,要求得到的边际预期收益率补偿越大。也就是说,无差异曲线的斜率是不断增大的。

(3) 同一投资者有无数条无差异曲线。期望收益率与标准差坐标系中密布无数条无差异曲线,用来表示投资者不同的效用水平。

(4) 同一投资者在同一时间、同一时点的任意两条无差异曲线都不相交。落在不同的无差异曲线上有着不同的效应,每一条无差异曲线都代表着一种投资者的效用水平,因而一个组合不会同时落在两条不同的无差异曲线上,所以对应同一投资者的任意两条无差异曲线都是相互平行的。

三、投资组合最优化标准

在确定了投资者对其投资组合的选择范围以及前面讨论的投资组合有效集后,就可以得出投资者的最优证券组合的条件。马柯维茨均值方差模型中的最优投资组合应该是由投资者的无差异曲线与投资组合的有效边界的切点所决定的,即如图 14-6 中的切点 P,这时投资者的效用达到最大的 I_2 水平,投资者获得最大的满意度。虽然无差异曲线 I_1 与有效组合边界相交,但这时投资者效用还未达到最大,$I_1<I_2$,而比 I_2 效用水平更高的 I_3 无差异曲线与有效边界脱离,也即有效边界上没有任何点所代表的风险收益状况能达到 I_3 的水平。

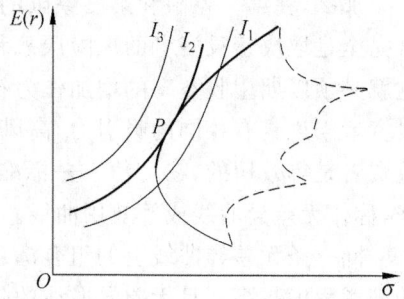

图 14-6　马柯维茨均值方差模型中的
最优投资组合的确定

第四节　最优证券投资组合的选择

一、投资组合的风险分散效应

分散化是控制资产组合的一个重要工具,这意味着在金融市场中人们投资于不同的资产,通过把鸡蛋放在不同的篮子里,整个资产组合的风险实际上比任何一个单一资产的风险要低。下面将具体分析资产组合是如何做到这一点的。首先以两种资产组合为例,假设资产 1 在组合中的比重是 ω,则资产 2 的比重是 $1-\omega$。它们的预期收益率和收益率的方差分别记为 $E(r_1)$ 和 $E(r_2)$、σ_1^2 和 σ_2^2,组合的预期收益率和收益率的方差则记为 $E(r)$ 和 σ^2,则有

$$E(r) = \omega E(r_1) + (1-\omega)E(r_2)$$
$$\sigma^2 = \omega^2 \sigma_1^2 + (1-\omega)^2 + 2\omega(1-\omega)\rho_{12}^2 \sigma_1 \sigma_2 \qquad (14\text{-}37)$$

又因为 $-1 \leqslant \rho \leqslant +1$,因此有

$$|\omega\sigma_1 - (1-\omega)\sigma_2| \leqslant \sigma \leqslant |\omega\sigma_1 + (1-\omega)\sigma_2| \qquad (14\text{-}38)$$

由式(14-38)可以看出,组合的标准差不会大于标准差的组合。事实上,只要 $\rho<1$,就有 $|\sigma|<|\omega\sigma_1+(1-\omega)\sigma_2|$,即证券组合的标准差就会小于单个证券标准差的加权平均数,这意味着只要证券的变动不完全一致,单个高风险的证券与其他证券一起就能组成一个中低风险的证券组合,这就是投资分散化的原理,也被认为是现代金融学中唯一"免费的午餐",将多项有风险的资产组合到一起,可以对冲掉部分风险而不降低平均的预期收益率,这也是马柯维茨理论的主要贡献。

在前面得到式(14-22)、式(14-30)期望收益率和方差为

$$E(r_p) = \sum_{i=1}^{n} E(r_i)\omega_i$$

$$\sigma_p^2 = \sum_{i=1}^{n} \omega_i^2 \sigma_i^2 + 2 \sum_{1 \leqslant i < j \leqslant n} \omega_i \omega_j \rho_{ij} \sigma_i \sigma_j \qquad (14\text{-}39)$$

由上式知,证券组合的预期收益可以通过对各种单项资产加权平均得到,但风险却不

能通过各项资产风险的标准差的加权平均得到(这只是当组合成分证券间的相关系数为1,且成分证券方差相等、权重相等时的特例),而是协方差矩阵各元素与投资比例为权重相乘的加权总值,它除了与各个证券的方差有关外,而且还取决于各种证券中的协方差或相关系数。

考察投资组合包括的证券个数对方差的影响。这里我们构造一个等权重的组合来看看选择的资产数量对方差的影响,在一个包括 n 种资产投资的组合中,如果每种资产的权重为 $1/n$,那么投资组合方差的公式为

$$\sigma_p^2 = \frac{1}{n}\overline{\sigma_i^2} + \frac{n-1}{n}\overline{Cov(r_1,r_2)} \tag{14-40}$$

现在考察一下分散化的影响。由式(14-40)可以看出,随着组合证券数目的增加,在决定投资组合方差时,协方差的作用越来越大,而单个资产方差的作用越来越小。当资产收益间的平均协方差为零,此时所有的风险都是资产 i 的特有风险,资产总和的方差可为零。从式(14-40)可看出,在此情况下,右边第二项为零,而当 n 趋向于无穷大时,第一项趋近于零。因此,当资产间收益不相关时,资产组合分散化的作用对于有限的资产组合的风险来说是无限的。

但是,事实上大多数金融资产(如股票)之间的收益往往是部分正相关的。在这种情况下,当 n 增大时,尽管资产组合有更大程度的分散化,资产组合的方差仍为正。从式(14-40)中可以看到,尽管第一项表示的公司特有的风险可以分散掉,但是,第二项当 n 趋近于无穷大时,就趋近于平均协方差。因此,分散化资产组合不可降低的风险取决于组合中各项资产的平均协方差水平。

下面进一步考察系统风险与相关性的关系。由式(14-40)稍作变形可得

$$\sigma_p^2 = \frac{1}{n}\overline{\sigma_i^2} + \frac{n-1}{n}\rho_{i,j}\sum_{1\leqslant i<j\leqslant n}^{n}\sigma_i\sigma_j \tag{14-41}$$

当 $\rho_{i,j}=0$ 时,所有风险来源都是独立的,分散化就可以把风险降至任意低的水平,也被称为保险原则。因为保险公司通过向具有独立风险来源的不同客户开出许多保单,这只是占保险公司资产组合的一小部分,因此用这种分散化的方法可达到降低风险的目的;当 $\rho_{i,j}>0$ 时,资产组和方差为正;当 $\rho_{i,j}=1$ 时,资产组合的方差不管 n 多大都等于 $\sum_{1\leqslant i<j\leqslant n}^{n}\sigma_i\sigma_j$,即为一个常数,这时分散化没有任何好处,风险都是系统风险 $\rho_{i,j}\sum_{1\leqslant i<j\leqslant n}^{n}\sigma_i\sigma_j$;当 $\rho_{i,j}<1$,组合的标准差一定小于组合中各种证券的标准差的加权平均数。最理想的方法就是 $\rho_{i,j}=-1$ 的资产且成分证券方差和权重相等时,则可达到一个零方差的投资组合。但由于系统性风险不能消除,所以这种情况在实际中是不存在的,如图 14-7 所示。

二、投资组合的管理

投资组合管理是指对投资对象进行整体的管理,它有别于分散的单一资产管理方法。在马柯维茨投资组合理论之前,人们往往致力于对个别投资对象的研究和管理,虽然在20 世纪 30 年代,偶尔也有人提出进行整体管理的组合管理的概念,但没有进一步的理论

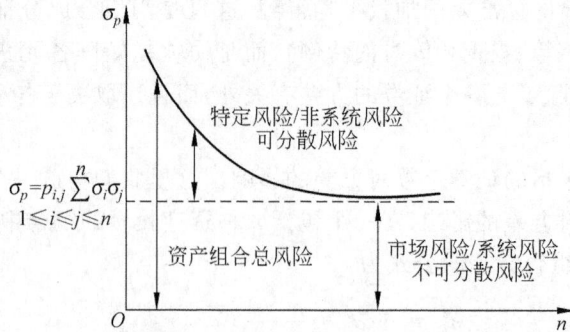

图 14-7 投资组合分散化程度与其风险状况

深化。马柯维茨的理论无疑使之大大向前迈进了一步,他用数量化的方法提出了确定最佳资产组合的均值——方差模型。在以后的几十年内,经济学家一直沿用马柯维茨的数理化方法,不断丰富和完善组合管理的理论和实际投资管理方法,现在这已成为投资学中的主流理论。

证券投资组合的选择,从狭义上讲,它是指如何构筑各种有价证券的头寸(包括多头和空头)来符合投资者的收益和风险的权衡;从广义上讲,它包括对所有资产和负债的构成作出决策,甚至包括人力资本(如教育和培训)的投资在内。这里的讨论限于狭义的含义。而对于本书所关心的证券组合而言,组合中包括的主要对象是有价证券,其包括股票、债券、存单等。

(一)投资组合的分类

投资组合的分类通常以组合的投资对象为标准。在美国,组合可以分为避税型、收入型、增长型、收入和增长混合型、货币市场型、国际型及指数化型等。

避税型证券组合通常投资于市政债券,这种债券免交联邦税,也常常免交州和地方税,在美国,养老基金也是免税的。收入型证券组合追求基本收益(即利息、股息)的最大化,而增长型证券组合则是以资本升值(即未来价格上升带来的资本利得)为目标。收入和增长混合型组合试图在基本收入与资本增长之间达到某种平衡,一般选择那些既能够带来收益又具有增长潜力的组合。指数化型证券组合是模拟某种市场的指数,以求获得市场平均的收益水平,如选择购买指数基金。货币市场型证券组合是由各种货币市场工具构成的组合,而国际型证券组合由不同国家的资产所构成的。

(二)投资组合管理基本步骤

到目前为止,我们对获取最佳风险资产组合的马柯维茨理论有了一定的了解。尽管投资原理可通用,并适用于投资者。但是,问题是特定的投资有其特有的情况,如税收、收入水平、风险的容忍程度、职业前景及其他不确定因素,使得不同的投资者面临的问题有着这样或那样的不同。接下来就来考察投资组合过程中的几个基本步骤。

1. 确定投资目标及策略

资产组合目标的核心问题是风险——收益权衡,也就是投资者希望得到的期望收益率与他们愿意忍受的风险之间的权衡。根据不同投资者的风险收益态度划分为不同的组合分类,进一步再根据是收入型、增长型还是混合型等制定相应的投资策略。

2．资产的实证分析

证券的分析方法有基础分析和技术分析两种。前者以价值决定价格为理论基础,以证券价值为研究对象;后者则以供求决定价格为理论基础,以证券的价格为研究对象。

3．构建证券投资组合资产

这一步是在前面两个步骤的基础上,根据投资策略和一定的实证分析选择证券后,确定如何分配资金以使证券投资组合具有理想的风险和收益。其中,应该遵循的基本原则如下。

(1) 本金的安全性原则

本金是未来获得基本收益和资本增值的基础,本金的安全不仅包括保持本金原值,而且还包括本金的购买力。如购买普通股要比购买债券更利于规避这种风险。

(2) 基本收益的稳定性原则

在构建投资中,获得基本收益应当是一种基本的考虑。以股息或利息形式获得当前收益,使投资者可以很现实地享受组合的成果,这可能要比收入的期望值更有意义,因为稳定的收入可以使投资者更准确、更合理地制定投资计划。

(3) 资本增长原则

投资者一方面可以通过购买增长型证券,同时也可以通过收益进行再投资。资本增长对改善组合头寸状况、增强管理的灵活性都是有益的。

(4) 良好市场型原则

该原则指的是证券组合中的任何一种证券都应该是易于买卖的,这取决于该证券的市场价格及规模、良好的公司形象、稳定的公司收益都保证其股票的优质,保证市场交易的连续性。

(5) 流动性原则

资产流动性强,有利于投资者抓住有利的投资机会。

(6) 有利的税收地位

大部分的金融资产利得都要受到所有税的影响,承担高税负是很难有理想的收益目标,这就需要考虑选择一些避税的证券投资。在需要避税时,可考虑投资于免税的政府债券或较少分红的股票。

4．调整证券组合结构

对原有的证券组合中的资产组合结构进行调整。证券组合的目标是相对稳定的,但单个证券的收益风险是可变的,随着时间推移以及市场变化,证券组合中一些证券的市场情况与市场前景也可能发生变化。因此,当某种证券收益和风险的变化足以影响到组合整体发生不利的变动时,就应当对证券组合的资产结构进行一定的校正,或剔除或增加有对冲作用的证券。

5．对证券组合资产经济效果进行评价

对证券组合资产的经济效果进行评价,既是对过去一个时期组合管理业绩的评价,也关系到下一个时期组合管理的方向。值得注意的是,评价经济效果并不是仅仅比较收益率的大小,还必须考虑该资产组合所承担的风险,只有在同一风险水平上的收益率数值才具有可比性;同时,对于受益的获得也应区分哪些是组合管理者主观努力的结果,哪些是市场客观因素造成的。因此,评价证券组合管理者的业绩依赖于证券组合目标风险水平和当时市场的整体业绩这两方面的因素。

三、马柯维茨投资组合理论的局限性

马柯维茨于 1952 年提出的"均值——方差组合模型"是根据资产组合中个别股票收益率的均值和方差找出投资组合的有效边界(Efficient Frontier),即一定收益率水平下方差最小的投资组合,并指出投资者只能在有效边界上选择投资组合。根据马柯维茨资产组合的概念,欲使投资组合风险最小,除了多样化投资于不同的股票之外,还应挑选相关系数较低的股票。因此,马柯维茨的"均值——方差组合模型"不只隐含将资金分散投资于不同种类的股票,还隐含应将资金投资于不同产业的股票。同时,马柯维茨均值——方差模型也是提供确定有效便捷的技术路径的一个规范性数理模型,但其在实践中不可避免地存在一些局限性。

首先,模型在应用过程中计算量太大,这对大部分投资者、投资机构来说是不可能的。事实上,该理论一般是应用于不同类别资产的组合,这就相当于把该模型应用于少数的几种资产上,这样计算量就相对较小。而各种普通股的证券则使用简化的模型——因素模型来完成。

其次,排除了消费对投资的影响,假定期初投资额是一个固定值。单期投资是指投资者在期初投资,在期末获得回报,这是对现实的一种近似描述,是一种理论上的简化。该理论所表现的最优组合只是一种暂时的静态组合,这对单阶段情况下影响不大,但不实用动态多阶段的情况。只有根据实际变化作出适时的调整,达到相对较优的投资组合,才是现实要求的。

再次,用方差作为资产风险的度量,这只适用于对称分布的资产收益,收益的数学期望不具备一般性。忽略了高阶矩差的影响,也就是忽略了资产组合的收益率的概率分布存在偏度的影响。该理论隐含的一个假设是收益的数学期望值附近的离中趋势是一个对称性的概率分布。

最后应指出的是,该理论无法解释单个资产的均衡价格以及收益率最终是由什么因素决定的,也就是说马柯维茨理论并不是一个市场均衡理论。于是,经济学家们应在此基础上进一步深化。

本 章 小 结

证券组合理论解释了投资者应当如何构建有效的证券组合并从中选出最优的证券组合。这一理论说明了如何度量单一资产和资产组合的预期收益率和风险,并说明如何在不减少预期收益率的前提下降低证券组合的风险,从而达到分散投资的目的。

收益和风险是证券投资的核心问题。衡量证券投资收益的指标是收益率,不同的收

益率反映投资者持有不同的证券以及在不同买卖价格和持有年限下的不同的收益水平。

证券投资的风险可以分为系统风险和非系统风险两类。系统风险包括市场风险、利率风险和汇率风险、购买力风险等;非系统风险包括违约风险、经营风险等。单一证券的风险用各种可能收益的方差或标准差来衡量。

无差异曲线反映投资者对收益和风险的态度,不同的投资者对投资对象的偏好的选择有所不同。有效组合应满足以下两个条件:第一,在各种风险条件下,提供最大的预期收益率。第二,在各种预期收益率水平下,提供最小的风险。投资者的无差异曲线和有效组合曲线的切点确定了投资者最优投资组合。

关 键 术 语

证券投资组合　收益　风险　衡量　最优化　最优化证券投资组合条件
马柯维茨投资组合理论

复习思考题

一、名词解释

投资组合　收入和增长混合型证券组合　货币市场型证券组合

二、简答题

1. 证券投资收益率主要有哪几种? 它们分别在什么情况下使用? 其值如何计算?
2. 什么是证券投资的风险? 证券投资的风险有哪些类型? 如何规避?
3. 试分析证券投资收益与风险的关系。
4. 证券和证券投资组合风险与收益应如何计算?
5. 投资组合是如何确定的?
6. 马柯维茨投资组合理论存在哪些局限性?

参 考 文 献

[1] 陈志军. 证券投资学[M]. 二版. 济南：山东人民出版社,2007.

[2] 高广阔. 证券投资理论与实务[M]. 上海：上海财经大学出版社,2007.

[3] 赖家无,周文. 证券投资学[M]. 武汉：华中科技大学出版社,2007.

[4] 杨德勇. 证券投资学[M]. 北京：中国金融出版社,2006.

[5] 王瑞兰,朱玉芬. 证券投资学[M]. 上海：立信会计出版社,2006.

[6] 谢百三. 证券投资学[M]. 北京：清华大学出版社,2005.

[7] 中国证券业协会. 证券投资分析[M]. 北京：中国财政经济出版社,2005.

[8] 霍文文. 证券投资学[M]. 北京：高等教育出版社,2008.

[9] 李国强,李雯. 证券投资分析[M]. 北京：机械工业出版社,2008.

[10] 姜国化. 财务报表分析与证券投资[M]. 北京：北京大学出版社,2008.

[11] [美]小罗伯特·鲁格劳特·普莱切特. 艾略特波浪理论[M]. 陈鑫译. 北京：机械工业出版社,
    2003.